禮不遠人

走近明清京师

礼制文化

·深度修订版·

李宝臣 著

上海三联书店

目　录

解题絮语

中国历史悠久，拥有五千年文明，号称礼义之邦。古代社会与国家管理方式，既非法制社会，也非通常认定的人治社会，而是礼法社会。礼法是礼制与法律相合互补的概念，融入哲学家的思想、法学家的智慧与政治家的实践。

礼制是一整套维系社会秩序的制度与道德规范。《说文解字》讲"礼，履也。所以事神致福也"。这一源于上古敬畏神灵而形成的祭祀礼乐规范，历经周公、孔孟及其传人尤其是宋儒的不断归纳演绎丰富，形成了祭祀敬天（人文构建先验的皇天天理秩序）、忠君孝亲与修身认知的礼乐文明道学体系，并成为官方意识形态。

礼作为历代制度文化遗产与宋代道学构建的"天理"的外化形式，主要由社会生活、政治生活、精神生活中的一整套礼典、礼仪构成，内容繁杂，类别项目繁多。粗分三大类：祭祀，典礼，个人认知世界、陶冶心性与行为规范。理论核心在修身养性认知世界上。随着历史推移，明代中期以后，道学愈来愈僵化，不免沦为思想禁锢、欺世盗名、逐利自肥的工具。阳明心学突起，挑战程朱理学教条，反对空谈说教，以"致良知"学说，启迪独立思考。不过，这只是道学内部的意见冲突，并未发展成抛弃礼制基本观念的理论。

礼制在操作过程中，呈现层级化特征，越是社会上层在享受礼制优越的同时所受约束越繁密。上层人士的行事作风历来受社会关注，因之，必须让他们自敛自重为民众做出榜样。对于普通人来说，礼不见得都是强制性的，通常由价值观而不是由惩罚来说明为什么古人普遍认同礼制约束。对于个人而言关键不在程序繁复上，而在培育锻造人之羞耻观念上。王夫之说，礼"过与不及之准也"。这正是中庸之道的精髓。

常言道君子修身贵慎独，处世贵忠恕宽容，做人贵至诚尽性。在社会教化功能上，礼制是德治梦想的具体化，治怒唯有乐，治喜莫过礼，守礼在于敬。人若能保持中正平和心态，领会礼制平衡社交关系的精髓，就不会在生活中经常萌生与人相处如何是好的忧虑，更不会掉入让对方难堪自己尴尬的陷阱。"在一种合于礼仪秩序的宫廷沙龙气氛下，自制的沉着与正确无瑕的态度，展现出来这个人的典雅与尊严的特性。跟古代伊斯兰教的封建武士所有的热情与狂放比较起来，我们在中国发现的是警觉性的自制、内省与谨慎的特色。"①

法律与礼制相辅相成。通过司法惩罚，维护礼法的绝对权威。礼制与法律虽然都是强制性标准，但在操作中，强度与实施主体显有不同。礼制依靠君权绝对威慑力与君主认定的各类社会关系中的有限权力实现教化管束目的。譬如父权只能在家庭内行使，出了家门就无法施加到他人头上。教化管束力量来自多方，用意一致并且经常化。其容量幅度宽阔，方法比较温和。法律作为礼制后盾，严惩无礼违法行为，从而构筑社会礼制生活价值观。

---

① ［德］马克斯·韦伯：《儒教与道教》（王容芬译），第 218 页，商务印书馆 1995 年版。

礼制虽然贯彻了道德主义，但决不等于道德。孔子讲："道之以政，齐之以刑，民免而无耻；道之以德，齐之以礼，有耻且格。"在刑法惩罚与威吓下，人只知道惧怕与逃避而没有知耻之心，构建的社会秩序，当然不如社会普遍养成知耻自觉习惯更为和谐。

《论语》一再谈及耻的标准、行为与现象。《学而》篇讲："信近于义，言可复也；恭近于礼，远耻辱也。"《子路》篇讲"行已有耻"。那么，如何训练人的知耻有耻行为？古人运用的方法就是礼制教育与规范训练，以此培育人的羞耻之心。一个人自幼养就羞耻观念，也就有了敬畏之心。人生途中，即使做了错事，也能悔过自新。如果彻底丧失羞耻之心，就无可救药，只能靠他律了。

碰到言行不检点的人，北京有句老话常说"这人真不知道害臊"；见到胡搅蛮缠恣意妄为的人，不免要说上一句"别招惹他，臊着他"。显然，这是有意疏远，屏蔽其社交网络，从而逼他反躬自问，自我检讨，改变行为。不过，这种温和委婉或沉默敷衍的羞臊方法，只能对那些心有良知尚存羞耻之心的人才管用。而对丧失了羞耻之心的人，则不会产生任何功效，反而会助长他的气焰，把别人的沉默或委婉客套之辞当作认可或夸奖，愈发自以为是，愈发肆无忌惮。时下这类作风极为常见，有些人似乎已经不能或不愿意分辨某些赞扬平和之辞的语气，明明是裹带微词的敷衍话或外交辞令的客气话，就能完全当作真实的赞美而用作自我吹嘘的资本，到处炫耀全无羞色。礼就是为了树立个人羞耻之心而设立的，一个人生活在社会中必须要懂得害臊，如果不知道害臊，也要通过外力灌注与强迫。

道德与法律同属于治理社会的范畴。道德只能依靠舆论抑扬。个人行为再不道德，只要不违法，同时又对批评劝诫无动于衷，他人就毫无办法。法律只管犯法行为，而对道德问题只能作壁上观。

显然，唤醒人的道德良知，训练人的知耻自觉精神，对于构建社会和谐至关重要。西方以宗教献身与博爱铸造社会道德精神，宗教与道德融为一体。中国古代以礼制的敬畏知耻训练社会道德精神。礼制兼具统治与教化的功能，构成道德与法律之间的媒介，把许多属于道德谴责的行为纳入管辖范围，以强制性规范标准，对那些超出道德又未构成违法犯罪的人实施温和惩罚与强制教化。不伴随惩罚的教化，永远是苍白无力的。人们甘愿遵守秩序，在大多数情况下是由于惧怕惩罚引起个人灾难而不得不接受的。

中华传统礼制建设历经几千年演变与实践，其间的禁锢与自由、舒缓与快捷、血泪与欢愉、战火与和平、封闭与开放、传统与现代之间的冲突，也让民族付出了代价。然而，两千余年的礼制痴心不改，因此，形成了一种民族精神与民族性格。回首历史，礼制精神清晰自然地展现于历朝政治制度、法律、伦理、风俗、建筑、艺术、文学、戏剧之中。

当代人往往很难理解为何以中国历史上大一统皇朝的国力雄风，却在世界现代化发生早期，未能把握契机迎接挑战及时改革，不免质疑当时的政府实力与眼光。其实，明清两朝无论政府规模、官员人数，还是行政能量与动员能力远非今人想象的那样强大。与现代化所需的政府结构、规模与相应的行政效率之间存在显著差距。依赖小农经济提供的财政税收，政府规模不可能快速扩充。明朝九品以上官员一万二千五百人上下，加上吏员，约六万余人。清朝九品以上官员二万五千人左右，加上吏员，中期约十几万人，末期发展到三十几万人。明清五百余年间，官吏总数从明初到清末翻了六倍。而人口统计也从六千余万发展到清末的四亿多，同样是翻了六倍。官吏与人口比例，没有显著变化。财政收入增长主要依靠的是人口增长的红利，而非改变了小农经济模式。试想，以如此较小规模的行政系统管控治理疆域广袤、人口众多、民族成分复杂的一统皇朝，除了依靠有限的行政资源之外，必然要倚重思想统一、文化团聚的共识认同功能而将其效能发挥到极致。

礼制是维系社会秩序平稳运行的制度，着眼于预防社会互动体系失衡冲突。长久以来，不断的礼制教化陶冶，铸就了社会君父价值观，从而大大降低了组织社会的财政成本。通过君主绝对权威与君主授权的有限权力，诸如父权、夫权、族权、师权等，引领全体臣民朝向皇帝集中。显然，君主意志与政府职责就是维持社会安定一统。因之，守旧与贯彻祖制成为执政原则，过分依赖经验驾轻就熟处理各项事务。当然，历史制度在运行中不可能完全漠视时势变迁的挑战而不做调整，但运行越久越成功的制度就越凝重保守，面对社会变革需求时往往拒绝改变，或是在固有思维模式框架中寻应对之策，因而不免于事无补付出沉重代价。

经学礼制调教出的皇朝官员，知识结构普遍单一、性格保守，在历史走到十字路口需要朝廷重新抉择方略政策之际，抱定经学道统信念上演的激情祖制维护行为，构成体制政略变革的巨大阻力。想让皇朝绝大多数官员丢掉个人从政经历与经学特长转而迅速接受一种全新的思维模式，则难上加难。凡事关朝廷命运前途的革新议案一经公开交由廷议评判，只要变革目标与方法超出经学礼制经验范畴，就极易招致庙堂舆论的普遍谴责。更为可悲的是，反对意见往往偏离议案优劣可行与否的主题，变成对提议者居心的拷问与道统礼制上的质疑，最终让变革预案不了了之。在传统制度运行惯性中，官员群体越来越丧失制度创新精神。在一个不能面对成就只能面对身份地位的社会，政治身份地位的安全构成实现自身价值的前提，因而，官员大都养成因循守旧与例行公事作风。

近代以来，礼制遭到了重创，在西方输入文化的冲击下与现代化情结冲动中，人们也曾想要全面抛弃礼制习惯，然而，融在民族血液的思维传统与行为方式，并非那么轻易地就能丢掉，转而全盘接受一种新的道德思维模式。西方把中世纪的基督教成功地带入现代社会，中国也完全可以把几千年的传统礼制规范精华经过改造简化，带入现代社会。

不过，需要特别指出，传统礼制充满着尊卑等级身份意识，维系的是等级高一方的体势体面。从社会管束范围上看，属于程序规范性强而适用性差的制度，并不能全面通行于当时社会，多数规矩规则只在中上层运行。不可否认，构成社会政治行为的礼制经学理念无疑是保守的，见之行动者呈现程序化、标准化与表演性、象征性特征。

因此，当代梳理古代礼制规范时，亟需以批判的精神，先搞清传统礼制运作实情，再针砭取舍，找到适合当代社会运作的规范。其实，无论古今，礼的实质是训练人的敬畏精神。敬者，对人对事尊重认真；畏者，为人处世谨慎，不懈怠。故孔子讲"临事而惧"。自重者方能重人重事。

中国历史悠久，地域广袤，人口众多，民族复杂，文化博大精深。因之，谈论传统礼制文化实在是既容易又困难的事情。说容易，随便一地一事即可广而论之，证明中华文化的深厚积淀；说困难，就是难于选择一地提纲挈领精准概括民族文化精华。

一般而论，凡是够得上民族象征的城市文化，一定具备三个条件：一是文化思想传播穿透力，人们普遍认同并甘愿接受，构成社会意识的主流；二是张扬权威文化的物质载体；三是荟萃融合的文化传统。显然，选择明清两朝的京师，作为讲述礼制传统文化要义的切入点，再合适不过了。

京师是皇朝都城的正式称谓。京者大也，师者众也。"天子之居，必以众、大之辞言之。"① 古代数序万、亿、兆、京。京为最大，十兆为京，亦有万兆为京之说。师则不但表明人口繁盛，同时还含有教导表率与军队肃武之意。综合起来，一望即明，京师不但地域开阔，人口众多，而且在皇朝繁多的各类事务中，将扮演最重要角色。诚可谓"惠此中国，以绥四方"；"惠此京师，以绥四国"。②

京师还伴有许多别称，常见的如京城、都城、帝都、日下、辇下、宸垣等。京城、都城之称，是从城市等级比较中，描述其大与总；帝都、日下、辇下、宸垣，则突出的是一统之君所在之地。从这一意义上讲，京师的政治功能与文化意义一览无遗。一统之君历来扮演的是皇朝的主宰与民族连续性、同一性与团结的象征。

北京由区域中心城市上升为一统华夏之都始于元初。这是一座由元、明两朝决策、投资，利用了金中都东北城外宫苑遗产而营建的都城。元创规模，明永乐迁都因之改建，至嘉靖朝终于形成平面凸形城市间架格局。

今天，北京丰厚的城市建设历史文化遗产让人震撼。追溯当初，城市的规划建设，完全出自政治礼制需要而布局修建。厚重肃穆，辉煌壮丽的城垣、宫殿、坛庙、苑囿等万众瞩目的城市支撑性建筑，无一不是礼制理念的外化。诚如明李时勉《北京赋》描述的那样："顾壮丽若此，非燕逸而娱情。盖所以强干弱枝，居重以御轻。展皇仪而朝诸侯，遵先轨而播风声者也。"

明清京师，通过一条城建中心线，把外城、内城、皇城、宫城纳为一体，在四重城市空间结构与文化意义上，充分表达了皇权意志与都城社会文化特征的正统权威性。如果对帝后、文官武将的日

---

① 《春秋公羊传》"桓公九年"，中华书局 2016 年版。
② 《诗经》《大雅》"民劳"，中华书局 2006 年版。

常活动做一番想象，立刻发现这些活动的绝大部分在意义与作用上早已超出京师范围，构成皇朝政治生活、社会生活的主要内容。京师社会一个基本特征，就是无论怎样掩饰，皇权、正统的影响随处可见。在一个人与人不平等的社会中，权力可以使一个人服从一个自己内心不愿服从的人，做自己本来不愿做的事。这一事实就是权威的影响力。京师正是由于皇权至上，才使得其他城市与之相比黯然失色。京师被看作一种强大的、集中的、拥有绝对权力的实体。京师臣民生活的行为准则、价值观、信仰、迷信的每一细节，无不印上皇权一统的烙印。

京师是礼义之邦的首善之区。礼作为一种社会生活的思维逻辑与行为准则，呈现权威化、规范化、程序化与教条化特征。礼制运作构成都城社会生活的重要方面。

大一统皇朝的都城向来被看作维护国家一体化与社会政治格局的支点。在一个注重名教礼制的国度里，任何朝廷的盛大礼典都是为了维护皇朝政治秩序和谐安定，防止社会互动体系之间冲突，期盼风调雨顺与人民丰衣足食。礼典具有极大的震慑力与感染力，操作过程显示的文化特征最明显的就是正统的、权威的、示范的。这就是为什么本书把礼制传统与京师文化放到一起讨论的主要原因。

明清两朝一脉相承，礼制运作承袭三礼神韵，略有增损，其中与个人、家庭生活相关的内容，久而久之成为世代相传的生活习惯，以致有人把它当作民俗来对待。任何行为只要做到约定俗成，就不再局限于行为本身，而是观念的坚定与习惯的形成，很少再产生疑问。

明清礼典运作仍按历史传统分为五类：吉礼、嘉礼、宾礼、军礼、凶礼。

吉礼，《周礼》讲以吉礼事邦国鬼神祇。北京现存的天坛、地坛、太庙等坛庙物质遗产，昔日都是朝廷为祭祀而专门修建的。

嘉礼，《周礼》讲以嘉礼亲万民，皇朝政治生活与社会生活、家庭生活中的常用礼仪，涉及饮食、婚冠、宾射、飨宴、脤膰庆贺等。嘉者善也，为启迪人性亲和之善而制嘉礼。皇帝嘉礼隆重冠于朝野，诸如登极、朝会、大婚、宴飨等。

宾礼，《周礼》讲以宾礼亲邦国，朝廷接待他国君长、使节的典仪与社交礼仪规范。

军礼，《周礼》讲以军礼同邦国，朝廷军事行动的典仪，如皇帝阅兵、亲征、任命将帅、凯旋、午门献俘等。

凶礼，《周礼》讲以凶礼哀邦国之忧，哀悯吊唁忧患之礼。先秦时代的凶礼包括丧葬程序仪式以及荒礼、吊礼、禬礼、恤礼等。荒礼哀凶札；吊礼哀祸灾；禬礼哀围败；恤礼哀寇乱。这四项古礼在秦统一以后，已失去存在条件而消亡。凶礼演变为专指安葬死者的仪式，故又称丧礼，程序复杂而铺张。

五礼中除军礼外的四礼都与普通人的生活息息相关。譬如：吉礼中的祭里社、祭谷神，就与朝廷的祭社稷一脉相承；嘉礼中的婚礼；宾礼中的社交礼仪；凶礼中的丧制丧服。在京师社会中，由于国家典礼频繁浩大，使普通人的礼仪程式相形见绌。然而，不得不承认只有京师人能够经常近距离地感受到现实过程的朝廷典礼，因而在震撼、敬畏、崇拜与模仿的驱动下，京师社会礼仪化程度远远高于其他城市，显得更为庄重规范，沉稳大气。

五礼程序程式，首先表达的是朝廷以礼为标准的政治信念与一统之君对和谐安定社会的期待，其次才是仪式本身的凝重神秘的场面。在一个向来看重表率感召作用的国度里，礼作为先民政治道德遗产的文化形式，一直贯穿于华夏文化体系之中，早已深入人心。京师礼制文化模式主要由社会生活、政治生活、精神生活中的一整套礼典礼仪行为构成。

第一章

搭建情景情理平台体悟
明清京师传统礼制文化

今天我们回首历史，反思礼制传统与京师文化，需要随时把握情景与情理观念。当代人接受历史信息，在大多数情况下，依靠的是再创造的读物，虽然历史资料与物质及非物质遗产大量存在，但是，若不伴随解说，人们就难以深入了解。因此，就产生了许多视点不同的解读历史文化的文章著作、媒体文件与讲座。在阅读、聆听当中，经常会有这种状况：若是仅局限讲读本身而言，可谓丝丝入扣，挑不出毛病，但要把其人立论讲读放到历史情景中考察，结合历史情理体验，其洋洋洒洒的宏论就可能不成立。

情景者构建昔日生活氛围。历史远去，无论阅读还是研究立论，面对具体历史问题时，都需要在形象思维中搭建其时场景，切勿以当代场景串演历史情节。情景搭建绝非主观想象直接映射成昔日场景，而是要在充分解析历史名物制度、禁忌、价值观念等等前提下，激发个人有历史感的想象力。

情理者情感与理性互动。时代变迁，社会生活模式与质量都已发生天翻地覆巨变，但人情古今一脉相传。世间有离开理性的情感，而无离开情感的理性。学术研究虽属理性范畴，但离不开个人性情、情绪与情志所向。情感完全可以左右个人的立论价值取向。在人文研究领域，许多新论创意往往是超越历史而专情于轰动效应制造的噱头，以"可能性"开始到可能性结束。这与其说是理性学术研究，倒不如说是个人情感偏好下自证自恋的逻辑倾诉。

在此预备了三组例证逐一讲解，从而说明反思历史解读历史生活，须臾不离当时情景与情理的必要性。选择举例讨论方式，这样显得生动鲜活些，更容易让人理解，从而避免书斋气十足的枯燥。前一组侧重情景，后两组偏重情理。

例证一："第四堵墙"表演理论 与旧日戏园情景

"第四堵墙"表演理论

二十年前在中戏讲座时，有位学生提问，说他看到一篇文章，方知西洋戏剧表演的"第四堵墙"理论，是中国人首先提出的。问我究竟是否如此。

何谓"第四堵墙"理论？十六世纪初意大利剧场舞台开始使用镜框建筑形式，台口建造长方形边框，犹如镜框，台口两端设置幕布，根据剧情开闭。故称"镜框舞台"。十九、二十世纪，这一舞台构造形式广为世界各国采用。舞台三面封闭，只有一面朝向观众。现在的剧场基本都是如此。

镜框式舞台

18 世纪启蒙运动代表人物狄德罗《论戏剧艺术》论述演员登台表演要专注入戏，所以要"假想在舞台的边缘有一道墙把你和池座的观众隔离开"。19 世纪晚期，随着舞台上的室内"三面墙"布景日趋定型，台口面向观众的一面被视为房间布景的"第四堵墙"。1887 年法国戏剧家让·柔琏使用"第四堵墙"一词论述演员表演的空间封闭性。"第四堵墙"理论出于艺术是生活真实复制的需要，因之，演员登台表演，必须把面向观众的一面看成一堵墙，不必关心观众的反应。西洋戏剧表演的创作体验与审美体验是隔开的。

主张"第四堵墙"理论是中国人首先提出的短文，主要的依据是清初李渔《闲情偶寄》中关于戏曲表演的一句话："只做家内想，勿做场上观。"李渔字谪凡，号笠翁，浙江金华人，生于明末，盛年得意时恰逢清初顺治、康熙年间，著作甚丰，如《笠翁十种曲》等。《闲情偶寄》是"寓庄论于闲情"的随笔，内容包罗万象，除了戏剧理论外，还有词曲、演习、营造、园艺、饮食等方面内容。北京历史上有名的私家园林——半亩园，就出自其手。

剪辑古人语录作为个人学术立意的根据乃是当今研究工作的常态。"只做家内想，勿做场上观"出自《闲情偶寄》"声容部"：

> 男优妆旦，势必加以扭捏，不扭捏不足以肖妇人；女优妆旦，妙在自然，切忌造作，一经造作，又类男优矣。人谓妇人扮妇人，焉有造作之理，此语属赘。不知妇人登场，定有一种矜持之态。自视为矜持，人视则为造作矣。须令于演剧之际，只作家内想，勿作场上观，始能免于矜持造作之病。

显然，这里讲的是女优饰演女性角色时更要放松自然。假如不阅读李渔原文，不了解中国戏剧成长环境，仅读那篇文章，可能是逻辑有序，看不出毛病。但是把该文立论放到中国传统戏剧表演与昔日的剧场环境中，立刻就会发现"第四堵墙"理论是中国人首先提出的说法似乎不大能站住脚。原因很简单，明末清初还没有引进镜框式舞台，不但没有镜框式舞台，甚至连专业的剧场也没有。镜框式舞台出现得很晚，到现在不过百余年。

从茶园到戏园

中国传统戏剧舞台直至清末都是三面朝向观众的。现在如果想感受一下古典剧场的空间结构，不妨去重新整修的湖广会馆或正乙祠。到了那儿可以看到传统戏园的空间布置形式。齐如山《早期的戏园》：

> 戏园的建筑，只长方形的一座房屋，偏一头约占十分之二的地面，截为后台，有隔断隔扇，外边即是见方两丈的一个四方砖台，高约三尺，此即为演戏之台。三面可看，与现在镜框式之舞台完全不同。台前一片，名曰池子，自然是最得看的地方。园中四面有楼，楼两头近戏台之处，各截两间为单间，此名曰官座。这与西洋台边两旁之特别座位有相同的性质。但彼系为阔人或国际的贵宾而设，此则为御史衙门、内务府、升平署而设。

戏台凸于观众席中，演员上下场门设在后面直对观众。因观众席不是向前倾斜的，为了保证后排人观看，所以必须提高戏台高度。戏台的正面和左右两面都面向观众。乡社、码头的露天戏台与城市公共空间内的戏台大抵都是这个样子。只有极少数的宫廷与巨室宅邸的私家室内戏台有一面朝向观众的，如故宫漱芳斋内的风雅存即是一例，不过这类剧场的规模都不大，容纳的人较少。宫廷巨型戏台也是露天的，三面朝向观众。如故宫畅音阁与颐和园德和园戏台。

宋元时期社会演艺政策宽松，大城市多建瓦舍勾栏。瓦舍即演艺娱乐专区，内设多处勾栏。勾栏即简易剧场，多采用高搭大棚四方树围栏或板壁形制，开一门出入。棚内戏台也是三面朝向观众的。明清演艺政策趋紧，瓦舍走向衰败。城市社会演剧多假借茶馆、饭庄、寺庙与乡土特征的会馆。这些场所有的建有永久性戏台，有的则为演出需要临时搭建。明代仕宦文人的日记与笔记有关戏曲演出的记载十分丰富，清晰呈现了当时北京的公共演出场所的类别与经常上演的传奇剧目。譬如，袁中道《游居柿录》记万历三十八年（1610 年）正月在姑苏会馆，看吴伶演《八义记》；四十四年（1616 年），应米万钟之邀在德胜门内净业寺听新曲，在宣武门外长春寺看《昙花记》。崇祯四年（1631 年）八月，戏曲大家祁彪佳抵京候选御史。在不足两年期间，据其日记《涉北程言》（崇祯四年）与《棲北

正乙祠戏楼

冗言》（崇祯五年）记载，在酒馆、茶馆等处聚会宴饮观剧频繁，所观剧目有《紫钗记》《琵琶记》《彩笺记》《一文钱》《牡丹亭》《教子记》《香囊记》《连环计》等几十出之多。

茶园、饭庄、寺庙与会馆等城市公共空间，只有茶园能够经常性地容纳艺人演出。茶园茶楼本是喝茶谈天说地之所，但只喝茶谈天说事，有些人可能停留时间很短。为了留住客人，同时也为了满足拥有充裕时光需要消磨的闲人需求，充分利用空间资源增加收入，业主与艺人一拍即合，演艺进入茶园，从而实现双赢。从合作意愿上比较，艺人或许比茶园更为迫切，不管在乡镇、村社，还是城市，艺人必须逐人群稠密集聚之地演出，方能实现票房收入，能在城市商业区找到固定长久的演艺场所，更是求之不得的。

清顺治五年（1648 年）发布满汉分城居住令，内城的汉人全部迁往外城（今前三门以外的旧城区域），随着汉人高官、仕宦文人以及商贸、文化艺术、娱乐休闲等行业资源一并迁往外城之后，靠近内城的前门大栅栏与宣南地区愈加繁荣。戏园添置自然也不会落后，特别是乾隆五十五年（1790 年）四大徽班进京以后，犹如雨后春笋迅速增多，到嘉庆二十一年（1816 年），已达到了二十座，其中以三庆园等七座最为知名。同时各大知名戏园也有了长期驻演的名角与戏班。不过，虽称为戏园，但直至 20 世纪三四十年代，经营模式与观剧氛围也没完全褪尽茶园遗风，成为纯粹的剧场。在很长时间内，来客还是以喝茶为名，附带听戏，戏园只收茶钱而不另付戏钱。齐如山《国剧浅释》说："咸丰以前观剧者，虽出资而仍系茶资性质。盖当年茶园为招徕顾客起见，特约戏班在园中演唱，任人观听，借可多取茶资。"艺人收入或是按事先约定的由戏园包付，或是从茶资中分成。

园子里面总是嘈杂不堪热闹非凡。齐如山 1913 年刊行的《说戏》记述当年戏园的情景，让人仿佛身临其境：

> 各园子里头，楼梯楼上，大家往来上下，永远是咕咚咕咚的，由开戏响到散场。拦门的声音、看座让座的声音、对座的声音、同原座拌嘴的声音、要戏价求茶钱捣乱的声音、卖零碎东西的声音，这一堆声音向来也是跟到了儿的。看戏的先生们可也不规矩，寒暄的声音、说闲话的声音、议论戏的声音、笑的声音、喊茶的声音、叫看座的声音、咳嗽的声音、吐痰的声音、擤鼻涕的声音、彼此打架的声音、叫好的声音，这些声音也是时常不断的。叫好的声音，又分几种：有短声的好，有长声的好，有工字调的好，有一字调的好，有叫好带猫转节子的，有叫"好家伙"的。再者，北京的风气是好脚挑门帘，总得有碰头好，所以有抢先的，头挑门帘就要叫，常见有好是叫了，一出来不是个好脚，别人就有笑他的，于是叫好的人，往往一红脸羞恼成怒，跟别人打架起来。①

民国初年园子里又仿照天津戏园的做法，飞起了手巾把儿。毛巾不是一次一清洗消毒，而是一人用后，伙计用热水一浇拧干再洒上些花露水，逢人要用，隔着座位，就从观众头顶上扔过去了。因为过于不卫生，不久就被市府当局明令禁止了。国人沉迷于五官并用乃至手舞足蹈的享受消闲方式由来已久，好像不调动所有的感官与肢体似乎就不能表达兴致的极点。

不难想见剧场内嘈杂喧闹程度，为了吸引观众，所以戏的开场、过场的锣鼓家伙总是震耳欲聋。这也是当代许多人不能接受传统戏

---

① 齐如山《说戏》，京师京华书局 1913 年版。

曲的一个重要原因。锣鼓震天可能是露天演出，为了招揽观众而形成的习惯。一般而论，露天演出无论配乐与演员歌唱都要追求高亢洪亮，以便聚拢观众。按说演出进入室内以后，配乐就产生了弱化可能，但是，茶园内的嘈杂喧闹环境，恰恰显示了配乐制造巨响的优势，随时可以盖过噪声，凝聚观众注意力。历年练就的演出习惯，至今未见改变。

虽然当代剧场已经完全丢弃茶园陋习，但是昔日茶馆风气却在社会中浸染蔓延，大有发扬光大之势。古代城市人口少，密度小，流动频率差，多人集会的机会与制造响动的技术能量有限，茶馆风气还不能成燎原之势，城市生活安静而舒缓。然而，这是人类自我表现欲望没有普遍释放机会情况下的宁静，绝非自我约束刻意营造的。国人对公共秩序的淡漠由来已久，长期以来也缺少有力而具惩罚力的公共制约，在社会生活中，缺乏公共精神的行为随处可见。且不说在公共空间，就是居家之地，家里家外也是两重天，无论杂院与楼房单元，常是家里窗明几净一尘不染精心呵护唯恐不及，家外杂乱无章犹如垃圾场而无动于衷。在集体活动中，倘无严厉惩罚监督与利益诱惑，人多不能自我约束，比如像开会上课这样的正式场合，也经常是嘈杂一片。时下城市公共空间的喧闹与无序是有目共睹的，人们对嘈杂似乎有些麻木不仁，对火爆场面情有独钟，遇事不制造些响动，仿佛就不能证明自己的存在。商家为了营销，假以音响助阵，不把行人烦死誓不罢休。饭店内公交车上高谈阔论旁若无人直抒心胸者比比皆是。即使到了纯粹西洋移植的审美环境内，不免也要交头接耳，品头论足，偶或高声一出，惊动四座，遭人侧目而浑然不觉。

不知诸位感觉到了没有，今人说话的声调愈来愈高，常是直着嗓子喊叫。究其原因，乃在于公共空间的噪声使然。在一个躁动喧闹的氛围中，交流对话，手机聊天，为了让对方听清表述，不得不提高嗓门，久而久之变成习惯。说话声调由低就高易，由高变低难，前者条件反射，逢乱必高；后者习惯使然，扯着嗓子喊惯了，再进入安静环境时，也不会悄声细语了。顾亭林讲，立俗难，毁俗易，百年成之不足，一旦坏之有余。旧日悄声细语的习惯一旦远去，再想营造宁静生活环境，至少要经过两三代人的努力，方能见些成效。

传统戏曲表演离不开台上台下互动

中国戏曲在发展过程中，并未形成集体审美的良好秩序习惯，现场审美氛围左右了创作表演形式。演员绝不能用想象中的一道墙与观众隔绝，如果隔断了，中国戏曲就不是今天这个样子。露天演出自不必说，往来自由，毫无约束可言。就是进入茶园，面对嘈杂喧闹环境与心猿意马的观众，演员必须增长调控观众能力，随时与台下构成互动。这一职业训练能力确实能在乱中取胜，保证了演艺实现票房价值的长期性与稳定性，同时也促成观众追逐演员的捧角习惯。

传统戏曲是以才艺表现为中心的，艺人上台拥有极大的自由发挥空间，从而展示个人演技与创造力，而剧本设定的情节结构与演出纪律则降到次要位置，不能成为演出的金科玉律。临时添减或改动，甚至加上与剧情毫无关系的台词，非但不被禁止，有时还会得到内外行赞许，当作舞台表演智慧加以颂扬。正是以歌舞表演为主，不以故事悬念见长，所以才能让人百看不厌，百听不烦。

梅兰芳大家都熟悉，他出道时曾受陈德霖指点。陈晚年时，梅请他同演《大登殿》中的王宝钏，梅自扮代战公主。《大登殿》叙述的是薛平贵得代战公主帮助，攻破长安，自立为王，封发妻王宝钏与代战公主为后的故事。王宝钏在几十年前是一位家喻户晓的戏剧人物。她出身相门，不嫌贫爱富，独守寒窑十八年苦等从军的丈夫薛平贵归来。故事极为简单，薛平贵与王宝钏之间的悲欢离合，与其说是表现永恒的爱情，倒不如说是为了宣教妇女的慧眼与忠贞。这种不惜牺牲生命过程而完成信念目标所表达的伦理精神，在漫长的历史时期内，曾经左右着民众的审美情趣。世人只看到了荣华富贵，却无法真正体验十八年寒窑生活的艰辛困苦与寂寞凄凉。

当时陈已是六旬开外的老人，自认再上台扮成一位雍容华贵又比代战公主漂亮的王宝钏，恐怕观众难以接受而十分犹豫。梅劝他放心。及至二人同台，增添了几句戏外台词。梅饰的代战公主望着王宝钏说："怎么这位姑娘看着很面熟啊？"小花脸马达跟着垫了一句："敢情熟，他是你的先生呢。"用插科打诨方式，不但化解了陈的疑虑，也向观众做了圆满交代。再如，1957年中国戏校庆祝萧长华八十寿演出，雷喜福与侯喜瑞合演《打严嵩》。侯饰的严嵩遭到雷饰的邹应龙戏弄责打之后，却向戏中打人者邹应龙深施一礼，说道"雷喜福大师哥，您多受累。"这是在为师庆寿的特殊氛围中，博师父一笑的同时，又对已是六十多岁的大师哥表达敬意。台上演员机敏直接说话示意观众，无疑能获得意外的喜剧效果。如此事例太多了，不胜枚举。京剧自从进入正式剧场以后，表演理念、戏曲思维与创作体验，基本上沿袭了旧日传统。

演员登台难免出错。如果演出纪律严格，那么在出错之际，同台合作者必须尽量为之遮掩带过。可是传统戏曲表演根本不存在如此约束。对待同台之人犯错，是否为之遮掩，全凭个人意愿。选择遮掩的被同行称赞有戏德，不过，选择暴露其错的，也绝非视为失德行为。民国初年，谭鑫培、梅兰芳在段宅堂会上合演《汾河湾》时：

演至《闹窑》一场，兰芳杀过河时，与鑫培里外错走，不免相撞，仓卒之间，殊无人理会。鑫培于末场（本应）白"打救孩童性命"句下，忽加"叫他这边躲，他偏往那边去"二语，即景生情，妙语解颐。鑫培受人之托，有言在先，乃临时竟不为之回护，想亦结习难忘，忍俊不禁了。

又在天乐园演《天雷报》，高四保（清末民初名丑）饰地保，误呼"周伯伯"（应称张伯伯），观客初不留意，及老旦云"外边有人唤你"，鑫培云"你听错了，不是唤我罢"，众人不禁哗然。四保念至"新科状元像继宝兄弟"一语，鑫培又云"你要看清楚，不要错认了人"，大家回想，又复哄堂。[①]

这种不放过对方失误的做法，似乎不够厚道，可是在昔日的戏曲演出中，并不被观众视作坏事，反倒是现挂的包袱。谭不愧是伶界大王，机智应变能力了得，虽不肯为对方遮掩，但临时加上的台词，没有超出剧情范畴。这是台上台下互动情境中，带领观众不离剧情的智慧。也许观众没有发现或不计较梅兰芳走错了，高四保念错了，但是，舞台事故得以现场交代总是好的，尤其对那些挑剔的内行观众，谭添加的台词，恰好为失误者圆了场。当然，出错的演员会感到难堪，乃至心生怨恨，但是，犯错代价越大，记忆就会越深刻，越激发敬业精神与练功热情。

不可否认，允许演员临场发挥，也就提供了偷工减料与自我突出的机会。有的艺人凭经验判定观众少有内行时，往往懈怠糊弄，

---

① 陈彦衡《旧剧丛谈》，见《清代燕都梨园史料》下册 868 页，中国戏剧出版社 1988 年版。

乃至删减戏词草草收场。有的艺人为抢风头，不惜故意制造噱头难为同行，而落下"搅戏"恶名。搅戏一向被同行所不齿，但观众的普遍看法与此不同，出人意料的冲突从天而降，让人目瞪口呆，瞬间突现的舞台尴尬与尴尬化解的智慧，常常产生意想不到的审美效果，满足了观众的猎奇心理。搅戏只会受到同行的道德谴责，而不会受到制度惩罚。

众所周知，戏曲传统剧目的剧情发展大都极为简单缓慢，这与当时的生活节奏高度一致。舒缓的农业社会生活模式创造不出紧凑快速的审美形式。表演艺术所能借助的技术手段越贫乏，就越要依赖艺人自身努力。昔日艺人社会地位低下，为了谋生必须不停地演出，不停地揣摩观众心理，自然是媚俗媚众的。上座率不依靠名角与经典剧目，就得依靠色情、搞笑与高难度危险动作。

舞台表演能教会观众建起与台上互动习惯的方法，莫过于放慢节奏与剧目反复上演了。观众一旦喜欢上了，缓慢，留给人充裕模仿时间；重复，让人记忆体会细节。从而把在剧场中的艺术享受，推向社会，变成日常生活的自娱自乐。可见，缓慢重复是艺人与观众的共同需求。一方面，维持了剧目经久不衰与艺人体能才艺特长，实现票房价值的长期性；另一方面，又让观众尤其是闲人，在轻松悠闲中消磨时光填补精神空虚。很难想象一位无所事事的闲人，正在为打发时光发愁，而要求自己中意的事情迅速结束。一个多世纪以前京师旗人社会，这样不算富有却衣食无忧的有闲人比比皆是。

不言而喻，戏曲审美，需要反复训练，方能深入其中体会韵味精髓。这完全是在本土文化环境中养成的一种创作体验与审美体验互动的风格。不但艺人需要反复训练，观众也同样如此。观众有意模仿唱腔、念白、身段，形成了集体审美的习惯，乐此不疲。这是中国传统戏曲审美的一大特色。

说到表演，无论古今中外总有相通理念。塑造剧本编排的故事人物，当然要求演员摒弃个人喜怒哀乐，以角色设定的悲欢离合为自己的悲欢离合，尽量避免造作痕迹。角色表演从来是演员个人的理解与创造，无论站在角色前面，还是后面，演员登台演绎剧中人物时首重从容顺畅，切忌紧张与张扬造作。因之，"只做家内想，勿做场上观"是一切表演艺术的最原始最基本的要求。

历史远去，古人留下的表演心理启迪之论，为当代跨越时空开创个人学术创意打开方便之门。语言离开语境，则是纯粹的符号而缺乏历史感，古人已不能言，任由立论者拣其只言片语添枝加叶敷衍成篇，将立体的时空压成平面，直接与个人预设结论挂钩，撑起标新的学术创意。时下追求轰动效应或一鸣惊人者比比皆是，学术研究有如商业广告，惟恐论不惊人语不时尚。至于立论的历史感与真实性如何，常无人问津。

学问立论之道一定要顾及时代文化制度背景，一定要放在历史情景之中把握。要是了解昔日中国戏园是怎么回事，就不会盲从"第四堵墙"理论是中国人首创的结论。以京剧为例，从乱弹到成熟，演出始终处在台上台下互动的情境中，台上靠精美绝伦的艺术张力吸引观众，对抗嘈杂乱象，进而征服观众，培育扩大了票友、戏迷群体，从而使场内嘈杂之声逐渐朝向喊好助阵与倒好批评的呼应方向集中。台上表演，台下呼应，两者之间绝无意识上"第四堵墙"的隔绝，这才是现实的一台活生生的戏。

四功四法：京剧创作体验与审美体验互动标准

京剧演出，台上创作台下审美，两者互动遵循的是同一标准，京剧界流行称为"四功五法"。通过功法分类标准判别艺人功力如何，立分高下。京剧程式化、规范化与虚拟性表演特征，是靠艺人规范的技能训练与观众的挑剔延续的。

四功者"唱、念、做、打"。这是表演必须具备的四项基本功。唱居首位，俗谓"一唱遮百丑"，就是唱得动听韵味十足，能掩盖其他功力的不足；念即道白，讲究清脆有力；做即表演，声音之外的所有形体动作如武生起霸、旦角舞蹈等难以尽数；打即武打。

如今有的京剧人，在谈论京剧表演特色时，创新使用"唱念做表"或"唱念做舞"等分类，乃是忽略了"做"的含义所致。表演一词流行使用得较晚，此前通行的是"做戏""做艺"，做（作）就是表演，何必画蛇添足。至于舞蹈，更没有单独列项与"做"并立的理由。"舞"属于"做"的范畴，况且在京剧中使用的并不多，若单独列为纲目，那么置其他重要的形体动作于何地。因之，四功是提纲挈领的一级纲目，每一纲目下还可以分成许多二级项目。显然，舞是"做"的二级分项，细分下去，二级分项下还可分出三级四级细目。齐如山《国剧身段谱》就开列了二百五十六式形体动作。

五法者"手、眼、身、法、步"。手指以手带臂的上肢；眼指眼神眼光；身指形体动作的协调统一，关键在腰；步指下肢到脚动作。显然，手、眼、身、步这四法皆涉具体的身体器官构件。唯独"法"法所指不明，令人费解。法法连用，一般表达的是忠实于规矩标准。因之，"法"究竟指什么，就出现了多种解读，有谓"法"为"发"，系指甩发。有谓"法"为"伐"，系指腿功等之说。再有则干脆弃之，如程砚秋则以口替代法，形成口、手、眼、身、步五法；张云溪则以腰替代法，而成手、眼、身、腰、步五法。无论是谐音寻找，还是另辟蹊径，这些解读见仁见智之余，并没有将"法"解释清楚。其实，之所以众说纷纭，就在于拘泥法有五项上。

实际上，"四功五法"应是四功四法，即"唱、念、做、打"功与"手、眼、身、步"法。五法中的"法"并不是与手眼身步并列的，而是与"四功"的功对应，系指身形动作的法度规范标准。功要求的是技能纯熟深厚，而法要求的是遵规应变。《尔雅》"释诂"讲"法，常也"。"释名"讲"法，逼也。逼而使有所限也"。艺人训练与表演，都要遵循法度范式进行，犹如书法有法帖（法书），营造有法式一样。做戏在法度框架内，结合个人条件发挥特长。失去了基本框架法式标准，就丧失了剧种与行当的特征，而没有个人创作发挥，也不能让剧种发扬光大。

如果非要坚持传统"五法"之说，将"法"解读成"发"，似乎还算说得过去，毕竟繁体"髪"很容易被旧日文化程度不高的艺人白字谐音成为"法"。不过，这一解读亦存在很大疑问，手眼身步（腿脚）皆是身体器官构件，而髪则是头饰，甩动需要的是脖子与腰以上的协调配合。因之，在众多的形体动作中，单把甩发拿出来与身体构件并列，实在让人难以信服。手眼身步训练皆是体能激发技能，以提高艺人适应才艺表演的需要。而髪是体能表现才艺技能的形式之一，倘若单独列项重点突出，那么，置水袖、翎子、大带等功夫于何地。

"四功五法"作为京剧行话术语，缘起流变轨迹一时难以理清。明明是四功四法，为何偏要说成四功五法，可能是受科举应试必经"四书五经"训练的影响。"京戏重科班，如科举时之重正途。"[1] 科举是众所周知朝野关注的国家抢才制度。选拔考试内容限定在四书五经之内。得中举人、进士者做官，视为正途出身，官称科班，最

---

① 许九埜《梨园轶闻》，见《清代燕都梨园史料》上册 842 页，中国戏剧出版社 1988 年版。

受重视。京剧科班教学，由浅入深，名角成长犹如科举从童试到殿试的过程。其间才艺技能提高须臾离不开规范的功法训练。因之比照科举高中必精研四书五经之例，而把京剧成角必经严格锤炼之法规笼统说成"四功五法"。

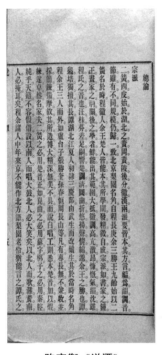

陈彦衡《说谭》

"手眼身法步"五法，推测当初的顺序是手眼身步法，可能是在口语相传中，顺嘴将步、法顺序颠倒了，从而将练功的法度规范当成了练功项目，于是法外加法形成"五法"之说。另外，也可能是将步伐讹成步法，同时将其断开分成了步与法两项，而将四法变成了五法。晚清民国时期，京剧表演评论常以"身手步伐"动作优美与否来判定艺人的水准。"身手步伐"分别指身段、手势与步态三项，意思十分明确，但在艺人口口相传的过程，把步伐误为步法，进而分拆，于是变成四项，再添上眼神，就形成了"五法"。"梨园内行文学知识太浅，白字讹音相沿不改，遂至文义不通，为人诟病。"[1] 由于长期以来拘泥五法之说，所以才产生了五花八门解读"法"的现象。

实际上，京剧自形成后直到民国初期，论述艺人功力的戏剧评论也很难见到使用"四功五法"的，基本都是就艺人功力本领特长而论之，在此摘录剪辑几则《旧剧丛谈》关于功法的论述：

---

① 陈彦衡《旧剧丛谈》，见《清代燕都梨园史料》下册 857 页。

唱工，须三音皆备方为好手。三音者，高音、平音、低音也。高音嘹亮而不窄小，平音坚实而不偏枯，低音沉厚而不板滞，此之谓三音皆备。三者缺一，不足为重。

名角演剧，首重作工，盖有作工而后唱、念、身段始有精彩。作工者，表情之谓也。然而殊难言矣。名角作工，不外通情达理，恰如其分。若毫无意识，自作聪明，未有不贻笑大方者。

名角演剧，不但唱作皆精，即白口亦字酌句酌，迥异寻常。

鑫培与楞仙二人皆精武功，其身手步伐，迥非寻常家数，殊令人有观止之叹。[①]

以上剪辑的四则评论涵盖唱、念、作（做）、武（打）、手、身段、步伐共七项功法。虽未提及眼法，但不表明不存在不重要，眼神是表情的支柱，黄旛绰《梨园原》"身段八要"讲述了表情用眼的八法，大抵是，威严正视，欢容笑眼，贫病直眼，卑微斜视，痴呆吊眼，疯癫定眼，病倦泪眼，醉困摸眼。眼神眼光训练不可或缺。早期的京剧以须生为中心。清末王瑶卿崭露头角，开旦角与须生并重先河。旦角表演更倚重眼神，以展现年轻女子的妩媚表情。在日常生活中，戏曲演员也抹不掉自幼练功铸成的习惯。在稠人广众中，也许戏曲演员的仪态风度与眼神最为特殊，往往一眼就可识别。

显然，四则评论并未出现所谓的"法"法。明代自昆腔兴起以后，直至民国初年，戏曲剧种分支无不受其影响。昆腔传奇越来越注重唱念之外的形体动作。生活于明嘉靖到万历年间的潘之恒，所

① 陈彦衡《旧剧丛谈》，见《清代燕都梨园史料》上册第 855、857、862 页。

著《鸾啸小品》论述表演要做到"拜必趋简，舞蹈必扬，献笑不排，宾白有节，必得其意，必得其情"。① 清初吴伟业为扬州评话家柳敬亭作传，讲其表演"目之所视，手之所倚，足之所跂，言未发而哀乐具"。② 虽是说书，但与戏剧表演情同一理，皆靠深厚功力凝聚观众。

传统戏曲表现手法的程式化、规范化与虚拟性是通过四功四法完成的，每一行当拥有本门的基准法式，艺人登台举手投足都要遵守本门动作的法式规范。因之，同一行当演出不同剧目，形体动作呈现为大同小异，比如扎靠武生出场都要起霸，而不同武生的起霸稍有差异。表演魅力就在于雷同中的不同，在法式化中创造流派，发挥想象力与创造力。因而，观众比较容易判别同一行当演员技艺的优劣。

京剧向来把精力智慧放到才艺体能训练上，而非剧本创作上。唱念做打需要充足时间展现，所以，一个剧目难以容纳人物过多，设置情节过于复杂。剧情冲突也做不到跌宕起伏，故事悬念大都直白浅显。有些剧目的情节十分简单，譬如《贵妃醉酒》，表现的是唐玄宗宠妃杨贵妃由于皇上爽约，而由喜转悲的失落心态。贵妃借酒消愁，舞蹈歌唱。表演细腻挥洒，让人看得目不转睛，听得如痴如醉。正是以歌舞表演为主，不以情节悬念见长，所以才能经久不衰。

听戏时喊倒好在过去是经常发生的事情，自从剧场净化以后，喝倒彩被视为粗野行径，受到极大限制，如此则放纵了演员对艺术不再精益求精。抵制喊倒好，如同买了假货劣货不许批评退货一样荒诞。听戏娱乐既是消费，就得保护消费者权利，以什么方式维权

---

① 潘之恒《鸾啸小品》卷三"技尚"，见《安徽明清曲论选》黄山书社 1987 年版。
② 《梅村家藏稿》卷五十二"柳敬亭传"，宣统三年武进董氏诵芬室刊本。

从来是值得深思的社会问题。轻易原谅台上的敷衍糊弄或失手失误，绝不能成为公共标准。观剧应是只看结果而不问失误原因的，一位演员一生可能要演出成千上万场，难保不出差错，但对观众来说，赶上一次就是缺憾，因此，不管什么原因的差错，纵有千条万条理由，除非不可抗拒因素，都应让他付出现实代价。

其实，喊倒好的人大都是内行，如果不是对剧目了若指掌，对程式动作、唱词了然于胸，也不能如此挑剔。喊倒好是民间观剧形成的习惯，多年来也与台上演员达成默契。喊倒好与喊好一样，都要在关键时刻出彩，绝非随意乱喊的。喊好自不必说，表示赞许。喊倒好在绝大多数情况下，并非故意找茬捣乱任意胡为，也是按照四功四法要求，明确挑出台上出错的地方。向台上传达的信息是，我懂戏，别糊弄我。在公共空间之中，哗众取宠者向来不乏其人，其人是否拥有足够的挑剔本事，则另当别论。有关剧场秩序话题，很难听到对鼓掌喊好的批评，难道鼓掌喊好不比几声倒好更影响欣赏秩序吗？

从观众审美情感宣泄与演员才艺展现需要上看，演员更期盼喊好助阵，从而激发表演热情进而提高或保持个人在业界的身价。因而，才会出现演员登台若观众反应平淡，也要铆足气力博得几声喝彩方肯罢休的现象。名角都是在狂热追捧喊好中成长起来的。既然随时期待观众热捧喝彩，那么，与之伴生的倒好就不能避免。

京剧表演与审美，台上台下一体，无论演员，还是观众，都是既在戏中，又在戏外的。用情至极，完全融入剧情情境中，随角色的悲欢离合爱恨情仇而喜怒哀乐，这就是在戏中。而审美则在戏外，艺人与观众虽在戏中，却一刻也不会放松对才艺的追求与评判，这也是为什么催人泪下的苦情戏，表演得淋漓尽致之时，台下不是悲声一片，而是爆发喝彩声浪的主要原因。京剧的角色表演，演员从来是站在角色前面，张扬个人才艺绝活的。

回首从茶园茶楼到戏园戏楼的历史情景，不难发现中国传统戏曲完全是本土文化艺术积淀成型的审美形式，与西洋戏剧风格理念迥异。

例证二：男旦由来与男旦艺术优势

为什么京师传统戏曲舞台上的女性角色要由男性来扮演？普遍认为是历史上男尊女卑、礼教禁止女性抛头露面促成的。俗语讲熟知非真知，这种几成定见的流行说法，实际上是似是而非的想当然推理。回顾历史，成因绝非如此简单。

明以前旦角多为女性

众所周知，倡优在古代泛指以乐舞、杂技、戏谑为业的艺人，颜师古注《汉书》谓"倡，乐人也。优，谐戏者也"。两者职业技能多有交叉，界限难分。倡包括女性，如倡人、倡伎、倡女、倡家、倡俳、倡妇等，长于器乐与歌舞。而优基本上是男性，常称为俳优、优伶、优人，长于才艺表演，善为谐谑笑言。

秦汉时代，倡优虽属贱民，但良贱还是可以通婚的，汉武帝皇后卫子夫、李夫人，汉成帝皇后赵飞燕，东汉曹操夫人卞氏，皆出身倡女（歌舞伎）。唐以后严禁良贱通婚成为法律。由于倡优主要服务于社会上层，虽社会地位愈来愈差，但皇帝与权势群体的好恶，足以改变倡优族群的规模与生活状况，能让其中的佼佼者风光无限。

唐玄宗"酷爱法曲，选坐部伎子弟三百，教于梨园。声有误者，帝必觉而正之，号皇帝梨园弟子"。① 开元二年（714 年），抽调一部分太常寺所属的祭祀神乐倡优，另设左右教坊，以教俗乐。左教坊以善歌者为主；右教坊以女性善舞者为主。

唐玄宗的嗜好成就了倡优名角的名气与豪奢生活。开元年间，"乐工李龟年、彭年、鹤年兄弟三人皆有才学盛名。彭年善舞，鹤年、龟年能歌，尤妙制《渭川曲》。特承顾遇，于东都大起第宅，僭侈之制，逾于公侯"。②

皇帝的眷属只能让其中意的极少数名角改变命运，却不能改变倡优群体作为贱民的现实。在人口身份严格按籍管理时代，倡优若想脱离贱籍异常困难。隋唐以后科举考试是面向社会、公开公平公正的筛选机制，但拒绝贱民参加。这一禁令直到清雍正时才发生变化。雍正元年（1723 年）、七年（1729 年）、八年（1730 年）三次豁除多地各类名目的贱民贱籍，其中就包括乐户，但直到清末在法律上也未宣告彻底废除贱籍制度。脱离了贱籍，也不意味着就能立即参加科举，必须改业三代以后。

宫廷官场须臾离不开演艺娱乐，却鄙视倡优为附庸玩物，执行严格的贱民管理制度。任何朝代演艺内容与官方宣教伦理不可能永远保持目标一致，一本正经的演出与严肃高雅的内容只是其中一种形式，绝不可能是全部。况且，缺乏文化底蕴的观众互动，也难生成严肃高雅，即使生成了，又极欲表现，在曲高和寡场合，也实现不了票房价值。因此，搞笑、色情、高难危险动作等是最常用的吸引观众增加收入的手段。朝廷深知民众的文化知识程度，不愿意看

---

① 《新唐书》二十二"礼乐志十二"，中华书局标点本。
② 郑处海《明皇杂录》卷上，中华书局 1994 年版。

到民众精神空白任由演艺填充，不能容忍这种不事稼穑的人群蔓延，带坏安于垄亩的农民与官控匠户。在技术资源贫乏与行政能力简单低下时代，既然无法做到随时审查剧本与监控演出，那么限制演艺群体的流动与自由就成为有效管理的首选方法。倡优贱业身份与从良障碍，自然培育了社会歧视观念。尽管人们或多或少曾在演艺中获得享受与欢乐，却丝毫不能动摇对演艺职业的鄙视。直至晚清民初，艺人地位已有改观之际，普通人家自动投身其门的，也极其少见。

宋以后，城市经济发展，城市建设与功能发生质的变化。为了迎合城市商业、手工业经济需求，城市布局废除了坊市制而改为街巷制，取消了城中分区而治的坊墙，让通衢大道变成商业街。城市经济发展，人口增长，百业繁荣，自然不能缺少倡优经营的演艺娱乐业，居民娱乐与精神生活也是城市生活不能或缺的。东京汴梁市面娱乐形式多种多样，有杂剧、影戏与说诨话等，男女艺人数十位，观众"不以风雨寒暑，诸棚看人，日日如是"。① 朝廷教坊乐人亦在休假时参与演出。

从宋元到明中期杂剧演出，扮演女性角色的向来以女艺人为主男艺人为辅。不错，礼教确实禁止女子抛头露面，但只是针对良家妇女而言的。在实际操作中，礼教虽然繁密，却属于程序性强而普适性差的制度，触角远远不能深入社会每一层面，大约只能管束中上层妇女，而难以约束下层劳动妇女。下层妇女为生活计，不得不抛头露面。尽管如此，妇女的缠足、早婚、不识字，加上父权夫权的管控，仍极大地限制了妇女活动空间。良家妇女跌入贱业，上层大都为犯官家属，下层不外出于拐骗、贩卖、私奔等。不管出自什

---

① 孟元老《东京梦华录》卷五"京瓦伎艺"，上海古典文学出版社1956年版。

么原因，女子一旦堕入风尘，自然归入社会另类，再谈礼教约束毫无意义。

实际上，艺人无论男女，艺团戏班都不可能公开在社会中通过招募实现人员补充新老交替，男性虽然拥有比妇女更大的自由与权利，但社会身份良贱界限犹如天壤，很难有人自我贬低投身贱业。艺团戏班延续主要靠倡优乐籍群体的再生人口。

古代演艺与色情常混在一起，朝廷既然把乐籍群体归为另类，视作贱民玩物，就不可能再断其生路，禁止公开演出。乐籍女性登台演出非但不被禁止，反而受到普遍欢迎。夏庭芝《青楼集》记元代一百四十多位艺人，其中女性一百一十余人，诸如赵偏惜、朱锦秀、燕山秀，皆是旦末双全，男可装旦，女能为末。"歌妓顺时秀，姓郭氏，性资聪敏，色艺超绝，教坊之白眉也。"[①] "歌儿珠帘秀，姓朱氏，姿容姝丽，杂剧当今独步。"[②]

杂剧饰演男性角色的艺人称"正末"，饰演女性角色的称"旦儿"。"旦儿"一词缘起何由，宋明笔记杂说百出，难成定论。"旦之色目，自宋已有之而未盛，至元杂剧多用妓乐，而变态纷纷矣。"[③]装旦即正旦，小旦即副旦，面着黑点的称花旦。名妓如李娇儿为温柔旦，张奔为风流旦，"盖胜国杂剧，装旦多妇人为之也"。青楼行院艺妓构成艺团戏班女演员的主体。

明承元旧，延续这一传统，直到明中叶悄然渐变，台上扮演女性角色的艺人逐渐让位于男性。不过，直到明末，戏剧表演还没有完全拒绝女艺人。京师舞台男旦一统天下的局面的最终形成应是在清初。检其原因，在于明宣德朝以后，小唱职业的兴起。小唱是一

① 陶宗仪《辍耕录》卷十九，中华书局 1959 年版。
② 陶宗仪《辍耕录》卷二十。
③ 胡应麟《少室山房笔丛》卷二十四"庄岳委谈"，上海书店出版社 2001 年版。

种什么职业，还要从明代官场纪律变革说起。

古代官场与文人雅士聚会唱答，免不掉招歌妓助兴。远的不说，唐宋此风甚盛。"唐法网甚宽，凡官府到任，宴会饮酒，俱有官妓承应。"[1] 官妓又称公妓，顾名思义属于官营而服务宫廷与官场。官妓之外还存在私妓，包括达官贵人供养的家妓与民间娼妓。官妓的传统是以才艺展现为主，而色相迷人为辅。在饮宴聚会进行中，艺妓歌舞弹唱，猜枚行酒，尽欢而散。官妓身陷乐籍贱民，在卑微屈辱的声色娱人中，传承创造了绚丽灿烂的古代音乐歌舞戏曲艺术。

明太祖起自布衣，建政金陵（南京）之初，在金陵乾道桥建富乐院，院中男子戴绿巾，腰系红搭膊，足蹬毛猪皮靴；妓妇戴皂冠，身穿皂褙子，禁止穿戴华丽服装。后富乐院失火被毁移建武定桥。又恐地方文武官员拥妓饮酒生事，而将各地官妓"尽起赴京入（富乐）院"，由朝廷集中统一管理。[2] 严禁官员宿娼召妓，一经发现惩罚严厉，廷杖六十。二十六年过后，事情发生巨变。洪武二十七年（1394 年），上命"工部建十酒楼于江东门外，既而又增作五楼。诏赐文武百官钞，命宴于醉仙楼。而五楼专处以侑酒歌妓"。[3] 不但建专门的酒楼色情招待所，而且还发放官钞，无疑是在鼓励官员饮宴召妓作乐。

永乐迁都北京，延续这一传统。官妓集中在今东四到东单与西四到西单的几条胡同中。检索嘉靖三十九年（1560 年）印行的《京师五城坊巷胡同集》不难发现，以皇城为轴线，这些胡同位置基本对称，东城明时坊有马姑娘胡同、南院；黄华坊有粉子巷、勾栏胡同、东院、演乐胡同；南居贤坊有宋姑娘胡同、粉子胡同；西城咸

---

① 西湖墨浪子《西湖佳话》卷二"白堤政迹"，浙江文艺出版社 1985 年版。
② 刘辰《国初事迹》卷一，巴蜀书社 1993 年野史集成本。
③ 沈德符《万历野获编》补遗卷三，中华书局 1959 年版。

宜坊有粉子胡同、西院、勾栏胡同。"京师倡家东、西院籍隶教坊，犹是唐宜春院遗意。东院以瑟，西院以琵琶，借勋戚以避贵游之扰。"①

教坊司负责行院管理与收税，"乐户统于教坊司，司有一官以主之，有衙署，有公座，有人役、刑杖、签牌之类，有冠有带。但见客则不敢拱揖耳"。② 税谓"脂粉钱"，后改称"花捐"。明朝的乐户形成于洪武、永乐两朝，除接收元朝旧有的以外，新增的一部分为元贵族高官的妻女后裔，大部分来自遭政治屠戮的功臣高官的妻女家奴。此后历朝不断将政治要犯的妻女罚入乐籍。强迫罪人妻女为娼，极为野蛮残酷，"凡缙绅籍没波及妻孥，以致诗礼之家，多沦北里。其有妙兼色艺，慧擅声诗，都士大夫，从而酬唱。"③ 乐籍禁止变更，使得乐籍再生人口只能在法规划定的范围内生活，因之，出于生存竞争需要，乐籍女童自幼接受的不再是闺范女工之类的礼教，而是歌舞辞章风月调情等才艺训练。相形之下乐籍女子的识字率远远超出同期的其他女子。

法律严禁良贱通婚，因而，乐籍男子只能与同籍女子婚配。在普遍早婚的年代，年龄稍大的艺妓大都已拥有自己的家庭。

永乐迁都之初虽没有仿照太祖之例，在北京修建酒楼，但通过上述地名遗留的历史信息，多少能感到当时两院教坊司的规模。其中一些地名可能是承元之旧。大家知道，元大都作为一统皇朝的都城，昔日的娱乐资源极为丰富，略加整理足敷使用，另一些就是迁都之初特地设置的。

千万不要被这一放纵官员奢靡的做法蒙住双眼，谁也不傻，都

---

① 吴长元《宸垣识略》卷九，北京古籍出版社 1981 年版。
② 余怀《板桥杂记》上卷，上海古籍出版社 2000 年版。
③ 章学诚《文史通义》卷五，中华书局 2004 年版。

明白允许官场奢靡合法化必促成荒废政事与腐败蔓延。明知如此，为什么还要这样做？追述其因，太祖、成祖各有隐衷。

中国哲学向来崇尚中庸，治术亦讲究刚柔并济一张一弛，两者的任何一端都不能走向极致，一旦一端走向极致，都要朝相反方向回归。为了维系皇朝长久利益，必须有效管控官员行为，严法固然很好，但也非越苛越重就好，至少要保证官场环境适度宽松与官员优于中等生活的体面实惠。法度过严超出此线，会使官员懒政虚应故事，遇事只知自保，畏手畏脚推诿塞责，甚至丧失做官兴趣。更令人沮丧的是传向社会后，大大降低士子精英立志从政的兴趣，皇朝将陷入人才匮乏后继无人的危机。

众所周知，明太祖峻法待官，屠戮功臣之多在中国历史上是鲜有其他帝王可比的。从洪武十三年（1380 年）到二十六年（1393年），金陵城笼罩着肃杀冷酷的恐怖气氛。胡惟庸、蓝玉两大狱（胡狱发生于洪武十三年，迁延十一年；蓝狱发生于洪武二十六年二月，当年结束），假肃清逆党之名，株连蔓延，获死罪的达四万五千人，一时从龙重臣，显爵高官，死者追削，生者处死，几乎凋零殆尽。大狱过后，官员不可能立即从胆战心惊中解脱。为了保持政府运转，必须尽快抹去血腥的政治阴影，焕发官员对皇朝的信心与工作热情，同时也要向社会发出信号，激发精英投奔政府的兴趣，因之，必须营造祥和宽松的政治氛围。

明成祖亦复如此，发动靖难之役登上皇位之际，屠戮建文旧臣齐泰、黄子澄等五十余人的九族，甚至不惜把方孝孺的朋友一族也牵扯进去。通过不留情面的屠杀，震慑敌对者的反抗胆气，不能让人爱戴，就要让人惧怕。然而，靠敌对者鲜血与政治高压维持绝对权力，终究非长久之计。因此，比屠杀更为重要的是加意笼络人心，以美女醇酒换取建文朝旧臣的集体拥戴。

宣德三年官场禁令促使小唱走向台面

从洪武二十七年（1394 年）到宣德三年（1428 年），短短三十五年，官员在歌舞升平中，很快忘记血腥的政治屠戮，尽情地享受，同时也把从政做官的职责忘得一干二净。官场上奢靡享乐成风，政事荒废，动摇了统治基础。宣德三年，左都御史顾佐"以百僚日醉狭邪，不修职业"为由请旨禁止官员召妓宿娼。[①] 随后朝廷发布禁令，不再容许官员狎妓作乐，违者革职。如果宿娼，处罚更为严厉，论罪"亚杀人一等，虽遇赦终身弗取"。[②]

明宣德皇帝

---

① 沈德符《万历野获编》补遗卷三。
② 王锜《寓圃杂记》卷一，中华书局 1994 年版。

召妓禁令发布执行，顿使官员对饮宴召妓望而却步。然而积年形成的享乐习惯不是轻易就能丢掉的。官员期望在聚会消闲中招妓作陪的炽烈心情，绝非一纸禁令的冷水一浇就灭的。禁令是一回事，而禁令管辖实效是另一回事。禁令不是禁止官员聚会饮宴，而是禁止召妓陪伴的娱乐选项。因此，规避惩罚的变通做法随之出现，弘治时，郎中顾谧在校尉张通家饮酒，"令优人女妆为乐"，事发受到"冠带闲住"处分。① 显而易见，对于这种以"优人女妆"替代艺妓陪宴的做法，处理起来相当棘手，盖因禁令只禁艺妓伴宴而未涉及男扮女装。因之，只得降低惩办力度而不了了之。"冠带闲住"保住了官员身份，仍可以随时起复做官。朝廷也未因此事件，将男优扮女纳入禁妓范畴。因而，官员聚会饮宴使用"优人女妆"愈来愈多，最终在嘉靖以后形成了小唱陪侍产业。

人类偷梁换柱、逃避制度制裁的智慧，永远取之不尽用之不竭。就算官员可以抑制欲望，而倚赖官员饮宴活动谋生致富的人也不会轻言放弃。改头换面，一种新的服务官场娱乐的职业兴起，让原本存在的男色走上了社交台面，这就是男优"小唱"。小唱将歌妓的一切本领都继承下来，惟独性别发生了变化，换成了相貌体征酷似美女且富歌喉的青少年男子。由于不是艺妓，禁令也就无从处罚。

小唱最初指的是民间俚歌。宋代词义改变，系指唱法。"重起轻杀，浅斟低唱是为小唱。"② "须得声字清圆，以哑觱篥合之，其音甚正，箫则弗及也，慢曲不过百余字，中间抑扬高下。"③ 宋元流行于江浙，以临安（杭州）最盛。明以后伴随永乐迁都，江浙人大量移居北京而植根于京师社会。

---

① 余继登《典故纪闻》卷十六，中华书局 1981 年版。
② 灌圃耐得翁《都城记胜》"瓦舍众伎"，上海古典文学出版社 1956 年版。
③ 张炎《词源》卷下"音谱"，人民文学出版社 1963 年版。

小唱既为唱法，本不分男声女声。只因官纪整肃，官场演艺娱乐中所需的艺伎被剔除，改由男性模仿，所以才出现把"小唱"用作指认貌若美女擅长小唱的男艺人的专称。"小唱专供缙绅酒席，盖官伎既禁，不得不用之耳。"[1] 仕宦聚会饮宴，以召小唱陪酒为盛事。起初为此业者大都是浙江宁波人，其后京师以南府县人渐多，然为推销自己，必伪称浙江人。[2] 显而易见，小唱一词无论是指唱法，还是指职业身份，缘起都与江浙紧密相关。京官群体向以江南人士最多，因之其乡俗、娱乐偏好与审美习惯构成小唱事业发展的坚实基础。

职业一旦与官场结缘必然拥有稳定的成长空间与丰厚的经济收入，顷刻引来贪缘逐利之徒蜂拥而至。新生的小唱班子不属于教坊司官控系统，而是由民间投资，自行招募遴选酷似女孩的男童，教之以歌唱舞蹈，几经淘汰，到了十几岁色艺俱佳者就开始陪客演艺。自主经营，犹如私妓的青楼一般。尽管仍被朝廷视为贱民，需要身份登记与纳税，但不再只服务于官场，而是面向社会。因而，男人模仿女子的歌舞演出，激起观众好奇之余，很快流行起来。时谓此辈聪明伶俐善解人意，"其艳而慧者，类为要津所据"。[3] 小唱勃兴无论如何也是当初宣宗无法逆料的。锦衣卫与东厂因小唱的服务对象与职业特点，征召他们充当耳目，探察时情，监视官员。

追本溯源，京师小唱脱胎于江浙的小倌、娈童之类。不同的是，小唱纯属营业性的歌舞陪客职业，而小倌、娈童乃仕宦富商的私宠，伴随主人身边服侍。

京师小唱班子集中在宣武门内新旧帘子胡同。《梼杌闲评》第七回描写两条胡同"都是子弟们寓所。只见两边门内都坐着一些小官，

---

[1] 史玄《旧京遗事》，北京古籍出版社 1986 年版。
[2] 褚人获《坚瓠集》卷三，上海古籍出版社 2012 年版。
[3] 沈德符《万历野获编》卷二十四。

一个个打扮得粉妆玉琢，如女子一般，总在那里或谈笑或歌唱，一街皆是"。时谓男风为"南风"，亦把小唱班子称"南院"，与妓院俗称"北里"对应。

小唱"弄假妇人"开启男旦替代坤旦先河

小唱勃兴，开启传统戏曲演出男旦普遍替代坤旦的先河。

历史上男扮女装表演由来已久，称之"弄假妇人"。汉代郊祀常以男子"伪饰女乐"。三国至隋唐，宫廷与官宦大户人家也经常使用男扮女装的歌舞演艺，北周宣帝即位，"广召杂伎，增修百戏。鱼龙漫衍之伎，常陈殿前，累日继夜，不知休息。好令城市少年有容貌者，妇人服而歌舞相随，

俞樾《茶香室丛钞》

引入后庭，与宫人观听"。[1] 可视作历史上"弄假妇人"走入戏剧表演的开端。"唐咸通年间，范传康、上官唐卿、吕敬迁等三人弄假妇人，此即戏旦之滥觞也。"[2] 虽然自隋到明"弄假妇人"的表演现象越来越多，但也没有改变舞台上女性角色由艺妓扮演的基本状态。古代"反串"一词本指性别之间的串演，多为男扮女性，稀见女扮男装。近代"反串"词义变化，指不同行当演员之间串演角色，譬如老生饰演花脸、青衣饰演老生角色等。

<hr />

① 《隋书》卷十四"音乐中"，中华书局标点本。
② 俞樾《茶香室丛钞》卷十八，中华书局 1995 年版。

小唱酷似美女，擅长歌舞，唱一定紧跟时代，引领潮流，昆腔北传京师以后，艺团争相习唱蔚然成风。舞一定婀娜多姿女性化，演剧则扮演装旦、风流旦与温柔旦等角色。

不过起初，男扮女性角色演出在京师并未得到官方允许。天顺年间，"吴优有为南戏于京师者，锦衣门达奏其以男装女，惑乱风俗。英宗亲逮问之，优具陈劝化风俗状，上命解缚，面令演之。一优前云：国正天心顺，官清民自安。云云。上大悦曰：此格言也，奈何罪之？遂籍群优于教坊。群优耻之。驾崩，遁归于吴"。[①] 然而，仕宦拥有极强的变通能力，利用制度空档，让小唱在官场禁止艺妓助兴的政治背景中，很快替代了艺妓，清一色的男班能在官场消闲中畅行无阻，不仅巧妙地绕过禁妓法令，同时也平添了崭新的审美娱乐形式。

清初，北京内外城居民身份发生了一次巨变。顺治五年（1648年）八月发布满汉分城居住上谕，令内城汉人在六年（1649年）十二月底前全部迁居外城，搬迁时限十六个月。到了顺治七年（1650年）一月，内城就成了旗人天下，俗称"满城"。"满城"之称，似有不妥，盖因内城除了八旗满洲，还有八旗蒙古与八旗汉军，故称"旗城"比较贴切。旗汉分住，表明了清统一中华定都北京的信心与保持满洲习俗与组织制度的心态。此后内城与外城的城市管理方式显有不同，外城基本上沿袭了明代分五城管理制度，内城则按八旗方位分佐领管理。相比之下，旗人受到的约束更严，流动更差，内城更像是兵营。

清朝不但全盘承袭了明代禁止官员召妓政策，而且对教坊司进行了彻底改革，废除了女乐与官妓制度。顺治八年（1651年）停教

---

① 都穆《都公谭纂》卷下，中华书局 1985 年版。

坊女乐入宫承应，改用太监；十二年（1655年）复用女乐四十八名；十六年（1659年）再改用太监，定为永制。教坊女乐从此走向衰微。[①] 雍正元年（1723年），各省乐户皆令确查削籍，改业为良，更选精通音乐之人充教坊司乐工；七年（1729年），改教坊司为和声署。[②] 两千多年的宫廷女乐与官妓制度彻底消失。

随着女乐与官妓废除，女艺人登台演出的日渐稀少，尤其在京师很快绝迹。清朝的演艺文化政策严厉，一方面，对社会上的演艺团体与演出实行登记与监控；另一方面，禁止官员与旗人召妓作乐，禁止官员与旗人出入戏园酒馆。历朝不断申明颁布这一禁令，在此扼要摘录几则官书记载的禁令：

> 康熙十年（1671年）议准：内城永行禁止开设戏馆。
>
> 乾隆二十七年（1762年）奏准：前门外戏园、酒馆倍多于前。八旗当差人前往游宴者亦复不少。嗣后交八旗大臣，步军统领衙门不时稽查，遇有此等违禁之人，一经拿获，官员参处，兵丁责革。仍令都察院五城（巡城御史）、顺天府各衙门出示晓谕，贴各戏园、酒馆（门前），禁止旗人出入。在京如有需次人员出入戏园、酒馆，不自爱惜名器者，交都步军统领、顺天府及五城御史严行稽察，指名纠参，以示惩儆。二十九年（1763年）奏准五城戏园概行禁止夜唱。
>
> 嘉庆八年（1803年）上谕：著步军统领衙门、五城巡城御史于外城开设酒馆、戏园处所随时查察，如有官员改装潜往，及无故于某堂某庄游宴者，据实查参，即王公大臣亦不得意存

---

① 俞正燮《癸巳类稿》卷十二"除乐户丐户籍及女乐考附古事"，商务印书馆1957版。

② 《皇朝文献通考》卷一百七十四"乐考"二十，浙江古籍出版社1988年版。

徇隐。①

　　分城之际，内城原有的小唱班子自然要迁往外城。清代前门外大栅栏地区分布的相公堂子，就是明代小唱班子的延续。有人说"相公"是"像姑"谐音转写，意指这些人相貌举止"像姑娘"。

　　禁止官员进戏园酒馆与挟妓的结果是让官场娱乐另辟蹊径且走向更加隐秘的方式。权力历来拥有机巧变通的选择优势，如果不能把非法之事变得合法，那么也要在法规边缘做足功夫，使之模糊不清，从而逃避惩罚。不是抑制欲望，而是改善娱乐表面形式与娱乐环境，同时将娱乐欲望实现的圈子变小，变得隐蔽，防止消息扩散。"京师宴集，非优伶不欢，而甚鄙女妓。士者出入妓馆者，众皆讪之。"②"京官挟优挟妓，例所不许；然挟优尚可通融，而挟妓则人不齿之。"③官员绝不敢逛妓院，就是欲望强烈，也要抑制。毕竟丢官罢职的风险太大了。

　　一个多世纪以前，民众与社会上层一般是分开观剧审美的。演出场所"有戏庄，有戏园，有酒庄，有酒馆。戏庄曰某堂、曰某会馆，为衣冠揖逊，上寿娱宾之所。清歌妙舞，丝竹迭奏。戏园曰某园、曰某楼、曰某轩。然茶话人海杂沓，诸伶登场各奏尔能，钲鼓喧阗，叫好之声往往如万鸦竞噪矣"。④官员因纪律限制不便进戏园消遣，但可以进高级的戏庄馆所组织堂会，召艺人演出。

　　官场上交际应酬堂会名目甚多，如团拜、迎来送往、升迁、做寿、婚庆、婴儿弥月等，难以尽数，晚清官场堂会演剧极为繁盛：

①《清会典事例》（光绪）卷一零三九"都察院""五城"，中华书局 1991 年影印本。
② 黄钧宰《金壶七墨》"伶人"，民国初上海文明书局黄纸石印本。
③ 何刚德《春明梦录》，北京古籍出版社 1995 年版。
④ 蕊主旧史《梦华琐簿》，1917 年扫叶山房《清人说荟》二集本。

余虽未预演剧寿筵，而堂会演剧，每岁必预二三十次。缘自开印后，各科各省各衙门无不演戏团拜，各省督抚提镇两司来京，其同乡与所治京官亦以音樽宴会。至会试之年，各省新举人到京，无不设宴公请座主。一日酒筵戏剧之费，共需二三百金（两）之谱，或出自公事项，或由与宴者公摊，一人只出三二金（两）耳。而京师各班名伶，是日所演之剧，已由提调戏事者先期排定。[1]

堂会之外，个人或故交知己几人到相公堂子消遣，则不仅限于听曲唱戏，不免与旦角亲近。时人称之"挟优"。挟优的优仅指旦角，不包括其他行当艺人。"优童自称其居曰'下处'。到下处者谓之'打茶围'，置酒其中，歌舞达旦。"[2]清音小班的年轻青衣花旦举止典雅，相貌姣好，院落独立清净，给官员娱乐提供了一个安全舒适的隐秘空间。

前些年清装剧充斥银屏，经常出现官员穿戴官服进戏园、妓院，吃酒捧角，寻欢作乐，弄得乌烟瘴气的镜头。这与历史真实生活相去甚远，在现实生活中，怎会有如此愚蠢的官员，非要拿仕途前程在稠人广众面前公开与法规禁令对着干不可。官员若心系享乐，偏要进戏园、妓院消遣，也会选择乔装改扮秘密前往，以躲避法规惩罚与舆论谴责。谁也不能保证清代官员不进戏园，但可断言一定不会穿戴官服进场。

明宣德年间禁止官员挟妓作乐以后直至清末，小唱蓬勃发展，逐

---

① 倦游逸叟（吴焘）《梨园旧话》，见《清代燕都梨园史料》下册第 827 页。
② 佚名《燕京杂记》，北京古籍出版社 1986 年版。

渐改变了旦角的性别比例，最终在京师戏班完全代替了女演员。清一色的男性演艺团体在官场中畅行无阻，而丝毫不违反召妓娱乐的禁令。

明代的小唱也好，清代的相公也好，旦角也好，实质都是一样的。这些艺人不管搭班还是挑班演出，所饰必为青年女子，舞蹈歌唱莫不以模仿妖媚女子为上乘。社会统谓之"旦角"，与最初宋元女演员称"旦儿"遥相辉映。"男旦"成为固定搭配词汇广泛使用，是很晚近的事。清末民国初年，女演员重新登上戏剧舞台，戏报宣传必在其名下注明坤旦或坤伶字样以资号召，可以想见，在男旦一统京师舞台二百多年之后，女性骤然重返舞台时的轰动效应。其后，坤旦渐多，才出现区别艺人性别的男旦之称。尤其在坤旦人群不断扩充，规模远远超过男旦，成为旦角的主体以后，男旦倒变成需要特别指出的对象。而此前，男旦一统舞台时代，妇孺皆知旦角的性别，实在没有必要再画蛇添足，非注明不可。

京剧男旦艺术特征与管理演出方面的优势

京剧是博采众长的戏曲表演形式，如今号称国粹，那么就以京剧为例谈谈男旦艺术特点与优势。前面叙述所举例证大都与京剧有关，读者或许以为我是个京剧戏迷，说句实话，我并不喜欢京剧，只不过幼时随大人听过几出名角的戏而已。当年若是拥有时下独生子女待遇，估计绝不会在剧场里老老实实地坐等终场。不去便罢，去了一定要规规矩矩坐着不敢造次。那时跟着大人去听戏，总是先到饭庄吃饭，我嘴馋常禁不住诱惑。今天看来幸亏当初嘴馋，才有机会了解一些京剧皮毛。以我对京剧粗浅的认识，斗胆对男旦艺术优势发些皮相之见。

其一，男旦模仿女声，开创了一种全新的声乐审美形式。旦角一行，除了以念、做、打为主的花旦、武旦、刀马旦之外，青衣、花衫、老旦等行当还是由男旦扮演比较好。不管怎么说，珍惜国粹，就要尊重国粹历史。旦角艺术是男旦创造升华的，千锤百炼，不知曾有多少人为之倾注了一生心血，终于形成了男声模仿女声的唱法。以同样的方法训练女子，自然不会产生同样的效果。

梅兰芳早年剧照

民国以后，北京出现了京剧坤旦公开登台演出，随着时间推移，坤旦愈来愈多，直至当代基本包揽了台上女性角色。尽管坤旦替代男旦已经流行了几十年，但表演技法走的仍是男旦塑造女性的路数，唱与念的基本功法无不忠实男旦风范，并未按女性自身生理特质特点进行大尺度革新。真可谓是女人模仿男人学女人的艺术。

俗语讲"男怕西皮，女怕二黄"，坤旦延续了男旦的唱法使用小嗓，声调音色不免宽厚不足而尖利有余，尤其青衣、花衫行当到了高音区，让人难安其位。如此则限制了女声自身优势的发挥，还不如真假声并用为好，甚至直接用本嗓。再如老旦，沿袭本嗓加青衣的男声唱法，大都高亢嘹亮有余而苍老感不足，听上去不像是老妪，倒像是壮年气盛的勇猛妇女。

其二，男旦艺术生命普遍长于坤旦。世间无论男女，一生中都要经历两次变声，第一次在性成熟期，第二次在更年期。梨园界俗称倒仓。一般来说，第二次变声，男子在六十五岁左右，女子在五十上下。两者相差十几年。

其三，男旦代替坤旦，具有演艺成本与管理方面的优势。京城的戏班在晚清进入宫廷演出之前，生计绝非想象得那样容易。什么事情在中国，没有官方投资与关注，发展发达都比较困难。乱弹之所以能够在剧种激烈竞争中，脱颖而出独领风骚，就是因为慈禧太后与八旗王公贵胄、豪门高官的热衷与堂会的盛行。有权有钱有闲有瘾的人群支撑起京剧发展的蓝天。而此前，京师的戏班名角是进不了宫的。这是上有所好、下必甚焉的典型事例。

戏班职业特点就是要流动地频繁演出，以增加收入。凡流动团体，两性混杂无疑要提高迁徙成本，缠足妇女不但徒步远行困难，住宿更要另辟房间。为此，戏班就要增加交通、住宿等方面的开支。另外，如果戏班里有女性，极易发生男女情感纠葛，甚至是三角冲突。即便类似冲突不发生，也有结婚怀孕生孩子问题，一旦出现，必影响戏班的演出计划与行程。

其四，男旦演出有利于协调台上台下的互动。昔日除了乡间露天舞台演出，有女观众外，戏园演出，观众基本上是清一色男性。妇女在家庭从属附庸地位与礼教管束的社会背景中，不参与社交娱乐，已是约定俗成的社会共识与习惯。所以，在道光以前，朝廷也就没有发布禁止妇女进戏园看戏的法规。然而世间没有一成不变的事情，咸丰以后，社会风气渐开，妇女进戏园的日渐增多，引起官方警觉，随之发布了禁止女性进戏园禁令。咸丰二年（1852 年）上谕，"戏园戏庄歌舞升平，岁时燕集，原为例所不禁。惟相沿日久竞尚奢华或添夜唱，或列女座。著步军统领衙门、五城御史先期刊示晓谕"禁止。[1] 关于禁令的缘起，流行说法是出自御史郎苏门的建议

———————

[1]《清会典事例》卷一零三九。

而获咸丰批准实施的。其实，这是张冠李戴以讹传讹。郎苏门本名葆辰，字文台，号苏门，浙江安吉人。嘉庆二十二年（1817年）进士，历任御史、贵州粮道等职，擅长诗文书画，尤以水墨蟹著称于世，时称"郎蟹"，道光十九年（1839年）过世。因之，不可能与咸丰禁令存在丝毫瓜葛。

近代北京最早允许女性入场听戏的是前门外西珠市口的文明茶园。文明茶园建于二十世纪初，到现在不过百余年。坤旦在清一色男性观众中演出，博得的喝彩与面临的危机，难免超出艺术审美范畴。显而易见，男旦包揽女性角色后，有效地避免了台下为坤旦争风吃醋乃至大打出手的现象，降低了地痞流氓、劣绅恶霸调戏霸占旦角的发生概率。毕竟同性恋发生概率远低于异性恋。男旦为维持艺团的完整与安全做出了巨大贡献。

总之，宣德三年官场严禁招艺妓作乐，是促成日后男旦包揽女性角色的最根本原因。而男旦在演出市场中显示的艺术与管理等方面优势，又使戏班乐得接受这一形式，从而将原本只属于官场娱乐禁忌的变通做法推向了社会，最终铸就京师舞台表演男旦一统天下的局面。

2010年11月，京剧列入联合国人类非物质文化遗产名录。因之，当代京剧演出似应分为保护延续性的与经营创收性的两大类。

保护性的非遗京剧必须坚持传统一丝不苟，保障活化石不走样。男旦是非遗京剧不可缺少的，因此急需招收培养自愿投身旦角艺术的青少年男子，并给予补贴。同时，也应将男旦艺术单独列项，进入世界非物质文化遗产保护名录之中。

传统京剧只有说戏，而无导戏之说。这是京剧之所以为京剧的一大特征。因此，也就不必引进导演制。由于演员自幼坐科学戏时，始终以剧目贯穿教学过程，同时伴随基本的手眼身步动作规范训练。

因此，演员出科走上演出道路都是身怀基本功，熟谙本行当基本剧目表演的，随着演艺历练，进而不断拓展会演剧目。两位素不相识的演员，可以不经台下排演，只是临场相互交流一下，就能登台配演。即便是民国时期，许多文人为生旦名角量身定做改编或新编了大量的新剧目，如齐如山为梅兰芳编的《凤还巢》，金仲荪为程砚秋编的《文姬归汉》，因是为彰显主角特长而写戏，故主角的唱腔与身段由自己与琴师编排。剧目排演时也是由主角为配演说戏。新剧目忠实了京剧表演功法传统，所以参演人员只需按行当角色记住唱词与念白，而无需在形体上下功夫。京剧无论哪一行当皆以行当的歌唱、念白或身段动作优美为最高境界。譬如武生，不管饰演哪位猛将如赵云、高宠等，角色再多，基本功是一致的。正是同一剧目，谁都可以演，才能比较出演员功夫技艺的高下，从而成就名角的风骚。

经营创收性的京剧，顺应时代顺应市场需求，只要能聚拢观众，顺利实现票房价值，怎么改都可以。譬如对青衣的唱法身段做回归女性自然的改革，创立能展现坤旦自身特点的流派。再如实行导演制，增添实物道具街景，改变服装、化妆等。不过绝不能再打非遗旗号。

男旦"戏疯子"程蝶衣的女人气

1993 年上演的电影《霸王别姬》，讲述的是青楼私生子小豆子，自幼被送入戏班成长为男旦名角的一生，时间跨度从民国初年到"文革"结束。剧情演绎京剧社会的生活细节极具历史感。主人公程蝶衣（幼名小豆子），自从进入戏班走上青衣艺术道路以后，不但女气十足，而且还是同性恋，后又染上吸毒恶习。日本侵华时期，他给日本人演出，还觉得日本人懂艺术。"文革"爆发后，他与幼时一起学戏的师哥，成角以后的搭档段小楼反目成仇，面对段小楼的不义，毫不迟疑地选择了冤冤相报方式，也让这位师哥倒了大霉。程蝶衣号称"戏疯子"，热爱旦角表演艺术到了无以复加地步，视戏为生命。在舞台上，他精妙绝伦的表演，不知倾倒了多少观众，而在台下，从做人上看，可谓乏善可陈，不免遭到伦理道德的严厉批判。

影片一公映，争议极大。批判意见甚是激烈，这也不足为奇。其时"文革"结束虽已十几年，但社会上阶级斗争教条思维惯性还没有完全消除，一些人见不得未经遮掩的东西公开于众。然而，毕竟经过了拨乱反正改革开放，不然如此影片不要说不可能拍摄，就是侥幸能够成片，也不可能公演，充其量仅供内部批判而已。批判是每个人天生的权利。文艺批评在更多的情形下，表现的是多样性，张扬的是批评本身，而很少能达成一致性结果。人类天生自圣自专，谁不自以为是？没有自以为是就不可能产生意见冲突，也不可能发明创造。批评与赞扬相比，社会更应当尊重批评。也就是说我不同意你的意见，犹如你不同意我的意见一样，尽可两端相持，各抒己见，谁也不能漠视对方的诉说权。

批评需要宽松环境，同时，也要遵守通则，无论赞扬还是贬抑，皆要尊重历史，言之有据，决不能只是愤怒或是赞美而不顾其余。更不能赋予批评方法以一种先决的权威性与法定的先验性。

曾见过一篇批判文章，对该片塑造的主人公程蝶衣日常生活的女性化与同性恋，愤怒无比。为指证影片的荒谬，文章信誓旦旦地言道：解放以后，我们也培养了一些男旦，在台上塑造了妩媚女子，而在台下是堂堂男儿郎，并举了几位妇孺皆知的男旦为例，支持个人论断。见到如此之论，第一感觉就是批评者可能没有见过幕后日常生活中的男旦。只要见过生活中的男旦，除非见怪不怪习以为常，一定觉得他们的行为举止不像男性。

实际上，解放后并没有培养过男旦，所有男旦都是随着解放进入新时代的。男旦在解放后仍能保持名望地位并活跃在舞台上的，都是在解放前就出了名的。而那些在解放前夕投身于旦角艺术尚无成就可言的青少年男旦，到了解放后改行者居多，艺术命运都比较悲惨。1950 年 11 月 27 日至 12 月 11 日，在北京召开全国戏曲工作会议，开启戏曲改革的群众运动，第二年 5 月 5 日，政务院发布"关于戏曲改革工作的指示"，明确提出改革旧戏班的经营管理体制。剧团、戏班、戏校统一由政府文教机关管理，不久都走上公营道路，由自身创收维持生计与发展，逐渐变成倚赖政府拨款为生。投门拜师私人授徒的道路越来越窄，代之以剧团或戏校内的组织指定。戏校公营以后也不再招收男童学习旦行。

女性角色由女子扮演，作为戏曲改良的成果，不但表明与传统决裂的革命精神，而且变成一项不成文的法规推向社会。公营戏校培养出的旦角，清一色都是女性。而那些为大家所熟知的男旦到解放时全都已成年，一般都在三十岁以上。比如四大名旦，梅兰芳生于 1894 年，尚小云、荀慧生皆生于 1900 年，程砚秋生于 1904 年，解放时都在五十岁上下，早已功成名就。戏曲改革之初，虽然做出较大改良，但仍表现出尊重历史的精神，未对成功男旦进行彻底革命，仍然允许他们组团演戏，只是断了后援，使这一几百年的男旦艺术事业很快走向萎缩灭绝状态。

世上绝没有这样的事情，一位在台下未经反复模仿训练的男子，到了台上就立刻变成婀娜多姿的妩媚女子。且不说五大三粗，使枪弄棒之徒，就是温文尔雅风流倜傥之辈，能逢场作戏偶一为之，也仅是夸张模仿勉为其难而已，若想真正塑造女性角色则难上加难。

试想，一位矢志于模仿女子的男演员不在台下勤学苦练，怎么能够上了台就艺压群芳？肯定得在台下天天琢磨，日日练习。正所谓是梨园名言"台上三分钟，台下十年功"。一位男旦成角，首先是天赋条件，其次就是学习与体会，最后包括思想意识都可能女性化。

影片中有一句画龙点睛的台词，让人回味。程蝶衣入科班学唱《思凡》时，受尽了苦头，每次都把"我本是女娇娥，又不是男儿身"唱作"我本是男儿身，又不是女娇娥"，屡屡惨遭重罚毒打也不能改正。性别转换让他糊涂，幼小心灵的直接性征认同，怎么也无法理解饰演的女性角色的内心世界。女扮男装和男扮女身再着男装之间的冲突和解，遭遇的最大障碍决非纯技术问题，而是性别认同的心理问题。少年程蝶衣的潜意识解不开的是：我就是男的，为什么非要女扮男装。一旦冲破了这一心理障碍，认同性别转换，就奠定了日后成为旦角的基础。

猜测这位批评者不是没见过台下便装时的男旦，就是忘记见过了或有意忽略了。我小时候多次近距离见过一些男旦名角。儿童的眼光向来是直接的表面的单纯的，没有那么多的掩饰、忌讳，也不能升华到人品思考上去。每遇到这些日常生活中的艺术家，都感到异样惊奇，举手投足不但颇似女性，话语更是婉转声低女人气十足。世间无论男女都可能骂人，骂人时情绪激动，不免声色俱厉，可是，曾遇见过的男旦在愤怒骂人时，也是细声细语，腔调之绵软，真的不足以表示愤慨，绝不像男的拍桌子瞪眼，祖宗三代就骂出来了。

因此，大可不必煞费苦心为男旦的女人气辩诬。不管当初出于自愿还是被迫，女人气是投身旦角艺术的男性必备的条件，如果出于自愿恰是天遂人愿，乐在其中，不关别人的事；如果出自胁迫，最初当然是身心健康与人权牺牲，不过，既然在由家长或他人做主的年纪被推入深渊，到了具备自主意识年纪又没能想方设法逃脱此业，久而久之，由厌恶变成喜欢或麻木，也在情理之中。毕竟这是一种安身立命的职业，即使终生耿耿于怀，但在生活历程中铸就的习惯与自愿投身此业的男旦也毫无二致。

说到堂堂正正做人，就不再是男人的专利，也与音容举止毫无关系，作风刚猛的男性未必就是"堂堂男儿郎"。把堂堂正正做人与性别纠缠一起，徒增困惑而已。苏东坡不是也说辅佐汉高祖成就帝业的张良，相貌乃如妇人女子吗？男旦性别是没有人怀疑的，但男旦的行为举止、音容笑貌酷似女性是有目共睹的。其中一些人变成同性恋者也不足为奇，更无需遮掩。

同性恋：个人生活方式的自主选择

同性恋是西方的现代概念，而中国传统文化，并没有刻意区分性别的性取向，而是听其自然。过去社会流动性差，媒体技术简单，所以，同性恋只是相恋两人之事，呈独立分散状态，至多在其社交圈子里流传，构不成社会问题。尽管缺乏准确的历史统计资料，却不能因此断定当代的同性恋者占生存人口的百分率就高于古代。一般而论，社会流动性越差，生活质量越低，在单性社会环境中，出现同性恋的几率就越高。古代纯粹的男性社会远远高于纯粹的女性社会，据此推断男性同性恋者要远高于女性，譬如在军队、监狱、矿山与江湖等。今古相比，当代的同性恋多出于自愿，极少强迫性，不像古代存在着那样多的身不由己的外界干涉。清代以前，社会对同性恋的态度十分开放，少有歧视与偏见。拥有断袖分桃之癖也不会影响个人名誉地位。一般人不会计较周围的人是否是同性恋者。

西方不同，由于基督教排斥同性恋，曾视之为心理障碍的罪恶行为。近代以来，随着生理学、心理学、社会学研究深入，西方社会抛弃了这一古老观念，一些国家甚至通过了同性关系法。

同性恋是特殊生理构造、特殊心理需求或特殊经历造就的一种生活方式，无论如何都属于个人隐私。世界上，没有两个情感与经历相同的人，企图以所谓的正常的一般标准规定每个人的生活方式与生活细节，简直是天方夜谭。对于个人生活选择来说，普遍认定的道理只能管大多数，而少数人则不会认同。因而，以大多数人的道理评判少数人的生活方式的好坏对错，只能依靠法律，只要法律没有明文禁止的行为，怎样生活纯属个人之事。生命过程总是具体的，自我意识、自我选择权力是唯一的，只要没有妨害他人扰乱社会，就不必品头论足。安定和谐的社会生活，就是要行大多数人的规矩，容少数人合法选择。

同性恋不属于道德管辖范畴。道德上的善恶良莠往往是一种主观随意性标准，主流向来从众趋时趋势，标准游移难求一律。世间使用道德武器对准他人的现象很为常见，使用标准尺度却因人而异，道德主义者所执标准不但苛刻，而且无视私人生活空间的界线。

也许是生活价值、文化价值一元观作怪，一些人对于个人认定的人物或事业，总坚信所心仪的对象完美无瑕阳光灿烂，偶见到批评质疑，暴露其短，必欲去之而后快，仿佛人生没有弯路，没有血泪，没有屈辱似的。不要说影片只是艺术创作，即便有所指，也非指名道姓的实录，何必非要往个人心仪的事业人物上生拉硬扯，自寻烦恼。为尊者讳，为亲者讳，为贤者讳，为长者讳由来已久，一言以蔽之，社会各界风云人物，自然而然成为有意无意的包装对象。千百年来，国人养就了行文造句趋势避讳习惯。

毋庸讳言，人类是需要避讳的，政府、团体、家族、个人在历史行程中，谁也不愿意留下不利于自己的口实。毕竟社会交往关系复杂多变，不可能事事都直面对待，彼此之间留些颜面，也有益于社会和谐。然而坏就坏在避讳习惯铸就了思维定式，把需要避讳之事当作从未发生。古人尚且知道避讳只是遮掩沉默，让各界历史与现实名士保有社会尊严与历史形象，以中性模棱两可之词敷衍缘饰，而非彻底否认。遮掩沉默不言不等于曾经发生的事情不存在。热爱京剧艺术，崇拜某一名角偶像，尽可极尽避讳遮掩之能事，全方位缘饰包装，而不能靠扫荡外围，清理环境实现，更不可能无视行业生活实录而束之高阁。

孔子讲"己所不欲，勿施于人"，这不等于说己之所欲，就可以施于人了。自己不愿意的事，别人未必不愿意；自己愿意的事，别人未必就愿意。从社会利害福祸价值判断上观察，趋同选项基本上是正比的，某人不愿意的事，可能大多数人都不愿意，而某人愿意的事，可能大多数人都愿意。虽然两者取向一致，却不会都达到百分之百。总有少数人反向选择。圣人洞察人类保己排他趋利避害的本性，在现实社会生活中，多是己之所欲的好事，不愿施于人，而己所不欲的坏事，常施于人。因此，强调在施政与做人上，要将心比心，不要把自己不希望遭遇的困苦，加到他人头上。两千多年前的哲人智慧，至今仍具现实意义。

不过，当代社会生活，仅仅遵守"己所不欲，勿施于人"已经远远不够了，急需构建"己所欲，勿施于人"的人文精神。只要个人私生活不违反法律，不妨碍公共道德，又何必无事生非，强入他人私生活领地，以一己之念强求一律，非要为自己意中的艺人洗刷正名不可。这实在是对同性恋者的侮辱。

戏剧欣赏，赏心悦目的是表演艺术，管什么艺人私生活如何。演技高低与是否具备起码戏德是唯一的。倘若非要用艺术创作精美绝伦的审视尺度，衡量艺人幕后生活的实质内容是否也像艺术创作的那样完美无瑕，恐怕十之八九会失望的。社会把艺人名角明星视作偶像，而名角明星表演再精妙动人再令人如醉如痴，也不过是艺人安身立命实现票房价值的职业。"丞相非在梦中，而君在梦中矣"，此之谓也。

人格高尚纯正与事业才华成就一致之说，古往今来不知蒙倒了多少人。其实，两者一致者有之，不一致者亦有之。毕竟道德水准不是事业成功与进入社会上层的必要条件，自古中国就喜欢用道德评价人物，却不能有效地阻止不道德的人涌入社会上层成为各界名人精英。关键是道德精神追求与通常的公共道德是两码事，一个人是否具有道德良心，不像是否违反公共道德秩序那样一目了然。况且人品道德评价都是事后认定，由事而论人，难于事前判定。即使那些经过事例证实被认定具有道德良心的人，也只能证明他的历史，而不能绝对保证他的未来。只要不是盖棺论定，人生旅途充满着变数与歧途。在这一意义上，道德良心纯粹属于自我反省自我限制的范畴。

当一个人用生命换回生命延续时，所拥有的谋生技能不是想变就能随时改变的。拒绝承认男旦的女人气与同性恋现象，无异于亵渎投身男旦事业群体的艺术追求的牺牲精神与辛酸血泪的生命过程。显然，这里使用的牺牲与血泪，或许不能让男旦中人认同。他们会说我们的事业生活本来如此，用得着别人悲天悯人或辩诬正名吗？世间什么事业不需要生命付出，只要生命过程不是生命浪费，其间的悲欢离合喜怒哀乐又岂是他人所能体验理解的？世间谁不是在付出生命的同时享受生命？

例证三：硬扯关系——秦可卿挂上废太子胤礽私生女

前些年有位作家忽然热衷起《红楼梦》里贾珍与秦可卿的关系。认为秦可卿的原型是康熙废太子胤礽的私生女，因未在宗人府登记，先寄养生堂，再由小官（营缮郎秦业）抱养，最后由"奇男子"贾珍冒险聘为儿媳，从此受到百般呵护。

众所周知，贾珍与秦可卿之间的暧昧关系，是红学家研究的结果，《红楼梦》本身并没有明写两者之间的不正当关系，只不过字里行间闪烁其词，不由得不让人怀疑猜测。《石头记》抄本流行远早于程高本《红楼梦》，但近代红学研究者使用抄本要比程高本晚许多。1921年上海《晶报》"红楼佚话"认为："秦可卿之死，实以与贾珍私通，为二婢窥破，故羞愤自缢。"1923年俞平伯《红楼梦辨》论秦可卿死因："若明写缢死，自不得不写其因；写其因，不得不暴其丑。而此则非作者所愿。但完全改易事迹致失，亦非作者之意。"故事情节可能曾做较大删减。但是曲笔隐晦，让人疑窦丛生，却难以板上钉钉实证贾珍与秦可卿翁媳之间不正当关系。

自从1927年胡适购得大兴刘福铨所藏《脂砚斋重评石头记》（甲戌本）公开之后，脂砚斋评阅本陆续出现，书中评语、批注才为红学研究推论提供了证据，方知第十三回回目本是"秦可卿淫丧天香楼，王熙凤协理宁国府"，而非"秦可卿死封龙禁尉，王熙凤协理宁国府"。乾隆甲戌（1754年）本《石头记》第十三回眉批："此回只十页，因删去天香楼一节，少去四五页也。"回末总批："秦可卿淫丧天香楼，作者用史笔也。老朽因有魂托凤姐贾家后事二件，嫡是安富尊荣坐享人能想得到处？其事虽未漏其言，其意则令人悲切感服。姑赦之。因命芹溪删去。"① 可见，只读曹雪芹奉命删改之文，而不见脂批，就不能完全证实对秦可卿死因的推测。

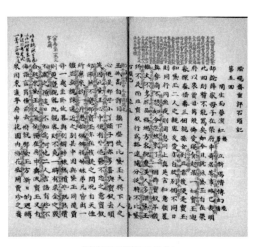

脂砚斋重评石头记

曹雪芹描写的秦可卿之死究竟在暗示什么，是否存在弦外之音，人物是否出自虚构创作，还是有直接的历史原型，让红学爱好者费尽了脑筋猜想。不可否认，文学阅读这类纯属个人认知体验而无逻辑最终判定是非的特性，支撑起类似自由创意的驰骋空间。国人讲究从蛛丝马迹中求证"真相"早已成习惯，往往忽略诠释者与著作人之间的时空距离，漠视两者之间文化背景的差异，生拉硬扯，肢解原著，任由个人意趣想象编演故事。结果证来证去越证越离奇。商业文化消费时尚的特征本就是投市场所好，为了流行与轰动才生产作品。

这位作家的做法很是大胆，硬把秦可卿与康熙废太子胤礽扯到一起。与其说这是红学人物创作原型探讨的"学术"猜想，倒不如

---

① 《脂砚斋重评石头记》（甲戌本），上海人民出版社 1975 年影印本。

说是借此由头演绎创作的宫廷、官场、世家豪门血腥恩怨的新编悬疑剧。其实，作家凭此超常想象力，完全可以另编故事推销于世，何必非扯上《红楼梦》。但是否意在借壳上市不得而知，毕竟《红楼梦》名气太大了。

国人似乎很难摆脱影射之学情结，很愿意用政治权斗解释所遇各种性质的人间困惑，虽然世间绝大部分人并不从政也无政界经历，却对政治权术津津乐道。把《红楼梦》视为政治小说由来已久，曾经风靡一时。不过，作为读者怎样看待一部小说的立意，不存在应该怎样理解的问题，尽可按照个人心思浮想联翩，想象创造自行其乐。这正是小说魅力所在。然而，若要将个人理解外化于世为人接受，就不是如此简单了。满足精神需求的同时，也要尊重历史，尊重作者遗留的文字。在遗留的文字表述中实证立论，而不能求诸其心。历史已丧失由作者出面证实的机会，因此，求诸其心的可能性是无限的。

稀世寿材：秦可卿挂上废太子的关键论据

秦可卿挂上废太子私生女身份的论据中，最重要的有两条：一是秦可卿的弃婴出身；二是贾珍痛不欲生，倾囊操办奢华丧礼。

先看第一条，秦可卿本是营缮郎秦业由养生堂抱养的弃婴，长大后因秦业"素与贾府有些瓜葛"而嫁给了贾蓉。弃婴很容易激发联想，如何成为弃婴的原因数也数不清，倘与宫廷、豪门、权斗、阴谋、恩仇、三角、私生、替换、误会等要素交叉捆绑，无疑构成卖点，极易吸纳观众注意。时下冗长的故事新编与影视作品多是这个路数。

其实，清代的溺婴弃婴，基本上都是女婴，贫民家计艰难，抚养维艰，所以在传宗接代家族香火观念的驱动中，通常采取生育留男而不留女方式，以减轻家庭经济负担。溺、弃女婴行为经常发生，也必然让人口性比例越来越失调，清末人口登记的女男比例差不多是 100 比 110。康熙四十五年（1706 年），鉴于溺弃女婴现象日趋严重，朝廷出面，命各地政府广开育婴堂等救助机构，一般由乡绅捐资负责日常运行管理，政府补助并监管。弃婴或在堂中雇乳母抚养，或每月给付生活费由乳母领回家哺育，或由家境宽裕的人主动认养。这无疑挽救了大量女婴生命。《红楼梦》叙述的养生堂就是育婴堂，曹雪芹生活的时代已经遍及全国。显然，若是有人想从育婴堂领养小孩，只能是女孩，而无男孩可选。秦业抱养幼年秦可卿的故事情节，放在当时社会是一件很平常的事，并不值得大惊小怪。

当选定在秦可卿身上大做文章构建个人红学创意时，必然要抛开清代女弃婴普遍的成因而别出心裁，首先精心为秦可卿设计了一个有关出身的悬念谜面，然后再自诉破解谜底而博得彩头。不可否认，在现实生活中，每个弃婴都有其成为弃婴的具体原因，并非普遍成因就都能概括的。所以，单挑一位特定弃婴探究其家世背景与被弃缘由时，需要硬实可靠的材料证据支撑，而非只是把个人奇思构想直接当作真实证据这样简单的。

再看第二条贾珍倾囊操办奢华丧礼。最重要的是秦可卿死后用上了"义忠亲王老千岁"遗留的稀世寿材。这是搭建弃婴秦可卿与废太子为父女关系猜想的最基本的创意支点。因之，有必要剪贴第十三回贾珍看板的过程：

> 贾珍见父亲不管，亦发恣意奢华。看板时，几副杉木板皆不中用。可巧薛蟠来吊问，因见贾珍寻好板，便说道："我们木

店里有一副板，叫作什么樯木，出在潢海铁网山上，作了棺材，万年不坏。这还是当年先父带来，原系义忠亲王老千岁要的，因他坏了事，就不曾拿去。现在还封在店内，也没有人出价敢买。你若要，就抬来使罢。"贾珍听说，喜之不尽，即命人抬来。大家看时，只见帮底皆厚八寸，纹若槟榔，味若檀麝，以手扣之，玎珰如金玉。大家都奇异称赞。贾珍笑问："价值几何？"薛蟠笑道："拿一千两银子来，只怕也没处买去。什么价不价，赏他们几两工钱就是了。"贾珍听说，忙谢不尽，即命解锯糊漆。贾政因劝道："此物恐非常人可享者，殓以上等杉木也就是了。"此时贾珍恨不能代秦氏之死，这话如何肯听。[①]

义忠亲王老千岁究竟是为突出寿材稀世高贵而虚构的显赫人物，还是暗有所指，囿于小说描写则找不到答案。即使把《红楼梦》看作历史政治小说，为书中主要人物一一安排对应历史人物原型，那么"坏了事的义忠亲王老千岁"，为什么准是废太子，而不是其他倒台的王爷？如廉亲王胤禩。再者，用了义忠亲王老千岁遗留的寿材就非得与他存在父女关系？显见，构建猜想的两条基础支撑，最需要旁引博证，下足功夫搜寻到历史真凭实据，而非模糊处理，仅凭想象力杜撰情节就能让人信服的。遗憾的是猜想并没有这样做。实际上，寿材稀世高贵，存放多年，乃至"没有人出价敢买"，衬托的是"恨不能代秦氏之死"贾珍的疯狂。关于寿材木质与产地的夸张描写，更是彰显曹雪芹对于死亡思考的虚构创作。

通读《红楼梦》很容易感到作者浓厚的禅宗思想。首先，制作寿材的樯木，本非实际存在的树种，甲戌本《石头记》十三回脂砚

---

① 《脂砚斋重评石头记》（庚辰本），人民文学出版社 1975 年影印本。

斋批"樯木，舟具也。所谓人生泛舟而已"。按描写"万年不坏"
"扣之玎珰如金玉"来看当属顶级硬木。可是清代高级寿材用的是软
木中的极品金丝楠木，差些的为柏木、杉木。"楠木生楚、蜀者，深
山穷谷，不知年岁，百丈之干，半埋沙土，故截以为棺，谓之沙板。
佳者解之中有文理，坚如铁石。试之者，以暑月作盒，盛生肉，经
数宿启之，色不变也。然一棺之直，皆百金以上矣。"①

其次，寿材产地"潢海铁网山"亦属虚构，当是借用佛教碱海
铁围山之说。佛教构建的世界以须弥山为中心，围绕七山八海，第
八海为碱海，碱海周匝铁围山，"碱海外有山，名曰铁围，入水三百
十二由旬半，出水亦然，广亦如是，周回三十六亿一万三百五十由
旬"。② 由旬，古印度长度单位。一由旬是一头公牛一天行走的距离，
大约十一公里有余。中国佛教的由旬长度说法不一。至少有"上由
旬六十里，中由旬五十里，下由旬四十里也"，③ 与一由旬为帝王一
日行军的路程④之数说。

潢海铁网山与碱海铁围山相比改动了两字。潢海"海道多潢，
犹陆地多歧"。⑤ 人生无常，一路走来苦乐沉浮亦多歧路。"铁网山"
改用得妙绝。这与《红楼梦》第六十三回"古人自汉晋五代唐宋以
来皆无好诗"，只有南宋范成大的"纵有千年铁门槛（限），终须一
个土馒头"两句好的立意一致。故甲戌本脂砚斋旁批"潢海铁网山"
（己卯、庚辰、戚序、蒙府夹批）谓："迷津易堕，尘网难逃也"。人
生无论怎样折腾怎样风光都难逃一死。同时分别与第一回的"好了
歌"及其注的醒世禅意，第五回《飞鸟各投林》终曲"好一似食尽

---

① 谢肇淛《五杂俎》卷十，中华书局 1959 年版。
②《立世阿毗昙论》卷二，清光绪刊本。
③ 僧肇注《维摩经》六，北京华藏图书馆 2009 年版。
④ 玄奘《大唐西域记》卷二，中华书局 1981 年版。
⑤ 朱彝尊《日下旧闻》补遗，清刻本。

鸟投林，落了片白茫茫大地真干净"相得益彰，辉映主题。

红学界持《红楼梦》系自传家史说的人，从不放过以小说证曹家历史的机会，对于"樯木出在潢海铁网山"做了寻地解读，认为"潢海"系指辽海，即辽河上游的支流潢河。铁网山是"铁岭之化名"。以此对应曹家先世为辽宁辽阳人。这一考证显系牵强附会，既然樯木是虚构的树种，又怎能找到实际产地。犹如海市蜃楼不能落到实地一般。

辽海指的是辽河以东沿渤海区域。北魏"开辽海，置戍和龙，诸夷震惧，各献方物"。[①] 唐贾至《燕歌行》"君不见隋家昔为天下宰，穷兵黩武征辽海"。辽河，汉以前称句骊河，汉称大辽河，五代以后称辽河。潢河系辽河上游西辽河的支流，即今辽宁的西拉木伦河。如果非要缘名求证小说地名的真实性不可，那么，沾潢字的水名至少还有河南的潢河（潢川）、湖北的潢水。

潢，系指积水蓄水池，叠用表示水深广貌，楚辞《九辩》"被荷裯之晏晏兮，然潢洋而不可带"。有观点认为潢海系受"潢洋"启发而改用的。

《红楼梦》并非曹雪芹回忆录，更不是家族口述史。如果非要把小说创作的人物、地点、器物都视为实事，则损害了小说的高妙意境与警世苦心。不错，小说是在讲故事，但更重要的是抒发作者的人生体验与贫富生死观念。小说充满对世人的劝诫，倾注了社会人文关怀的真情。

秦可卿出身悬疑剧创作乃是世俗政治投机心理的外化，在没有搞清时代价值观念与文化背景的情况下，全凭个人超凡想象力杜撰出来的。既然把小说当成政治历史看待，而且已经将小说人物与历

---

① 《魏书》卷一百"库莫奚传"，中华书局标点本。

史人物对号入座，就必须了解清朝政治史、宫廷史、政治制度与宗室王公制度。小说离不开时代制度文化背景，现实过程中人的生活离不开现实制度约束。

秦可卿出身悬疑剧建筑在先入为主的观念上：一、贵为太子权势熏天，可以随时收纳女人生儿育女，故一定有私生子女留在民间；二、废太子获罪必遭株连，子孙连坐家庭离散，血脉断绝；三、私生子女对于延续废太子血脉至关重要，找到并加以保护行为，具有义气担当与政治冒险的双重意义；四、宗室王公私生子女始终存在认祖归宗的可能，废太子若是东山再起，将会风光无限。

其实，猜想创意的关键不在于后续演绎情节展开，而在于基础论证上，最需要在历史与小说之间构建令人信服的互证通道。既然事关废太子胤礽，那么首先要了解其人生平以及家庭子女真实状况。

废太子胤礽及其子女简况

胤礽生于康熙十三年（1674 年）五月初三日，生母皇后赫舍里氏，生育当日难产过世。康熙十四年（1675 年）六月初三日，立为皇太子，十二月十三日，在太和殿举行册封大典，授胤礽皇太子册宝，十四日正式颁诏天下。

康熙三十四年（1695 年）五月初八日，胤礽成婚。太子妃石氏，三等伯正白旗汉军都统石文炳之女。康熙三十七年（1698 年）三月，康熙第一次对成年皇子封爵，皇长子胤禔封直郡王，三子胤祉封诚郡王，四子胤禛、五子胤祺、七子胤祐、八子胤禩皆封贝勒。受封诸子各领佐领，并参与朝廷政务。从此开启皇上与储君，皇上与封

皇太子胤礽出痘痊愈恩诏

爵诸子，储君与封爵诸子之间的权力缠绕竞逐历程。

康熙四十二年（1703 年）五月，皇后赫舍里氏叔父，胤礽的三叔外祖父索额图因助太子"结党妄行""潜谋大事"，被拘禁饿死。皇上对太子"眷爱渐替"，从而焕发诸皇子竞逐储位之心。

康熙四十七年（1708 年）五月，康熙巡幸塞外，太子、长子胤禔、十三子胤祥、十四子胤禵、十五子胤禑、十六子胤禄、十七子胤礼、十八子胤祄随驾。期间，皇上与太子关系迅速恶化，大阿哥胤禔等皇子向皇上揭发太子"暴戾不仁"等种种不仁行径。皇上深信不疑，认定胤礽是在"欲分朕威柄，以恣其行事"。

塞外返京途中驻跸，太子夜间到皇上帐殿边向内偷窥。皇上得知，断定其要行"弑逆"，遂下令将其拘禁看管。康熙四十七年九月四日，在木兰围场布尔哈苏行宫，召集众臣宣布废黜胤礽太子位，痛陈其"不法祖德，不遵朕训，惟肆恶虐众，暴戾淫乱"之罪。[①] 这一年，皇上五十五岁，太子三十五岁。

太子一废，唤起诸皇子希冀储位之心，明争暗斗愈演愈烈。为平息皇子竞逐储位的纷乱局面，康熙四十八年（1709 年）正月二十二，恢复了胤礽太子身份，然而，复立以后，以前的狂妄未除，以

---

① 《清圣祖实录》康熙四十七年九月丁丑（四日）条，中华书局 1986 年影印本。

至于大失人心。康熙五十一年（1712年）九月三十日，再次将其废黜，拘禁于咸安宫。禁锢期间，皇上不忘骨肉亲情，对其生活起居照顾得十分周到。康熙五十七年正月三十日，皇上说"朕于二阿哥并无间隔。即拘禁处，朕常遣内监往视，赐物赐食。现今二阿哥颜貌丰满。伊子七八人，朕皆留养宫中"，毫发未损，平安成长。[1]

帝制时代，储位必选嫡长是朝廷的政治共识。康熙遵从宗社长幼之序法典，沿用历代明立嫡长为太子制度，在胤礽两岁时就立他为太子。不想随着太子长大，生出许多麻烦。储君与皇上冲突是中枢政治关系中最特殊的，由皇子、权臣、朋党、投机进身之士与军方等多个利益集团参与汇聚促成。君主向来面临着两难选择，立储将可能威胁皇权，不立储容易引起觊觎储位的皇子之争，更可怕的是身后极可能发生宫廷悲剧。

胤礽画像

明立嫡长制可以有效预防皇位接替期间，突发宫廷内乱危机，从而保障皇权平稳传递与帝业连续性，却不能确保储君成人后不萌生胁迫皇父交权之心。不过，历史上皇帝与储君之间发生血腥悲剧比较少见，这是帝王平均寿命较低促成的，而非储君个个都能安分守己耐心等待继位。历史上儿童、青少年皇帝很常见。因之，公开早立储被历代认作是皇朝权力平安交接最佳方式。康熙胤礽父子年龄差距仅二十岁，三十余年的太子生涯，难保不萌生尽快实现权力

---

[1]《清圣祖实录》康熙五十七年正月庚午（三十日）条。

登顶之心。

康熙六十一年（1722年）十一月十三日皇上病逝于畅春园，遗命嗣君要善待废太子、弘皙父子。朝鲜《李朝实录》亦有如是记载。次日，皇四子雍亲王胤禛继位，胤礽彻底丧失复出机会。

雍正继位，将兄弟们名字中的"胤"皆改作允。胤礽自然改称允礽。如何处置这位废太子，很是费了些心思。雍正元年（1723年）五月谕宗人府："郑家庄（今称郑各庄）修盖房屋驻扎兵丁。想皇考圣意，或欲令二阿哥允礽前往居住，但未明降谕。今弘皙（废太子之子）既已封王，令伊率领子弟于彼居住。"① 《清史稿》的记载稍异："雍正元年，诏于祁县郑家庄修盖房屋，驻扎兵丁，将移允礽往居之。"②

这所为软禁允礽而修缮的王府，并非始建于雍正元年，而是康熙五十七年底，在明代郑家庄马房土城基础上改建。工程包括行宫、王府、城垣、城楼与营房等，"大小房屋299间，游廊96间，王府大小房屋189间，南济庙大小房屋30间，城楼10间，城门2座，城墙590丈9尺9寸，流水大沟4条，大小石桥10座，滚水坝1个，井15眼。补修土城524丈，环城挖河667丈6尺。饭房、茶房、兵丁住房、铺房共1973间，夯筑土墙5350丈7尺1寸。共计用银268762两5钱6分3厘"。③ 城内东为行宫，西为理王府。乾隆十七年拆除。1958年北京市文物普查时，尚存土墙长约500米，以及南城门遗址之处的汉白玉石楷书"来薰门"匾额一方。

"祁县郑家庄"不能轻易就缘名指为山西省祁县。雍正怎能把第

---

① 《清世宗实录》雍正元年五月乙酉条，中华书局1986年影印本。
② 《清史稿》卷二百二十"诸王六"，中华书局1976年版。
③ 杨珍《郑家庄与康熙帝的秘密建储计划》查阅清宫满文档案并翻译，国家清史编纂委员会《清史镜鉴》第六期。

一要盯住的罪人，放到离京遥远的晋中祁县而徒增看管成本与麻烦。实际上，"祁县"应是"旗下"的误写。明代宦官二十四衙门之一的御马监在北京郊区，拥有多处牧场马房。昌平郑家庄的马房土城就是其中一处，内有马厩、官署与寺庙等。清代内务府接收了前朝御马监资产。因之，称"旗下郑家庄"，才解释得通。

事实上，郑家庄的理王府，允礽一天也没住过，而是其子弘晳率先入住的。雍正二年（1724年）十二月十四日，允礽病逝于咸安宫，享年五十一岁。十五日雍正上谕：册封弘晳生母李佳氏为理亲王侧妃，依其子赡养。允礽其他妾媵各依所愿选择居所，"丰其衣食，以终余年"。同时也摆出兄弟情深姿态表示一定亲往祭奠，对劝阻众臣讲："朕今往奠，乃兄弟至情不能自已，并非邀誉也。"[1] 于是次日在五龙亭举行了亲临哭奠允礽仪式。允礽生前虽未迁往郑家庄理王府软禁，死后却是移灵于此家人祭奠出殡的，葬于黄花山（今天津蓟州区）园寝，赠"和硕理密亲王"。"密"是谥号，"追补前过谓之密"。[2] 这一盖棺论定的评价，仍充满对废太子的批判。

乾隆四年（1739年）的弘晳逆案，可谓康熙废太子案的余波。弘晳是允礽的次子，因其兄早亡，故得称长子，康熙的长孙，雍正继位之初封理郡王，雍正六年（1728年）晋亲王。

乾隆四年十月初，宗人府上报，庄亲王允禄与允礽诸子弘晳、弘昇、弘昌、弘晈结党营弘，往来诡秘。乾隆得报，迅速对结党诸人作出惩罚。以弘晳自视"旧日东宫之嫡子，居心甚不可问。革去亲王，仍准于郑家庄居住，不许出城"。[3] 后改拘于景山东果园内。同时废除其本人宗籍，改名四十六（弘晳时年四十六岁），三年后去

---

① 《清世宗实录》雍正二年十二月甲申条。
② 鲍康《皇朝谥法考》卷一，清同治三年刻本。
③ 《清高宗实录》乾隆四年十月己丑条，中华书局1986年影印本。

雍正封弘晳理亲王圣旨

世。十弟弘㫬奉旨袭封理郡王。

　　郑家庄理王府是清代北京唯一一座建在城外的特殊王府。除此之外，所有的王公皆建邸于京师内城。各府在城外只有花园别墅或坟地阳宅。如今郑家庄理王府已无踪迹可寻，留下了平西府地名。关于本地名的来源，有人判定出自吴三桂的平西王府。其实，平西王吴三桂本是明朝降将，崇祯末年封平西伯，镇守山海关，其父吴襄住在北京东单二条胡同。甲申之变，吴三桂降清，加封平西王，一路向西南征战，最后开藩镇守云南，未在京建府。

　　平西府地名根本就不是源自王爷封号。昌平郑家庄理王府，在弘晳被削去亲王爵位以后，虽仍在此居住，却绝不可再称"理王府"。猜想"平西"可能是"弘晳"的转音俗写而形成的。"晳"难识难写，故在民间很容易化简为"西"，把昔日弘晳曾经住过的理王府称作弘西府，进而又俗呼为平西府。

　　简单梳理废太子与弘晳案的来龙去脉之后，再看允礽的妻妾子女状况。

　　据清圣祖系《玉谍》登记，废太子一生共娶了十五位女人，嫡妃之外，侧妃五人，庶妃二人，妾媵七人。生育十二子，十四女，共二十六人。

在男性为主时代，无论福祸安危，家庭都需要男性直接面对，男安则女必安，自不待言，男危而女未必随其危。因此，先简略介绍允礽诸子的真实生活状态，疑问便迎刃而解。允礽软禁期间家庭未像猜测的那样分崩离析，十二子当中至少有七位出生在第一次被废之后。最小的一位出生于雍正二年（1724 年）九月，三个月后，允礽过世。

允礽获罪拘押期间直到身后，他的子女生活待遇比起康熙其他皇子的子孙丝毫也不逊色。假如允礽未遭废黜，顺利继位，成为清入关后的第三代皇帝，那么，他的子女待遇就要远超康熙其他皇子的子孙，男的除嫡长子继承皇位之外，其余的大都要封为亲王、郡王；女的则要封为公主。不错，允礽一生是个政治悲剧，可在事实上，这一悲剧并未祸及他的福晋妾媵与子女。如果他无子女或是被满门抄斩，也许可能存在私生子女，需要藏匿民间，需要有人保护，或许还能成为政治投机的奇货。

事实上，允礽所有儿子，成年的都按照亲王之子封爵规定，给予了相应爵位或官职：

二子弘晳康熙六十一年（1722 年）十一月封理郡王，雍正六年晋理亲王。住郑家庄理王府。

三子弘晋康熙五十六年（1717 年）卒，照辅国公品级殡葬。其子永璥时年六岁，乾隆元年封辅国公。住德胜门内兴化寺街（今兴华胡同）。

六子弘曣雍正六年（1728 年）封辅国公。住德胜门内蒋家房（今新街口东街）。

七子弘晀雍正十二年（1734 年）封辅国公。住西四南大街丰盛胡同。

九子弘暚乾隆元年（1736 年）封三等侍卫。住址不详。

十子弘晇乾隆元年封辅国公，四年接替弘晢袭理郡王。住北新桥王大人胡同。

十二子弘晚乾隆三年（1738 年）封辅国公。住崇文门内喜鹊胡同。

诸子皆分府独立生活，比起亲王之子的待遇显得还要高些。

其他五子：长子、四子、五子、八子等四子，生存最长的十一岁，最短的五天，皆未赐名；十一子弘昺长到十四岁，未达到封爵年龄，却已有两个儿子。

再看女儿生活状态。十四女当中，一、二、四、五、七、十、十一、十三、十四等九女皆殇折。历史上，把十一至八岁死亡称为下殇，八岁以下称为无服之殇。

其他五女皆平安健康成长，封爵出嫁。检索"玉谍"允礽系可知：

三女，康熙三十六年（1697 年）八月嫡福晋石氏生。康熙五十九年（1720 年）五月，封郡主嫁土默特达尔汉贝勒阿喇布坦。雍正十三年（1735 年）四月卒，终年三十九岁。

六女，康熙四十七（1708 年）年正月侧福晋唐氏生。雍正初，养育宫中。雍正四年（1726 年）十二月，封和硕淑慎公主嫁科尔沁博尔济锦氏观音保。乾隆四十九年（1784 年）九月卒，终年七十七岁。

八女，康熙五十三年（1714 年）正月侧福晋程氏生。雍正八年（1730 年）十二月，封郡主嫁敖汉博尔济吉特氏台吉彭苏克拉氏。乾隆二十五年（1760 年）十月卒，终年四十六岁。

九女，康熙五十三年（1714 年）十二月侧福晋林氏生。雍正八年（1730 年）十二月，封县主嫁敖汉台吉七旺多尔济。乾隆二十七年（1762 年）闰五月卒，终年四十九岁。

十二女，康熙五十六年（1717 年）十月妾媵祁氏生。雍正十年（1732 年）十二月，封郡主嫁科尔沁一等塔布囊喀英阿。乾隆四十一年（1776 年）三月卒，终年六十岁。

相形之下，女儿比儿子的待遇还要优渥，六女雍正视为己出，长在宫中，出嫁时封为公主，其他四女，除三女应封郡主外，八女、十二女皆超封为郡主，九女超封县主。在清朝，亲王的女儿只有嫡福晋所生才能封郡主，而侧福晋所生的则封郡君，媵妾所生不封爵，只称宗女。显然，允祁女儿自降生后就一直在宫中安全成长，所有应得的待遇一样也不差，出嫁封爵皆是提级优待的。如此优裕安全的生活状态，需要他人援手拯救吗？

宗室王公纳妾与生育审查登记制度

清代宗室生育政策向来鼓励多妻多育，对于王公别室所居的妾媵所生子女，只要纳妾时登记，生育子女及时申报，则予承认。不过，严禁宗室王公在民间纳妾，"亲王至奉恩辅国公有私买民女为妾者，革爵"。纳妾只能在"该管包衣庄头家挑选。由参领、佐领稽察。生有子女，将母家姓氏钤用关防图记。限三日呈报宗人府"。[①] 三日限期内不报，该子女将永远丧失皇族身份资格。相比之下，皇族人口的生育记录是最全面最严密的。上述允祁殇折九女当中，第四女出生当日殇，第二女出生不足半月殇，《玉谍》都有准确的生时与生母名分的记录。《玉谍》自顺治十三年（1656 年）起，每十年一修订，户口信息审核规范严密。

---

① 钟琦《皇朝琐屑录》卷六，国家图书馆出版社 2011 年版。

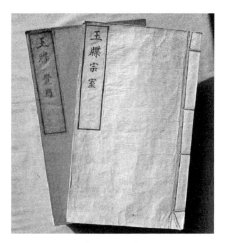

清室《玉谍》

　　纳妾与生育及时向宗人府申报详细资料，是朝廷对宗室的硬性要求。王公住在宫外的府邸，自成天地，与住在宫内的皇子相比，在民间纳妾的可能要大些，不过要冒被革爵风险。革爵就意味着扫地出门。清朝的王公府第、庄田等一向是随爵的，丧失了爵位也就失去了相关等级待遇。至今尚未在明清两朝宫廷档案与历史资料中找到一件朝廷正式承认皇族私生子认祖归宗的事例，相反，伪太子案、冒充藩王之子企图继承王位之类事件倒是曾经发生，却没有一件如冒认者所愿，最终都以鲜血酿就悲剧收场。

　　皇子封爵分府以前，群居于宫内阿哥所，所受限制更多。而皇太子身份又是最特殊的，由于身份尊贵，关系皇权继承延续，故必受到礼遇与无微不至的照看，同时，监管教育也更为严密。且不说允礽被废以后失去了自由，就是未废之前，也不拥有寻常人的自由。前些年微服私访之类的影视文学作品铺天盖地，让人误以为以太子之尊能轻易地到处寻欢作乐。不要忘记，太子一直住在宫中，一天到晚处在人群包围之中，其中不乏皇上简派的人。因而，太子若想干些见不得人的勾当，远比一般纨绔子弟难得多。

长在深宫的皇子并没有寻常富家子弟的自由，一降生就被繁密的礼制规矩包围，享受优裕生活的同时，也付出了亲情与自由的代价。世界上，绝对没有只享受制度利益，而不受制度约束的事。道德规矩本来就是为贵族设置的。如果贵族经常扮演的都是我行我素的纨绔子弟与唯我独尊的山大王的双料角色，恐怕朝廷将无一日安宁，皇朝统治也无法继续下去。无论中外，只要是贵族就肩负着为社会做出表率的责任。

在严密的制度限制与太子生活的公开环境中，讨论他是否可能产生私生子的问题，很是荒诞不经。无论古今，现实生活中的人，总面临两难冲突，一方面，欲望自由意志无处不在；另一方面，各类社会组织与制度法规无处不有。社会生活习惯观念根深蒂固，法规强制监管惩罚与道德舆论抑扬，会让挑战现实的违规违法行为，付出沉重代价。因之，绝大多数人选择在制度内生活。当然，清室严禁皇子王公私自纳妾，并不等于违禁之事不曾发生，但违禁事例从来都是具体的，关键在于是否受到相应的惩罚，假如公开违禁而未受到惩处，才能证明制度失效或特权现象。

私生子既是法律问题，同时也是道德问题。中国古代法律不禁止一夫多妻，只要男子肯承认婚外所生子女，经过家族认定，私生子女大都可以成为父族成员。然而，如此可能，绝不能套用于皇子与王公身上，皇子王公纳妾与生育登记规则严密，绝无事后追认的可能。

传统的道德礼教同样谴责私生行为，无论男女都可能为保全礼教名节与家庭利益而牺牲亲生骨肉，溺婴弃婴在所难免。上流社会之所以极其重视男女结合（包括纳妾）的程序性与公开性，就是要维护宗族血统纯正。在亲子鉴定科学手段产生以前，对女子的来历与生育进行全程监管，也许是最可靠的保障方法了。皇族人口管理在这方面走到了极致。

所谓废太子私生女的政治投资价值与风险

众所周知，中国古代同胞子女在家庭内的权利地位存在显著差别。大户人家嫡出女儿与庶出儿子的权利待遇也不可同日而语。重男轻女习惯由来已久，各阶层概莫能外。社会不接受女子顶门立户，女子也不可能承担起延续本姓本宗的责任。尽管世间不乏善待女儿的家庭，就像大观园中姐妹一样，过着锦衣玉食无忧无虑的生活，但这只是出自天性的爱护，而在家长心目中，绝不会像重视儿子那样看待女儿。女儿常常成为实现政治目的或攀附权贵与财富的工具。

不要说现在没有找到确切材料证明允礽有未登记的别室所居的女人，就是存在，最佳结果也只能是在费尽周折穿越制度壁垒的前提下，以妾媵身份进入允礽家庭，如果她生的是儿子，在允礽没有子嗣情况下，才可能具有特殊意义，成为投机者冒险押上的政治赌注，而生的是女儿，则无论如何也不可能成为政治关注的筹码。事实上，允礽失去自由后，仍过着妻妾成群，不断生育子女的生活。"私生女"猜想虚构的政治风险投资价值究竟几何，一望即明。这种超越历史时空，超越文化传统，仅是个人一厢情愿的意念驰骋而已。

刚刚讲过，皇族拥有充分的生育机会与规范的生育登记制度，为保证血统纯正彻底避免异姓混入皇族分享皇室权力与利益，皇室向来采取宁可冤枉屈死可能真实存在的私生子女，也一律拒绝其认祖归宗。显然，若对私生子女归宗网开一面，不但增加验证成本，更为可怕的是激发社会上冒认皇亲热情，民间萌生通过血缘冒认而挤入皇族生活圈享受优厚生活的想法与行动，不是一件难事。

投资废太子私生女的预期收益与风险相比，风险远远大于收益。即使不考虑制度约束因素，完全按照"猜想"逻辑推理，私生女日后可能被认下，但由于不是废太子唯一后代，也无法与婚生女匹敌，更不能与婚生子相提并论。

"允礽私生女"猜想，忽略了一个不易被察觉的致命风险。这一风险并非缘于保护行动本身，没有风险，也就谈不上政治赌注。隐匿私生女的更大风险在于保护成功之后。传统伦理道德对男人在外包娼蓄妾、欺男霸女、一夜风流、乱伦偷情之类行径，同样深恶痛绝，同样也被社会看作胡作非为。假如一位有身份的人做了类似荒唐事，畏惧制度惩罚与道德谴责，常是千方百计遮掩，惟恐扩散。古往今来为了洗刷个人历史，沽名钓誉不惜成本，甚至动用公共资源杀人灭口或抽毁历史记录的事情还少吗？只要太子忌讳此事，东山再起之后绷起皇帝尊严不予承认，保护者无异于自掘坟墓，挖空心思搭上身家性命的政治投资，到头来自酿的毒酒不得不饮恨喝下。既然演义废太子私生女故事，那么由来、情节与悬念必不可缺，而且要使故事人物思维符合时代的人情事理，但贵胄世家有什么理由押上身家性命，去趟这道显然没有结果的浑水，放着好好的锦衣玉食生活不过，偏偏要无事生非自掘陷阱，实在不是当时人能够想得出做得到的。

允礽厄运是父子权斗的结果，与雍正关系并不大。没有太子被废事件，就没有后来的雍正皇帝。雍正是这一事变的受惠者，当允礽已是笼中鸟之时，他谋求储位的主要竞争对手是皇长子、皇三子与皇八子，因之继位以后，完全没有进一步泄怒允礽的理由，只是从皇位安全需要上考虑，他不可能释放允礽，毕竟做过太子的资本极具政治号召力，极易引发政治枝节，所以沿用先皇做法，继续软禁之。

废太子婚生女需要偷运出宫才能活下去吗？

也许仅靠秦可卿是出身养生堂的弃婴就直接挂上废太子的说服力太过苍白，于是又转而认定秦可卿是废太子的婚生女，由贾珍冒险秘密偷运出宫藏在贾家。偷运废太子婴幼儿，不但要看偷运行动的风险与偷运对象的价值，同时还要看是否存在偷运的必要。私生女与偷运婚生女两种猜想比较，后者更为离奇，超越了历史场景，把胡同里巷寻常人家的翻墙越户与偷盗拐带用在了戒备森严的皇宫。试想，在废太子被拘禁的情况下，偷运其女婴越过重重宫门，躲避层层检查而不被发现，似乎只能想象而难于操作。不管是出于义气忠贞效命于废太子，还是政治风险投资，费尽周折买通所有宫门守卫，打通出宫通道，偷运也应该是男孩，为什么偏偏是女孩？前面刚刚讲过女儿在家庭内的地位，有谁会以稀世珍品的天价下注于铁定的普通对象上？实际上，废太子的儿女都没有处于需要靠搭救，才能活下去的濒危境地。非但没有任何危险，而是都在祖父呵护下健康成长。因之，将生死攸关险境强加到废太子子女头上，制造一个沉重的废太子血脉如不及时搭救就将绝后的虚拟凶险氛围，不过是为了构建个人创意故事的合理性而自我经营的虚拟世界。

废太子拘禁期间，身边不乏女人且不断生育，儿女皆生活优裕平安健康成长。倘若有人横插一杠非要偷运出宫养育，无异于是在有意陷其子女于险地。显然，偷运行为犹如把一个丰衣足食无忧无虑的人，非当作濒临绝境的饥民不可，强迫他吃糠咽菜，还说是为了拯救他的性命一样荒诞。

在宗室身份管理制度背景下，允礽之女一旦被偷运出宫，将永远丧失回归宗室的可能。即使她拥有宗人府出生登记，但失去了宫廷成长经历，即使日后有机会回归，怎能确定就是当初偷出的女孩而非冒名顶替的。认证程序的复杂性不确定性，最终必将为了保证皇室血统纯正而拒绝了事。假如没有出生登记，则无异于私生女，不可能再回归。

退而论之，故事果真像创意描述的那样，成功实现了偷女出宫。那么宫廷在光天化日之下丢失了一个女孩，竟然无动于衷，仿佛什么事都没发生似的。真的让人匪夷所思。即使康熙痛恨允礽而不怜惜其骨肉，起码也要为自身安全考虑，宫廷保安系统出了如此天大纰漏，无论如何也不会听之任之，肯定要严旨彻查整顿，严惩一批失职人员。但是，如此事关宫廷安危的要事，竟然找不到官方应急反应的历史记录，连蛛丝马迹也寻不到。

讨论宫廷权力斗争，至少需要把握两点，一是冷酷，二是伦理。不错，在政治权力面前，宫廷没有世俗的亲亲之情，历史上同室操戈父子兄弟残杀争权屡见不鲜。这让血缘亲爱意识深厚的人难于接受而倍感悲哀。倘若同样的攻杀发生在异姓之间，就少有人大惊小怪。中国历来讲究伦理宗亲，亲亲同心互爱理念一直构成统治的精神支柱，因而，皇室内部争权夺利你死我活，胜出者对失败者的家眷也不得不有所顾忌而放弃斩尽杀绝，这也许是出于亲缘血脉的不忍之心，也许是缘自皇族团结的政治需要，毕竟同姓相残，一定会得到骂名。清室由于是来自关外的少数民族，对于民族与宗室内部的团结更为重视。

在没有完全放弃株连的时代，任何朝代，对于皇族犯法惩罚永远是最特殊的，比如谋逆、谋反这样列入"十恶"的犯罪，对于异姓通常要斩草除根夷灭九族。而对待皇族不可能如此。无论如何，皇上也不能自灭自族。清朝对于宗室犯罪，除非属于"十恶"之列，主犯可能处死，但较少株连，即使需要株连，也仅涉及共同犯罪的男性，处理方式也不见得一定要剥夺生命，通常采取圈禁或流放。而对于女性大都网开一面，不加罪责。不要说皇族女眷，就是犯下灭门之罪的异姓勋戚大臣，男性一律处斩，女性家属大都留下性命没入官籍或发往功臣与披甲人家为奴。而对于宗室罪犯的家眷与儿女，绝不采用这样残酷的惩罚方式，境况要比非宗室罪犯家属优厚得多，仍可以过不失殷实的正常生活。获罪宗室王公的女儿，出嫁的自不待言，未出嫁的到了年纪，仍由皇上指婚。

在政治灾难中，宗室与非宗室脱罪免罪能力相差悬殊，宗室身份特殊，遇事享有制度特权，同时还能惠及姻亲；反之，非宗室保护不了宗室。如果有谁非要强行出头参与皇族事务，必是自食恶果而无益于事。朝廷向来严禁非宗室染指皇族事务。所谓疏不间亲，就是这个意思。

从公主、郡主到普通宗女出嫁后，如果额驸、夫君犯下重罪，本人天生拥有免罚权利。譬如，太宗第十四女和硕恪纯公主下嫁吴三桂之子吴应熊，居住在北京西单小石虎胡同。康熙十四年（1675年），吴应熊因其父反叛朝廷，连同其子世霖一起被朝廷处死，幼子没官为奴。公主却安然无恙，得以善终，康熙四十三年（1704年）十二月过世，享年六十三岁。公主在世期间，圣祖常常派人慰问，以排解她受叛逆所累的郁郁心结。在株连时代，吴三桂犯下弥天大罪，列在十恶不赦之首，儿孙被捕皆不能幸免一死。但是对吴应熊父子行刑方式，朝廷并没有选择最残酷的凌迟，同时还对其幼子网开一面。同样的事情如果发生在与皇族无关的家庭，则不会有此优待，肯定要满门抄斩，处以最严厉刑罚。

再如乾隆宠臣和珅，在嘉庆四年（1799年）初，乾隆刚一过世就被赐死抄家。其子丰绅殷德是乾隆第十女固伦和孝公主的额驸。

今天什刹海的恭亲王府，在乾隆年间本是和珅宅第，抄家之后，房子充公，一分为二，西边两路，嘉庆赏给了十七弟庆王永璘，东边两路留给了和孝公主。丰绅殷德因公主缘故，推恩赏给公爵品级待遇，不但保住了性命，而且仍与公主共居一处，多次担任公职，嘉庆十五年（1810年）五月卒，享年三十六岁。"赏银五千两治丧，照公爵衔赐恤。"如此表明罪犯及其家属如果沾上皇亲，人身政治安全系数增大，即使不能完全逃脱惩罚，也能在同等惩罚中，领受最轻的。这样的事例枚不胜举。

曹雪芹笔下的贾珍其人

《红楼梦》第十三回"秦可卿死封龙禁尉，王熙凤协理宁国府"写尽贾珍错位表演的丑态。

首先是秦可卿死因不明：这日午夜，凤姐方觉星眼微朦，恍惚只见秦氏从外走来，含笑托付贾家后事。对话追问之际，"忽听见二门传事云牌响了四下，正是丧音，将凤姐惊醒。人回东府蓉大奶奶没了。凤姐闻听，吓了一身冷汗，出了一回神，只得忙忙的穿衣，往王夫人处来。彼时合家皆知，无不纳罕，都有些疑心"。"无不纳罕"乃画龙点睛之笔，突显秦氏是暴亡。此前，故事情节从未描写过秦氏已身患重病。倘若她真的病入膏肓，一旦死亡，绝不会引起全府上下"都有些疑心"。其中必有蹊跷内幕。这是曹雪芹故意设置的谜团。

其次是秦可卿丧事本应由丈夫贾蓉主持张罗，但他跟没事人似的。而婆婆尤氏则是犯了胃疼旧疾，不是"睡在床上"就是"不能料理事务"。看到的全是作为公公的贾珍悲痛欲绝，哭得泪人一般，拍手说道："如何料理，不过尽我所有罢了。"甲戌本《石头记》脂砚斋夹批："'尽我所有'为媳妇是非礼之谈，父母又将何以待之。故前此有恶奴酒后狂言（指第七回焦大醉骂爬灰的爬灰），及今复见此语，含而不露，吾不能为贾珍隐讳。"

贾珍有悖人伦常情的错位表演，道出了翁媳之间的非正常关系。脂砚斋既然称"秦可卿淫丧天香楼，作者用史笔也"。那么，素材一定取自曹家的丑闻实事。这是百年望族大户走向衰败的痼疾之一。大户人家的家庭生活从来是光鲜排场，表面上中规中矩与尔虞我诈、勾心斗角、伪道学、纵欲妄为、龌龊丑行并存。曹雪芹直面家族兴衰史，不避讳家族丑闻，批判精神令人钦佩。即使接受了脂砚斋"删去"意见后，改写也没忘记文字之间留下"淫丧"、撞破、爬灰的痕迹。从而印证金陵十二钗之一秦可卿册"漫言不肖皆荣出，造衅开端实在宁"判词。不然，怎能激发起一代又一代红学人的探索热情，构成红学研究经久不衰的热点。

如果说贾珍不听劝阻为秦氏购置稀世寿材还不能证明两者之间存在什么隐衷内幕，那么为了灵幡经榜上书写风光，花了一千二百两银子，通过大明宫掌宫内相戴权为贾蓉捐了个"五品龙禁尉"，则坐实了二人的暧昧关系。

先看贾蓉捐官履历怎样写的：曾祖，原任京营节度使、世袭一等神威将军贾代化；祖，乙卯科进士贾敬；父，世袭三品爵威烈将军贾珍。

再看贾蓉领凭回来后，秦氏灵牌、铭旌的书写。不同版本存在"宜人"与"恭人"的差别。通行的程高一百二十回本与戚序本等写作"俱按五品职例。灵牌疏上皆写天朝诰授贾门秦氏宜人之灵位"，"僧道对坛，榜上大书世袭宁国公冢孙妇，防护内廷御前侍卫龙禁尉贾门秦氏宜人之丧"。第十四回"林如海捐馆扬州城　贾宝玉路谒北静王"描写出殡时的铭旌上大书"诰封一等宁国公冢孙妇防护内廷紫禁道御前侍卫龙禁尉享强寿贾门秦氏宜人之灵柩"。而脂本系统的甲戌本、己卯本、庚辰本等，灵牌、榜书与铭旌皆是"天朝诰授贾门秦氏恭人"。"宜人""恭人"一字之差，透露了什么重要信息，还要从古代官员命妇等级说起。

古代宫廷官场的命妇分内外，内命妇系指后妃、未婚公主与宗室王公母妻等；外命妇又称诰命夫人，异姓公侯、贵戚、文武官员的母妻以及已婚公主。外命妇除公主之外，封号高低从丈夫或儿孙的官衔。先秦时期，"天子之妃曰后，诸侯曰夫人，大夫曰孺人，士曰妇人，庶人曰妻"。[①] 汉代皇帝嫔妃、列侯妻皆称"夫人"。唐代贵戚、国公与一品大员的母妻称"国夫人"，如杨贵妃大姐韩国夫人；三品以上官员母妻为郡夫人；四品郡君；五品县君。官员正妻之外，封赠母亲首选嫡母，"无嫡母，即封生母"。[②] 宋以后命妇等级封号细致化，扩大到五品以下，各有专称，不能混淆。

宋朝官员品级延续唐朝官阶制度，分九品三十级，三品以上为堂上官分正、从两级，正四品以下为堂下官分正上下与从上下四级。如正四品上封正议大夫，正四品下封通议大夫，从四品上封太中大夫，从四品下封中大夫。北宋时期规范了命妇等级称谓：通直郎（从六品下）以上初封孺人，朝奉郎（正六品上）以上封安人，朝奉大夫（正五品下）以上封宜人，中散大夫（正五品上）以上封恭人，太中大夫（从四品上）以上封令人，侍郎（从三品）以上封硕人，尚书（从二品）以上封淑人，执政官（正二品）以上封夫人。并各随其夫之官称封之。[③]

---

① 《礼记》"曲礼下"。
② 《唐六典》卷二，中华书局 2014 年版。
③ 佚名《宋大诏令集》卷一百六十四"改命妇封号御笔"，中华书局 1962 年版。

明清废除了唐宋正四品以下同品级内的上下，统一为九品十八级。命妇称号进一步标准化，一一对应品级：一二品母妻称夫人；三品淑人；四品恭人（元代六品）；五品宜人（元代七品）；六品安人；七品孺人，清代扩大到九品文官之妻。五品以上称诰命，六品以下称敕命。

贾蓉捐五品官后，秦氏始可称命妇，按照对应品级，灵牌书写"宜人"，确系准确无误。可是，曹雪芹在世时流行的脂本抄本都写作"恭人"。这是疏忽还是有意的？显然，以曹氏官宦世家出身，又熟悉典制掌故，断不会出此低级纰漏，那么，一定是有意设置的破绽，寓意秦可卿四品"恭人"，是夹在三品贾珍与五品贾蓉两位男人中间的诰命。暗指贾珍的爬灰行径。程高本、晚出的部分脂抄本改作宜人，虽符合了当时的礼制名号习惯，却破坏了小说的意境与暗示。

逢丧，亲属必按亲疏远近分五等穿戴孝服，秦氏无子女，如不立即为之立嗣，丧礼上就没人穿戴最重的斩衰服。幸好小丫鬟宝珠甘愿做义女，"誓任摔丧驾灵之任"。因此得到小姐的称呼，按未嫁女穿孝在灵前哀哀欲绝。义女之外，作为丈夫贾蓉的丧服最重，应是齐衰杖期。公婆为儿媳戴孝分两种情况，一是为嫡长子妻，服齐衰不杖期；再是为众子妻，穿大功服。贾蓉系嫡生独子，故贾珍与尤氏均应为秦可卿服齐衰不杖期。本回结尾描述的贾珍请王熙凤帮忙料理府事时的情景，尤值得注意："贾珍此时也有些病症在身，二则过于悲痛了，因拄了拐踱了进来。邢夫人等说道：'你身上不好，又连日事多，该歇歇才是，又进来做什么？'贾珍一面扶拐，扎挣着要蹲身跪下请安道乏。"活脱脱勾画出一幅手持哭丧棒的丈夫模样，好像死的不是儿媳而是他的妻子，倘若对古代丧礼制度有所了解，不难发现其中玄机，贾珍虽然按制可以穿与贾蓉一致的孝服，但手中绝对不会有哭丧棒。五等孝服如何分别穿戴，将在后面凶礼一章中讲述。

把"秦可卿废太子之女"猜想，放到历史情景情理中考察，在当时如果胤礽在外私蓄妾媵生育子女不报，事不机密，泄露于外，必引起皇上注意，不管太子被废与否，轮不到他人插手就被官府拿问了。倘若有人参与其间阻挠遮掩，必一同捉拿归案，闻讯逃亡者必遭通缉，同时将会留下历史记录。如是隐藏极深的秘密不为外人所知，除了情感眷恋因素之外，接到贾家又没有什么特殊投资的政治价值。秦可卿的"废太子之女"的身份需要永远保密下去，即使废太子东山再起，也难有出头之日，不能给贾家带来丝毫利益，只能埋下祸根，不知什么时候爆发。在这一意义上，猜想逻辑只能推出贾珍是一位为了意中美女而不管不顾之士，绝非是拥有政治眼光行侠仗义的奇男子，表现更多的是乘人之危、不择手段与寡廉鲜耻。

贾珍以爬灰方式对待秦可卿，若是出自胁迫，绝无义气可言，而是动用家长淫威满足情欲的摧残行为。从中丝毫也看不出秦可卿"废太子之女"身份的政治投资价值。若是出于两情相悦，早已超越了伦理界限，必定招致贾府内外普遍耻笑谴责。无论古今中外的伦理观念，爬灰总不是光彩之事。试想，即便废太子日后东山再起能认下秦可卿，但得知翁媳之间存在如此龌龊行为，还能让他对贾珍感激涕零吗？

显然，"猜想"逻辑与小说描述的贾珍性情之间大相径庭，无论如何，也看不出曹雪芹在褒扬贾珍。相反，字里行间倒是处处充满着血泪与批判。除非制作"猜想"之人能摧毁古今中外贯通的伦理观念坚冰，正名"爬灰"为善行义举，否则很难自圆其说，让人信服。

可能性系推理事物发生的概率，可能成为现实需严格系统的客观论证，而非主观臆测随心所欲外化。历史远去，曾经的人物行为轨迹已然定格，如果不能实证其有，则就是无，再浓墨重笔描述"可能"，也毫无现实意义。

创作小说演绎故事总离不开逻辑，情节逻辑不外人情事理、喜怒哀乐、悲欢离合、善恶利害等等。总之，离不开现实过程中活生生人的七情六欲。演绎历史故事极其需要历史感，历史感来自对历史人情事理与历史逻辑的体会与把握。

"秦可卿废太子之女"猜想，不妨称作"贾珍秦可卿演义"，添上了私生、偷运，扯上了宫廷惊心动魄的钩心斗角，骤然之间，成为街谈巷议谈资噱头卖点，票房价值自然倍增。然而故事是故事，历史是历史。"贾珍秦可卿演义"存在着极为明显的逻辑颠倒漏洞，不能把个人猜想创意当作研究的前提，由小说人物秦可卿直接认定废太子存在着私生女，而是先要搜寻到废太子确实有私生女的历史证据。仅仅做到了这一点还远远不够，还必须找到私生女是小说人物秦可卿的创作原型的媒介证明，方能撑起个人创意的广阔空间。

曹家非显宦权要家族无从参与宫廷权斗

《红楼梦》引人入胜却未终篇，与作者履历细节缺失，激起红学界对曹雪芹身世及其家事的探究考辨热情。也许是沉浸在小说的豪奢生活描写当中，同时又相信这是曹家的生活实录，从而认定曹家乃是康熙朝的显宦权要家族，拥有极大的政治权力。其实，这是忽略了时代政治背景、不明当时制度的错觉。曹家根本不是显宦权要家族，也无从参与诸如康熙诸子争夺储位的宫廷斗争。

曹家祖籍一说辽宁辽阳，一说河北丰润，清军入关以前，曹玺父曹振彦于天命六年（1621年）归附后金，编入正白旗满洲"包衣人"，不久成为皇帝的家奴，三代四人出任江宁织造，圣眷始于曹玺，盛于曹寅，败于曹頫。

曹玺原名曹尔玉，字完璧，"曹氏正白旗包衣人，世居沈阳地方"。[①] 康熙二年（1663年）至康熙二十三年（1684年）病逝，任江宁织造二十二年，妻孙氏，曾做过康熙幼时的保母。康熙三十八年（1699年）四月，南巡回京，止跸于江宁，曹寅奉母孙氏朝谒。康熙称"此吾家老人也。赏赉甚厚。会庭中萱花开，遂御书萱瑞堂三大字以赐"。[②] 曹玺过世后，眷顾旧情的康熙对曹家倍施恩典，其子曹寅很快接任了江宁织造，由此曹家进入辉煌鼎盛时期。

江宁织造郎中五品，全称"驻扎江南织造郎中"，系隶属内务府的驻外衙门。内务府自成系统，负责管理皇家事务，诸如膳食、服饰、工程、庄田、畜牧、采办等，同时分理盐政、榷关事宜。总管内务府大臣，在满洲王公、内大臣、尚书、侍郎中特简，掌管广储、都虞、掌仪、会计、营造、慎刑、庆丰七司与上驷院、武备院、奉宸苑三院，以及江宁、苏州、杭州三处织造等五十多个直属机构。仅官员就有三千余人，由镶黄、正黄、正白三旗满洲包衣（家奴）佐领，旗鼓佐领等共三十六个佐领组成。

织造郎中，兼具内官与皇商双重身份，负责管理生产织品供应宫廷事宜，采办御用物品，领取内务府帑银经商牟利。织造并非朝廷行政官员，更非显宦，却是令人称羡企盼的"肥差"。今天之所以广为人知备受关注，就是百年以来求解考证曹雪芹身世生平谜团促成的。

---

① 《皇朝通志》卷七十四"氏族略"，浙江古籍出版社1988年版。
② 冯景《解春集文钞》卷四"御书萱瑞堂记"，上海商务印书馆丛书集成初编本。

康熙二十九年（1690年），曹寅出任苏州织造，两年后调任江宁织造，期间四次任两淮巡盐御史分享盐税用以弥补织造亏空，奉旨刊刻《全唐诗》、《佩文韵府》。康熙六次南巡，曹寅在南京接驾四次，在扬州接驾一次。康熙五十一年（1712年）六月，曹寅短暂进京后返回南京，六月十六日到扬州书局办理刻书事宜，七月初一日染上疟疾。康熙得报，赐金鸡纳霜并做了详细的服药说明，命人星夜驰驿送往扬州。然药未到，曹寅于七月二十三日病逝。独子曹颙继任江宁织造。康熙五十四年（1715年）正月，曹颙病故无子。康熙立即钦定曹寅弟曹荃第四子曹頫（时年十八岁）过继曹寅，接任江宁织造。同时，又命曹寅妻之堂兄苏州织造李煦代为补齐二十三万两的亏空。此后曹家开始走向衰落。康熙年间曹家风光三世，完全出自康熙恩典。

康熙南巡图

曹家是内务府包衣世家，虽得皇上青睐，却始终未能抬旗脱离包衣身份。无论从官职与权限，还是工作性质，都是单一的。从未进入过朝廷政治权力的核心圈。今人研究《红楼梦》，为了突出曹家的政治地位，往往对曹玺曹寅父子的官职做模糊处理。官修《八旗氏族通谱》记录"曹玺原任工部尚书""曹寅原任通政使司通政使"①。遂以此为据认定曹玺、曹寅父子曾经实任过这样的朝廷要职。实际上，曹玺生前从未做过比织造更大的官。康熙二十三年（1684年）夏，曹玺"以劳瘁卒于官。易箦（指死亡）之五月，遇天子巡幸至秣陵（南京），亲临其署，抚慰诸孤，特遣内大臣以尚尊奠公"②。可见，工部尚书是他死后五个月的赠衔，类似今日死后追认的荣誉。之所以选择赠工部尚书，而非他部尚书，就是考虑到他的职业履历。清代织造衙门继承的是明代工部与内府共管的织染局。明代工部在北京与南京皆设内外织染局，内局以供宫廷，由太监管理；外局以备公用，由工部都水司管理。清代改变了明朝的管理与生产方式，在江宁、苏州、杭州三处设织造，统一由内务府管理，同时废除了匠籍制度，实行"买丝召匠，领机给帖"的雇佣方式生产织品。曹玺死后得赠从一品的工部尚书，除了表彰他的工作成绩之外，更重要的是抚慰他的妻子孙氏，让她享受一品夫人的待遇。"曹氏父子，其宣力机务，累承帝眷者至矣。而予窃听舆人之诵，皆谓太夫人之懿德，相夫教子，实与有助焉。"③盖因孙氏曾做过康熙幼年时的保母。

同样，曹寅的通政使司通政使，虽是生前获封，亦属于奖励性质的荣誉虚衔。曹寅除本职工作之外，隐秘而又经常性的任务就是充当皇上的密探耳目，随时密折上报江南的政情与世情。也正是这一特殊身份，让江南官员无论品级高低，大都愿意与之结欢。从曹寅与康熙往来的密折与御批上看，从来没有关于朝廷决策与政治安排方面的建议与批示。由于这项工作做得认真扎实，故得

① 《八旗满洲氏族通谱》卷七十四附载，辽沈出版 1989 年影印本。
② 熊赐履《经义斋集》卷四"曹公崇祀名宦序"，齐鲁书社四库全书存目丛书 1997 年版。
③ 尤侗《艮斋倦稿》卷四"曹太夫人六十寿序"，清刻本。

赐三品的通政使衔。通政使司是明清时期朝廷九卿之一，掌受内外奏章、敷奏、封驳等事宜，别称"银台"。宋代设银台司，职能与明清的通政司相当，故与曹寅相交的文官名士移用古称，称他银台大夫。

此外，亦有尊称曹寅农部、司农公或工部的，譬如《艮斋倦稿》卷四的"农部子清（曹寅字）"；叶燮《巳畦文集》卷五的"司农公荔轩（曹寅号）"；吴之振《黄叶村庄诗集》卷七的"题曹子清工部楝亭图（辛未春）"等。农部系指户部，司农公系指户部尚书、侍郎。实际上，曹寅从来没有在户部衙门里担任过要职。未有如此居官履历，却偏要这么说，岂不是当面说谎么？这倒也不是，古人官场社交，出于恭维，涉及官员职位，往往一味追求古典驯雅，千方百计借用古称。这样做的最大好处就是能够顺利拔高恭维对象的官位。尽管难免生拉硬扯，但绝不是凭空捏造，古今官称对应总是有些瓜葛的。曹寅曾四次巡视掌管两淮盐政。清朝户部管辖全国盐务，产盐区设都盐运使。正是因为曹寅曾掌管过两淮盐政。所以，才会出现农部与司农公的尊称。至于"工部"则是依其父赠工部尚书与织造的职能而推及的。

康熙过世，雍正继位，一改康熙晚期的政治生态，整肃官场纪律，厘清财政。雍正元年（1723年），实行耗羡归公与养廉银政策，二年（1724年），全面清查地方财政亏空，追缴拖欠，凡有亏空的衙门，限三年内如额补齐，逾期者从严惩治。催逼无效必抄家补款。

此时的曹家已彻底丧失与皇上的特殊关系，曹頫接任织造，在李煦代为补齐二十三万两的亏空之后，又不断产生新的亏空，雍正几经催逼补齐无效后，最终失去耐心。雍正五年（1727年）十二月，以"将家中财物暗移他处，企图隐蔽"罪名，对曹頫革职抄家。但未做绝，仍给北京崇文门外蒜市口"房屋十七间半、家仆三对"聊以为生，生活状态仍不失为殷实。

综上所述，曹家几代人一直未脱离皇帝奴仆家臣身份，虽非朝廷势要高官，并不妨碍过上豪奢生活。织造与盐政掌握国家资产资金，倚仗君威，很容易暴发，成为豪富。《红楼梦》第十六回"贾元春才选凤藻宫　秦鲸卿夭逝黄泉路"讲述了为皇家办事的风光与势派的实质：

> 赵嬷嬷道："还有如今现在江南的甄家，嗳哟哟，好势派！独他家接驾四次。别讲银子成了土泥，凭是世上所有的，没有不是堆山塞海的，'罪过可惜'四个字，竟顾不得了。"凤姐道："我常听见我们太爷们也这样说，岂有不信的。只纳罕他家怎么就这么富贵呢？"赵嬷嬷道："告诉奶奶一句话，也不过是拿着皇帝家的银子往皇帝身上使罢了！谁家有那些钱买这个虚热闹去？"

"拿着皇帝家的银子往皇帝身上使"一语道破甄家"怎么就这么富贵"的天机。甲戌本《石头记》脂批：这"是不忘本之言"；也是"最要紧语，（但）人苦不自知"。显而易见，拿着皇家银子往皇帝身上使的同时，也要往自家身上使。为皇上提供服务的事项场面越大，自家发财的机会就越大。

内务府包衣世家因是皇帝家奴，获得一官半职，尽管官职不高，不能跻身庙堂，但直接为皇家办事的气势，发财机会远远超出朝廷高官。清代北京民谚"树小房新画不古，一看就知内务府"，正是这一现象的真实写照。暴发从来伴随着不正当手段，朱季黄先生说："内务府人员抄家简直不算什么了不起的事，实质上是发财太大，很容易抓个碴就抄，抄过之后不作为犯人处理，还给差事。"① 如此事例，检索内务府档案不胜枚举。

继任江宁织造隋赫德在雍正六年（1728 年）七月上报，发现江宁织造衙门左侧万寿庵内藏贮一对镀金狮子，系塞思黑（皇九子胤禟）于康熙五十五年（1716 年）"交与曹頫，寄顿庙中"的。有人据此档案记载，把曹家抄家原因，归为曹頫与雍正死敌胤禟交好而被惩罚。这完全颠倒了历史顺序，抄家在雍正五年十二月，镀金狮子是七个月过后，查抄的结果。而且雍正得知后也未因此加重对曹頫的惩罚。

曹頫抄家后并未在政治上牵连家族，检几则曹家档案一望便知：曹寅弟曹宜，雍正七年（1729 年）任内务府正白旗护军校。雍正九年（1731 年）升为鸟枪护军参领。雍正十一年（1733 年）任内务府正白旗护军参领。曹宜子曹颀（曹頫堂兄）任茶房总领。雍正五年十二月二十八日，查抄曹頫家产指令下达后第四天，雍正赐曹颀御笔"福"字以示恩宠。第二年腊月同样赐之。② 可见，曹頫一支获罪，曹玺后代近支皆安然无恙。

从曹寅曹頫父子的身份、官位、职责、驻地等诸方面考察，都不具备主动参与核心政治的宫廷斗争的能力能量，而争储的各位皇子也不会把拉拢曹家作为进身的砝码。至今没有找到史料证明曹家参与了康熙朝太子立废与诸皇子争嫡的宫廷政治斗争。若非要将抄家与宫廷政治扯上关系，那么，几代红学家尽心竭力搜寻到的藏贮镀金狮子，也只能表明曹頫与皇九子有过交集，而不能用来证明他曾讨好过废太子。不要忘了胤禟与废太子之间分属两派。

---

① 朱季黄《故宫退食录》上册 377 页，北京出版社 1999 年版。
② 故宫博物院明清档案部编《关于江宁织造曹家档案史料》，中华书局 1975 年版。

《红楼梦》的故事素材与人物原型主要来源是曹玺、曹寅、曹颙、曹頫祖孙三代四人任职江宁织造五十八年的家族兴衰史，创作过程恐非曹雪芹一人之力，而是畸笏叟、脂砚斋、棠村、松斋等人共同参与的，这从小说最初以抄本附带批注方式流传就可以看出。从批注内容上考察，有回忆反思，有感悟感叹。有素材比对，有删改意见，有设问解惑答疑，有谋篇布局，有笔法分析等等不一而足。

在进入正题之前，费这样大的篇幅，举例探讨两情——情景与情理，无非是为了建立历史话题的理解平台。情景搭建需要丰富的想象力，而情理立场则要限制想象力。情者古今相通，理者时代各异。如果不搞清不同时代的理念，解读历史具体问题只是一味地以一己之情通古贯今，在可能性的道路上驰骋，虽然酣畅淋漓，意外收获无穷无尽，但必定伴随强奸古人与笑料百出的现象。开篇曾讲过，世间有离开理性的情感，而无离开情感的理性，因此，无论做什么事，情感宣泄易，理性审慎难，没有情感炽烈不足以成就任何事业，但仅凭炽烈也难以功德圆满。理性构成情感任意宣泄的约束机制。

在穿越历史隧道，洞察古人生活方式、制度模式、价值观念时，需要尽量摒弃当代的烟火气。古今价值理念存在巨大差异，古人迷恋珍重之事，到了今人眼里，往往觉得不可思议，无足轻重。因之，绝不能仅凭当代的感觉当代的场景当代的理念解读古人的生活情趣与价值取向。

第二章

吉礼——敬天法祖礼神
求福的庇佑情结

《周礼》讲以吉礼事邦国鬼神祇。鬼系指人鬼，皆为历史人物，如祖宗、各界历史名人；神系指天神，人类创造的上天诸神，如日月风雨雷云之神等；祇系指地神，人类创造的地上诸神，如山水土地之神等。

吉礼是祭祀鬼神的程序仪式。从京师恢宏的礼制建筑的使用性质上看，只有专为举行吉礼祀典而建的坛庙的用途比较单一，完全出自敬天法祖的政治传统与期盼社会和谐稳定事事如意的目的。神秘肃穆、声势浩大的吉礼典仪，今天看来似是无益的浪费，难与统治效果与社会秩序相联系，但只要对农业社会的生产模式有所了解，不难发现这些活动寄托着社会对政治清明、生活安定与年景丰登、纳福去祸的渴望。皇朝通过名目繁多的祀典仪式，神化了皇上敬天法祖，代天行政的神圣形象。京师拥有比皇朝任何其他城市都多的大小祀典。

祭祀类别、日期与嘉礼盛典改期

朝廷根据历史传统、政治需要与祭祀对象的差别，把祭祀仪式分为大祀、中祀与小祀。清朝的小祀又称群祀。不言而喻，天体空间构成，人间诸事汇集总是分高低大小轻重的。天神系统，设置总神谓之昊天上帝或皇天上帝，其次日月，再次风雨云雷等。地上总神谓之皇地祇，其次山川海渎，再次各处土地与城池城隍等。人鬼之神，首重莫过于本朝列祖列宗，其次孔子，历代帝王，再次贤臣名将直至各个家庭的父祖。显而易见，祭祀等级基本照搬现实生活中的等级次序。昊天上帝、皇地祇、本朝列祖列宗构成最重要的祭祀对象，皆列在大祀范畴。

明朝每年定期举行大祀十三项次：正月上辛祈谷，孟夏大雩，季秋大享，冬至祭天，皆祭昊天上帝；夏至祭地，祭皇地祇；春分祭日，秋分祭月；春夏秋冬四季孟月与除夕五次享太庙，祭本朝列祖列宗；春秋仲月上戊日祭太社太稷。中祀二十五项次：仲春祭先农，春秋仲月择日祭历代帝王庙，春秋仲月上丁日祭先师孔子等。小祀八项次：孟春祭司户，孟夏祭司灶，季夏祭中霤，孟秋祭司门，孟冬祭司井等等。清朝基本上延续了明朝制度，大祀项目与明所差无几，只是把祭日月降为中祀，覆灭前夕又把祭先师孔子提升为大祀。中祀项目变少，只有十二项次，如日月坛、帝王庙等。群祀即小祀增加到五十三项次，如季夏祭火神，仲秋祭都城隍，季秋祭炮神，春冬仲月祭祀先医等等，名目繁多不一而足。

明代大祀、中祀、小祀合计共四十六项次，平均每月几近四次。清代大祀、中祀、群祀合计七十八项次，平均每月超过六次。京师之内的朝廷祀典可谓频繁。其中，皇帝亲临的祭典有天地、宗庙、祈谷、社稷、日月、大雩等，其余的根据祭祀等级派遣大臣或由主管部门官员按时致祭，但孔庙与历代帝王庙"则传制特遣"以示隆重。

朝廷祀典日期大都是固定的，分节气与日期两类。在通用阴历时代，节气与日期之间，就不像今天使用阳历那样相对固定。冬至、夏至、春分、秋分是节气。古人虽然认为太阳围绕地球运动，却对太阳历早有认识，将一年分成二十四个节气就是以太阳为中心的。节气对应阳历日期相对固定。每年冬至、夏至、春分、秋分四节气，基本上分别处在阳历的 12 月、6 月、3 月、9 月的下旬之初。然而，在使用阴历时代就不同了，每年的日期差别比较大。尤其有闰月的年份，各年节气与日期对应相去很远。

以天地日月的祭祀时间而言，古人认为，天地至尊，选择祭两至节气祭祀，在于看重冬至夏至分别是日渐长与日渐短的起始点。日月仅次于天地，选择两分节气祭祀，春分阳气正盛，秋分阴气见长，正符合阴阳互补平衡观念。

上辛、上戊、上丁，都是具体的阴历日期，也就是说在举行祭祀的月份里，逢到第一次出现的带有辛、戊、丁的日子，就举行仪式。中国传统的记年、记月、记日、记时，一种用数字，另一种用天干地支相配表示。干支表示法在记年与记时上可以与数字准确对应，而记月、记日则不能与固定日期对应。干支相配以六十为重复周期，阴历大月三十天，小月二十九天，同时十九年当中置七个闰月。因此，记月不是五年一重复，记日更不是每年每月都一样。凡是用干支记日的日历，都要在月初注明某某朔，朔就是初一，有了这一指示，能够很容易把干支记日换成数字表示。天干符号十个，甲、乙、丙、丁、戊、己、庚、辛、壬、癸。因之，大月当中每个都能出现三次，而在小月当中，上个月末出现的符号就只能出现两次。

阴历正月初一原为元旦，现在称为春节，而把阳历的 1 月 1 日，称为元旦。这是国家改行世界通行的阳历以后，借用了旧时的习惯称法。阴历元旦是普天同庆的盛大节日，而正月上辛日出现在元旦庆祝期间的可能性比较大，因此，在一至三日之内出现时，就要改用第二个辛日。譬如正月第一个辛日恰逢初三，就用次辛正月十三日。有时还会使用三辛日，古人认为祈谷必须在二十四节气之首立春之后举行，因之，根据实际情况，选择次辛或三辛日。

正月上辛祈谷与九月大享都在天地坛大祀殿举行。春报秋享，皆祭昊天上帝。春耕播种在即，呈报上天恩赐风调雨顺；秋收入仓，报享上天福佑恩泽，同时希望来年同样谷粮满仓。自然灾害越是严重越激起祈祷热情，人类越是感到无能为力时，越盼望超凡力量排忧解困。这也不能完全归于古人迷信，起码传递了一条鲜明信息，就是矢志不渝的生活追求与生命延续下去的坚定信念。

二月与八月的上戌日祭太社与太稷。

四月择日雩祀，即逢旱祈雨仪式。根据旱情分常雩与大雩两级。旱情初起，先行常雩之礼，未果再行大雩之礼。

春夏秋冬四季，每季三个月分别称为孟、仲、季。孟就是一，仲是二，季是末。以孟而言，是大的意思，大才可以居首，四季孟月分别是一月、四月、七月与十月。四季第一个月的首日与除夕，朝廷都要祭祀太庙，一年五次按例举行祀典。平日按月更换供品，谓之荐新。太庙是供奉本朝列祖列宗的宗庙，国有大事一定要告庙，从而得到祖宗在天之灵的庇佑。告庙根据需要随时都可能举行，而不包括在这五次例行的祭祀之中。在皇朝诸多的祭祀活动中，也许太庙是最繁忙的。

凡皇帝亲临的大祀，祭前必须斋戒三天。为了保证对神灵虔诚景仰之心，不惜把嘉礼庆典改期举行。皇朝一年三大节日，冬至、元旦与万寿（皇帝生日），只要举行庆典日期与大祀发生冲突时，一律让位于祭祀。

先看元旦庆典让位大祀事例，雍正八年（1730年）与十二年（1734年），元旦大朝仪因与正月上辛祈谷日期冲突，分别延期到初六与初九举行。乾隆四十七年（1782年）与嘉庆二十五年（1820年），皆推迟到初五举行。

再看帝后生日庆典让位大祀事例，明万历四十一年（1613年）十一月二十三日冬至，礼部十八日上奏，请于十九日君臣宣誓斋戒，可是十九日恰是皇太后生日，与此冲突，因之，太后生日庆典提前一天举行。清光绪帝同治十年（1871年）六月二十八日生于宣武门内太平湖畔醇亲王府的槐荫斋，登上皇位后，为留足法定七月初一日祭太庙前的三天斋戒期而将万寿庆典日提前了两天，变成二十六日。传统庆寿禁忌，如不当日举行，皆提前举办，没有延后的。

以上五项是明清两朝通行的大祀。

中祀主要的是日月坛、先师庙（孔庙）、历代帝王庙。日月坛在明朝列在大祀之内，清初降为中祀。先师庙，清朝光绪年间提升为大祀。历代帝王庙祭祀历代功业彪炳的君臣。从而体现历朝更替之间的政治传承。明清两朝皆为中祀。

至于小祀群祀，皇帝肯定不出席。每到法定祭祀日期，礼部或相关部门派官主持祀典。明清时期北京庙宇林立，火神庙、土地庙、马神庙、关帝庙、药王庙、三官庙等等。这些庙都是祭祀祈福之所，有些是官办的，有些是民办的。严格地说，类似的庙宇与宗教寺庙不是一码事，祭祀表现的更多是崇敬与迷信，而不是宗教信仰。中国人一向缺乏宗教热情与宗教献身精神，因此神庙的性质与分类，对于非教徒来说没有太大意义。善男信女逢神必拜，而跪拜的神灵与神灵之间的差别，并不是祈福者所关心的，但取所需，往往临时抱佛脚。祭祀对象五花八门，可以说人间有什么需求，就有什么祭神形式，从宫廷到民间，立意一致，只有仪式供品繁简的区别，而无心态之间的差异。

梳理官方祀典项目，大致分为两类。一类是充满神性的政治祀典，在于塑造一统之君的神性与爱民形象。另一类与日常生活起居、衣食住行息息相关，从正月起，随着季节天气变化，社会祈福防灾心理关注不断转移，不外期望风调雨顺、年景丰登、安居乐业、出入安全等。譬如小祀中的"五祀"就是企盼安稳度日不受灾害。"五祀报门、户、井、灶、室中霤之功。门、户，人所出入，井、灶，人所欲食，中霤，人所托处，五者功钧，故俱祀之。"[1] 以明朝宫廷

---

[1] 王充《论衡》"祭意"，岳麓书社 2006 年版。

"五祀"为例，正月祀户，设坛于各宫门左边，由守卫祭祀；四月祀灶，设坛于御厨房，由光禄寺官祭祀；六月祀中霤，设坛于乾清宫丹墀，后改在文昭阁前，由内官祭祀；七月祀门，设坛于午门左侧，由守卫祭祀；十月祀井，设坛于大庖井前，由光禄寺官祭祀。岁末合祭五祀于太庙西庑下，由太常寺官行礼。宫廷生活与寻常人家一样，无不期待须臾不可离的居室、用火、饮食等的安全。

永乐迁都北京之初，国家坛庙配置粗具。其后历朝陆续添置、整合，至嘉靖朝形制大备。清朝继承了明代国家坛庙遗产，改动添置的较少，只是在东长安门外新建了堂子（其形制与祭祀放到后面军礼讲解时再介绍）。同时又把明代皇后寝宫坤宁宫改造成祭祀跳萨满之所。

祭前准备与斋戒

所有祭祀都需要充分准备，越是规格高的，准备时间越长，事项越繁密。准备工作大致分为两类：一是物质性的，包括神位、牲牢、祭品、玉帛、祝版、祭服等；另一是行为上的，包括斋戒与仪式彩排等。

物品祭品名目繁多复杂，不能一一道及，仅简单介绍其中最重要的祭品"牲牢"。东汉郑玄说"牛羊豕为牲，系养者曰牢"。祭祀人身份与祭祀对象等级不同，使用不同，"诸侯之祭，牲牛，曰太牢；大夫之祭，牲羊，曰少牢；士之祭，牲特豕，曰馈食"。[1] 牲牢分三等，犊羊豕。明代大祀系养牲畜于牺牲所九十天，中祀三十天，

---

① 《大戴礼记》第五十八"曾子天圆"，民国涵芬楼四部丛刊本。

小祀十天。祭天用苍犊，祭地用黄犊；祭日月、先农、社稷、历代帝王，用犊羊豕各一。清朝变为四等：犊、特、太牢、少牢。

太牢牛羊豕三牲齐备，少牢羊豕两牲组合。太牢是只有牛，还是牛、羊、豕三牲，经典史籍说法不同，较早的《礼记》等经典多为牛一种，稍后三牲齐备说法占据上风，"太牢，牛羊豕也"。①《庄子》虽成于战国中期，但注疏人生活在唐初。

再看思想行为上的准备。首先是皇帝斋戒。京师主要祭坛皆建斋宫。明代山川坛斋宫在清乾隆年间改成庆成宫，用作皇帝亲耕后休憩与犒赏之所。祭祀盛典莫过于祭天。天坛斋宫轩辕壮阔，规制最为完备，位于圜丘以西，坐西朝东，形制方正，开四门，以东为正。前正殿五间，俗称无梁殿，后寝殿五间，傍有浴室。四围两重墙垣，绕以深池。正殿丹墀左为斋戒铜人亭，右为时辰亭，届时由钦天监官员进时辰牌，恭请皇帝起驾。

从永乐迁都到清康熙朝，祭祀天地之前的斋戒大都赴祭坛附设的斋宫进行。即使不是全程，起码也要在临祭前夜住上一天。清雍正九年（1731 年）在内廷乾清门东创建斋宫，自此大祀的斋戒改在宫中。南郊、祈谷、常雩，例于祭前三日，上御大内斋宫；北郊、太庙、社稷飨祀均于养心殿致斋。② 乾隆七年（1742 年）定制：皇帝祭天在祭日前一天的上午十时从乾清门乘舆出太和门，降舆乘辇，至圜丘南门昭亨门外降辇，进门查看圜丘坛位。然后出南左门至神路西升辇，到斋宫继续斋戒一晚，次日届时祭天。其实，斋戒的本意是自律自省与敬神虔诚，住在哪里并不重要。主要祭坛之所以要建斋宫，就是要把敬天地的虔诚精神物化。不营造环境肃穆氛围，

① 成玄英《庄子疏》"至乐篇"，中华书局 2011 年版。
② 庆桂《国朝宫史续编》卷二十八，北京古籍出版社 1994 年版。

单纯依靠意志坚定一心修省，只有极少数人可以做到。

经典中齐与斋通假，《易经》系辞注"洗心曰齐，防患曰戒"。祭祀之前，必沐浴更衣，变食迁坐，虔笃专注，齐一意志。"致齐于内，散齐于外。齐之日，思其居处，思其笑语，思其志意，思其所乐，思其所嗜。"① "戒者，禁止其外；斋者，整齐其内。"②

明初拟定的斋戒期仿照唐代做法，大祀七日，中祀五日，小祀三日。太祖以为太久，恐人心懈怠不易坚持，几经缩短，最终定为大祀三日，中祀二日，小祀一日。为了督促警示皇上静心斋戒，洪武三年（1370 年），太祖命礼部铸铜人。铜人高一尺五寸，手执牙简，大祀则书致斋三日，中祀则书致斋二日于简上，逢有皇帝出席的祀典，太常寺将铜人置于皇帝斋所。洪武五年（1372 年）规定，逢国家祭祀前期，各衙署设斋戒木牌上书"国有常宪，神有鉴焉"，以防官员懈怠。清雍正十年（1732 年），皇上创制佩戴的斋戒小木牌，令官员挂于胸前，随时警示身心诚敬。

祭天地是皇朝最重要的祀典，程序历朝稍有变化，但立意一致，明朝逢大祀，君臣斋戒，要举行仪式，隆重程度近似大朝仪。嘉靖九年（1530 年）定制，在斋戒的前一天也就是祭日的前四天，皇帝御奉天殿（皇极殿），百官朝服齐集殿前广场，听誓戒之后，皇帝御斋宫，陪祀官员入衙署致斋三日。

清朝基本延续了明朝制度。顺治八年（1651 年）规定大祀斋戒三日，中祀二日，内廷乾清门中门左侧设黄案，上置斋戒牌与铜人。宫内各处于门帘上方悬挂斋戒木牌。各衙署亦置斋戒木牌。凡列入陪祭名单的官员，斋戒开始，不再审理案件，不参加宴会，不听乐，

①《礼记》"祭义"。
②《明史》卷四十七"礼志"。

不宿内室，不饮酒茹荤，不探视病人，不吊丧，不祭神，不扫墓。凡是生病或有孝在身的人，一律不能参加。如果入选之后出现了类似生病等状况，也要主动报告退出。

斋戒尤其是大祀，乃是朝廷全体官员参与的大事，而非仅限于直接参与的官员。在权力财富的名利场中，人心浮动尔虞我诈，不免忧思难解心绪不宁。间隔不久举行的祭祀斋戒，强制君臣做一次静心素心的自我反思，多少可以起到调整心态趋向平和的效果。

明代大祀、中祀典礼举行前期，参与官员要在朝天宫彩排一次。清代废除了这一程序。但读祝官（朗读祭祀祝辞）、赞礼郎（司仪负责喊口令）、执事（各类服务供事人员）、乐舞生等，都要在太常寺卿率领下，齐集神乐署凝喜殿反复排练多日，以保证祭祀当天不出纰漏。清初定制，大祀前四十天，中祀前三十天，每旬的三、六、九日，集体排演一次。

圜丘祭天程序

中国历史上国家祭祀大典首推天坛祭天。

天坛，在正阳门外东侧，永乐十八年（1420 年）建，周垣九里三十步。初制天地合祀，称天地坛，嘉靖天地分祀后，始专称天坛。古人认为"天圆地方"，堆土成丘，建制圆形的称圜丘，方形的称方丘。圜丘祀天，方丘祭地。西汉成帝年间在长安南北郊分别修建了圜丘与方丘。"祭天于南郊，就阳之义也；瘗地于北郊，即阴之象也。"[1] 以后历朝大都沿袭这一传统南北郊分祀天地。

---

[1]《汉书》卷二十五"郊祀志"。

圜丘

先民祭天传统可以追溯到黄帝时代。"天"是中华传统哲学思想的核心概念。祭天表达的是"天人合一"人文宇宙的世界观人生观。《诗经》"我将"讲"我其夙夜，畏天之威，于时保之"。天者，"万物之祖，万物非天不生"。[①] 中华文明史上，无论帝王将相还是平民百姓，皆具敬天、畏天、祈天庇佑观念。不可否认，汉以后儒学构建的"天人合一"理念，不过是维系皇权纲常的政治套路与伦理框架，凡符合主流意识的行为便是天道，反之就是荒谬。这不是探索天体物理自然的实学，而是稳定社会秩序的价值体系。

明初都金陵时，在钟山之阳建圜丘，之阴建方泽（地坛），分祀天地。经过十年实践，太祖以为分祀方式存在巨大缺憾：首先，帝王乃父天母地的天子，敬天礼地分开祭祀犹如离间父母骨肉至亲而不近人情；其次，分祀繁琐，浪费资源财力；其三，露天祭祀常受风雨阻隔而不得不中断。洪武十一年（1378 年）十月，改造圜丘，建大祀殿十二楹，中四楹，饰以金，余饰三采，正中作石台，设上帝、皇

---

① 董仲舒《春秋繁露》"顺命"，中华书局 1975 年版。

祇神座于其上。殿前东西庑三十二楹，正南大祀门六楹，接以步廊，与殿庑通。殿后为库六楹，以贮神御之物，名天库，皆覆以黄琉璃瓦。① 其后，大祀殿复易以青琉璃瓦。第二年正月十一日举行天地合祭大典。从此定下每年正月中旬择日合祀天地于大祀殿的制度。

永乐迁都北京，延续太祖旧制，建天地坛大祀殿，合祀昊天上帝、皇地祇于殿内。

嘉靖九年（1530 年）恢复天地分祀。在大祀殿（今祈年殿）南建圜丘祭天，安定门外建方泽坛祭地。大祀殿则改作孟春（一月）祈谷与季秋（九月）大享之所。嘉靖二十一年（1542 年）改称大享殿。其形制六楹，四围阑干白石，其上青瓦如呈穹宇色。殿前两庑各十楹。② 大享殿台基与形制废弃了矩形改为圆形，奠定了今天天坛祈年殿形态。

新建的圜丘三层。顶层径五丈九尺，高九尺；二层径九丈，三层径十二丈，皆高八尺一寸。四陛出各九级。两道坛壝，内圆外方，象征天圆地方。

圜丘建成之际，礼部进呈新拟定的圆丘祭天程序仪注，简单归纳主要准备工作的程序是：前期十日，太常寺题请视牲；前期五日，锦衣卫随驾，御牺牲所视牲；前期四日，御奉天殿，太常寺进斋戒铜人，太常博士请太祖祝板于文华殿，候帝亲填御名捧出；前期三日，御奉天殿，百官朝服誓戒；前期二日，御奉天殿亲填祝版。前期一日，常服御太庙告庙，随后乘舆至天坛，由西天门入，至昭亨门外降舆，走左门至圜丘恭视坛位，然后到神库视笾豆，到神厨视

---

① 《明太祖实录》洪武十一年冬十月乙丑条。
② 《明世宗实录》嘉靖二十二年十月己卯（八日）条，台湾"中研院"史语所 1962 年影印本。

牲毕，仍由左门出，升舆至斋宫。[1]

本年十一月二十三日冬至，百官先期分列神路东西敬候，三鼓又称三更（子时），皇上由斋宫乘舆至昭亨门外降辇，在执事引导下，至神路东的更衣幄次换祭服，盥洗净手，随之循中路至坛前拜位。分献官各就位。

届时圜丘顶层正中设"昊天上帝"神板南向，配位太祖神板西向。正位，配位神席用龙椅龙案，上设锦褥。从祀的日月星辰风云雷雨神牌设在二层。置于案上，不设席。圜丘前神路两侧，陈中和韶乐，东南燎坛，西南望灯台高竿悬挂大灯照亮祭坛。

仪式分为九大程序依次进行：

燔柴迎神，奏中和之曲；

奠玉帛，用苍璧，奏肃和之曲；

进俎，又称奉牲或奉馔，奏凝和之曲；

初献，奏寿和之曲，先舞武功之舞，再舞文德之舞；

亚献，奏豫和之曲，舞文德之舞；

终献，奏熙和之曲，舞文德之舞；

彻馔，又称为彻豆，先饮福受胙随即撤下供品以待焚烧，奏雍和之曲；

送神，奏安和之曲；

望燎，又称奉燎，奏时和之曲。

祭仪核心在三献之后的"饮福受胙"。皇上率领百官虔诚付出，一定要换回皇天福佑。因之导演一幕神剧再合适不过了。皇帝升坛跪拜，奉爵官酌酒跪献，太常寺卿一旁诵祝："惟此酒肴，神之所与，赐以福庆，亿兆同沾。"皇帝饮福酒毕，奉胙官奉胙跪献，皇帝

---

[1]《明世宗实录》嘉靖九年十月辛未（十五日）条。

受之转递执事，遂出圭俯伏，率百官再拜行礼。酒胙只能由皇帝代表皇朝接受。

仪式结束，皇帝回大次易服，到斋宫稍事休息回銮，先太庙参拜，然后还宫。

祭天时，由坛门外大次通往圜丘的路上铺满了席子。洪武八年（1375 年）规定，皇帝脱鞋升坛。执事、读祝及分献陪祭等官员皆脱鞋于大次外。协律郎、乐舞生跣袜就位。此礼于嘉靖十七年（1538年）废除。

自圜丘创建后直到清末，两朝祭天程序一脉相承。明帝祭祀郊坛，一般穿戴衮冕，衮十二章纹，冕十二旒，偶用黄龙袍，外罩大裘。清朝服装改制，传统的冕服形制消失，但帝后的礼服仍保留了"章纹"装饰。清帝祭天穿天青礼服，天象玄远，深不可测，所以用黑色。祭地穿明黄色礼服，正好符合黄土颜色。祭日穿大红色礼服，恰似火红骄阳。祭月穿淡蓝色礼服，月光清澈，正是淡淡泛蓝色，俗称月白色。

每年祭天不可或缺，如果皇帝不能亲自出席，便要派人代行，仪式就不能完全仿照皇上亲临程序。首先，拜位降到三层阶下，升降从西阶上下；其次，初献朗诵祝文时，代行人只能俯伏于二层阶下，不能停留在顶层；其三，减去饮福受胙程序。除了皇帝之外，任何人都不能直接从上天那里得到赐福，哪怕是皇帝指定的人也不能代替他承受。最后，望燎时退立西边。其他程序与皇帝出席一样。

祭天是要获得到上天的启示与眷顾，表现皇帝代表天行政的绝对权威。在中国历史上的，只有皇帝或他指派的人才能祭天，除此以外，严禁其他任何人祭天。王夫之说："天者，往古来今而成纯也。"天无所不包无所不有，容空间与时间的一切，构成观念上的绝对意志。祭天同祭地及日月星辰诸神一样，仪式的核心不在于神灵膜拜，而在于伸张皇朝的集体价值观，这种价值观念包含着等级秩序的和谐与皇朝团结安定的期盼，民众若想获得超自然绝对神灵的眷属，只有通过皇上才能实现。皇帝是唯一能与上天对话祈福的人。

皇帝独握祭天权力。皇朝通过法律、行政手段，斩断皇帝以外一切人与上天对话获取天示天眷机会，一方面维系君主神人双重性的绝对；另一方面防止反叛者通过与上天对话仪式，煽惑民众蓄谋造反。不过，天眷与天谴从来相伴相生。反叛力量同样也会营造天赐天示神话故事，从而否定现实政府，证明造反的正当性与必然性。祀典礼仪是皇朝工具性、表述性、象征性与文化性的信仰与实践。

嘉靖大礼仪之争

正德十六年（1521 年）三月十四日武宗过世，无子，又无兄弟子侄。首辅杨廷和根据《皇明祖训》"兄终弟及"近支遴选程序，选定兴献王朱祐杬之子朱厚熜为继承人，经慈寿太后张氏首肯，以先皇"遗诏"昭告天下。三月十五日派定国公徐光祚等人前往安陆（今湖北钟祥）迎驾。

嘉靖皇帝

朱祐杬是孝宗祐樘异母弟，成化二十三年（1487 年）七月封兴王，弘治七年（1494 年）九月就藩安陆，正德十四年（1519 年）六月病逝，赐谥"献"，故称兴献王。厚熜是他唯一的儿子，时年十三岁，以世子掌管王府事务。

也许事出紧迫，皇位人选决定之后，就急忙派人前去迎驾，而没有议定相关的继位程序细则，诸如以怎样名分进京，怎样登极以及怎样处理本支与入继之间关系等事宜。也正是由于预案细则的缺失，朱厚熜四月初一日自安陆起程，二十二日抵达京师城外而止步。他拒绝了以皇太子身份由东安门入居文华殿再择日登极的朝廷安排，认为武宗遗诏既然选他继位，名分就不是太子，所以，坚持以皇帝身份进宫。朝廷到此也别无选择，不得不答应他从皇城正门大明门进宫，谒先皇灵位，朝见太后之后，径往奉天殿登极。遂以明年为嘉靖元年。

新皇已经登极，如何确定继统与本宗之间的名分关系，看似简单，实际上处理起来相当棘手。首辅杨廷和援引汉定陶王（汉哀帝）与宋濮王（宋英宗）先例，请皇上奉孝宗为正统，尊为皇考，以孝宗皇后张氏为圣母皇太后，改称生父兴献王为皇叔父兴献大王，王妃蒋氏为皇叔母兴献王妃。由于兴献王再无余子，为了让本支香火延续，提议将宪宗第六子益王祐槟第二子厚炫过继兴献王名下袭爵。建议被嘉靖拒绝。

正德十六年（1521年）七月初三日，时在礼部观政的新科进士张璁（后改名张孚敬）看准了皇上心思，引经据典上《大礼疏》，认为汉哀帝、宋英宗确系定陶王、濮王之子，但皆因汉成帝、宋仁宗无子，而事先养于宫中，立为皇嗣以后继位的。而当今皇上继位情况绝不雷同，此前并未过继给孝宗为皇子，只是依据《皇明祖训》兄终弟及，伦序当立而继位的，因之，完全可以"继统不继嗣"，仍以生父为考，在京别立兴献王庙供奉。提议被内阁否决。九月，兴献王妃蒋氏自安陆抵达通州，嘉靖拒不接受礼部安排的由东安门进宫的迎接仪式，不惜以"避位奉母归"相逼，最终实现了让蒋氏享受太后待遇由大明门中门入宫。

嘉靖三年（1524 年）三月，皇上在尊奉孝宗为皇考、考宗皇后张氏为圣母皇太后的同时，提升了生父地位，尊为"本生皇考恭穆献皇帝"，生母蒋氏"本生圣母章圣皇太后"，从而形成孝宗与献皇帝"两考"并尊与张氏、蒋氏两太后并立局面。

七月十二日，皇上趁热打铁，继续加码尊崇本生父母名分，谕令礼部，去掉"本生皇考恭穆献皇帝"与"本生圣母章圣皇太后"中的"本生"两字。朝廷舆论大哗。十五日，在礼部侍郎何孟春、大理寺少卿徐文华与经筵讲官杨慎等人倡议下，六部九卿二十三人，翰林二十人，给事中二十一人，御史三十人等共二百六十一人，集体跪于皇宫左顺门前，高呼"太祖皇帝，孝宗皇帝"，吁请皇上收回成命。在请愿者看来，"本生"意义至关重要，有这两字，只表明献皇帝是父以子贵；删掉这两字，则表明献皇帝本就是皇帝。嘉靖面对群臣抗议，先是命司礼监宦官劝散，请愿诸人不从，非要皇上俯从舆情不可。嘉靖愈加恼怒，命锦衣卫将其中的一百三十四人收监入狱。第二天，再拘捕九十余人。

七月二十日，在午门前廷杖哭谏大臣，一时间呻吟、哭喊、嚎叫响彻云霄，血肉横飞惨不忍睹。次日再杖其中哭喊最凶的七人。两次廷杖共有十八人丢了性命。杨慎是首辅杨廷和之子，正德六年（1511 年）状元，不但惨遭廷杖，而且被谪戍云南永昌卫（今保山），至死也未赦还。九月，嘉靖改尊孝宗为皇伯考，而以献皇帝为皇考。

嘉靖五年（1526 年）九月在太庙东侧建世庙供奉献皇帝神主。历时五年的统嗣之争，以继统不嗣而告终。嘉靖十七年（1538 年）九月尊献皇帝"睿宗"。嘉靖二十七年（1548 年）奉神主入太庙。钟祥的王墓也改造成帝陵，称"显陵"。

嘉靖的做法无疑是在挑战皇位继承统绪原则，而藐视孝宗、武宗的宗庙地位，毕竟他父亲没有做过皇帝。从礼制意义上看，"重大宗者，降其小宗"，皇位继承关系中应完全摒弃血缘亲疏，保护被继承皇帝的绝对权利，这一权利代表着继承人统治的合法性。然而，嘉靖如果没有找到足够的礼制理由，不仅不会得到希旨取容志在升迁的官员支持，最终也不会赢得胜利。张璁、桂萼等人绝非只知阿谀奉承的等闲之辈，"凡言礼而贵者，其人材皆磊磊，既无言礼，亦有以自见者哉。"[①] 他们看准了礼制评价体系的内在冲突，凭借"继统不继嗣"，帮助嘉靖实现了尊父隆母夙愿。

构成嘉靖隆崇生父的理由，至少有三点让反对者难以抗辩消除。首先，内阁首辅杨廷和起草的武宗遗诏讲："皇考孝康敬皇帝亲弟兴献王次子聪明仁孝，德器夙成，伦序当立。已遵奉祖训兄终弟及之文，告于宗庙，请于慈寿皇太后，与内外文武群臣合谋同词，即日遣官迎取来京嗣皇帝位。"只认定了嗣位，而无继嗣方面约定。其次，嘉靖与正德乃从兄弟，不可能降为正德的子嗣，而与孝宗之间从来不存在法定的过继关系。因此，嘉靖继承的只能是皇统，而不可能是皇嗣。正是出于此，进京之初，嘉靖拒绝以太子身份进宫再择日登极。太子身份从何谈起，是孝宗太子还是武宗太子？皆未在事前界定说明，所以嘉靖登极诏书只模糊地讲"奉皇兄遗命入奉宗祧"。其三，嘉靖是兴献王惟一在世的儿子，必须肩起奉祀职责，为了符合皇帝身份，就必须提高兴献王名号。统嗣分离现实，让兴献王地位问题变得复杂难缠，朝堂上众议纷争，相左各方援引的又无不是礼制经典与历史成例。

以政治礼制制约君主行为的规则程序，过分依赖说教与圣教权威的感化力，缺乏必要的层次性适用性强制标准。因此，对君主行为批评与限制时，始终存在着理论解读差异与是非判定的多向选择，

---

① 张萱《西园闻见录》卷二十六，哈佛燕京学社 1940 年版。

从而导致庙堂意见冲突，双方各执一词皆引经据典相互攻讦不已现象。

嘉靖一登极立即发动隆崇亡父运动，并非仅是为亡父争取顶级祭祀与墓葬，更重要的是借此打破张太后与杨廷和联合安排的体制，从而为自己总揽乾纲开辟道路。庙堂上任何关于逝者的评价与定位都是现实权力格局需要重新洗牌的由头。嘉靖资质非凡，自幼受过良好的诗书礼乐教育，生性倔强富有主见，十三岁时父死就接管了兴王府，养就自圣专断作风。规矩的天敌就是年轻，十五岁的少年正处在拒绝说教、挣脱管束、自以为是的叛逆期。因之，在骤然接手皇朝最高权力之际，藩邸封闭生活与毫无宫廷政治经验的缺憾反而让他无所畏惧，抱定避位回归的勇气决心，也要坚持己见。

少年皇帝的倔强着实让以杨廷和为首的议礼反对派始料未及。假如换做另外一位少年，或许会在强大的反对声浪中屈从群情舆论，那么历史将是另一番景象。实际上，嘉靖登上了皇位，首辅杨廷和在皇位空置期的顶级权力就终结了，他与反对议礼诸臣及其背后的张太后已经陷于体制上的劣势。除非他们拥有更换皇帝的勇气与能力，否则就无法阻挡皇上推行自己的主张。显然，嘉靖若屈服舆情尊孝宗为皇考，势必也要奉孝宗皇后张氏为母而迁就敷衍，那么，要想独立起码要忍耐几年。

嘉靖三年改孝宗为"皇伯考"，圣母张太后随之变成"皇伯母"。张氏因名分改变再想染指朝政的通道已被彻底堵死。其实，明太祖立下的后妃不得干政规矩，一直被他的后代忠实遵守，只不过特殊时期特殊情况让张太后的权力昙花一现。嘉靖打压张太后倒不是因为她拥有多大控制朝局的权力，而是她名正言顺的太后光环足以成为朝廷老臣挟制自己维持旧制的幌子。同时，只有剥离张太后正统独尊的名分，才能让生母蒋氏独享太后至尊地位。权力与历史规矩博弈，规矩从来没有不败的纪录。

嘉靖即位以后，张太后还没有认清她与皇上之间关系的实质变化，仍挟选立之功颐指气使，无疑是自取其祸。如今的皇上已不是她的亲子，亦非能听从摆布的暗弱少年。从嘉靖开启尊本生父母运动的那一刻起，就意味着生母蒋氏名分随之提高，最终要替代张太后的地位。可惜张氏尚未洞察此中玄奥，不但在嘉靖朝见时大摆太后之谱，而且仍视蒋氏为藩妃，倨傲接待。这更让嘉靖羞愧恼怒，"愠昭圣（张太后）殊甚，怒无所发，尽钟之二张矣"。① 尽管嘉靖对张太后忿恨不平，却难以将其废黜，只能采用限制贬损而已，如果选择废黜，必然对他继承皇位伦理渊源的正当性合法性产生不良影响。因之，将怒火撒在了张氏的两位弟弟昌国公鹤龄与建昌侯延龄兄弟头上，罗织罪名关押处死了这兄弟俩。从而让张太后陷入眼见亲人跌落而无法援手的痛苦煎熬之中。

张太后两弟昌国公鹤龄、建昌侯延龄权势迅速走向衰亡。嘉靖十二年十月，建昌侯张延龄入狱论死，经大臣争谏而缓刑长期拘押。昌国公张鹤龄革爵，降为南京锦衣卫指挥同知，带俸闲住。嘉靖十六年，以交通藩王、魇镇帝星罪名，拘捕投入镇抚司狱。张太后为救弟而不得不放下身段，"衣敝襦席藁为请"②，也未能打动皇上开恩。不久鹤龄瘐死。嘉靖二十年（1541 年），张太后过世，虽合葬泰陵，但神主未能祔庙。嘉靖二十五年（1546 年）张延龄也在拘禁十三年之后被处死。

不可否认，张氏兄弟在京横行肆虐多年，朝野怨恨为时已久。然而，皇上这一看似顺应舆情惩办豪门外戚不法之徒的做法却没有

---

① 朱国桢《皇明大事记》卷三十二"张延龄之狱"，《四库禁毁书丛刊》史部第二十八册，北京出版社 2000 年版。

② 《明史》卷一一四"后妃传"。

得到社会普遍赞许，反而遭到许多质疑，这究竟是在维护公平正义还是乘机泄愤。其实，贬抑张太后，处罚张家兄弟存在多种方式，而皇上选择了长期拘押终究处死的折磨戏弄的方式。

大礼之争君臣对峙惊心动魄，激发了皇上研读礼制经典的热情。他深知必须拥有对抗反对意见的充足理由，才能立于不败之地。嘉靖七年（1528 年），历经四年编纂，官方刊行了由皇上亲自作序的《明伦大典》（二十四卷）。本书在批判议礼反对派的同时，也对春秋以来的仪礼理论进行了全面总结，宣告以皇上为首的议礼派的彻底胜利。嘉靖隆崇生父的礼制执着精神与在君臣冲突中练就的礼典素养，让他再度审视京师坛庙配置时发现了缺憾，由此掀起了坛庙建设与改作的高潮。

嘉靖添置与改建的京师坛庙

永乐迁都北京之初，坛庙建置仿照南京简明实用，历经百余年。嘉靖九年到十四年，又陆续增建了天坛、崇雩坛、地坛、日坛、月坛、帝社稷坛、先蚕坛、历代帝王庙等，同时改造了山川坛、太庙与文庙。这是北京史上的大事，在此综合史籍记录依次简要分述其建制与祭仪：

崇雩坛，在圜丘泰元门东南，嘉靖十一年（1532 年）建。坛制一层，围径五尺，高七尺五寸。雩祀是逢旱祈雨仪式，通常在夏初四月择日举行。根据旱情分常雩与大雩两级。旱情初起，行常雩之礼，未降甘霖，复行大雩之礼。嘉靖以前，没有固定的坛场，逢旱一般在奉天殿丹陛露告求雨。不言而喻，大气变幻无常，出现久旱不雨，也会发生久雨不晴。假如发生涝灾，就在同一地点举行祈晴仪式，通常以响鼓报知上天雨已足够，盼赐天晴。

地坛，又称方泽坛，在安定门外，嘉靖九年（1530年）建。坛制二层，一层方六丈，二层方十丈六尺，皆高六尺，四出陛各八级。环坛水渠四十九丈四尺四寸，宽六尺。

嘉靖十年（1531年）四月，方泽坛完工。五月四日礼部拟定祭仪。五月二十九日夏至，五鼓（四时）皇上出奉天门、午门、承天门、长安左门前往方泽坛亲祀。这是明代北京首次单独在专用坛场祭地。届时方丘顶层正位皇地祇神板北向，配位太祖神板西向；二层东西分列五岳、五镇，四海、四渎等从祀之神。此后天地分祀日期固定，冬至祭天，夏至祭地。

祭地与祭天的程序都是乐九奏，舞八佾。不同的是，开始为瘗（掩埋）毛血迎神，结束为望瘗。撤下的供品不是送入燎炉焚烧，而是埋入瘗坎之内。但献给配位太祖的祝帛供品仍要焚烧。

朝日坛，在朝阳门外，嘉靖九年建。坛制一层，方广五丈，高五尺九寸。坛面用红琉璃，阶白石九级。每年春分日寅时（四时）举行祭祀大明之神仪式。皇帝隔年逢甲、丙、戊、庚、壬年亲临。余年派遣高级文官摄祭。祭时，神牌西向，礼三献，乐七奏，舞八佾。

夕月坛，在阜成门外，嘉靖九年建。坛制一层，方广四丈，高四尺六寸。坛面白琉璃，阶白石六级。每年秋分日亥时（晚十时）举行祭祀夜明之神仪式。皇帝隔两年逢丑、辰、未、戌年亲临，余年派遣高级武官摄祭。祭时，神牌东向，礼三献，乐六奏，舞八佾。

历代帝王庙，在阜成门内路北，嘉靖十年建。大门外东西两牌坊，额曰景德。庙内景德崇圣殿，东西两庑。永乐迁都北京未仿照金陵旧制修建帝王庙，每年春秋两祭历代帝王，春祭则附牌位于郊坛，秋祭仍在南京帝王庙举行。本庙建成后供奉十五帝，正殿中奉安三皇：太昊伏羲氏、炎帝神农氏、黄帝轩辕氏；东次间五帝：金天氏、高阳氏、高辛氏、陶唐氏、有虞氏；西次间三王：夏禹王、商汤王、周武王；东进间汉高祖、汉光武；西进间唐太宗、宋太祖。从祀历代名臣三十二人，分列两庑。每年二月与八月的上旬甲日或中旬望日，传制特遣大臣行礼以示隆重。

先蚕坛，嘉靖九年建于安定门外，次年以路远不便后妃、公主成行，而改在西苑（金鳌玉蝀桥西端偏南）。坛石包砖砌，方广二丈六尺，高二尺，四陛出。每年二月择日，皇后亲祭，礼三献，乐六奏，无舞。皇帝亲耕于先农坛，皇后亲蚕于先蚕坛。这是皇朝顶级核心家庭夫妇为万民做出的表率。

帝社稷坛，在西苑豳风亭以西，嘉靖九年建。本坛与国家社稷坛之间关系，还要从社稷坛的性质功能说起。

社稷坛，在承天门（天安门）西侧，与太庙对称，永乐十八年建。坛制两层，上层广五丈，下层广五丈三尺，高五尺，四陛出各三级，上层以五色土随方筑之。每年二月与八月上戊日两次祭祀太社、太稷之神。届时，太社神牌居东，太稷神牌居西，俱北向，后土勾尤氏神牌居东，西向，后稷神牌居西，东向。洪武十年以前社稷分祭，社主用石，形状如钟，高五尺，宽二尺，上微尖，立于坛中，半埋土下。稷不用主。以后埋社石于坛中央，微露其尖，祭时以朱漆社稷两木牌置于坛上。

农业立国时代，社会最关注的就是土地与耕种收成状况，极为惧怕灾害侵袭。自从人类有了农业，就一直祈盼年年五谷丰登。"人非土不立，非谷不食。土地广博，不可遍敬也；五谷众多，不可一一而祭也。故封土立社，示有土尊；稷，五谷之长，故封稷而祭之也。"① 设坛祭社稷是通行全国的制度，都城以下，府、州、县皆立

---

① 班固《白虎通义》"社稷"，商务印书馆四部丛刊本。

社稷坛，坛制仿照朝廷社稷坛式样，宽度减十分之五，高度减十分之四。明代地方上的王府也建王国社稷坛。清代废除了明代诸王之藩制度，所有王公皆留京建邸，府邸也不再建社稷坛。

古礼以为天子应有三社：为万民祈福足食而立的"太社"；帝王自立的"王社"；为前朝所立的"胜国之社"。胜国之社（又称亳社），房屋覆盖，不见阳光，意在不忘前朝亡国之鉴。汉高祖以后历朝停建王社与胜国之社，只保留了太社。

显然，帝社稷坛是嘉靖自立的"王社"。坛高六尺，方广二丈五尺。每年二、八月，祭祀社稷坛后十天，皇帝亲行祭礼。届时，命文武大臣十二人陪拜。嘉靖这一复古行为，未被后代坚持下去，随着他离世，便被嗣皇隆庆废止。

高禖台，祭高禖系原始社会生育崇拜遗俗，朝野盛行经久不衰，因设坛祭于郊外又称郊禖。禖源于腜（孕育状）又与媒通。金章宗明昌六年（1195 年），筑坛中都景风门外，春分日祭青帝、伏羲与女娲等神以求子。青帝即句芒（重），神话传说中的东方之神，又称木神、春神。东方主青色行春令，故又称青帝。

明初没有高禖祭祀，嘉靖中"始设木台于皇城东永安门北震方"。①祭时台上设皇天上帝神板南向，高禖神牌在台下西向，按出席后妃人数陈设弓矢弧韣（弓袋）。皇帝亲率后妃行礼乞子，礼三献，乐九奏，舞八佾。祭毕，女官依次引导后妃至高禖神牌前跪，取弓矢授之，后妃接过放入弧韣中。

皇城东的"永安门"具体位置至今难以确定，检明末太监刘若愚所著《酌中志》记录的皇城内门阙殿宇名录，找不到永安门与高禖台。这是因为高禖祭祀存在时间很短，创制不久就因"举行不便

---

① 孙承泽《春明梦余录》卷十九，北京古籍出版社 1992 年版。

罢之"的缘故。①

当代北京历史地理研究,在判定高禖台地理位置时,往往把永安门指为东安门,似嫌莽撞。这可能是"永"与简体的"东"近似造成的错误。其实,现代推行简体字以前,"東"与"永"绝不可能混淆。东安门内以北区域多是宦官机构,而以南才是宫苑区。永乐迁都在宫城东华门外东南区域建皇太孙宫。后英宗自瓦剌放还亦被软禁在这一区域。高禖台既与后妃密切相关,必定要放在宫苑区内。据此推测永安门当是"永泰门"之误。《酌中志》叙述东华门外南部宫苑街区说"东上南门迤南,街东曰永泰门(大致位置在今南池子大街中段路东),门内街北则重华宫之前门也。其东有一小台,台有一亭。"②"震方"即东方之谓。本条记录与高禖台的形制方位吻合。虽然嘉靖偶一为之的举措没有被后代延续,却保留了遗迹。

上述新增坛庙而外,又对旧有的山川坛、太庙、文庙进行了改作。

山川坛,在正阳门外西侧,与天坛隔街相对,永乐十八年建。皇帝行耕籍礼与祭祀先农、山川与太岁诸神祇之所。周垣六里,平面呈北圆南方。正殿七间,东西庑各十五间。"悉如南京旧制。惟正殿钟山之右,增祀天寿山神。"③ 正殿七坛:太岁、风云雷雨、五岳、四镇、四海、四渎、钟山天寿山。两庑从祀六坛:左面京畿山川、夏冬季月将;右面都城隍,春秋季月将。每年八月中旬择日祭祀。殿西南先农坛,东旗纛庙。

---

① 《明世宗实录》嘉靖九年四月甲申条。
② 刘若愚《酌中志》卷十七"大内规制纪略",清道光二十五年海山仙馆丛书本。
③ 《明会典》卷八十五"社稷等祀",中华书局 1988 年版。

嘉靖十年（1531 年）梳理神祇属性，分类祭祀，在先农坛南建天神、地祇坛。天神在左，南向；地祇在右，北向。迁正殿的风云雷雨神位于天神坛，山岳海渎神位于地祇坛。每年八月中旬祭祀。正殿改为专祀太岁，两庑，东设春秋月将二坛，西设夏冬月将二坛。孟春与岁末祭太庙时遣官祭祀。太岁、月将是时间之神。元朝祭于太史院。明朝列入正式祀典。太岁即木星，古人奉为十二辰之神。"《说文》岁字从步从戌，木星一岁行一次，历十二辰而一周天，若步然也。自子至巳为阳，自午至亥为阴，所谓太岁十二辰也。阴阳家又有十二月将，十二时所直之神，若天巳、正罡、太乙、功曹、太冲之类，虽不经见，历代用之。"① 此次改作后山川坛改称神祇坛。

先农坛，祭祀耕作始创人神农之所。坛制一层，方广四丈七尺，高四尺五寸，四陛出。坛东南具服殿前搭建木结构观耕台，前为藉田。祭先农在二月上戊日。当日清晨，皇上祭神农毕，在耕藉位面南而立，三公以下从耕者皆就位。户部尚书跪进耒耜（犁），顺天府尹跪进鞭，导驾官与太常寺卿在前引导，皇上秉耒三推毕。顺天府尹捧青箱播种。皇上登观耕台检阅三公五推，尚书九卿九推。随后顺天府尹率农夫遍耕播种。

太庙，在承天门东侧，永乐十八年建。祭祀本朝列祖列宗的宗庙。历史上称皇帝的方式有多种，诸如姓名、年号、庙号、谥号、陵号等。常见的某祖、某宗即是逝后升祔太庙之号。

嘉靖十四年（1535 年），嘉靖为了让生父牌位在太庙中占一席之地，废弃了原来列祖列宗神主同堂异室的安放方式。"分建九庙"，②

---

① 孙承泽《春明梦余录》卷十五。
②《明世宗实录》嘉靖十五年十一月乙亥条。

改为一帝一庙分左右排列，庙门东西相向，各称"都宫"。同时也为生父兴献帝建一都宫，并尊为睿宗移入供奉。每座都宫内前殿后寝皆南向。嘉靖二十年（1541年）四月初五日夜间，宗庙发生火灾，八庙毁坏，其中以成祖与仁宗两庙最为严重，唯独睿宗庙（兴献帝）安然无恙。一时朝野议论汹汹，认为这是皇天与祖宗对粗暴变乱太庙祖制行为的惩罚。皇上陷于尴尬难堪境地，惶恐之余，下令重建，恢复同堂异室旧制。两年后完工。庙制间座与尺寸一如其旧，惟将台基提高。新庙正殿九间，殿后寝殿，奉安列祖列宗神主，再后祧庙五间，藏祧主。所谓祧庙系指远祖庙，供奉太祖的高、曾、祖、父四代追赠帝后的神主。

太庙祭祀遵循事死如事生的孝道原则，日供新食，每月"荐新"更换供品。一年举行五次重大祭祀。一、四、七、十月的初一日举行的谓之时享；除夕举行的谓之祫祭，即不分远近合祭本朝列祖列宗。祭祀程序与祭天类同，乐六奏，舞八佾。初献时奠帛，读祝文；终献后，赐福胙，即表示受祖宗的庇护赐福之义，酒预先置于神主前的供案上，由光禄寺官捧给皇上饮受。

文庙，在安定门内国子监东侧，永乐九年（1411年）在元代孔庙旧基上重建。嘉靖九年，采纳张璁建议，添建启圣公祠，主祭孔子父叔梁纥，并以颜回父颜无繇、曾参父曾点、孔伋父孔鲤、孟轲父孟孙氏配享。显然，这是嘉靖隆崇生父情结推及到圣人身上的结果。清雍正元年（1723年）改称崇圣祠。文庙院落三进，中路殿宇自南而北先师门、大成门、大成殿、启圣门与启圣祠。正殿中供"大成至圣文宣王"神位，嘉靖九年改题"至圣先师孔子"，两侧"四配十哲"牌位。四配：复圣颜回、宗圣曾参、述圣孔伋、亚圣孟轲。十哲：孔门弟子颛师孙等十人。清康熙五十一年（1712年）增朱熹；乾隆三年（1738年）增有若而成"十二哲"。每年二八月上丁日，传制特遣大臣祭祀。

自汉武帝独尊儒术以来，历朝皆尊孔子为精神领袖，儒学成为治国经典与思想宝库，皇帝只充当总祭司与政治领袖。正是如此，朝代虽改姓换族屡经更替，但统治思想、政治体制却一脉相承，文化同一性、连续性经久不衰。精神领袖与思想学说的不变性，大大降低了统治成本，增加了在同一政治模式中再建新朝的几率，从而筑就了中华民族追求大一统的品格。

嘉靖年间由于皇上的礼制热情，掀起了坛庙建设高潮。这些新增的整改的与原有的坛庙，构成了朝廷完备的祀典体系，也为今日北京留下丰厚的文化遗存与礼制记忆。从京师巨型建筑的功能上看，只有为吉礼祀典而建的坛庙，性质单一，无不是在祈佑民丰物阜，社会长治久安。皇朝通过繁多铺张的祀典仪式，营造皇上敬天法祖，代天行政公正无倚的神圣形象。

清乾隆改造圜丘的尺寸

清乾隆十二年（1747年）扩建圜丘，一层面径从五丈九尺增至九丈，层高降为五尺七寸；二层面径从九丈增至十五丈，层高降为五尺二寸；三层面径从十二丈增至二十一丈，层高降为五尺。三层面径的长度相加正好是四十五丈，符合皇帝九五之尊之数。坛面更换为艾叶青石。同时将皇穹宇台面更换为青白石，大享殿外坛面墁金砖。乾隆十六年（1751年）改大享殿为祈年殿。

当代圜丘是清代遗留的。清与明相比，如果仅从尺寸上看，圜丘的面径加长了，层高降低了，然而，今人常常忽略两朝之间选用的度量标准存在着差异，从而造成历史错觉。

社会交换须臾离不开量度，尺虽通行古今，但各朝实质长度有所不同。明朝圜丘在面径上使用的是营造尺，层高上使用的是周尺。清朝反其道行之，圜丘面径上使用古尺，层高使用营造尺。古尺系指乐律尺，也称纵黍尺。① 以寻常的一粒秬黍（一种黑黍）纵长为基准，定作长度一分，采用九进制，九分一寸，九寸一尺。"当营造尺八寸一分。"②

两朝都是为了追求圜丘构造尺寸的一九、三五、三七阳数，所以才不惜在同一建筑中使用不同时代不同行业类别的量度单位。先看两朝圜丘三层面径的对应比较，顶层清代九丈（古尺），折成明代使用的营造尺为七丈二尺九寸，实际增长一丈三尺九寸，而非三丈一尺；二层十五丈折成营造尺为十二丈一尺五寸，实际增长三丈一尺五寸，而非六丈；三层二十一丈折成营造尺为十七丈一寸，实际增长五丈一寸，而非九丈。

再看层级台阶高度，明使用周尺，清改用营造尺。"周尺二尺五寸，不满今尺二尺。"③ "周尺较之布帛尺正是七寸五分弱。"④ 布帛尺系指北宋征收布帛用尺，比明清营造尺长度稍短，约为 31.5 厘米。

建筑台阶的高度一定要尽量满足实用与便利，不可能故意制造障碍，难为使用者。按照今天流行的厘米量度换算，一营造尺约为 32 厘米。一周尺约为 23 厘米。一古尺约为 26 厘米。如果明代圜丘的台阶高度使用与面径一样的营造尺。那么，无论对谁来说，上下 32 厘米台阶总不是件轻松事。况且正式典礼还需身着厚重礼服保持

① 《清史稿》卷八十二 "礼志"。
② 《明会典》卷一百八十七 "营造五"。
③ 王廷相《王肃敏公集》杂著之 "腰缝半下论"，中华书局 2009 年版。
④ 王士禛《居易录》卷十，民国九年上海涵芬楼本。

步态端庄凝重。古人在矢志不渝贯彻积阳（奇数）为天观念的同时，并没有忘记实用，两者之间的冲突契合，就是在量度选择上做文章，同样谓之"尺"，但高与平面圆径的尺度采用的是双重标准。时过境迁，当代为保护珍贵物质文化遗产，在修复历史坛庙建筑时，尤需注意这一问题。

实际上，层级阶梯高度，明清之间没有太大变化。明代圜丘顶层高九周尺，折成营造尺约为六尺四寸，比清代改建后的层高五尺七寸只高出七寸多。台阶九级，一级一周尺，折成营造尺为七寸多，比清代改建后的六寸三高出不足一寸；明代圜丘二、三层高度一致，皆是八周尺一寸，折成营造尺约为五尺七寸。二层高度比改建后的五尺二寸高出约五寸；三层高度比改建后的五尺高出约七寸。二、三层台阶各是九级，每级周尺九寸，折成营造尺约为六寸五分。清代改建后的三层高度逐级降低，顶层一级台阶的高度约为营造尺的六寸三分，二层一级台阶的高度约为五寸八分，三层一级的高度约为五寸六分。相比之下，清代一级台阶的高度分别比明代降低了九分、七分、九分，升降步履更为舒适稳当。

乾隆改建圜丘有意在尺度选择上与明朝针锋相对，无非是为了洗刷社会对明朝的记忆。

坛庙祀典表明京师文化的正统权威性。这一文化因素满足了皇朝政治、社会与文化等方面需求。祀典文化不仅仅是一整套程序模式，更重要的是心理期待的理想目标。规范程式与目标之间的距离，让人向往、想象与畏惧。祀典功能有些类似宗教。依靠祀典礼仪形式，把全体臣民置于一统政治体系之中，认同敬畏天命秩序，甘愿接受皇上统治。

乐舞与神乐署

神乐署

　　朝廷祭祀典礼都要使用乐舞，最高的是八佾舞。八佾亦称八溢或八羽。舞队方阵纵横排列皆是八人共六十四人。文武两方阵，文东武西。文生左手执翟右手执籥，武生左手执干右手执戚，随指挥舞文德与武功之舞。《左传》讲，天子用八佾，诸侯用六佾，大夫用四佾，士用二佾。主祭身份与祭祀对象等级决定了乐舞规模。东汉何休、西晋杜预皆认为：六佾，六六三十六人；四佾，四四十六人；二佾，二二四人。而同时代的服虔《左传解谊》则认为"佾"是固定的，八音克谐，然后成乐，每列必是八人。六佾，六八四十八人；四佾，四八三十二人；二佾，二八十六人。后世儒学传人大都从服氏之说。

　　明代乐舞分四等："天地九奏；神祇、太岁八奏；大明、太社稷、帝王七奏；夜明、帝社稷、宗庙六奏。舞皆八佾，有文有武。"[1]孔庙稍有不同，六奏六佾，只用文舞。每奏时伴歌伴舞，歌于堂上，舞

---

① 《明会典》卷八十一"祭祀通例"。

于堂下。至于服色，圜丘用青绉丝；方丘用黑绿纱；日坛用赤罗；月坛用玉色罗。

古代乐与礼经常连用。传统礼乐文化是从祭祀发展而来的。"大乐与天地同和，大礼与天地同节。和故百物不失节，故祀天祭地，明则有礼乐，幽则有鬼神，如此，则四海之内合敬同爱矣。礼者殊事，合敬者也；乐者异文，合爱者也。"① 治国理政引进协和声音之道，无非是为了社会秩序安定。古语讲"乐者心声也"，声乐也好，器乐也好，歌舞也好，众音聚合如无统一节律约束，各自为政必是混乱无序噪声乱象，让人难以忍受。当政者洞察"乐主和同"的特性，能为礼治服务，故而推进礼乐制度建设。只有全体臣民的心声遵从皇朝制定的同一音律节奏，听从皇上指挥，才能奏出皇朝大一统和谐乐章。

乐舞分神乐与俗乐，太常寺统属的乐舞生专事祭祀神乐。明初都金陵（南京）时，祭祀神乐用道士。"舞生以军民俊秀子弟为之，文、武各六十四人，文生唐帽紫大袖袍，执羽籥；武生唐帽绛大袖袍，执干戚，俱革带皂靴。寻改用幞头绯、紫袍、靴带仍旧。"②

乐舞生分器乐、声乐与舞蹈三类。《礼记》"乐记"讲："诗，言其志也；歌，咏其声也；舞，动其容也。三者本于心，然后乐器从之。"洪武十一年（1378 年）建神乐观由提点（正六品）、知观（从八品）负责，隶属太常寺，专门负责乐舞生排练与祭祀演奏。永乐迁都，祭坛一仿金陵之制，在天地坛西建神乐观。金陵变为陪都，保留朝廷主要衙门，南京太常寺留乐舞生三百名。随迁北京的三百名，不久增至五百二十七名。③ 历朝的乐舞生人数不一，这与皇帝的

---

① 《礼记》"乐记"。
② 《明太祖实录》吴元年冬十月癸亥条，台湾"中研院"史语所 1962 年影印版。
③ 佚名《太常续考》卷七，台湾商务印书馆 2008 年《文渊阁四库全书》影印本。

个性信仰有关，明代诸帝中，嘉靖崇奉道教，关注祭祀礼典，经常使用的乐舞生最多。嘉靖十四年（1535年）增至二千二百人。[1] 嘉靖十九年正月再"添设七庙乐舞生一千二百二十九名"。[2]

乐生用道士，舞生选自民间。永乐以后两者皆用道士，虽谓道士，却不属于道教的哪一派别，平日不住道观，也不静修、诵经做法事。这是由国家供养的特殊职业群体。社会上视之为假老道，俗称火居道士。职级分乐舞生、冠带乐舞生、掌乐教师、典仪与通赞等。补充间隔为十五年一考录。

嘉靖修筑外城以前，神乐观地处天坛外坛墙之外，周边树木葱茏，因近内城，游人多乐往此地消闲。乐舞生捉住商机，工余做起了生意，"天地坛内，其乐舞生卖酒市肉，宛成贾区，往来驴马喧杂，无复禁忌"。[3] 嘉靖三十二年（1553年）外城筑就，同时又将天坛外坛墙向西、向南拓展，神乐观包入其内。尽管增加了围墙，也未改变昔日的市井风情。尤以端午节时最为热闹，"惟天坛游人最胜，连钱障泥，联镖飞鞚，豪门大估（大贾富商）之外，则中官辈竞以骑射为娱，盖皆赐沐请假而出者"。[4]"连钱障泥"系指垂于马腹两侧遮挡尘土的障泥装饰花纹犹如连结的铜钱。五月五日午前，"群入天坛，曰避毒也。过午出，走马天坛墙下"。[5] 入清以后，依然繁盛，乾隆七年（1742年），"满御史某携伶看花，因游人杂沓，遂奏禁裁化，拆毁酒肆"。[6] 乐舞生的生意随之一落千丈。

清初顺治、康熙、雍正三朝沿袭明神乐观制度，乾隆八年

① 龙文彬《明会要》卷二十一，中华书局1998年版。
②《明世宗实录》嘉靖十九年正月丙午条。
③《续文献通考》卷一百四"乐考四"，浙江古籍出版社1988年版。
④ 沈德符《万历野获编》卷二。
⑤ 刘侗《帝京景物略》卷二，北京古籍出版社1980年版。
⑥ 戴璐《藤阴杂记》卷五，北京古籍出版社1982年版。

（1743 年）改神乐观为神乐所，革除提点、知观等道士官员，改由太常寺满汉官员充任。乐舞生也不再由道士选补，改由在儒童与生员中选拔。留用的乐舞生有道教门户的必须与之彻底切割。乾隆十九年（1754 年）神乐所再改称神乐署，设署正（正六品）一人，左右署丞各一人（从八品），协律郎五人（正八品），司乐二十五人，乐生一百八十人，舞生三百人。

古人神俗两途观念由来已久根深蒂固，祭祀礼神历来讲究洁净，不沾人间烟火。相比之下，世俗更离不开乐舞，俗乐比神乐使用得更多更频繁。明朝庆典诸如大婚、宴飨，朝仪等嘉礼仪式，礼乐不由神乐观而由教坊司承办。"凡祭祀用太常寺乐舞；凡朝会、宴飨等礼用教坊司奉銮。"①

雍正开启礼乐管理制度的不断改革，雍正元年（1723 年），废除乐户贱籍，改业为良；七年（1729 年），改教坊司为和声署。乾隆七年（1742 年），设立乐部，以礼部满尚书或别选王公大臣为总理大臣，下辖神乐署管理神乐；和声署管理俗乐，承办朝廷喜庆典礼乐舞；而宫廷乐舞则由内务府掌仪司中和乐处管理，亦称南府，道光七年（1827 年）再更名升平署；銮驾乐队由銮仪卫、旗手卫管理。四者均听命于乐部。直至清亡，各类乐舞的服务对象未见混淆。

既然祭祀前要沐浴更衣斋戒三日，就是要去掉世俗污浊，调整平静心态，以迎接神的赐福。因此，限定了神乐俗乐的界限。不过，也不能一概而论，明代的小祀，程序简单，一般不用乐舞生，若用也在八人以下，五祀、三皇庙、先医之神、火神庙、显佑宫、灵济宫、东岳庙、都城隍庙、汉寿亭侯庙、京仓庙、文丞相祠、于谦祠

---

① 孙承泽《春明梦余录》卷十四。

等小祀，皆由教坊司作乐。[1] 从中亦不难看出，祭祀本就是祈神保佑避祸求福或宣教伦理忠义，与民众日常生活息息相关无时不在，充满着烟火气。因之，用俗乐更符合人情事理。

---

[1]《太常续考》卷六。

第三章

嘉礼——皇权的铺张
与人生的庆典

《周礼》讲以嘉礼亲万民。皇帝通过嘉礼仪式表现皇权的绝对性与统治的严肃性规范性示意性。嘉礼内容丰富，以明代而论，诸如登极仪、大朝仪、常朝仪、皇后受朝仪、上尊号徽号仪、册封后妃仪、朝贺东宫仪、诸司朝觐仪等等。名目繁杂，难以一一道及。一言以蔽之，凡是皇帝与朝廷的活动，大都设定了仪式程序。自平民到皇帝都要经历结婚，从顶级的皇帝大婚仪起，往下有太子、皇子婚仪、王公婚仪、公主婚仪，品官婚仪直至寻常百姓的婚礼。

清朝全盘继承了明代嘉礼文化遗产，在运作中有所增删。譬如，由于清朝人辫发，所以男子成年的冠礼自然废除。再如，清十二帝当中，只有康熙正式立过太子，可惜太子命运不济，两度立废，最终失去储君身份。雍正继位后一改历朝沿用的明立嫡长子为太子的传统，创立了秘密立储制度。因此，所有关于东宫的礼仪规范，只有曾经是太子的允礽使用过，随着他离开储位，也就被束之高阁了。再如，乾隆禅位嘉庆的授受仪与同治光绪两朝的太后垂帘仪，也是清朝因人因事设立的。

明清嘉礼内容庞杂，不能也无须面面俱到，毕竟历史远去，当代人没有足够耐心与兴趣。在此，检其重要的登极仪、大朝仪，常朝仪，御门听政等，做些简要介绍。

前些年清装宫廷、官场剧的产量极高。因而，也吊起观众对清史礼俗了解的胃口，我曾遇到一些对清史感兴趣的人，垂问某剧某一场景某处情节的真实性如何，是不是像编排演绎的那样。说句实话，类似提问很难回答，纠缠真实与否徒增烦恼而已。影视剧创演的历史情景，是编剧导演主观逻辑的外化，着眼于娱乐与票房价值，历史只是借壳上市的框架，内容绝不可能以忠实历史为首务。因此，也就没必要纠缠所谓的真实性问题。倘若非要对某个具体历史问题进行探究，只能另起炉灶，通过大量阅读相关历史资料来解决。不过，如此提议在大多数情况下有违垂询者的实际生活工作状况，而且，偏离了娱乐消遣，搭上时间精力，还未必能得到满意结果，即使有所获也只能是逻辑的而非形象的。

实际上，对任何古装影视剧的故事情节都不好妄加评论。谁都知道，没有悬念，没有情节冲突，没有两性情感纠葛，三角四角人物关系纠缠，没有人物之间的构陷阴谋诡计，怎么让故事继续下去，怎么吸引观众。在生活细节方面挑毛病，遇到的最大困难就是缺乏历史资料支撑。譬如皇帝或官员与女人之间的情感纠葛之类的故事情节即属此类。倘若非要在这方面投入精力证明皇帝与嫔妃、官员与婢妾之间追逐嬉闹、打情骂俏之类的情节为杜撰，常常是事倍功半难以服人的。中国虽然长于历史记录，资料浩如烟海，却不能细微到如此地步，把个人生活行动坐卧全部描述记录在案。皇帝是朝野关注的第一人，像内《起居注》之类史料，也只是记录结果而不是过程细节。任何时代，个人生活小天地总是隐秘的，行为如何，非他人所能尽知。为什么孔子一再强调君子慎独精神，就是洞察到隐秘生活小环境，会让人有意无意放纵自己，把规矩放在一边。尽管礼教对越礼行为向来严惩不贷，然而，违禁之事绝不会因禁令高悬就不发生，况且禁令管辖从来存在空白，现实生活中违禁行为并不能都受到惩罚，尤其在监管无从进入个人私密空间，禁令更是一纸空文毫无约束力。

今天当把原属帝王将相隐秘的生活细节作为戏剧卖点时，就要完全依靠编导的想象了。因之，以历史一般的礼教观念与制度惯例，论证古装剧上演的某些情节的荒谬，非但不能让人信服，也毫无意义。古往今来，证明某事不可能发生永远比证明可能难得多。

尽管可以忽视古装影视剧的故事情节真实与否，却还是有必要敦促古装剧增强些历史感，既然穿上古装，就要在服装、话语与公开正式社交场合等方面尽量遵循古人习惯。创作不可过于随意，无视五千年文明积淀的礼仪文化。

现在没什么规矩同时又迷信权力绝对的人，常以为古人拥有权力地位就可漠视规矩自行其是。这与历史实际情形相去较远。当然，拥有权力地位的人，不可能全部都忠实于礼制道德要求，但不管其中有些人内心如何阴暗贪婪，私下生活怎样糜烂，起码在公开场合中，大都是道貌岸然中规中矩的。礼仪规矩本就是形式的，只约束公共场合的交际行为。

明代皇帝登极仪

明代皇极殿

江山易主，新君即位，必不可少要烘托他的权威。因此，皇帝登极仪式在任何朝代，总是列在嘉礼典仪之首，备受重视。

皇帝登极分两种情况，一是开国之君，二是继嗣之君。前者具备欢快庆祝条件，可以搞得铺张，以昭示天下聚拢人心。明太祖的登极仪式十分隆重，现场"大乐鼓吹振作"，进表、宣表等程序一样也不少，百官朝贺更是三舞蹈，拱手加额山呼万岁。后者以继承人身份登极的，不管是儿子也好，孙子代位继承也好，无嗣近支遴选继位也好，都要面对先皇刚刚过世的现实，首要任务是作为丧主，主持先皇丧礼。中国历来推崇孝道，皇帝更要为全体臣民做出表率。历史上，皇帝过世称为国丧，百日之内禁止娱乐。然而，国不可一日无君，必须让嗣君在治丧的同时尽快登极。因此采用了变通方式。这就是维持场面恢宏浩大，而摒弃庆典欢乐气氛。与大朝仪鼓乐齐鸣的喜庆场面相比，嗣皇登极显得沉重肃穆。前些年，清装剧模拟串演的同治、光绪、宣统三位儿童皇帝登极仪式过程，营造的场面鼓乐齐鸣，喜庆热闹无比，完全忘记了尸骨未寒的先皇还未下葬，皇朝处在国丧哀悼期的现实。

对北京故宫有所了解的人都知道，从天安门向北进午门，过内金水桥，就是太和门。进太和门，直对的就是太和殿，再后为中和殿、保和殿，即通常所说的外朝三大殿。太和殿是朝廷正殿，建制最为辉煌宏大。太和门、太和殿、中和殿、保和殿，自永乐迁都以后，名称经过几次改动，起初沿用明太祖都金陵时的旧称，名奉天门、奉天殿、华盖殿、谨身殿。嘉靖时改称皇极门、皇极殿、中极殿、建极殿。清朝再改名，直至今天仍在使用。

明朝嗣君登极，都要虚应故事，经过百官耆宿上表三次劝进，嗣君始应允登极，仪典程序基本一致，唯地点不尽相同。《明史》说是在奉天门，而《明会典》说在奉天殿。两说看似抵牾，其实不然，只是表述得不够全面。粗翻《明实录》抽检五位皇帝的登极地点可知：仁宗、宣宗在奉天门；宪宗、武宗在奉天殿；熹宗在文华殿。

仁宗、宣宗在奉天门，熹宗在文华殿举行登极仪式存在不得已的原因。众所周知，永乐十八年（1420 年）宫廷正殿奉天殿建成，十九年元旦举行盛大的正式迁都庆典以后，三个多月，便在四月初八日，遭雷击毁坏，直到正统五年（1440 年）三月才动工修复，六年（1441 年）九月竣工。因之，仁宗、宣宗只能选择奉天门即位。熹宗登极遇到同样的问题。明代的奉天殿发生过三次雷电火灾。第二次在嘉靖三十六年（1557 年）四月十三日，次年七月起工修复，四十一年（1562 年）竣工后，改称皇极殿；第三次生在万历二十五年（1597 年）六月十九日。天启五年（1625 年）二月起工修复，七年（1627 年）八月竣工。可见熹宗登极也不可能在皇极殿。如果皇极殿（奉天殿）安然无恙，登极仪式必首选在此举行。

明代制定的奉天殿登极程序是这样的：

奉天殿设宝座。钦天监设定时鼓。尚宝司设宝案于奉天殿。鸿胪寺设表案于丹陛上。教坊司设中和韶乐，设而不作。鸿胪寺设诏案。锦衣卫设云盖云盘于奉天殿内东，别设云盖于承天门上，设云舆于午门外，设宣读案于承天门上西南向。是日早，遣官祗告天地、宗庙、社稷。上具孝服，设酒果，亲诣大行皇帝几筵前祗告受命毕，即于奉天殿前设香案酒果等物，具冕服行告天地礼。随赴奉先殿谒告祖宗毕，仍具衮冕诣大行皇帝几筵前，行五拜三叩头礼毕，诣母后前行五拜三叩头礼毕，诣奉天殿即位。鸣钟鼓。锦衣卫设卤簿大驾。上服衮冕御华盖殿。文武百官各具朝服，入丹墀内候。鸿胪寺引执事官进至华盖殿行礼毕。赞各供事，奏请升殿。

上由中门出，至奉天殿升宝座。锦衣卫鸣鞭。文武百官上表称贺。上命百官免贺，免宣表，止行五拜三叩头礼（原注：成化以后，执事官进至华盖殿，将行礼时，即传旨百官免贺）。

百官出至承天门外候，翰林院官赍诏书用宝讫，鸿胪寺官请颁诏。翰林院官捧诏授礼部官由奉天殿左门出，锦衣卫于午门前候，捧诏置云盖中，导至承天门开读行礼。[①]

显然，嗣皇登极仪式相对简单得多，不但只鸣钟鼓而不奏乐，同时也免去了朝贺上表、宣表与山呼万岁等程序。宁可将仪式减杀，也要保证对先皇的敬重。新皇登极诏告天下，从此历史翻开新的一章。新年号的使用一般都从第二年元旦开始。

凡皇帝御临的正式礼典，几乎都要有"鸣鞭"。鸣鞭，又称静鞭或响净鞭，明代朝会鸣鞭四人，分左右面北站在丹陛南阶下，清代改为六人。仪式开始与结束，均要鸣鞭三次。

鞭子通长四丈三尺，柄长一尺木制朱漆，柄端雕刻龙首连绳一丈三尺，梢长三丈，黄丝编制而成，经过液腊浸泡，并非寻常的粗麻绳。如此既可减轻鞭子重量，利于挥舞，同时又能使抖动声音更加清脆响亮。当代有的清装影视剧模拟了朝会鸣鞭情景。由于物非其物，动作人又未经训练，所以鞭子的抡动与配音效果，都不尽如人意。这倒也不是什么大事，想必投资人与编导不会在这样的细节之处下过多工夫与增加成本，大体是那么一个意思，也就过去了。昔日鸣鞭是专门职业，在侍卫中挑选气力臂力俱优者，经过反复训练，方能担当此任而不出差错。技巧熟练运用自如，当然不是一蹴而就的。

皇帝升座后为什么要鸣鞭，这与皇帝专用词汇"御"紧密相关。鞭是御的衍生物。众所周知，御的本意是驾驶，由此引申为治理统治。通常把皇朝运转比作一架行驶的马车，马车的前进方向与行车

---

① 《明会典》卷四十五。

安全，全凭驾驶者皇帝掌控，而文武官员只充当拉车人角色。日常生活中，谁都知道鞭子对于驾车者是必不可少的指挥棒。可见鸣鞭象征着皇权至高无上，同时也不能不承认其中隐喻着皇权对官员的轻蔑。

鸣赞官在大型礼典中也是必不可缺的。在扩音技术低下时代，空旷场所举行大型聚会，靠什么方法使全体出席者行动一致，这就需要智慧来解决。既然不能一次性发布统一口令，让人都听到，就通过口口传声接续方式完成。鸿胪寺负责本项事务。鸿是大的意思，胪是传的意思。

明代的大朝仪

冬至、元旦（农历正月初一）、万寿（皇帝生日）是皇朝最重要的节日。届时，都要在宫廷正殿举行盛大典礼庆贺。礼典程序称之大朝仪。在此，综合《明会典》卷四十三与《春明梦余录》卷七的相关记载，简略介绍典礼的场面与程序：

皇极殿内，中为宝座。座旁列镇器，座前悬挂着以黄绳系之的铜丝帘，帘下设毡，毡尽处设乐，殿两壁列大龙橱八座，相传内贮三代鼎彝。

典礼前一日，尚宝司在殿内御座东设宝案，宝座南设香案；鸿胪寺在殿外门东设表案两张；礼部主客司在丹墀中道左右设番国进贡方物案八张；钦天监在文昭阁（文楼）设定时鼓；教坊司在殿内东西设中和韶乐，皇极门内东西设丹陛大乐，乐队全部面向北。

典礼当日，锦衣卫在殿内东西设羽扇；掌领侍卫官三人于殿内东西对立；锦衣卫正指挥一人在宝座前铜丝帘右侧面东而立；百户二人于帘下左右对立；殿内南部，锦衣将军六人面北而立；四隅东西对立将军四人；其余侍卫将军各分立于殿陛等处。殿外丹陛丹墀御道左右陈卤簿仪仗；皇极门外东西面北陈车辂步辇。金吾卫分别在皇极门外与午门外左右列甲胄武士仪仗。旗手卫在皇极门外布列旗帜，午门外陈金鼓。御马监牵仗马；锦衣卫引驯象在文昭、武成阁以南东西对立。钦天监在丹陛东设报时位。

殿正门外，东西对立锦衣卫千户六人、传呼鸣鞭锦衣卫百户四人、光禄寺署官四人、序班二人。表案左右，导表六科都给事中二人、序班二人。鸿胪寺司宾署丞率序班十六人在八张方物贡品案两侧东西对立。丹陛丹墀东西对立鸣赞官十二人。丹墀御道前端左右面北站立鸣鞭四人。丹墀东西分列纠仪御史十二人。

午门与文昭阁定时鼓在三时敲响，齐集午门外的文武百官列队而立。定时鼓五时再次敲响，引班官引百官及藩部属国使臣等顺序从左、右掖门进入，到丹墀广场上排班序立。丹墀中路左右木栅上，礼部预先已放置侍朝班序牌，每一牌上大书品级（清改范铜品级山）。百官按文东武西，各依本人品级归队排列。

庆典即将开始，卷帘将军将宝座前铜丝帘卷起，退出殿门。全场肃立等候皇上升殿。

定时鼓七时第三次敲响，午门钟声起，执事礼部堂上官与内鸣赞一人；陈设表案并负责举案的序班五人；典仪鸿胪寺司仪署丞一人；捧表礼部仪制司四人；展表六部都察院通政司大理寺堂上官二人；负责宣表、致词与传制等事项的鸿胪寺堂上官五人；捧宝尚宝司官二人；导驾六科给事中十人；殿内侍班翰林院官员四人；中书官四人；纠仪御史四人；序班二人与受命祭告坛庙归来的官员一起来到中极殿外，恭迎皇上到皇极殿升座。

钟声停止，迎导各官入中极殿序立。遣祭官复命完毕退出。礼部堂上官跪奏方物毕。鸿胪寺卿跪请皇上升殿。导驾官前导，尚宝司捧宝前行，奏中和韶乐圣安之曲。皇上在众官簇拥下，来到皇极殿升座。导驾、随驾官东西对立在殿内两侧柱旁。其后，东为侍班翰林院官，西为中书官。再后，纠仪御史、序班。尚宝官置宝于案上，分立于导驾官之上。

　　皇上升殿坐定。乐止，鸣鞭报时。鸣赞唱"排班"，班齐。赞礼唱"鞠躬"，大乐奏起，百官四拜，赞"兴"（站起），平身，乐止。典仪唱"进表"，大乐再起，给事中二人导引表案至殿东门止，序班举案进入殿门，放置殿中，退立东西柱旁，乐止。内赞唱"宣表目"（宣读中外百司朝贺进表名录），礼部尚书与宣表官进殿跪宣后，叩头退出。赞"宣表"，展表官与宣表官进殿中跪，外赞唱"跪"，众官皆跪。展表官展表，宣表官宣表。宣毕。展表官分东西先退出。殿内外赞齐唱"俯伏"，大乐作，众官听口令站起，平身。乐止。宣表官退出。序班举表案于殿东。外赞唱"跪"，众官皆跪，代表群臣致词的官员跪于丹陛中道宣读贺词，词句简单，基本上是固定的很少改动，冬至为"律应黄钟，日当长至，恭惟皇帝陛下，应乾纳祜，奉天永昌"。元旦为"具官臣某，兹遇正旦，三阳开泰，万物咸新"。万寿节为"具官某，钦遇皇帝陛下圣诞之辰，谨率文武官僚敬祝万岁寿"。致贺结束，众官在外赞官的唱导声中，俯伏，兴。乐作，四拜，兴。乐止。传制官到御前跪奏传制，由殿东门靠东出至丹陛东侧，面西而立，称"有制"。外赞唱"跪，宣制"。制文与朝贺祝词一样，也是固定的，冬至为"履长之庆，与卿等同之"。元旦为"履端之庆，与卿等同之"。万寿节，因是皇帝生日，不能"与卿等同之"，所以没有传制程序。

　　礼典高潮在传制之后。大乐奏起，群臣依鸣赞官口令依次行礼：

"俯伏"，"兴"（站起），乐止（演奏暂停），搢笏（将笏插入腰间），三鞠躬，舞蹈，跪，拱手加额山呼"万岁，万岁，万万岁"。山呼"万岁"之际，在场的乐工军校执事人员齐声呼应。呼毕。百官出笏（将笏从腰间取出），随后仍依鸣赞官口令连续动作：俯伏，兴，乐作，四拜，兴，乐止。仪制司奏礼毕，奏中和韶乐，再次鸣鞭。皇上起驾，尚宝官捧宝，导驾官前导至华盖殿。乐止。大典结束。

精心筹备、繁文缛节的皇极殿大朝仪，声势浩大整齐肃穆。文武百官在不停的跪拜山呼中，烘托出君权神授，君权绝对的氛围。其实，群臣并看不见端坐殿内宝座上的皇上，皇权能量就像把他包起来的皇极殿那样高大雄伟，那样幽邃深远，那样坚固凝重。皇权绝对模式也铸定了政治性建筑模式。在北京城市发展史中，宫廷建筑一直占有特殊意义，构成北京区别于其他城市的最重要特征。皇极殿对于宫廷、都城与皇朝都是唯一的。

大朝仪与嗣皇登极仪相比，区别主要在营造氛围上，在登极仪上设而不作的中和韶乐、丹陛大乐，在大朝仪上一律奏起。同时，群臣还要在皇上"传制"后，舞蹈山呼万岁。此外，无大学士请宝程序，群臣上表的内容也不同。嗣皇登极仪式结束，回宫要迅速更换孝服返回守灵之处，而大朝仪之后，皇上回宫还要受皇后率领嫔妃朝贺。清朝的大朝仪基本延续了明代的操作程序而有所变动，最显著的变化在于没有继承山呼万岁的惯例。

清代皇帝登极仪

清代嗣皇登极仪式在太和殿举行，根据《清会典图》与《清会典事例》的描绘。可清楚地看出在举行仪式时，太和殿内外参与人员与仪仗的具体位置。殿内正中后部是宝座。宝座系木制的台子，四陛出，俗称搭垛。其上正中后部设御座，前龙案，后龙椅，再后屏扆。前列镇器。御座前面正中设宝案，上置"皇帝之宝"，仪式开始之前，由大学士率领内阁学士自乾清门捧来；宝座东楹南设表案，放置预先拟订好的表文；北设诏案，放置预拟好的新皇即位诏书；西楹设笔墨案，由内阁中书将笔墨置于案上。

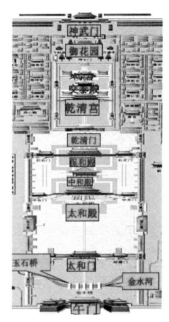

故宫中路建筑

太和殿内外官员与执事人员的站位与三大节朝仪一样。殿内人员并不多。宝座后排列由内大臣率领的豹尾枪班侍卫二十人，东西翼立各十位。后扈大臣两位，在宝座两侧稍后左右金立。什么是金立？就是与宝座成45度角斜立。凡是出席典礼的文武官员与执事人员不是东西对立，就是面北或金立。宝座前面两侧，前引大臣十人，东西对立各五位。西三楹位置站立面东的记注官四人。在历史关键时刻，自然不能不留下记录。事关皇帝言行起居的记录称为内外起居注，朝廷专门配备了记注官负责。

太和殿横向十一间进深五间，殿内只有皇上与内大臣、豹尾枪班、后扈大臣、前引大臣与记注官。王公文武百官皆在太和殿外。

先看檐下，侍班大学士、学士、詹事、少詹事、翰林院侍讲、侍读等官员在东檐第三柱以西；都察院左都御史、左副都御史、金都御史在西檐第三柱以东。皆面北站立。殿门两侧檐下、丹陛、丹墀各四位对立的鸿胪寺鸣赞官，共十二人负责发布统一行动口令。西檐阶下纠仪御史二人，丹陛、丹墀东西对立纠仪御史各四人。东西两侧第三柱以后，乐部官员负责奏乐事宜。

太和殿檐外是开阔的平台，殿前正中摆放九龙伞盖，往前御道两侧面北肃立宗室王公四排。第一排亲王，第二排郡王，第三排贝勒与贝子，第四排奉恩镇国公与辅国公。而不入八分镇国公、辅国公、镇国将军、辅国将军、奉国将军与奉恩将军六等宗室不能登上丹陛，只能与文武官员一道在丹墀。丹陛以下到太和门内的广场统称丹墀。

丹陛下鸣鞭六人分列左右。稍南仗马。再南，御道两侧设置范铜铸造是品级山，上刻满汉两种文字的一至九品字样，东西各十八座。官员九品十八级，按文东武西分布，正一品位列第一排，从一品位列第二排，正二品位列第三排，从二品位列第四排，余类推，从九品位列最后第十八排。宗室不入八分公、镇国将军以及超品的公侯伯皆站在第一排靠近御道之处，其他的宗室辅国将军，奉国将军，奉恩将军与子、男等爵依各品级站在相应的品级队列中。每一排头站立御史负责纠仪，如有谁懈怠玩忽，举止失范，当场纠正，或记录事后弹劾问罪。最后一排队尾站立鸿胪寺官员，稍后礼部官员金立。再往东西远处，对立的是御史、礼部官员与侍卫。这就是从太和殿内一直到太和门内出席官员的站班大致情况。

登极典礼的前一天清晨，派遣大臣分往天坛、地坛、太庙、社稷祭告。当日五鼓（四时），嗣皇着孝服在先皇灵前行三跪九叩礼，祗告受命后，到偏殿更换礼服，往皇太后宫。太后吉服升座，嗣皇行三跪九叩礼。如太皇太后在世，则先往太皇太后宫行礼如仪。随后，礼部堂上官二人至乾清门报时。嗣皇乘舆出乾清门左旁门，午门鸣钟鼓。嗣皇御中和殿，内大臣、侍卫、内阁、礼部、都察院执事各官于殿前行礼。礼部尚书进至檐下，跪奏，请即皇帝位。遂御太和殿。

嗣皇在殿内升座以后，仪式高潮随即来临，殿前原来倒放的九龙曲柄伞竖起，这是传递信号，表示嗣皇已经升座。殿外丹陛与丹墀等待的文武百官无法看到殿内情况，典礼何时开始就看这一标志。黄伞升起，随之鸣鞭三次。全体人员统一听鸣赞官口令行三跪九叩礼。大学士恭视内阁学士将"皇帝之宝"玉玺印在即位诏书上，然后颁诏布告天下。不宣读，不作乐，程序演进过程肃穆庄重，丝毫没有愉快轻松的庆祝色彩。仪式结束，再次鸣鞭，新皇退朝，回宫立即换上孝服，仍然居住乾清宫配殿的守灵之所。

颁诏仪式在天安门城楼上举行，宣读即位诏书之际，臣民在金水桥南聆听，先用汉语，再用满语。朗读完毕，将诏书放置金凤口中，从城楼上徐徐降下。

不言而喻，登极仪几年十几年或几十年才举行一次，而朝廷经常举行的是大朝仪。登极仪实际上是特殊的大朝仪，礼乐减杀乃是国丧悲痛与现实政治需要之间的权宜运作。

清装剧山呼万岁的泛滥

前些年清装影视剧充斥荧屏，群臣朝见皇帝的镜头很多，不是在御座前左右对立，就是面对皇上站成几排，议事之前，众官倒地叩头，同时称颂"吾皇万岁，万岁，万万岁"。个别召见问话，同样如此，也是一进门便跪拜称颂。这与历史实际情形相去甚远。

其实，万岁一词，秦以前并非君主专用，众有喜庆之事，多齐呼万岁，取其祝颂成功欢乐万代常存之意。战国时，孟尝君食客冯谖矫命当众焚烧了薛地负债诸民的契据，"民称万岁"。① 蔺相如携和氏璧使秦，"秦王大喜，传以示美人及左右，左右皆呼万岁"。② 楚汉相争期间，汉王刘邦困于荥阳，纪信假冒刘邦伪降于项羽，谎称"城中食尽，汉王降。楚军皆呼万岁"。③ 刘邦乘机从城西门逃走。可见集会性喜事，众人高呼"万岁"乃是当时社会直抒心胸的习惯，尚不是帝王的专用称呼。《陔馀丛考》论道：

> 万岁，盖古人饮酒必上寿称庆，曰万岁。其始，上下通用为庆贺之词，犹俗所云万福、万幸之类耳。因殿陛之间用之，后乃遂为至尊之专称，而民间口语相沿未改，故唐末犹有以为庆贺者，久之遂莫敢用也。④

"万岁"变成皇帝专称，始于汉武帝。元封元年（前 110 年）正月，武帝行幸缑氏（今河南偃师）。诏曰"亲登嵩高。御史乘属在庙旁，吏卒咸闻呼万岁者三"。太始三年（前 94 年）二月，"登之罘（山名，在山东烟台），浮大海。山称万岁"。⑤ 显然，这是武帝与御用文人导演的皇帝登山，随从众人闻听山呼万岁的神话，借此营造君权神授与皇权膜拜观念，让社会坚信皇权出自天择天眷。因之，万岁顺理成章成为皇帝的专称。

万岁专用，并非个人生命意义上的，而是本朝统治久远的期待。奥国哲学家维特根斯坦说过，如果把时间的无限性看作无时间性，则活着的人是永恒的。时间性是伴随人类的，个人生命虽然有限，

---

① 《战国策》"齐策四"，上海古籍出版社 1998 年版。
② 《史记》"廉颇蔺相如列传"。
③ 《史记》"项羽本纪"。
④ 赵翼《陔馀丛考》卷二十一，河北人民出版社 2007 年版。
⑤ 《汉书》卷六"武帝纪"。

但往往愿意把有限的时间放在追求生命与事业的永远上。

明朝只在大朝仪上，群臣在鸣赞官口令下山呼万岁，也不前置"吾皇"敬语。"吾皇"与民间家中普遍摆放的"当今皇上万万岁"木牌，如出一辙，只表达崇拜皇上敬畏皇权，这样的木牌永远可以使用下去，只要帝制存在，谁不是在当今皇上统治下生活。

"吾皇万岁，万岁，万万岁。"在影视剧中广泛使用，可能是受传统戏曲的影响。传统戏曲剧目经常出现如此台词。譬如元施惠《幽闺记》（又名《拜月亭》）第四出"罔害鄱良"，聂贾列面君奏事后退班，两次皆呼"万岁，万岁，万万岁！"宋元戏曲直到当代传统戏曲剧目，只要是皇帝出场，必有臣民呼"万岁"。传统社会上下阻隔，宫廷生活封闭，民间戏剧创作涉及有关皇上的礼仪生活细节，多是道听途说或出于想象。在帝制时代，除了皇帝家人及其近侍，有机会经常面见皇上的人极少。五品以下官员若不升迁，除非特殊机遇，即使做一辈子官也难近距离地一睹天颜风采。

京官五品以下虽不能直接面见皇上，却都要出席大朝仪等盛大的国家庆典。刚刚讲过，明朝举行大朝仪时，全体出席官员包括执事、乐队，尽管看不到皇极殿（奉天殿）内端坐的皇上，却都要听从口令，在仪式即将结束时山呼万岁响彻云霄。元朝的大朝仪同样如此。因此，在传媒技术贫乏年代，这一朝野关注，声势浩大，出席人员众多的盛典，最具向社会扩散的能量，经过辗转相传口述描绘，形成官员见皇上必喊万岁的深刻社会印象。推测戏曲传统剧目中的"吾皇万岁，万岁，万万岁"。台词的普及与固化与此不无关系。

尽管明朝在大朝仪上群臣山呼万岁，但平日君臣会面议事决策，遵循的是另外一番规矩。常朝仪、御门听政到个别召见，官员见皇上都不喊万岁。绝不是进得门来，倒头便拜，高呼"吾皇万岁万岁万万岁"的。明太祖认为万岁"实亦虚词"，常朝召见则弃之不用。洪武三年（1370 年）规定，朔望日御奉天殿，百官朝服列丹墀东西，再拜，鞠躬，称"圣躬万福"。常朝，官员一拜三叩头。

御门听政

一年当中只有三大节与特殊喜庆时才举行大朝仪盛典，从而彰显皇朝团结，四海升平，君祚绵长。统治不能仅有自我标榜的盛典，实现统治必须靠经常的政治决策与行政管理。尤其要能及时解决突发的各类现实问题。朝廷一般的政务处理通过常朝形式实现。明代常朝分御殿与御门两种，顾名思义，御殿就是在三大殿与文华殿、武英殿。其中每月朔（初一）望（十五）两次奉天殿朝贺，属于张扬皇权的礼典性质。"百官公服朝参，而不引见奏事。"① 常朝御殿通常是四品以上官员才能参加，如是奉天殿朔望朝贺，五品以下官员则在殿外行礼。而君臣议事决策的朝会，从时间上区分，分早朝、午朝与晚朝。早朝最受重视，每日举行。初在华盖殿，后多在奉天门，故称御门听政。

明代诸帝除太祖、成祖勤勉外，多懒政与年幼皇帝，御门早朝举行间隔一改再改，逐渐拉大，诸帝各有各的规矩，不存在统一模式。宣宗以前大抵每日一朝。英宗继位时九岁，内阁考虑到皇上年龄，做出权宜之计："每早朝，止许言事八件，前一日先以副封诣阁下，豫以各事处分陈上。遇奏，止依所陈传旨而已。"② 早朝不再议

① 于慎行《穀山笔麈》卷一。
② 王琦《寓圃杂记》卷一，中华书局 1994 年版。

事，变成传旨的仪式。以后诸帝，世宗、神宗祖孙的做法最为彻底，世宗从嘉靖十三年（1534 年）开始，不再视朝，躲在深宫隐握乾纲忙于修炼。神宗从万历十五年（1587 年）开始越来越懒惰，非但不视朝，甚至懒得批复奏章，直接"留中"搁置。如万历三十年（1602 年），两京尚书缺三名、侍郎缺十名；地方官员，巡抚缺三名、布政使、按察使、参政、参议、佥事等缺六十六名、知府缺二十五名，均不及时下令补充。尽管如此，国家行政机器也未因之停摆。其他皇帝，大都采用每逢三、六、九日举行，一个月九次。至于是否严格执行则别当另论。

明代御奉天门（皇极门）听政是早朝的主要形式，届时门前正中搭建平台又称金台。中安御座，"锦衣力士张五伞盖、四团扇自东西阶升，立座后左右，而内使，一执盖升立座上，一执武备杂二扇立座后正中。武备之制，一柄三刃而圈以铁线，裹以黄罗袱如扇状，用则线圈自落，三刃出焉，防不虞也"。[①] 至于邵经邦《弘艺录》所说，永乐时代，御门升座后，有内使捧镌刻山河图的香炉，放置御座前，并奏道"安定了"的程序，似乎没有被他的后代沿用。

皇上坐定后，鸣鞭，随之鸿胪寺官赞"入班"，文武官员入班，行一跪三叩礼，分班侍立于门前的广场上。朝班序立，公、侯位于文武班首，次驸马、伯，一品官以下各照品级依文东武西按序排列，风宪纠仪官居下，纪事官朝北居文武第一班之后，稍近皇上，便于观听。各官不许擅越，如有奏事，须要从班末行至御前跪奏，不许班内横过，奏毕即归班序立。嘉靖九年（1530 年）又规定：常朝官叩头毕，内阁官从东陛，锦衣卫官从西陛，分别顺序升阶，立于御座东西，锦衣卫官立于司礼监以南。

---

① 孙承泽《春明梦余录》卷八。

清朝御门听政改在内廷正门乾清门举行。门以内就是皇帝一家人的世界，一般人很难进入。凡是每天各衙门递进的本章，先转送内阁，积累若干件，传旨于某日御门办事。① 办事当天，在乾清门正中设御榻，榻后立屏扆（屏风），榻前设表案。领侍卫内大臣、御前大臣、散秩大臣率豹尾枪班侍卫在丹陛下东西夹壁而立。黎明皇上升座后，乾清门侍卫、御前侍卫左右伫立。记注官登西阶，科道官至阶下按位站立。奏事官员列队在门前广场等候，部院官按预先排好的顺序，分部门依次登东阶向皇上汇报，而不是集体一起上前，这样做也体现了工作的专业性与防止本部门信息扩散。

御门听政各衙门汇报的顺序，雍正二年（1724年）以后，户部、礼部、兵部、工部轮流位列首班，刑部、都察院、大理寺三法司固定在第三班到第五班，吏部固定在第六班，其他翰林院、詹事府等小九卿则排在最后。如果管理皇族事务的宗人府参与，必排在第一班。轮到奏事的部院，在本部尚书带领下，侍郎紧随其后，再次部郎等属官，鱼贯登东阶，在东侧就位面西跪倒，尚书奉奏折匣向西至正中再向前趋于黄案，跪倒将奏折匣恭敬地放在案上，然后站起，稍退几步向东，转入班首跪倒，奏陈请旨裁决事项。陈述结束，站起率队稍退几步，转身仍从东阶左侧退下归班。各衙门依次奏事完毕。该是皇上拿出批复意见的时候了。此时，阶上的翰林、科道、侍卫等官全部撤离。内阁大学士与学士登东阶在御榻左前方，面西而跪；记注官近立御榻右前方，满洲内阁学士一人，捧折本至黄案前，面北而跪逐本奏启，每奏一事，皇上批答，官称降旨。大学士、学士记录，谓之承旨。承旨结束后，大学士、学士循东阶，记注官循西阶退下。皇上还宫，众官散去。与明朝不同的是，御门时不再

<hr />

① 《国朝宫史续编》卷三十一"御门听政仪"。

鸣鞭，也不集体行跪拜礼。相比之下，清朝的御门听政的仪式更简单，更具办公意义，处理的大都是日常性的行政事务，而无关军国大事的决策。内阁承旨记录必须完全忠实皇上的表述，只在需要时在文字上稍加修饰。乾隆以后，御门听政频次逐年减少。同治继位，两宫太后垂帘听政，御门形式随之废止。这是儿童皇帝不能亲政与皇太后年轻不能经常直接面对众多官员的现实礼教需要造成的。

各衙门每天递呈奏折本章与取回皇帝批复也在此举行。每日子正（零时），"部院各以一笔帖式持折匣至东华门外。少俟，门启，随奏事官入，至景运门内九卿房，以折匣及本衙门印片一纸同交奏事官，奏事官登之于簿。少顷，乾清门启，奉之以入，至内奏事处，交奏事太监以达御览，时不过丑正（二时）也"。[①] 旨意批下与否，要看乾清门前白纱灯的位置，只要白纱灯从石栏上挪到了台阶上，就证明旨意很快就要批出。不一会儿，奏事官捧折本出来，高呼"接事"。各衙门折差齐集，叫到哪一衙门，哪一衙门的人上前，奏事官手付折匣口诵旨意，或"依议"或"知道了"或"另有旨"。虽发送上百件，决无差错。也不是奏事官记忆力超群，而是在折匣封面用指甲划上了记号，横痕是"知道了"，竖痕是"依议"，而无甲痕的就是"另有旨"了。

历史上，每一朝代，大都是开国之君异常勤勉，不畏辛劳，而他们的后代往往不能继承祖宗的实干勤奋精神，常常荒政怠事，耽于逸乐，或是儿童皇帝频频出现。所以常朝制度就不能贯彻执行下去与皇朝相始终，经常发生废置现象。

清朝皇帝经常驻园。御门听政也随之在驻地殿堂举行。如康熙居西苑（今中南海北海）则在瀛台勤政殿，住畅春园则在澹宁居等

---

① 震钧《天咫偶闻》卷一，北京古籍出版社 1982 版。

处；雍正驻圆明园多在正大光明殿。

显然，御门听政虽然一个月至少举行六次，但也只是例行公事的办公会。废止御门听政只是取消了御门形式，听政则以其他形式实现。皇朝安全运转必须拥有君臣共治的沟通决策行政机制。皇帝要实现统治，可以放弃例行公事的常朝办公形式，却不可能放弃与枢臣政要见面议政决策。明嘉靖、万历两帝皆二十几年不常朝。这并不意味与群臣彻底隔绝，虽然不在大范围面见群臣，却随时要与内阁大学士见面决定重要事项，从而实现隐握朝政大权。况且明朝文官系统之外，还存在以司礼监为首的宦官系统，更便于皇帝操控朝局。无论东汉、唐朝，还是明朝，只要将宦官权力纳入政治行政体制，就没有一位皇帝不是信任宦官远胜于信任朝臣的。

清帝召见官员："叫起儿"与"叫大起儿"

清朝皇帝比较勤勉，基本每天都要召见大臣处理政务。召见分单独与集体的两种形式。单独召见对象是应召而来或递牌求见的高官。集体召见对象，平日主要是军机大臣，遇到大事需要广泛征询决策之际，则召集王公大臣举行御前会议。

皇帝召见官员，俗称"叫起"，老北京话读作"叫起儿"。"叫起"又称"见起"，发声时亦带儿音。幼时常听一些曾在晚清为官的老人说过，清帝勤政每天都要"见起儿"。"起儿"就是分拨分批的意思，是老北京话很流行的用语，譬如对吃饭时没完没了的压桌之人或刚刚放下碗筷又再次进食的人，通常会批评说"你要吃几起儿呀"。

清帝每天接受两次递牌，早晚各一次。"皇帝每日视事，夙兴御养心殿暖阁或乾清宫西暖阁及弘德殿，阅列朝实录、宝训一册。辰刻（上午七至九时）进膳，阅王公大臣名牌"决定召见名单。^① 膳后先批答奏章，随后召见开始。每日未刻（下午二时）晚膳，阅嫔妃名牌决定召幸其中哪位。饭后，批阅内阁送来的各衙门以及外省督抚与提督等大员的本章，裁答完毕，一天的工作结束。然后与留牌嫔妃共同生活。

递牌官员，除王公外，文官限在三品以上，武官则二品以上。名牌木制长方形薄片（长约 27.5 厘米宽约 3.5 厘米），顶端呈如意云状。宗室亲王、郡王与贝勒的涂成红色，俗称红头签；官员的涂成绿色，俗称绿头签。牌上开列本人的姓名、职衔。因是在皇帝进膳前呈递，故称膳牌。

晚膳前，嫔妃所递的牌子与官员的大致相同，不过有的是顶端镶上绿玉片制成的，上书嫔妃宫号名位。皇后母仪天下，独贵后宫，不参与递牌。

官员递牌子在景运门，先交给外奏事处，转给内奏事处由太监送达御前。皇帝决定召见谁就翻谁的牌子，未被翻牌子的则退还，官员拿回牌子，就可以打道回府了。留牌官员进景运门内等候，按先后次序被叫进，就像当代面试排队叫号一样。也有当日不见，而留牌预定到他日的。完全视皇帝日程安排的疏密与事件的紧急程度。

清初，皇帝也像明朝一样住在乾清宫，雍正以后经常住在养心殿。乾清宫也好，养心殿也好，都是皇帝召见官员的地方。召见在宫殿内什么位置进行谈话，并不像今人想象的那样，皇上在正殿居中而坐，官员进来倒地便拜称颂万岁，然后隔着御案谈话。游览过故宫的人大都知道乾清宫与养心殿的陈设布局，宫殿正门一进去，迎面一座平台，就是地平。地平上设御案，案后设御座，座后树屏风。其实日常召见并不在该殿的正间举行，而是在东暖阁或西暖阁。

<hr>

① 鄂尔泰《国朝宫史》卷五"常日视事仪"，北京古籍出版社 1987 年版。

譬如养心殿内东西两侧，各有暖阁。所谓暖阁，就是用木板隔开的进间或次间，木板壁涂银朱油，呈朱红色，中开一门，门上方安置毗卢帽，就像僧人戴的帽子一样。房间内有炕，外面走廊有地炉。北京冬季寒冷，地炉向室内供暖，既可保持室内卫生又可避免煤气中毒。暖阁的意义就在于此。即使如此，由于房间高大与热力传导系统的原始，室内温度也不可能达到期望的那样高，在数九寒天，仍然要使用碳笼与手炉等取暖设备。

凡留牌官员，宣召进殿时，一律直呼其名而决无大人官职之类的尊称。进见官员在太监带领下，至殿门由太监挑起帘子进入殿中，转到暖阁门前，再由太监挑起门帘进入暖阁。门帘在昔日北京使用得极其广泛，寻常百姓之家冬日屋门挂棉帘毡帘以保暖御寒，夏日挂竹帘珠帘以驱蚊蝇。宫中也不例外，似乎一年到头都如是。当然地位与富裕程度不同，帘子的质料与制法差别甚远。

养心殿东暖阁

皇帝在暖阁内一般坐南沿炕，可能是因为北房光线与取暖的缘故。引领太监为进见官员挑帘以后，迅速离去，在院子里站得远远的，以听不到屋里谈话为距离。晚清李莲英的故事传说，常让人误以为他能干政弄权。其实，清朝解决太监干政的历史难题是最成功的。即便是李莲英得深慈禧欢心，却从未倚此获得过参政机会，更不用说掌权弄权了。无论何时何地，制度都不允许太监旁听皇上与大臣之间的谈话。因此，清装娱乐剧表现的太监旁听君臣谈话，甚至还插话，或是太监在窗沿下偷听的场景，都极为荒唐可笑。前者制度限制，太监根本不会出现在君臣议事的场合；后者似乎是把民间的侦探情节移植嫁接到宫中，也不想想，殿外的环境，从宫门到院内值班人员各司守卫监视之职，并非空无一人，不要说别处的太监难以进入，就是本宫太监被人收买，企图刺探消息，也做不到在光天化日之下登上台阶到窗下偷听。试想一位太监上前偷听，能不立刻被他人发现，报告治以重罪吗？除非能做到全部收买皇帝身边的服务系统，否则实在无法完成探听目的。如果有人能够做到这一步，皇帝也就不成其为皇帝了。晚清慈禧太后控制光绪，也不是依靠这类侦缉方式，不排除她要在皇上身边安插自己的亲信，但更主要的是通过为光绪设置制度障碍来保证自己大权独揽。譬如，光绪亲政以后，朝廷任命二品以上官员必须经过太后认可，而且还要到太后处谢恩。可以想见，在这样的制度监管环境下，光绪万难在政治上有所作为，只能不情愿地做徒有虚名的皇帝。

进见官员，一进暖阁门，先行跪安礼。跪安虽系旗礼，却属于宫廷专用礼节，普通旗人日常生活中并不使用。跪安的做法是：官员进来，先是一个立正，称颂"臣某某恭请皇上圣安"。紧接着左腿向前迈半步，右腿跪在地上，跟着收左腿跪下，上身直立，随后抬右腿，起左腿，站起身来，向前几步，到皇上跟前，跪在预先放好的白芯红边的垫上。既不磕头，也不高呼"吾皇万岁"。随后君臣开始谈话。谈话中间，如果有违圣意或有负圣望，引起皇上不满，就要自己摘去官帽放到地上，磕头触地，表示谢罪有负圣恩，并没有罪该万死之类的套话。如果受到皇上嘉奖，则叩头口颂"谢皇上圣恩"。此时不必摘帽，叩头也不用触地。问话汇报完毕，皇上说"下去罢"。官员站身起来，原地再次行跪安礼，礼毕，倒退几步，转身出门。

《曾国藩日记》记其同治七年（1868 年）十二月十四日到十六日连续三天，进见两宫太后与皇帝的情形，现略去对话内容，简要摘编礼仪程序于此：

十二月十四日，卯初二刻入景运门。"巳正（上午十时）叫起，奕公山带领余入养心殿之东间。皇上向西坐，皇太后在后黄幔之内，慈安太后在南，慈禧太后在北（这就是所谓的垂帘听政）。余入门，跪奏称'臣曾某恭请圣安'，旋免冠叩头，奏称臣曾某叩谢天恩。毕，起行数步，跪于垫上。"随后谈话。结束"叩头退出。是日赏紫禁城骑马，赏克食"。

十二月十五日，辰初三刻趋朝。"巳正叫起，六额驸带领入养心殿。余入东间门即叩头，奏称臣曾某叩谢天恩。起行数步，跪于垫上。"问话后退出。

十二月十六日，辰正趋朝。"巳正叫起，僧王之子伯王带领入见。进门即跪垫上。"问话后退出。

后两次的礼仪程序比较简略，可能是连日召见有意简化的结果。值得注意的是三次皆由王公带领。第一次是奕山，康熙第十四子允禵玄孙，第一次鸦片战争《广州和约》与第二次鸦片战争《瑷珲条约》的签订者，可谓是丧权辱国的典型。第二次是六额驸，道光第六女寿恩固伦公主的额驸景寿；第三次僧王之子伯王，博多勒噶台蒙古亲王僧格林沁于同治四年（1865 年）五月，在山东曹州（今山东菏泽市）剿捻时战死，其子伯彦讷谟祜袭爵。曾国藩进门称颂"恭请圣安"，系必行的礼仪程序，而"臣曾某叩谢天恩"则是对升任直隶总督的谢恩。

集体召见。清帝每日必行的集体召见只有军机大臣。军机处位于乾清门以西的月华门外，相对宫廷恢宏的建筑来说，只不过是几间寻常的宫门外的值班房而已，显得比较寒素，权力却令人瞩目。军机大臣属于兼差，在王公、大学士、尚书侍郎等高官中挑选钦定，少时二三人，最多到过十一人，常态是五到七人，入选则称入值，任期也不作限制。军机大臣初入选者，称军机大臣上学习行走，资深者则称军机处大臣上行走，钦点一人为领班。三者皆俗称"大军机"。这是与俗称"小军机"的军机章京对应而言的。满洲军机章京"以内阁中书、六部、理藩院郎中、员外郎、主事、笔帖式兼充。汉军机章京由内阁中书、六部郎中、员外郎、主事、七品小京官由进士、举人出身者兼充"。[①] 章京是军机处办事官员，分为满汉两班，每班八人，由军机大臣额外指派一人为领班。值房在隆宗门内以南。

皇帝每日召见军机大臣在召见官员之后。一日当中召见不止一次，晚间的则称"晚面"。军机大臣进见时，按名望、资历排序列队，领班军机走在最前面，进殿门不再由太监挑帘，而是由末位军机大臣在走到门前时，从队尾疾步向前几步把帘子挑起，因之，把末位军机称作"挑帘军机"。众臣鱼贯而入，进暖阁门也同样如此。皇帝坐南沿炕，在炕前依次错落排开垫子，军机大臣各按自己的位序跪在相应的垫子上，彼此之间，一位比一位差不多相距一个身位，位置靠后的如果听力不佳，常常听不清皇上的谈话。一般来说，生活在宫内安静环境中的皇帝不大可能高声说话，作为臣子更不敢奢望皇上提高嗓门或重复，所以重听的军机大臣常常为此苦恼，不得

---

① 梁章钜《枢垣纪略》卷十三，中华书局1984年版。

不事后求问征询，难免成为同事调侃与捉弄的对象。

集体召见时，官员彼此之间是不能谈话的，更不用说争论了。譬如皇上问甲话，甲不知道，无法回答，正好乙知道，未经皇上垂问，就插话回答。结果不是邀功受赏，而是君前失仪，最后得到的可能是惩罚。"军机大臣惟领班一人上奏，其余则不问不敢答。"① 左宗棠平定新疆后，曾短暂出任过军机大臣兼总理衙门行走。他性情一向倔强敢做敢为，兼之未做过京官，不谙朝廷礼仪习惯，所以在光绪召见军机时，贸然行事为人求官职，皇上因其功勋卓著，并未怪罪，而是爽快地答应了他的请求。不过这仅是特例，而且要求简单具体。当代许多清装影视剧常常出现官员在皇上面前争论不休各持己见的镜头，则有悖于历史实景。

召集王公、军机大臣、大学士、六部九卿的御前会议，俗称"叫大起"或"叫全起"。光绪二十六年（1900 年）庚子事变期间，英国远东舰队司令西摩尔率两千余人联军从塘沽登陆开往天津，乘火车向北京进发。情势危急，于五月二十一（西历 6 月 17 日）、二十二、二十三连日叫大起，每日两次在西苑仪鸾殿东暖阁，召见王公、军机、大学士与六部九卿等大臣，面询对策。慈禧太后与光绪"背窗北面坐，门由西进。座前设御案一，与门相距咫尺。臣工揭帘入，由御案前经过，均往后跪。案前数尺地，由近支亲王、军机重臣环跪，便于参赞密勿"。② 会议决定向英法等十一列强宣战，五月二十五（西历 6 月 21 日）发布了《宣战诏书》。结果很快换回了太后皇帝仓惶西逃与耻辱的《辛亥条约》的签订。

文官五品以下七品知县以上，武官四品以下六品千总以上，初

---

① 刘体智《异辞录》卷二，中华书局 1997 年版。
② 陈夔龙《梦蕉亭杂记》卷一，中华书局 2007 年版。

任、考核升降、留任、调任之际，文官由吏部、武官由兵部带领，都要进宫朝见一次，由皇上直接考察各官的气度与德才状况，最终做出去留决定。引见官员不定期分批进行。一般在预定日期的上午，皇上召见军机大臣以后举行。这充分体现了乾纲独断，人事任免操于君手的原则。

文官引见，吏部司员带领众官在早四时入朝房等待。本部尚书、侍郎到来，开始排班，五六人为一排，班首班尾，各安排司员一人，一为领班，一为押尾。皇上御养心殿或乾清宫升座，吏部尚书、侍郎跪于御座一侧。候见官员各持绿头签，上书姓名、籍贯，入仕时间，年纪，如系保举还要填上督抚的考语，按班次顺序入殿跪呈绿头签与引见单。带领引班官员再按顺序引领一位至御前跪，自陈履历，皇上一面看"引见单"；一面观察问话。问话结束，官员退下。

武官引见，先在东安门外"堂考"众官的步射与骑射的水准，成绩分"好""中平""平常"与"劣"四等。"平常"以上者方能参加引见。由兵部尚书、侍郎与部郎司员带领。进见礼仪程序与引见文官一样。

皇上与每一位引见官员谈话结束后，都要在引见单上朱批评语与任用与否的决定，但当场并不宣布结果。待引见全部完成后，交由军机处拟旨公布。雍正朝引见官员最为繁盛，自嘉庆以后，逐渐废弛，到清末已是一纸空文。

清朝君臣服饰

当代清装影视剧在着装方面可谓五花八门争奇斗艳。以皇帝召见官员为例，君臣穿戴与礼节都过于随意，甚至出现皇上躺在炕上接见大臣的镜头。这也不奇怪，若要忠实历史穿戴，画面则显得单调沉闷，容易引起视觉疲劳，影响收视率。虽说穿衣戴帽各有所好，但要借历史之名营销影视作品，多少也要遵从历史生活习惯，不宜不分场合、时令与身份胡乱穿戴。在清代，凡是进宫官员必须按季节按制度要求穿戴官服，绝不能随意着装。

古代君臣的穿戴，统称"冠服"。冠服等级是礼制的重要内容。抛开内心教化不言，仅从礼制形式约束行止上来看，服装是个人认同礼意与教养的起点。粗看起来穿戴属于行为小节，不值得小题大做。然而，既然赋予服装特别的礼制政治意义，就不再仅是满足生理需求，而是构成个人社会政治地位与教养的重要标志。在漫长的历史时期内，通过服装表示身份地位的制度思想经久不衰，服装制作专在质料、颜色与饰物方面下功夫，几乎忘记了服装的实用与人体审美。制度限制下的裁剪制衣技术过于泥古不求变化，样式单一缺少花样。因此，在稠人广众中，个人穿戴引人注目的程度，向来不是以样式奇巧翻新，而是以质料上乘花纹醒目达到的。

清朝以前，服装宽大，不能展示人体优美。以明朝官员在奏事、侍班、谢恩等场合穿戴公服为例，服式盘领右衽，袖宽标准要求三尺，实际二尺三寸，即使如此，也够浪费的了。袖长：文官的过手折回到肘；武官的过手七寸。衣长：文官的离地一寸，武官离地五寸。一至四品绯色，五至七品青色，八九品与未入流杂职官绿色，公服上织绣纹样以别等级，一品径五寸的大独科花（团花），二品径三寸的小独科花（小团花），三品径二寸的散花，四、五品径一寸五分的小杂花，六七品的小杂花，八品以下无纹样。头戴漆纱制成的展角幞头，角翅一尺二寸。

明朝一品文官公服　　　　　　清朝八品文官补服

　　寻常百姓的衣着样式陈旧、材料低劣、颜色单调，受制度限制更大。平民戴四方平定巾，穿杂色盘领衣，衣长离地五寸，袖长过手六寸，袖椿一尺，袖口五寸。制衣材料，一般人家允许使用绸纱绢布，商贾之家则不准使用绸纱，只许用绢布。服装不是纯粹的个人财力与喜好问题。财富如不由政治地位提升获得，即使财力雄厚，也无法实现服装的高档消费。

　　清朝推行辫发旗服，可以说是对传统服装的革命，人们装束发生巨变，平添了许多新式样。当代服装光怪陆离色彩斑斓，想穿什么就穿什么，张扬的是个性，政府没有统一的制度规定。而在一个多世纪以前，个人着装并不能随心所欲，只要进入官场就要遵守穿戴纪律，什么场合穿戴什么，都要依制度标准而行，绝非以自我感觉舒服漂亮为尺度。在服装表达地位方面，古人投以了巨大智慧，服装一旦与政治地位结缘，就失去纯粹的个性审美与生活意义，社会不会再等闲视之，因之，在大庭广众之中，极难出现超越身份穿戴而招摇过市的行为。谁会非要自找麻烦引火上身不可。

　　君臣服装的基本样式大体相同，等级区分体现在做工、质料、图案与颜色上。

清朝君臣冠服分为四类：朝服、吉服、常服、行服。每类又分冬夏两式。此外还有雨服。朝服包括朝冠、朝袍、端罩、朝带等。吉服包括吉服冠、蟒袍补褂。朝服与吉服都可以作为礼服。不过什么场合穿戴什么服饰，要根据制度习惯与即时的指令。譬如，嘉庆九年（1804年）以前，元旦、万寿、祈谷等国家典礼，官员一律着装朝服，此后改为蟒袍补褂的吉服。一般来讲，朝服与吉服只是正式典礼的服装。平日里，无论皇帝还是官员都穿戴常服。常服就是普通的袍子外加补褂。行服顾名思义是出行骑马的服装。

清帝日常生活、办公与召见官员时，穿戴常服冠，绝非只在正式大典中才穿戴的明黄色朝服或龙袍。朝服龙袍也非通体一色，披领与袖头均为石青色。皇帝的常服分袍与褂。袍穿在内褂罩在外，具四开裾。袍暗花或素地。颜色与花纹没有一定之规，多为蓝、绛、驼与米色等。褂的花纹可以随意，但颜色基本上为石青色。头戴常服冠，分冬夏两种，冬季为上缀朱纬的折檐帽，顶饰红绒结；夏季以织玉草或藤竹丝为质，外罗内红纱绸里，上缀朱纬敞檐，顶亦饰红绒结。与顶饰三层金龙珠宝的朝服冠和顶饰满花金座镶嵌大珍珠的吉服冠绝不相同。更不会是不伦不类的瓜皮小帽。官员觐见皇帝时的穿戴也以常服为主。皇帝每日着装是有案可查的。第一历史档案馆所藏清帝穿戴档逐日记录甚详。随拣一则，看看清帝日常的穿戴，咸丰三年（1853年）三月二十五日"上戴绒草面线缨冠（缀珠重一钱五分），穿蓝江绸棉袍、石青缎棉褂，束铜镶珠三块瓦线鞓带，穿青缎凉里皂靴"。

凡是宗室，无论地位高低，袍的下端均为四开裾，这是皇族与非皇族冠服区分的重要标志。官员的袍只前后开启。

官服的颜色分石青（蓝黑）、红青（黑中泛紫红）、元青（纯黑），以石青为正色。宗室亲王、郡王可以使用金黄色。清朝官员穿戴最多的是补服，其次是蟒袍。

补服是清朝冠服改动以后，唯一保留下来的明代常服纹饰，不过服装制式与颜色都做了极大改革。

明朝官员的常服是大襟的，团领右衽，腰束革带，戴乌纱帽。服色品级区分与公服一致。洪武二十四年（1391年）制定补子式样，袍褂胸前后织绘方形图案，文织飞禽，武织猛兽，监察官员织獬豸。

清朝官员的常服是对襟的，也不再用颜色标识品级高低，一律以石青色为正色，兼用红青、元青。而补子则保留明朝传统，仍是按品级、职权分类在外褂前后心直接绣制或以绣片钉在褂子上。图案内容有所更改，主要表现在超品的王公服饰上。亲王、郡王、贝勒、贝子、奉恩公皆团补。亲王、郡王五爪四团龙。亲王两正龙两行龙，出自特恩可用四正龙；郡王四行龙。皆前后两肩各一。贝勒四爪正蟒两团补；贝子与奉恩公皆四爪行蟒两团补；不入八分公与民公、侯，伯四爪正蟒两方补；品级官员两方补，皆前后各一。[①] 晚清时期，将不入八分镇国公的服装提等，由方补变成团补。宗室镇国将军、辅国将军、奉国将军、奉恩将军，使用相应的武职一至四品补子图案。

文官补子图案依次为：一品文鹤，二品锦鸡，三品孔雀，四品文雁，五品白鹇，六品鹭鸶，七品鸂鶒，八品鹌鹑，九品练雁。

武官补子图案依次为：一品麒麟，二品狮，三品豹，四品虎，五品熊，六品彪，七品、八品犀牛，九品海马。清朝对明朝武官补子做了较大改动。明朝武官补服，一、二品狮子，三、四品虎豹，五品熊罴，六、七品彪，八品犀牛，九品海马。变化最大的在一品

---

① 《清会典事例》卷三百二十六。

绣图上，清朝把明朝公侯伯与锦衣卫指挥等使用的麒麟改用在一品补服上，而另外创作了一套公侯伯与侍卫的补子图案。

蟒袍又称花衣，一至三品绣九蟒四爪，四至六品八蟒四爪，七至九品五蟒四爪，袍下摆绣立水图案。每年冬至、元旦、万寿等盛大节日，七品以上官员必须穿蟒。官员家逢有喜庆如结婚、做寿等，也可以穿戴。不过穿蟒并不意味着可以免去外褂。蟒袍外罩补褂，就是所谓的吉服。只有特殊需要，才可以敞穿蟒袍。譬如万寿节（皇帝生日）庆祝七天，要求官员敞穿蟒袍，故又称之"花衣期"。再如夏季暑热期间，逢遇庆典也可以免褂敞穿蟒袍。

官帽分秋、凉两种。秋帽即暖帽，分呢檐、江獭、熏鼠、染貂数种。三品以上以及翰林、詹事府、六科、御史等官员，方可戴本色貂檐帽。凉帽分白罗胎、万丝胎两种。穿单、纱袍褂时，戴白罗胎帽；穿亮纱，薄纱时，戴万丝胎帽。万丝胎由藤丝、竹丝编制而成。皇子帽顶结构与安顶珠的官帽完全不同，顶为红绒结，即用红绒结成的算盘疙瘩，与帽缨连为一体。

官帽顶珠依据品级高低使用不同质料。一品光滑珊瑚，俗称亮红顶；二品起花珊瑚，顶珠正面雕刻寿字，俗称暗红顶；三品蓝宝石，俗称亮蓝顶；四品青金石，俗称暗蓝顶；五品砗磲石；六品水晶；七品光滑素金顶；八、九品镂花金顶。

奉恩公以上至亲王冠戴红宝石顶珠，系于帽顶的方法也不同于官员的。顶珠一侧穿曲孔，用绳穿过系于帽顶。而不入八分公、镇国将军与民公侯伯及文武一品官员则冠戴珊瑚顶珠，系于帽顶的方法都是在珠中央直穿一孔，以镀金钉钉在帽顶上。可见，宗室王公的宝石顶面不见饰物，而珊瑚顶面则覆盖着钉子帽。一品官员的珊瑚顶因其珠体表面光滑，故称亮红顶，不过，这是针对二品官员的起花珊瑚俗称暗红顶而言的，与奉恩公以上的红宝石亮红顶不是一码事。其间的区别是材质与系法不同。

花翎与顶珠配套。花翎系孔雀翎，有一眼、二眼与三眼之别。三眼最荣光。眼指的是羽毛上排列的像眼睛似的图案，一圆为一眼。赏赐六品以下官员将士用的鹖鸟羽毛，称之蓝翎，无眼。"侍卫皆于冠上戴孔雀翎，以目晕之多寡为品之等级。武臣提督及总兵官亦有赐者，后文臣督抚亦或蒙赐，得之者以为幸事。各省驻防之将军、副都统并督抚、提镇蒙赐孔雀翎者止戴一眼。"① 可见，孔雀翎起初并非冠服标配，而是展现皇恩浩荡的奖励饰物。除贝子、固伦额驸戴三眼花翎，镇国公、辅国公、和硕额驸戴双眼花翎以外，文武官员获得赏赐（一般为单眼）才可佩戴。

赏赐花翎走向宽松始于乾隆朝。"亲、郡王，贝勒为宗臣贵位，向例皆不戴花翎，惟贝子冠三眼孔雀翎，公冠双眼孔雀翎，以为臣僚之冠。乾隆中，顺承勤郡王泰斐英阿以充前锋统领故，向上乞花翎，上曰'花翎乃贝子品制，诸王戴之，反觉失制。'傅文忠（付恒）代奏'某王年幼，欲戴之以为美观。'上始许之。因并赐皇次孙今封定王者三眼翎，曰'皆朕之孙辈，以为美观可也。'由是亲、郡王屡有蒙恩赐者。嗣后纯皇帝欲定五眼花翎为亲、郡王定制，为和相（和珅）所阻，未果行云。"② 花翎逐渐普及后，单眼花翎失去赏赐意义。双眼尤其是三眼花翎成为高官翘盼的殊荣，乾隆至清末得赐三眼的只有傅恒、李鸿章等七人。

朝珠也是清朝冠服特有的，文官五品、武官四品以上者才能佩带。礼部、翰林院、太常寺、光禄寺、鸿胪寺、国子监等衙门，因为与礼典息息相关，特许五品以下官员不受这一限制，不问品级，

① 刘廷玑《在园杂志》卷一，中华书局 2005 年版。
② 昭梿《啸亭续录》卷一，中华书局 1980 年版。

皆可佩挂。朝珠 108 颗，用四枚佛头平均隔开，每 27 颗放置一颗。佩挂时，佛头前三后一，并附带记捻三挂，男左双右单，女左单右双。身后的佛头下坠方形背云，背云下系坠脚。朝珠质料以珊瑚最为珍贵，非位致极品的官员不能佩带。

职任黄马褂与恩赏黄马褂

在清朝，明黄色是皇帝专用服色，其他人未经御赐不得擅用。因之，得赏黄马褂，历来被认作人生殊荣。黄马褂分两种，一种是宫廷侍卫的职业着装，称职任褂子；另一种是专门用作奖赏官员使用的。

无论职任的还是赏赐的黄马褂都是半身的，衣长到大腿根儿。袖长分长短两种样式，长的到腕，满语叫斡拉伯；短的到肘，满语叫额伦达。

凡是守护皇宫，负责皇帝出行安全的侍卫护军如领侍卫内大臣、御前大臣、内外班侍卫、护军统领与前引十大臣"皆服黄马褂。"①宫廷侍卫分一二三等与蓝翎侍卫四等。一等侍卫三品，二等侍卫四品，三等侍卫五品，蓝翎侍卫六品。蓝翎系指帽顶上的翎子为蓝黑色鹖羽毛，俗称老鸹翎。而三等以上侍卫的翎子均为孔雀羽毛，俗称花翎。凡是侍卫当班时都要穿黄马褂。按说皇帝专用服色，其他人不应使用，但是，由于侍卫担当护卫皇帝与皇宫安全之责，所以，特地统一制作明黄色的职业着装，以张扬皇权的威严气势不可侵犯，同时也是彰显皇恩浩荡，让侍卫群体倍感荣耀更加忠于

① 昭梿《啸亭续录》卷一。

职守。

　　清朝皇帝每年都要往承德避暑，入秋到木兰围猎二十天，意在保持满洲尚武的骑射传统。行围期间，获猎物多者与在校射比赛中成绩优秀者皆能得到赐穿侍卫的职任褂子，不过，只能在行围期间穿戴，过后必须脱掉，平日也不可再用。故称之为行围褂子。满语称"秃山"褂子。

　　奖赏功臣的黄马褂与侍卫职任褂子有所不同。两者虽然通体都是明黄色的，但纽襻颜色存在显著区别，职任褂子与行围褂子是黑色的，而赏赐黄马褂的是与衣料一致的明黄色。

　　赏黄马褂与赐双眼花翎、"巴图鲁"（勇敢之意）、世职、封爵等一样，都是清帝施恩笼络武官的常用手段。黄马褂能够成为特殊的荣誉标志，就在于颜色乃皇帝专用，从而彰显君臣关系亲密。

　　赐黄马褂的对象主要是三品以上武官军功卓著的。文官如果没有军功，政治行政业绩再辉煌，也难以得到。未曾直接统军作战的文官，偶而能够获此荣誉，大都出自援引与战争的关系，譬如决策、献计、物资供应等方面的贡献。文官赏赐黄马褂始于乾隆十一年（1746 年）。此外，朝廷派遣的宣慰中外的特使，一般也赐黄马褂以示尊贵。

　　钦赐的黄马褂，大都不是成衣，即使中国传统服装比较宽松，但人与人之间，毕竟有高矮胖瘦之分，怎么能拿来一件就能做到合身。一般来说，赏赐黄马褂旨意下达，可能附带衣料，也可能只是许可。如果没有附带衣料，获赐者可以自找明黄色江绸之类的衣料量身制作。中国传统文化比较推崇含蓄谦和，厌恶炫耀自吹。在这一文化传统中，沐浴成长起来的高级官员，拥有了黄马褂以后，只在正式的典礼场合穿戴之外，基本上是供在家中。毕竟黄马褂属于行褂，不是平居日常生活中的服装。古今社会心理与生活心态有所不同，现代人希望宣传自己推销自己的心情比较急迫，要是有点荣誉成绩，恨不得马上让全世界的人都知道。

冠礼与笄礼

古代男子自十二岁起，最迟二十岁，都要择期举行束发加冠礼，以表示成年立世。"冠而后服备，服备而后容体正、颜色齐、辞令顺。故曰：冠者，礼之始也。"[①] 此前的发型比较随意，年幼时一般头上梳两个抓髻，即通常说的总角或髫龄。总角系指抓髻，髫龄系指头后垂发。

先秦时冠礼程序为三加：初加缁布冠；再加皮弁冠并配剑；三加爵弁冠。缁布冠又称委貌冠就是包头髻的一小块黑布。皮弁冠，鹿皮制作。爵弁冠形制与皮弁冠相同，赤黑色二种以上皮革混合制作。显然，这是士阶层以上之家与贵族子弟的成年礼。平民子弟冠礼可能非常简单，只是一加缁布冠而已。天子、诸侯的冠礼，十二岁即可举行，程序为四加。"公冠四加，三同士，后加玄（深黑色）冕。天子亦四加，后加衮冕。"[②] 这里讲的诸侯的玄冕与天子的衮冕，系指祭祀礼服。

汉代极重冠礼，皇帝冠礼称加元服。南北朝以后，渐不执行，明初议定礼制，全面复古。洪武元年（1368 年）"诏定冠礼，下及庶人，纤悉备具。"[③] 上至皇帝下至平民成年之际都要举行加冠仪式。凡儿童皇帝成人皆要举行冠礼，官称加元服仪，而成年以后登上皇

①《礼记》"冠义"。
②《通典》卷五十六引《大戴礼记》公冠篇，浙江古籍出版社 1988 年版。
③《明史》卷五十四"礼志"。

位的则无需补办。譬如万历帝十岁继位，万历三年（1575 年）正月加元服，时年十三岁，虽然在做太子时已经束发加冠，但当日仍将束发解开梳成脑后垂发，再重新束起加冠。尽管明朝极力复古推行冠礼，也制定了操作规范条文，但民间很少有人认真执行。清朝人改束发为辫发，装束也发生了质变，因而，传统的冠礼废止。

少女笄礼，与男子冠礼的立意一致，表示成年即将出嫁。在平均寿命不足三十五岁时代，维持相当的人口规模，无论男女都需要早婚早育。"女子十有五年许嫁，笄而字。"[①] 所谓"字"并非表示女子从此就都有了名字，先秦贵族、大夫家女子在许嫁之际，在幼名基础上赐"字"，而平民则无。其后随着历史推移，妇女社会地位越来越低，上层妇女有的有名字，有的没有，与平民女子一样，只有姓氏与乳名小名。因之，"字"的含义就变成专指已定聘人家，即将出嫁。"字"的本义就是妇女孕育、妊娠。从而延伸出养育、教育与治理等义，进而扩延为定聘。女孩到了十五岁，即使尚未定亲，家庭一般也要为之举行笄礼，从而迈入待字闺中的生活阶段。

笄系指头簪，将头发绾成髻以黑纱包裹，插簪固定，俗谓"上头"。簪的形制大同小异材质种类颇多，骨、角、牙、玉石、金属、木质等等不一而足。笄礼仪式一般由母亲、祖母或嫡亲女性长辈主持，另聘女宾为之上头。清朝男子发型服饰彻底变样以后，冠礼荡然无存，而非旗人女子的发型并无明显改变，少女在出嫁前也要盘髻插簪，同时开脸。开脸又称绞脸，用丝线形成两股交叉，在脸上滚动除去汗毛，让面部皮肤光鲜。清朝虽未沿袭笄礼传统仪式，但女子嫁前的开脸，盘头成髻插簪等程序，完全延续了笄礼意蕴。

---

① 《礼记》"杂记"。

两性结合最佳时刻——昏

自古以来婚礼就是嘉礼中重要内容。结婚是人生大事，尤其是在社会封闭，流动性差，个人自我选择机会少与生活缺乏多样性的时代，更突显其人生大事意义。无论贫富贵贱，几乎所有的人都要经历这一令人向往充满悬念的时刻。

古代嫁娶选择黄昏时分举行，故称作昏礼。而今天通用的"婚"，在古代指的是岳父或女方家，中国历史上第一部辞书《尔雅》"释亲"谓"妇之父曰婚，言婿亲迎用昏，又恒以昏夜成礼也"。《说文解字》解释相同："娶妇以昏时。妇人阴也，故曰婚。婚，妇家也"。两性结合礼仪，为何以"昏"表示，东汉郑玄讲，"士娶妻之礼，以昏为期，因而名焉。必用昏者，阳往而阴来。日入三商为昏"。

传统文化的阴阳平衡理论无处不在，以性别而论，乾道成男，坤道成女，男属阳，女属阴。以昼夜而论，昼阳而夜阴。显然，一日当中阴阳两气都要经过渐起、极盛、渐落而相交转换。从天色明暗关系上讲，黄昏正好处于两者交换时段，"阳往而阴来"与新郎前往迎来新娘分别对应，赋予性别与天色属性一致意义。

以地支排序标识时辰之法，始于汉武帝太初改元。[①] 每时辰两小时，子时23至1点，丑时1至3点，寅时3至5点，卯时5至7点，辰时7至9点，巳时9至11点，午时11至13点，未时13至15点，申时15至17点，酉时17至19点，戌时19至21点，亥时21至23点。每一时辰又分初、正两段，各为一小时，譬如子初23到0点，子正0点到1点，余类推。

---

① 顾炎武《日知录》卷二十（黄汝成集释），上海古籍出版社2006年版。

更为古老的是十二时辰各有专称,自午夜起,两小时为一段排序:夜半、鸡鸣、平旦、日出、食时、隅中、日中、日昳、晡时、日入、黄昏、人定。①

黄昏处在一天中的第十一时辰,19 至 21 点。古诗词黄昏出现率极高,随手捃撷几例:韦庄《春愁》:落花寂寂黄昏雨,深院无人独倚门;林逋《山园小梅》:疏影横斜水清浅,暗香浮动月黄昏;朱淑真《秋夜牵情》:纤纤新月挂黄昏,人在幽闺欲断魂。三例诗句描述的黄昏情景非春即秋,一年四季,只有夏季黄昏天色比较明亮,其他三季,即使春末或是秋初的 19 点天色已暗,冬季则早已全黑。21 点以后的人定又称定昏、夤夜,大多数人已进入梦乡。

迎娶新娘时刻的"昏",并非固定在黄昏时分,要以迎娶当天太阳落山以后"三商"而定。古代计时十二时辰之外,一昼夜又细分一百刻。一商即一刻,时长 14.4 分钟。

结婚对一位普通人来说,可能成为一生中经历过的最风光的事,通常被称为小登科。众所周知,科举考试高中向来是个人及其家族与国家幸事。然而,科举并非人人皆能参与之事,不要说考取困难,就是能够读书也是寻常人的奢望。把洞房花烛夜与金榜题名时相提并论,可见社会对结婚重视的程度。昔日不论贫富,绝少夏日举办婚礼的,一般都在秋后的冬季。春季食物短缺,春耕渐忙,夏天暑热难耐,农事正盛,人无闲暇,虽食物丰富,然肉类等食材难于保鲜保质。同时,新婚夫妇难以里外三新盛装打扮。只有秋后进入了农闲,不但食物充足,而且婚礼主办人与参与者皆得空闲。这对于婚礼必摆宴席广邀亲朋的民族来说几乎是不二选择。

秋后黄昏三商天色完全黑暗,见不到太阳的余晖亮光。或许会

---

① 杜预《春秋左传集解》"昭公五年",上海人民出版社 1977 年版。

问，晚间迎娶必定增加开支，这在并非富裕时代，岂非自找麻烦？确实如此，不过，为节约而放弃观念认知，从不是先民的思维习惯。社会共识，一向把婚礼视作两姓结好，"上以事宗庙，而下以继后世"的大事。[1] 所以"敬慎重正"，丝毫不敢偏离规矩。观念根深蒂固，与家族未来幸福紧密相连，即使平添支出，换回新人日后生活安定发达，谁也不会不心甘情愿。

青年人的婚礼作为成家仪式，是责任互信宣言，上以承父母之欢，下以延续家族生命，因之，需要亲朋好友一道见证。同时也是展现家族实力、个人成功与炫耀或吸金的良机。

婚礼通用程序

历史上少年男女长到结婚年龄，由双方家长开始操办，不由亲戚好友辗转推荐介绍，就要请媒人撮合。虽然社会习惯把撮合姻缘的人笼统地都称作媒人，但是这里所说的媒人则专指那些以保媒拉纤为生的人。婚姻媒人是一种古老而专门的职业，类似今天的婚姻介绍所，只不过都是个体营业，并没有形成服务机构，尽管社会离不开媒人，通过媒人牵线，许许多多青年男女喜结良缘。可是，媒人的社会形象一向不佳，常常成为文学作品调侃或批评对象。这也不足为奇，凡是出于营利目的，在社会交换关系中奔走说合的人，为了促成业务，难免信口开河，夸大其词，生拉硬扯糊弄煽惑顾主。古往今来，社会生活中离不开放不下的行业，向来最容易产生服务质量问题。正是日常生活须臾不可离，所以备受社会关注，人们不

---

[1] 《礼记》"昏义"。

能原谅他们的过失与欺骗。

　　传统标准化婚礼程序自先秦至晚清历代沿用经久不衰。至今也没有完全消失，在农村保留的还要多些。《礼记》"昏义"与《仪礼》"士昏礼"所叙程序皆是纳采、问名、纳吉、纳征、请期与亲迎六礼。从议婚到迎娶过程，娶妻主体——新郎只在最后迎娶时才亲自出马。前五道程序都是由家长操持，属于筹办阶段。从男女两家婚姻谈判开始，到意见达成一致，分成几个阶段，每一阶段都要举行仪式，表示对协议结果的认可。

　　纳采，采择之意，表示选定；

　　问名，问所定聘的女子之名及其生母姓氏。唐孔颖达《春秋左传正义》讲"问女之名"，另一注经之作《礼记正义》又讲"问女之所生母之姓名"；北宋方悫《礼记集解》讲"问女生之母氏也"。在漫长的婚姻包办年代，两家联姻议婚，皆要由男方主动提出，即使个别的由女方先表达意向而得到男方同意的，也必须要走由男方行聘的程序。既然男方握有选择主动权，那么，事前必然对选定女方的家世、名望、政治、文化背景与资产等基本情况做足了功课，唯独对女方许聘之女的具体信息不明，因而，需通过问名了解。这对于求聘于多女家庭更突显重要性，通过问名而确定是哪一女。显然，问名问的必是许嫁之女始生三月之际其父所赐之名。可见，唐贾公彦《仪礼义疏》所讲"问女之姓氏，不问三月之名"之说是经不住推敲的。问名在纳采之后，男方既已采择选定，岂有不知女子姓氏之理？

　　许聘之女的生母信息也同样重要。"夫问女之名，将以归卜于庙，而必先询其母氏者，女子重所出母为良族，则女教必修，而妇道克顺也。"① 在一妻多妾时代，嫡出与庶出子女的权利存在显著差

————————————
① 黄本骥《三礼从今》卷一"昏礼"，清道光二十四年刻本。

别，无论男婚女嫁，生母的身份地位是影响彩礼、嫁妆的丰俭与迎娶排场的主要因素。此外，问定聘之女生母姓氏，还可以避免"骨肉还家"的尴尬。"骨肉还家"系指本家族嫁出之女所生之女又嫁回本族。文明史越是处于早期，人口越少，流动越差，聚族而居，家族之间婚媾谱系越清晰。因之，问生母姓氏能够按谱系一查即明是否为近亲。先秦社会，"姓"与"氏"是两个概念，"氏"晚出，系"姓"内的分支。秦以后，两者合一，统称为姓。这是人口增长、社会流动迁徙增强以及人口管理需要简明便于操作的结果。

传统联姻"亲上加亲"方式很为常见。家族同姓之外的亲属关系，以姑舅关系最近，其次两姨关系。姑舅、两姨子女之间若结为连理，俗称"中表婚"。清代法律曾严禁这种联姻方式。"若娶己之姑舅两姨姊妹者，虽无尊卑之分，尚有缌麻之服。杖八十，并离异。妇女归宗，财礼入官。"[①] 惩罚虽然严厉，却屡禁不止。最终在雍正八年（1730年）不得不解禁。尽管如此，但民间原本遵循的"舅母不做婆"婚俗禁忌一直保持，姑舅子女之间联姻，舅之女可嫁姑之子，俗称"侄女随姑"，反之，姑之女不嫁舅之子，若嫁即成"骨肉还家"，于婚姻前景不利，乃不祥之事。清代尤以旗人最为忌讳。

出嫁女之名，据王国维《女字说》考订为四字组合，如孟姬良母之类。孟为排序第一，姬为姓，良母为名字，西周春秋时代，贵族男女名字分别多带父、母。父指成年男性，母指成年女性。"女子之字曰某母，犹男子之字曰某父。"后世变化较大，东汉末魏晋十六国期间，社会动荡，人多成婚仓促，往往不再遵行复杂的六礼程序。隋唐以来六礼复行，但程序简化，将问名并入纳采，请期并入纳征。生辰八字流行以后，议婚互通儿女信息普遍采用庚帖形式；

---

① 《大清律例》卷十"户律婚姻"，乾隆五年武英殿刻本。

纳吉，将占卜得吉的结果通知女方；

纳征，向女方送聘礼；

请期，将迎娶日期通知女方并征得同意，随之广向亲朋发布消息；

亲迎，新郎亲自迎娶新娘。

明朝人结婚沿用六礼程序。洪武元年（1368 年）规定，男年十六，女年十四以上，始可嫁娶，禁止指腹、割衫襟为婚。男女家长即使相识，联姻也要聘请媒人。所谓"三媒六证"，男女双方的傧相与居间媒人构成三媒，六证则指从谈婚论嫁到迎娶，必须经过的六次正式仪式。

明代北京人的婚礼程序是这样的：

> 男女年命合婚（纳采、问名同时进行），得吉（纳吉）即往
> 相视，留一物示意，簪花、戒指、巾帕之类。次行小茶礼（纳
> 征），物止羹果，数用四或六，甚至十六，数随家丰俭。大茶礼
> （请期），别加衣服，勋戚富贵家金珠、玉石，有费百千者。娶
> 前一日，婿家以席一、雄鸡二，并杂物往女家催妆（送嫁妆）。①

迎娶当日，新郎亲往女家迎娶，初昏（晚七到八时），新妇车舆至门，新郎先入门，在大门内迎新妇入门，跨过马鞍（意味婚后生活平安）后，入新房，同时，遍撒五谷以及各种干果，称之"撒帐"。随后举行同牢拜堂礼。新郎盥于南洗，新妇从者执巾进水服侍；新妇盥于北洗，新郎从者执巾进水服侍。盥毕。一对新人朝南各就座。执事者各举食案放置面前，司尊者注酒，侍女置酒于案上，

---

① 沈榜《宛署杂记》卷十七，北京古籍出版社 1980 年版。

夫妇饮讫，彻盏；司馔者进馔，侍女供馔于案，夫妇馔讫，彻馔；再饮、馔如初。侍女以匜注酒进于前，夫妇各饮毕。赞者请夫妇站起，东西相向，赞拜：夫妇皆再拜。侍从引二人入室更换服装。[①] 其后进入庙见、盥馈等程序。

庙见与拜舅姑（公婆），在迎娶后的第二天，先谒宗庙，后拜见舅姑。舅姑面南分东西端坐于正堂上。新妇沐浴盛服上堂四拜，复分别至舅姑前受赠，旋下西阶分别对舅姑再行四拜礼。

盥馈，见过舅姑第二天婚后的第三天，举行家庭聚会，行盥馈礼，伺候公婆吃饭。俗称"做三朝"，又称"认大小"，遍拜新郎至亲分出各个人的辈分与称呼。

做单九与双九。婚后第九天称"单九"，第十八天为"双九"。新娘家亲属到婆家聚会瞧姑娘，事先通知男方家准备酒席，届时携带礼品前去。"双九"程序亦然。只要参与"瞧九"的亲属，从此就算认亲了，以后便可以交往。

回门，成婚一个月后，娘家接女儿女婿回家，逗留一个月左右。

清朝人结婚程序分议婚、定婚、结婚三个阶段。议婚相当于《仪礼》的纳采、问名；定婚分为小定与大定，小定相当于《仪礼》的纳吉，大定相当于纳征与请期。结婚相当于《仪礼》的亲迎，也就是迎娶。民国时期的婚姻法承认定婚，只要双方经过小定，婚姻即视为成立，如果有一方反悔，可诉诸法律解决。今天的婚姻法，不承认两个家庭或两人之间的定婚，即使广宴亲朋，郑重宣布，没有正式的法律登记文书，婚姻就不成立。中途出现了问题，不受法律保护。

---

① 俞汝楫《礼部志稿》卷二十，台湾商务印书馆 2008 年《文渊阁四库全书》影印本。

清代的议婚，首先在门第家世等基本条件相互认可的前提下，双方过户帖（又称门帖），大红纸上书结婚男女各自的祖宗三代，曾祖、祖父、父亲的籍贯、职官、功名等，如是旗人则注明旗分佐领而没有籍贯。随之过庚帖。庚帖就是临时制作的双方儿女出生日期的证书，上列年月日时四项，都用天干地支两个字相配，俗称生辰八字，由专操此业的人批算。一般男方先送至女家，女家经过合算如无疑义，再送女儿庚帖于男家，男家同样经过合算，也无疑问，议婚即告成功，儿女的婚姻就此确定。如果不合，则互退庚帖，各自另谋他路。批婚姻八字是昔日命相先生一项主要业务。即以八字中的生年两字来看，就有六合之说，子与丑合，寅与亥合，卯与戌合，辰与酉合，巳与申合，午与未合。世间之事总是好坏伴生的，相合必存在着相犯，既然赋予出生时间先验的幸福意义，就不可能只有幸福而没有灾难。合欢伴随着冲撞，又规定了子与未相犯，丑与午相犯，寅与巳相犯，卯与辰相犯，酉与戌相犯，申与亥相犯等六种相犯的组合。不言而喻，相合属于上等婚姻，相犯属于不选择之列，按照排列组合的计算，上等婚占婚姻人口的数量与议婚时遇到相犯的几率都是比较少的，大量存在的是不合也不犯的婚姻关系。即使男女生年相犯，只要两家愿意结亲，命相先生也能找到规避凶险的破解之法，让两家心安满意。凡是先验性的生活说辞，现实取舍从来都是通过诠释而决定的。

皇子、公主、宗室王公都要经过皇帝指婚。指婚代替了议婚程序，马上进入定婚与迎娶程序。清入关前，满俗婚礼古朴简约。入关后，接受传统的六礼程序的同时，也保留了满俗旧礼。

议婚成功后，进入定婚程序，分小定与大定两步骤。小定日，男家派全福人前往女方家送定礼。汉人重视戒指，家庭富足的还有坠子、镯子、圈子等首饰。放定当日，待嫁姑娘盘腿坐在炕上，全福人到来，从首饰盒中取出戒指，亲自戴到姑娘的手指上。戒指表示戒止行为之意，姑娘戴上婆家送来的信物，表明已有归宿，就要更加谨言慎行。旗人重如意，无论小定还是大定都送如意而非戒指。行聘当天，新娘也是端坐炕上，全福太太到来，进屋径直把如意放到姑娘怀里。其他礼物与汉人相差无几。

三镶如意

如意造型大同小异，一尺左右，扁窄一头弯曲形成回头。质料花色多样，诸如金如意、玉如意、三镶如意、木如意等等。世人多以象征吉祥解读如意寓意，尽管不错，却未一语中的，廓出如意的精妙寓意。人生在世谁不期望随时随地吉祥如意，吉祥如意作为祝语流行，恰恰折射出现实生活经常不如意的状态。人生设定个人目标而努力奋斗的现象比较常见，然而成功与否并不能全由自己把握，往往是岁月流失，殚精竭虑全力以赴而目标仍然可望而不可即，不免心生哀怨嗟讶自怜，甚至迁怒于世不能接受现实，转而走向平静生活。人生欲望是没有止境的，如不加以自我限制，一个目标幸获成功，还会有更多更高目标，生命过程变成拼命的竞跑，跌倒，碰壁，乃至粉身碎骨也不足为奇。

其实，如意属于警物，提醒人谨记人生不如意事更多更容易发生。为什么造型要制成一头平直一头弯回？我幼时不止一次听长辈讲解其中玄奥，至今记忆犹新，深感解读极其精当。如意从平头一端到中段，平坦无阻当然是顺畅如意了，由中段再向前行，仍以为畅行无阻，不想很快撞到弯头不得不止步。这是在警示世人，别总想着事事时时如意，越是期盼如意降临越容易碰撞不如意，惟有领悟接受不如意乃人生常事的人方能生活如意。晋羊祜说"天下不如意事十常七八"。后人犹觉不如意所占份额太小，而改成十常八九。

旧日只要放了小定，女家就不能再为此女另择他家议婚。不管出于什么原因，再另外择婿议婚，就犯了时代伦理大忌，招致社会谴责或诉诸法律在所难免。《红楼梦》第十五回"王熙凤弄权铁槛寺"，凤姐通过权力干预，拆散了张财主女儿金哥与长安守备公子的姻缘，由此发生金哥自杀的悲剧。金哥的父亲购买权力撕毁的就是小定协议。

小定过后，举行正式定婚仪式，通常在拟订迎娶日期的前一百天以内。最重要的就是要把聘礼送至女方家，同时与女方确定迎娶日期，随后通知亲朋，将传统的纳徵与请期合并为大定通讯礼。大定即民间常说的过礼。在定好的日子，男女双方各自邀请本家的亲朋出席。男方富足又好排场，必备仪仗执事前导，由全福太太代表男方前往女方家放大定。按惯例必备鹅、酒之外，礼物以抬论，最低两抬，以双数增加。必不可少的是什盒，宽一尺五，长三尺，每层深六寸共四层。内装龙凤婚书、过礼清单等。余者绸缎衣料、四季服装、金银首饰、合欢被褥、龙凤喜饼、猪羊整只或整腿、干鲜果品、鸡鸭红蛋等。显然，这些礼品除了食品属于女家以外，衣料、金银首饰等属于新娘，日后还要回到婆家。至于男方事先与女方达成的银两货币补偿协议的彩礼，虽登记在过礼清单中，却不公开展现，现金采用秘密交割方式完成。与亮嫁妆反差分明。

男方放大定为什么送鹅？这是延续古礼而做出的变通，《仪礼》讲的纳采问名程序皆要执雁前去。雁是候鸟，春分以后向北飞，秋分以后向南飞，一年四季固定时段南北往来，执雁前往表达盼来之意，彰显结亲诚意。在现实生活中，雁毕竟不是家禽，在空中飞翔，毫发无损的被捉到，不是一件轻而易举的事，况且受季节地域限制，秋后北方则难觅大雁。因之，用鹅替代比较省事。大定礼把迎娶日期、仪式确定。随之双方各自发帖请人出席婚礼。收到邀请的人，就要预备礼物了，尤其女方亲友一定要赶在送嫁妆之前，把礼物送至女方家，俗谓"添箱"。

迎娶的前一天或当日，女方家要将嫁妆送往婆家，这是娘家炫耀身份地位与财力的良机。嫁妆越丰厚，仪式越铺张，越可以提高巩固本家姑娘日后在婆家的地位。家庭财力构成嫁妆丰俭的前提条件，但不是所有具备财力条件的人家都愿意慷慨赠送。财力之外，家长的文化价值观与对人生的认识决定了嫁妆数量。譬如，晚清曾国藩家教甚严，日常生活要求儿女衣必常人之衣，食必常人之食。其幼女曾纪芬讲"文正手谕（立下）嫁女奁资不得逾二百金"的家训。① 二百两银子对于普通人来说不算是小数目。然而对于大学士总督之家，就显得寒酸了，曾国藩弟国荃出席侄女婚礼，对此家规执行深表怀疑，当时开箱验看，果然不过二百两，以为太过寒素不敷用度，另赠四百两助奁。

嫁妆亦以抬论。一份是六十四抬，谓之全堂，半份三十二抬，又称半堂。基本上一件物品就是一抬。譬如全堂家具，桌椅箱柜有多少件就是多少抬。搬运方式，小件物品绑在栏杆桌上，下穿木杠，二人一抬，大件物品不用栏杆桌，捆绑穿杠，四人或八人一抬。富贵讲究的可以达到几份数百抬。一般而论，上层之家嫁女的妆资大都远远超过彩礼价值。贫穷简单的送妆用单人背驮，俗称窝脖或扛肩的。送嫁妆队伍出发之前，通常要在大门外亮嫁妆，衣箱敞开以示充实，四季衣裳应有尽有。日常用品展示与搬运容易，而陪送不

---

① 曾纪芬《崇德老人自订年谱》同治五年（1866年）十月二十四日记。1933年刻本。

动产如住宅、耕地与商铺等，如何表示？若是住宅就在栏杆桌放上一块红绸缠绕的房瓦，耕地则放上红绸或红纸缠绕的土坯砖，买卖字号则放上红绸缠绕的复制牌匾。

一般来说，投入巨资用于嫁妆的事例比较少见。就是娘家有此实力，在家族同姓观念深厚年代，也不会轻易的便宜外人。嫁女舍得投资的家庭，大都存在着特殊原因。想来不外以下几种：一是子嗣乏艰后继无人，乐得做顺水人情；二是子不成才游手好闲难保家业，与其让偌大的家产眼睁睁地毁于败家子之手，倒不如赠与女儿一部分；三是转移财产，借名寄存，防备日后变故；四是爱女心切，提高女儿在婆家的地位；五是变相的赠与形式，改善婆家的经济状况，在身份等级标志比较明显的时代，某些拥有高级头衔的家庭并不见得就具备相应的经济实力。攀高枝向来攀的是权势与财富，但也不完全如此，对于那些财富不成问题而缺乏文化背景、政治背景的人家来说，攀的可能就是社会名望与地位，用儿女婚姻与金钱购买拓展社会关系，提升社会地位。

在女儿出嫁后就丧失了继承娘家遗产权力的时代，无论哪种原因促成的巨额陪嫁，皆可视为预先分配给了女儿部分遗产。

财产交割本应是两家秘密进行的事，露富一向是处世的大忌，为何非要在街面招摇，弄得路人尽知不可？检讨其因，除了炫耀心理发作与撑足女儿脸面等因素之外，更重要是在进行婚前财产公示。传统社会虽然承认陪嫁物权归新娘个人所有，但在女子不能自由离异时代，最终还是要用在夫家消费的。因之，新娘能否实际长期掌控这些财产就变得极其重要，铺张隆重的亮送嫁妆仪式铸就社会深刻印象，与嫁妆清单一道构成完整的婚前财产证据链。从而多少保证了陪送财产不被夫家巧取豪夺私吞挥霍。同时，也为日后娘家可能发生危机变故时，向女儿求助不至于难堪不好启齿，保留了实现机会与相应的财产支持。

　　送嫁妆之后紧接着迎娶。在迎娶时间上，旗人遵循《士昏礼》"以昏为期"，皆在晚间举行。虽也预备仪仗乐队，却是设而不作，并不敲打吹奏。仪仗执事以贴喜字牛角灯为主，隆重程度体现在使用数量上。官员不得超过六对，平民不得超过四对。牛角灯半透明近圆，围长二尺上下，用长约七尺一端弯出的红漆杆挑起。晚清限制松弛，贵胄豪富之家竞逐奢华，使用数量激增，从十六对直到三十二对。

　　旗人新娘上轿着装与汉人稍有不同，要穿婆家事先送来的旧棉袄，越旧越好，如果自家没有，也要向亲戚至交去借。当然，棉袄穿在夹层，外面仍是色彩鲜艳的罩褂。棉袄贴心保暖，"旧"音义皆与"久"通，越旧寓意越长久。足蹬蓝布鞋。据说是为了拦婆婆眼睛，期待婚后生活不被婆婆盯住挑错。旗人家庭做姑娘的比较自由，做儿媳妇的不但辛苦，还要谨言慎行以免婆婆刁难责罚。

　　旗人迎娶虽然也是坐轿，却只备一顶红呢大轿迎新娘，新郎与四或八位迎亲老爷一律骑马前往。汉人娶亲的轿子一红两绿共三顶。红轿用来接新娘，迎亲太太乘绿轿，空一轿接送亲太太，新郎簪红戴花，也是骑马。旗人迎亲的全福太太要先期乘车前往女家，与送亲太太一起为新娘上头，回程时乘车。结婚花轿可以用八抬，不受官员平常用轿只许四抬的限制。

　　迎娶新娘一定要赶在子初之前进门。倘若误了这一时刻，新郎与新娘行过合卺礼之后，就必须退出，要等到第二天晚上夫妇才可同房。如此新娘苦矣，习惯要求新娘在同房之前不能下地，只能待在炕上忍耐。所以旗人姑娘上轿之前，基本上不吃东西，也很少喝水，顶多吃上几个鸡蛋充饥。就是防备突发情况而引起个人难堪。同样，婆家也不想遭此尴尬局面，迎娶队伍向来是预判两家距离远近用时提前出发，以防万一。子初就是晚十一点，古人认为此刻一过，阳气始升，不利于夫妇阴阳平衡，因此不惜忍耐一天。

旧日婚礼没有男女两家亲朋聚到一起共同庆祝的。娶媳妇与聘姑娘是两码事，分开举行。女方亲属至交由女家招待，绝不可能都去男方家饮宴庆贺，甚至挑礼寻衅故意难为对方。

拜堂仪式在私密的寝室中举行，公婆并不出席，更无新婚夫妇携手会见来宾环节。迎娶当日，宾朋满座，男客由新郎之父招待，女客由新郎之母招待。宾客也不必等到新妇进门，随时可以告辞。毕竟婚礼主办人是新郎的父亲，发出邀请与接受祝贺的人是他而不是他的儿子。

娘家人到婆家吃酒，通常在迎娶的第三天以后，看到婆家门前挂彩的结果以后，方可实现。中国人贞洁观根深蒂固，尤为重视新婚女子是否是处女，新婚夫妇经过一夜生活，证实了贞洁，自然双方欢喜，开宴吃酒不在话下。否则将遭到婆家的羞辱，甚至将新娘休回。

清帝大婚仪

历史上皇帝结婚称作大婚。不是所有的成年皇帝都曾享受过大婚排场，只有未曾正式娶妻的儿童皇帝长大成人才能如此，那些在即位之前已经娶妻的，登极后只举行册封嫡妻为皇后仪式，而不是补办大婚典礼。清顺治、康熙、同治、光绪、宣统五位皇帝皆幼冲继位，成年之际都举行了大婚仪式。民国以后逊帝溥仪在小朝廷内举行了历史上最后一次大婚仪式。

皇帝大婚分纳采、大徵、册迎、合卺、朝见、庙见、颁诏、燕宴等程序。在此综合五位儿童皇帝中的前四位大婚流程要点，简略介绍其中纳采、大徵与册迎程序。

纳采礼：先期由钦天监选择吉日。吉日前一天遣官祭告天地、社稷与太庙。当日清晨在太和殿内正中陈节案，丹陛左右、阶下陈仪物。以礼部尚书一人充任纳采正使，内务府总管一人充任副使。两人在丹墀东侧肃立，鸣赞官发令，使臣三跪九拜后登东阶，立于丹陛上。宣制官传制，使臣跪听。制文"兹纳某氏某女为皇后，命卿等持节行纳采礼"。随后大学士入殿捧节出，授予正使。正使接过与副使起立，从中阶左面下到丹墀。执事官员将仪物置于彩亭之中。御用仪仗前导，校卫抬彩亭，侍卫牵马随行，浩浩荡荡出太和门中门前往皇后宅邸。临近皇后家，众人下马。

皇后父亲朝服跪在大门外右侧迎接，待使臣过后，随之进中门，升中阶进入正堂。正使将节陈于中案，与副使退于案东面西站立。满载仪物的彩亭在仪门外落地，内务府官员取出仪物陈于堂内左右案。马匹列于庭院左右。正使传制纳采，依次奉仪物授后父。后父跪受，行三跪九叩礼。正使奉节与副使回转复命。

在皇后家举行纳采宴，始于康熙四年（1665年）九月皇帝大婚。当日"设纳采燕于孝诚仁皇后邸。命公主三人，辅臣命妇三人往与燕；内大臣、侍卫、各旗民公以下武官二品以上，满汉文官侍郎以上，咸朝服与燕"。① 公主与命妇宴皇后母亲于内宅；内大臣等官员宴皇后父亲于外堂。宴席由光禄寺预备。

大徵礼：即纳徵礼又称纳币礼。仍在太和殿举行盛大仪式，遣使前往后父家传制，程序与纳采礼基本相同。

---

① 《钦定大清会典则例》（乾隆）卷六十四"礼部"婚礼一，台湾商务印书馆2008年《文渊阁四库全书》影印本。

大徵正副使率队到皇后家，将仪物陈于堂，赏赐皇后家的物品陈于阶上，驮马等陈于中阶下以南。传制一如纳采礼。后父受礼之后站起，至正堂中阶以下的东边率子弟向"节"行三跪九叩礼谢恩。随后出大门等候恭送使臣。后母率诸母出来，在中阶以下的西边向"节"行六肃三跪三叩礼毕，回转入内。正使持节与副使回宫复命。先期在大门外等候恭送使臣的后父率子弟跪送如初。

光绪大婚册迎图

册迎礼：包括册立皇后与奉迎入宫两项内容。大婚当日，帝御太和殿阅册封皇后的册、宝。传制官传制，奉迎正副使跪。宣制"皇帝钦奉皇太后懿旨，纳某氏为皇后。兹当吉月令辰，备物典册，命卿等以礼奉迎。"大学士授使臣节，礼部官员捧册、宝置于龙亭内。正使持节与副使前导，后册宝龙亭，再后仪驾冠服，内大臣与侍卫各十名扈从，出太和门中门前去册立奉迎皇后。皇帝大婚没有亲迎程序。

二品以上命妇十名穿戴朝服先期往交泰殿敬候。侍仪女官四名，赞引、宣读女官各二名，以及派往皇后家服务的太监均穿戴蟒袍（又称花衣）亦先期在皇后宅邸恭候。

皇后宅邸内堂正中设节案、香案各一张。左右设册宝案各二张。香案南设皇后拜位。

奉迎正副使到来，后父率子弟穿戴朝服迎于大门外。使臣进中门，升中阶，立于外堂的东边面西。册宝亭暂放在外堂左右。奉迎使不可能入内面见皇后，使命到此，交由女官与太监继续进行。内务府官员把冠服交与太监转于女官服侍皇后穿戴。彩舆陈于阶上正中，仪驾陈于阶下左右至大门内。导迎乐队在大门左右。

皇后父亲从西阶至外堂中门外跪，使臣传制后，正使将节，副使将册宝授与太监，由中门送入内堂。皇后礼服迎于中庭立于道右，后母率女眷具朝服跪，节与册宝过，众人随皇后入。太监将节与册宝陈于案上后退出，引礼女官引皇后在案南拜位，宣读女官面西站立宣读册宝文，读毕依次授与左面的女官，女官跪接转献皇后。皇后敬受，随即转给右面的女官，女官跪接转陈于案上的敞口的匣子中。皇后起立行六肃三跪三叩礼。礼毕，太监奉节出授与正使。已婚皇帝登极册立嫡福晋为皇后的仪式与此相同，也是在太和殿派遣正副使传制，到乾清门交与太监，然后由太监与临时委派的女官共同在皇后宫中举行。所不同的是大婚的册立在皇后家，随后入宫。

册立仪式结束，钦天监官员报吉时，皇后升辇，即平常所说的上轿。女官捧册宝放入龙亭，奉迎队伍出发。使臣先行，后父跪送。鼓乐队前导设而不作，其后仪仗、册宝龙亭、凤辇。出大门后，銮仪卫接请，太监步行左右扶舆。内大臣率侍卫在后乘马扈从。皇后父母跪送一如迎接礼仪。奉迎队伍由大清门中门入，到外金水桥，正副使与内大臣侍卫皆下马步行，皇后凤辇至午门时鸣钟鼓，仪驾停止。改由九凤曲盖前导，进午门、太和门中门，入中左门、后左门到乾清门。龙亭停止，正副使回转复命，内大臣与侍卫退去。礼部堂官率司官奉皇后册宝，由内务府总管大臣引导进乾清门至交泰殿陈设，随即退出。

皇后舆进乾清门到乾清宫阶下，太监奏请皇后下舆，先期在此等候的命妇敬迎入乾清宫，旋出后门，改乘孔雀轿往坤宁宫。皇后入坤宁宫。合卺吉时降，宫中设合卺宴。宫殿监督领侍（俗称太监大总管）奏请皇上穿戴礼服前往坤宁宫行合卺礼。

合卺礼后的第二天，帝后朝见太后。

第三天皇帝御太和殿，王公与朝廷官员集体上表庆贺，颁诏如制。皇帝御中宫，皇后行礼。皇后在自己宫中，接受嫔妃率命妇行礼。

随同奉迎使的女官，一般在宫女或内务府官员命妇中挑选，属于临时委派，并非宫中的正式职位名称。明朝宫廷设立正式女官机构与相应的职位，分尚宫局、尚仪局、尚服局、尚食局、尚寝局、尚功局与宫正司。洪武二十四年（1391年）创立。每一机构设置两名主官，享受正五品待遇。宫廷生活，皇帝由太监照顾起居，后妃则由宫官率宫女侍候起居。中叶以后，宫官局管理的大部分事务逐渐由内府监局接管，女官逐渐消亡。清宫不设女官，宫女归属太监机构管理。

从顺治八年（1651年）顺治大婚起，到光绪十五年（1889年）光绪大婚，四帝大婚的流程是一致的。其中只存在具体操作的微小差别。譬如顺治的册立奉迎礼，皇后彩舆入协和门至太和殿下轿。当日皇帝赐后父及男性亲属宴于太和殿；太后赐后母及女性亲属宴于保和殿。顺治也许是中国历史上唯一一位举行了两次登极仪式与两次大婚的皇帝。顺治八年八月初娶科尔沁卓礼克图亲王吴克善之女博尔济吉特氏，顺治十年（1653年）废黜，降为静妃。十一年（1654年）五月聘废后的侄女博尔济吉特氏为妃，六月，册立为皇后，举行大婚仪式。

纳采与大徵都必备礼物，与民间没有什么区别，只不过豪奢无比。现选清朝一前一后两位儿童皇帝顺治与光绪大婚的纳采与大徵仪物清单展示。

顺治八年（1651年）六月大婚纳采与大徵仪物清单：

纳采礼：马十四、玲珑鞍十副、甲胄十副、缎百匹、布二百匹、金茶筒一、银盆一。

大徵礼：金二百两、银万两、金茶筒一、金盆一、银桶一、银茶筒一、银盆一、缎千匹、布二千匹、马二十四、玲珑鞍二十副、驮甲二十副、常等甲三十副。

赐后父母：金百两、银五千两、缎五百匹、布千匹、金茶筒一、银桶一、银盆一、上等镀金玲珑鞍二副、常等玲珑鞍二副、漆鞍二副、马六匹、夏朝衣各一袭、夏衣各一袭、冬朝衣各一袭、冬衣各一袭、貂裘各一领、上等玲珑带一、刀一、撒袋一副、弓矢全甲胄一副。[①]（金茶筒银茶筒又称金茶器银茶器。并非装茶叶的器具，而是斟奶茶筒状器）。

光绪四岁登极，十八岁大婚，从光绪十四年（1888年）十月初五日选定皇后起，到十五年（1889年）正月二十七日奉迎皇后入宫，历时将近四个月。内务府郎中庆宽图绘的《大婚典礼全图册》，记录了大婚历程。这是清朝大婚礼最完整的图像资料。

光绪十四年（1888年）十月初五日，光绪从五位留牌秀女中选定了慈禧弟副都统桂祥女儿叶赫那拉氏为皇后。当日下午，送之回府。自此，中国历史上最后一次真正意义上的大婚拉开序幕。桂祥

---

① 《清世祖实录》顺治八年六月癸亥条。中华书局1986年影印本。

家在北京东城方家（芳嘉）园胡同。皇后回家，便独居一院，与家人隔绝，起居由宫中派来的太监与宫女照看。

十一月初二日中午行纳采礼。

　　仪物清单：鞍辔毕具的文马四匹。甲胄十副，缎百匹，布二百匹，分装十六座龙亭内。文马者"马之毛色自有文彩，重其难得"。[1]

　　赐皇后母亲：饽饽桌二十张，酒宴桌二十席。羊二十只，酒二十瓶。[2]

十二月初四日中午行大徵礼。

　　仪物清单：黄金二百两，银万两，金茶器一具，银茶器二具，银盆二具，缎千匹，鞍辔毕具的文马二十匹，闲马四十匹，驮甲二十副。物品分装七十四座龙亭中。

　　赐物清单：黄金百两，银五千两，银茶器一具，银盆一具，缎五百匹，布千匹，鞍辔毕具的文马六匹，甲胄一副，弓一张，矢一箙，冬夏两季朝服各二袭、衣各两称，貂裘各一领，上等玲珑带一束。

　　赐皇后之弟：缎四十匹，布百匹，马两匹，鞍辔两副。赐各从人银四百两。[3]

---

① 丘光庭《兼明书》卷三，中华书局 1985 年版。
② 《光绪皇帝大婚红档》卷四十五，转引《故宫博物院刊》2009 年第一期，徐瑞苹《光绪大婚全纪录》。
③ 《光绪皇帝大婚红档》卷四十五。

物品分仪物与赐物两类，前者送给即将入宫的皇后，将在奉迎时一起抬回皇宫；后者赐予皇后的父母与家人，这才是真正意义上的财礼，归皇后家所有。仪物与赐物在运输时，以龙亭与彩亭区分。前者装仪物，后者装赐物。

仪物中的金银衣料器物等，在皇后家展示后，交由总管太监接收，待进妆奁时，按类分装于箱，作为妆奁抬回宫中，物权归属皇后个人。而马匹、鞍辔、甲胄等属于道具，仪式结束后，撤出交由提供的衙门领回。

比较两帝的仪物清单，光绪比顺治的纳彩礼，马少六匹，无金茶筒与银盆，但增加了赐皇后母亲的饽饽桌与羊、酒。大徵仪物与赐物，银两两帝一致。其他主要物品基本相同。数量与种类各有增减。

与民间不同，皇后家不必置办嫁妆，自皇后选定之日起，所有的大婚用品器物都由宫廷提供。光绪十五年（1889 年）正月二十四、二十五日两天，皇后家恭进妆奁两百抬。每天一百抬，早五时到七时，由方家园进东华门搬运到钟粹宫，由本宫首领太监接收。妆奁无所不包，绸缎成衣、冠履靴鞋、珠宝首饰、陈设清供、瓷器木器、钟表、穿衣镜等难以尽数。虽称"恭进"，实际上是皇家自办的，只不过走了一个从宫中抬到皇后家，再抬回皇宫的过场而已。相比之下光绪的婚礼要俭朴得多，同治大婚的妆奁六百抬，运了六天。

光绪十五年（1889 年）正月二十六日，派大学士额勒和布为正使、礼部尚书奎润为副使，册迎皇后叶赫那拉氏入宫。二十七日凌晨，皇后身着双喜地龙凤棉袍，盖头上顶，手执苹果、金双喜如意升凤舆。正使持节与副使出，乘马先行。皇后母率女眷凤舆前跪送；皇后父率男性家人大门外跪送。銮仪卫校尉抬凤舆，太监左右扶舆，侍卫提凤头提炉引导，内大臣、侍卫在后乘骑扈从。时值深夜，随行提宫灯者甚多，沿途亦悬挂灯笼照明。

凤舆由大清门、天安门入宫到乾清门，正副使与内大臣等完成使命退出。寅时（三到五时），皇后在乾清宫阶下出凤舆，命妇接过皇后手中的苹果与金如意，换上内装珍宝、钱币的宝瓶。皇后怀抱宝瓶，进乾清宫，跨越火盆，即出后门，改乘孔雀顶轿，前往坤宁宫。坤宁宫门槛上安放马鞍，鞍下置两个苹果，意求平平安安。皇后跨过进入东暖阁洞房，坐帐。酉刻（晚五时到七时），光绪驾临，行合卺礼。至此大婚程序最重要环节结束。

皇后迎入宫后，绝无民间几日回门之说，从此也再无回家省亲的可能。非但皇后，所有嫔妃都是如此。如果后妃父母年老，经过皇帝恩准，每隔几个月或一年，允许亲生父母入宫探视一次。随行女眷、侍女则不许入内。

一位皇帝一生不见得只有一位皇后，在位时，皇后死亡或废黜，就产生了下一位。皇后缺位也不见得都迅速选补，有的就一直空缺下去直至皇帝过世。皇帝虽妃嫔成群，但皇后母仪天下，统摄六宫为皇帝管理家务的威权，是任何妃嫔无法企及的。帝后礼制上匹敌，互敬如宾，垂范社会，引导男耕女织的核心家庭的生活和谐。皇后独尊，绝无两位以上皇后并存的可能。历史上，少数民族所建皇朝中，曾出现过多位皇后并存现象。然而，只有正宫才拥有统摄六宫之权，其余的虽谓皇后，实质上仍是妃嫔而已。

永乐迁都北京，宫廷中轴线上的宫殿分外朝与内廷两组，外朝三大殿，内廷两宫一殿。内廷正门乾清门，由此向北依次是乾清宫、交泰殿、坤宁宫、坤宁门。乾天坤地，乾男坤女，皇帝住乾清宫，皇后住坤宁宫。两宫之间的交泰殿，出自《周易》泰卦"天地交，泰"。可见宫门、宫殿命名，昭示帝王对家庭生活和谐的期待。清朝继承了明宫文化遗产，后宫制度更加规范严密。

清朝十二帝，共产生二十九位皇后，不管是否经过大婚，嫡妻为后最为名正言顺，其次是继立为后的，再次是母以子贵由太后而皇后的。嫡妻为后有的也是追认的，譬如，咸丰帝继位前，已于道光二十八年（1848 年）娶萨克达氏为嫡福晋，第二年福晋过世，第三年，咸丰登极后追封其为皇后。

　　继立为后的亦风光尊荣，如嘉庆二年（1797 年）二月皇后喜塔腊氏病逝，嘉庆六年（1801 年）正月册立皇贵妃钮祜禄氏为皇后。

　　母以子贵的皇后，虽然在史籍中也用某帝某后尊称，如顺治生母孝庄文皇后、雍正生母孝恭仁皇后，同治生母孝钦显皇后。然而，她们在皇帝生前，只是嫔妃从未做过皇后，也未享受过相应的尊严与权力。只因各自亲生儿子继承了皇位，被尊为皇太后而成为皇后，由此改变了宗庙与陵墓的名号。晚清同治八岁继位，两宫太后并立，慈安本是皇后，按例尊为太后顺理成章，慈禧原为贵妃，因是皇帝生母亦尊为太后，从此拉开两宫同治局面。慈安太后钮祜禄氏也非咸丰原配，咸丰二年（1852 年）二月由"选秀女"入宫，诏封贞嫔，十月，由贞贵妃册立为皇后。

　　清十二帝中，以康熙、乾隆的嫔妃众多。康熙四位皇后，加上嫔妃共五十五位。乾隆三位皇后，加上嫔妃共五十二位。不过这分别是两帝一生各自拥有的女人最终统计数字，而非实际生活中的即时常态。这是嫔妃不断死亡不断补充的结果。在宫廷现实生活中，嫔妃数量一般在几位到十几位。

　　康熙第一位皇后赫舍里氏，康熙四年（1665 年）九月大婚正式迎娶，十三年（1674 年）生废太子允礽难产过世，史称孝诚仁皇后。第二位皇后钮祜禄氏，十六年（1677 年）八月由妃册立晋升，第二年二月过世，史称孝昭仁皇后。第三位皇后佟氏，二十八年（1689 年）七月由皇贵妃册立晋升，第二天过世，史称孝懿仁皇后。此后到康熙生命终结的三十三年中，没再册立皇后。第四位皇后乌雅氏，雍正生母，宫位德妃，雍正继位尊为太后，雍正元年（1723 年）五月过世，史称孝恭仁皇后。

乾隆第一位皇后富察氏，乾隆为皇子时的嫡福晋，雍正五年（1727 年）迎娶，继位后，乾隆二年（1737 年）十二月册立为皇后，十三年（1748 年）三月随驾东巡，在德州过世，史称孝贤纯皇后。第二位皇后乌拉纳喇氏，十五年（1750 年）八月由娴皇贵妃册立晋升，三十年（1765 年）随驾南巡，闰二月在杭州自行剪发触怒皇上，被送回北京，从此待遇降低，打入冷宫，第二年七月过世，以皇贵妃礼安葬，史称高宗追降皇后，未得到相应谥号。第三位皇后嘉庆生母魏佳氏，乾隆四十年（1775 年）正月过世，宫位令皇贵妃。乾隆六十年（1795 年）九月，因即将举行禅位典礼，特册赠已过世二十年的魏佳氏为孝仪皇后。与圣祖孝恭皇后不同，魏佳氏虽然没能看到儿子登上皇位，可是皇后名义却是出自乾隆本人意愿。

选淑女与选秀女

明代宫廷补充嫔妃宫女采取公开社会招募方式。清代延续这一传统。不过，称法改变，明称选淑女，清称选秀女。同时在主持衙门与选取对象等诸多方面也存在显著差别。

明朝淑女选自民间，事前并不区分淑女入宫去向，而是先统一招进再分流，或为后妃，或为王妃，或为宫官，或为宫女。遴选程序复杂，标准从严，中选率甚低。选区通常划定在京师五城与宛平、大兴两县之内。每次名额多在三百人上下。如符合标准的人数不足，则扩大到顺天府州县。出京挑选则属于特例。

礼部与内府共同办理选淑女事务，选取流程大致分三个阶段，先在宛平、大兴两县张榜报名进行初选；再由御史复选；最后由钦差内夫人、女官与司礼监官在诸王馆（地处今王府井东安市场）终选。淑女一旦中选，其家即可获得优免权利。因此，每逢选淑女公告一出，人潮涌动，民间多乐奔其事。即使入宫不能侥幸成为后妃王妃，退而谋得女官职位也是众人期盼的幸事，宫官任职期间，年俸比照相同品级的朝廷官员标准发给其家人。

淑女入宫年龄一般在八至十六岁，个别的岁数更小，如宪宗万贵妃入宫时仅四岁，世宗裕妃张氏入宫时七岁。选淑女不是每年都举行，要看宫廷需要与皇帝个性。女性入宫服务不同于太监能够终生服役，流动性高于太监，如果不能幸运地成为嫔妃，至晚到三十岁，不宜再拖延的婚嫁年龄，就要放出，听其自嫁。宫女放出不是严格按照个人年龄与服务年限，随时离宫的，而是采取集中收放方式，即放出一批，同时收入补充一批。因而那些入宫年龄偏大的人的怨恨可能就强烈些。每逢放出之际，宫廷还允许到达年限而不想出宫的志愿者留下，终老于此或五十岁以后回家。明代妇女普遍缠足，淑女入宫，为了役使奔走方便皆放足。宫女大多是改造脚。

在宫廷生活中，皇帝有权将碰见并产生兴趣的宫女收为己有。然而对绝大多数宫女来说，这样的机会微乎其微，不幸总是伴随着她们。宫中索然无味的生活，辜负了青春岁月，在小心翼翼的服侍过程中，偶有差错，就会招致横祸。嘉靖一次就曾笞死宫女二百余人。

宫女亡故，敛以朱棺，送阜成门外静乐堂火化。宫女死后不土葬，与其无家庭子女有关。在一个讲究血缘孝道的国度里，入土为安的死者坟墓需要其后代祭扫管理，否则立即就会变成荒冢。民间一向视未出嫁女性的坟墓为孤魂野鬼。

永乐以后，后妃、皇子、诸王妃也是通过选淑女形式实现婚姻的。如赶上宫廷集中补充宫女，则一并办理。否则，专门张榜招选，但名义仍是选淑女，不会公开选取目的，择优程序与选淑女毫无二致，只不过更为苛刻罢了。至于究竟谁能从众多报名者脱颖而出，还要看皇上需求与审美标准以及操办人的立场眼光。幸被选中也不见得就无忧无虑一帆风顺。假如不能长久地承欢龙颜，固宠不衰，青春生活的一切快乐与需求，都将被古板、狭隘封闭的天地窒息，真的是"红颜未老恩先断，斜倚薰笼坐到明"。如果再不能生育，那么待皇上过世，命运更为悲惨。明初残酷的殉葬制度让她们随先皇于地下。成祖身后殉葬宫人三十几人，这一令人发指的反人道行为，至英宗时方被废除。

清朝遴选少女入宫改称选秀女，同时放弃了民间招募，秀女全部来自八旗家庭。并且按选取目的分成户部主持的选八旗秀女与内务府主持的内务府包衣三旗选秀女（宫女）两种形式。

户部主持的选八旗秀女，三年一次，选取对象是八旗文武官员兵丁十三岁以上的女儿，《钦定会典则例》阅选秀女相关记述意简言赅，不妨剪辑于此：

> 顺治年间定，八旗满洲、蒙古、汉军官员、正户军士、闲散壮丁秀女每三年一次，由户部行文八旗二十四都统、直防及外任旗员，将应阅女子年岁由参领、佐领、骁骑校、领催及族长逐一具结呈报都统汇咨户部。户部奏准日期，行文到旗，各具清册委参领、佐领、骁骑校、领催、族长及本人父母或亲伯叔父母、兄弟、兄弟之妻送至神武门依次序列，候户部交内监引阅。有记名者再行选阅。不记名者听本家自行聘嫁。如有事

故不及与选者，下次补行送阅。未经阅看之女子及记名女子私相聘嫁者，自都统、参领、佐领及本人父母、族长皆分别议处。有残疾不堪入选者，由族长、领催、骁骑校、佐领具结呈报都统，声明缘由咨户部奏闻。①

选看范围最初几乎涵盖八旗所有家庭，随着历史演进，八旗人口日繁，选看范围逐渐收缩，因此，每逢挑选之年，都要发布上谕划定范围。例如乾隆八年（1743年），因"外任旗员之女送京阅看，路途遥远，不免往返跋涉之劳"，而停止驻防各省八旗中下级官员送女进京选秀。十一年（1746年）进一步收缩范围，除各省将军、都统、副都统仍须送女进京阅看外，其他协领等官之女则不必送女入京参选。

清朝姐妹、姑侄同为嫔妃的现象比较常见。嘉庆五年（1800年）十一月特别施恩，准许嫔以上的亲妹妹不必参选。起初公主女儿也要备选秀女，朝廷没有特别做出禁选规定，概因清初公主大都嫁给蒙古王公到草原生活，所以政策缺失问题不明显，乾隆以后公主嫁给八旗贵胄留京生活的渐多，每遇选秀女时，公主女儿按例也要参选。嘉庆六年（1801年）三月废止公主之女参选秀女的做法。

八旗选秀范围，最终还要看每次选前的谕旨，才能确定，历史趋势是范围越来越小，门第越来越高。嘉庆十八年（1813年）二月上谕内阁：

从前挑选八旗女子，官员兵丁闲散之女，均经一体挑选。自嘉庆十一年（1806年）曾降旨，令将汉军自笔帖式、骁骑校

---

① 《钦定大清会典则例》（乾隆）卷一百七十二"八旗都统二"。

以上之女备选。现在八旗满洲、蒙古应行挑选女子，人数渐多，下届挑选时，除八旗满洲、蒙古自护军、领催以上女子照旧备选外，其各项拜唐阿、马甲以下女子，著不必备选。①

拜唐阿系满语，意为"执事人"。②泛指"有用的、听差人，听用人"。②凡无品级的办事员均可称拜唐阿。马甲，八旗骁骑营骑兵。"满洲、蒙古每佐领下马甲二十人，汉军每佐领下马甲四十二人。"③光绪三十二年（1906年）最后一次选看秀女划定在八旗文职五品、武职四品以上之女。

每到选秀之期，户部奉旨，行文八旗都统衙门。八旗都统衙门汇总八旗入选的适龄女子名册，送户部上呈皇上决定选看日期。驻防八旗秀女提前入京。选看前一天日落时分，秀女坐悬双灯骡车，上标"某旗某佐领某人之女"。按事先编排的顺序鱼贯进地安门，到神武门外等候，次日清晨神武门开启，秀女由太监引导，入顺贞门。

御花园、体元殿、静怡轩等处，皆曾做选看秀女之所。通常一天只看两旗，秀女必须着旗装，各持一绿头牌上书某氏某女，五六人一班，分批引领上前，由皇上或太后选看。如果其中有嫔以上的妹妹、亲侄女或亲外甥女，则另排一班，先行选看。凡入选者则留下名牌，称为留牌子。未入选者退回名牌，称为撂牌子，回家自行婚配。

留牌秀女又称记名秀女，记名期为五年，五年之内听命择期复选，复选不中，亦称撂牌子。秀女记名期间，三品以下官员之女每月赏银一两。五年之内复选不中者，停发每月赏银，自行婚配。

---

① 《清仁宗实录》嘉庆十八年二月辛丑条，中华书局 1986 年版。
② 志宽、培宽《清文总汇》卷四，荆州驻防翻译总学（1897 年）刻本。
③ 魏源《圣武记》卷十一，中华书局 1984 年版。

如记名超过五年落选者，赏银二十两。复选留下的秀女，若要成为皇帝女人还需"复看"合格，最终留宿宫中查验，如不符合标准，仍退回，亦称撂牌子。凡秀女应选一律发放车、饭补助，由户部支出。

无论明朝的选淑女还是清朝的选秀女，决非当代意义上的选美，以相貌端庄、举止稳重、口齿清楚为入选主要条件。而美丽出众妖冶迷人反倒是入宫障碍。况且实足年龄仅十二岁上下的女孩日后出息到何等程度还是个未知数。

每次选秀，凡是划定范围内的官员女儿，到了十三岁都要登记备选，未经过选看，父母不能私自为女儿订婚。只有落选，才可以自行谈婚论嫁，否则治以重罪。

秀女入选者或为嫔妃、庶妃，或为皇子、皇孙与近支宗室拴婚，或为宗室王公指婚。

何谓近支，系指与在位皇帝同为一爷之孙的宗室及其后代。道光二年（1822 年）正月上谕解释得甚为清楚：

> 从前皇祖高宗纯皇帝，每次挑选八旗秀女，皆指配与圣祖仁皇帝派衍近支宗室；皇考仁宗睿皇帝，每次挑选八旗秀女，皆指配与世宗宪皇帝派衍近支宗室；今朕挑选秀女，自应遵照此例，按代指配与高宗纯皇帝派衍近支宗室。著交钦派之王等，嗣后呈进宗室等名单时，著将高宗纯皇帝派衍近支宗室名单呈进。候朕将挑选之秀女，量为指配。著为令。[1]

八旗人家对入选秀女并不像明朝人那样热衷，可能是由于选取

---

[1]《清宣宗实录》道光二年正月壬子条，中华书局 1986 年版。

范围限定在官员之家，家境都比较宽裕，没有通过女儿入宫改善家境的迫切需要，所以，往往许多家庭以选不上为幸事。

内务府主持的选秀女，俗称选宫女子，一年一次，目的是为宫廷补充年轻女仆。乾隆年间宫廷使用的宫女"常态是三百人，最多时为三百五十九人。"[1] 内务府镶黄、正黄、正白三旗包衣佐领都是皇帝家奴，世代为仆，所以生育女孩长大成人，入宫服役被视为天经地义。顺治十八年（1661年）规定："凡内务府佐领下管领下女子，年至十三，该佐领内管造册送会计司呈堂汇奏，交总管太监请旨引阅。"[2] 皇上钦定日期，由宫殿监等处太监带领御览决定，流程与八旗秀女基本一致。乾隆以前大抵是按三旗的佐领、管领次序，六人为一排。嘉庆十八年（1813年）改为按旗分与门第高低排序。应选宫女的饭食与车费由内务府广储司支出。

后宫虽然配备了大量太监，但后妃日常起居还是需要宫女贴身服侍的。太后用十二名，皇后十名，皇贵妃、贵妃皆八名，妃、嫔皆六名，贵人四名，常在三名，答应二名。

不可否认，宫女子进宫后，存在成为嫔妃的机会，机缘巧合被皇上看中而改变身份也非不可能，只不过概率极小。宫女大约在宫中服务十年上下，到二十五岁时放归，一旦出宫，再不能进宫，也禁止到宫门给曾经伺候的后妃请安。

宫女服役期间，未经本宫主位使令不得乱走，宫女之间不许闲谈，更不许嬉笑喧哗；不许与太监认作亲戚。宫女路遇太监，太监让宫女先行，不许并行或争路。

---

[1] 鞠德源《清朝皇族的多妻制度与人口问题》，《满学研究》第一辑，吉林文史出版社1992年版。
[2] 《清会典事例》卷一千二百零八"内务府"。

晚膳牌的召幸制

皇帝嫔妃成群，但也不是随心所欲，想置多少就可以安排多少的。在宫廷生活规范化方面，清朝做得比较成功。制度规定：皇后综理宫廷内务，以下置皇贵妃一人，贵妃二人，妃四人，嫔六人，辅佐皇后。再有贵人、常在、答应三级皆无定额。妃以上要经过内阁拟号钦定正式册封。同时设定了最高限额，可以空缺，一般不超出。满额共计十四人，分居东西六宫，已经做不到一人独占一宫。自乾隆朝贵人始有赐号，以下常在、答应无赐号，史书通常记为"庶妃"。后三等跟随嫔妃分宫居住。

清帝与嫔妃共同生活基本上是召幸制，一般不会到嫔妃宫里留宿，通过翻名牌选择当日留宿的嫔妃。这就是与召见官员的早膳牌对应的晚膳牌。显然，与早膳牌不同，不可能再分起，一次只能选中一人。除斋戒、忌辰等特殊原因之外，嫔妃每天在晚膳前齐集皇帝住所递绿头牌即绿头签。若在宫中，则齐集养心殿边上的燕喜堂递牌子，牌子上书写个人封号，由太监捧入，皇上翻到谁，谁就留下，其他人就各回各宫休息了。皇后身份与众不同，在皇帝宫中拥有长期固定的宫殿，不参加递牌。如果皇上当天留下另外一位女人，皇后就要回到自己的宫中休息而不必在此守候。

自从影视媒体技术发达以后，昔日文字猜想描写的宫廷生活细节，完全可以做到剧像化，把原来极其隐秘的私人生活空间放到千百万人面前，成为茶余饭后的消遣话题。嫔妃是否像某些清装剧编演的那样，被脱光衣服裹上大氅直接送到皇帝床上？这本不是当代人的创意，晚清民国初年许多笔记小说就是这样描写的。只不过，今人搬来作为依据而创作了动态画面，因此传播力激增，深入人心。

说来也不奇怪，古往今来，凡是隐秘生活向来容易激发想象力超常发挥，尤其帝王后宫秘史一向是壁垒森严严禁外传的。然而，宫廷越是千方百计地保密，越激发外界的探知兴趣，帝王与后宫女人情感纠葛与生活细节，从来是社会传闻谈资的卖点。古人也乐此不疲，留下数不清的故事。历史远去，昨日的杜撰猜测传闻顺理成章地成为今人文学影视创作的根据。其实，百余年前关于清代皇帝后宫生活的笔记小说，大都出自道听途说与猜想创意，经不住推敲的。古人同样会自以为是信口开河，同样要创作演义，同样愿意把传闻整理记录下来传世。传闻、创作与谎言等一旦被记录下来，若不能证其伪，那么就是真的。即使读书休闲对相关故事内容产生疑问，谁有工夫精力去辨别，毕竟这是古人的事，与现实生活没有丝毫利害冲突。

　　不过，值得注意的是，凡涉及清朝后宫生活细节的笔记小说的作者没有一位拥有宫内服务的经历，相反，民国以后太监出宫撰写或口述宫廷生活的史料，没有一处能证实笔记小说关于嫔妃裸体送入皇帝床上说法的存在。笔记小说的传闻有违传统伦理礼教，不管皇帝与嫔妃之间的地位多么悬殊，也不能把女人当成纯粹的性欲与生育机器。果真如此，不仅是对嫔妃人格的彻底侮辱，同时，对皇帝本人与皇朝礼教仁义也是莫大的笑话。

　　有人把民间演义的雍正死于女杀手的传说，移来作为此说的根据：之所以选择嫔妃裸体包裹上床，是出于保障皇帝的绝对安全，彻底防范嫔妃携带利器进行谋杀。但宫外女子企图混入皇宫成为嫔妃，通过上述选秀女程序来看，简直就是天方夜谭，只能想象而难于操作成功。宫内帝妃之间可能会产生仇恨，然而到了嫔妃非要行刺的地步，皇帝也够失败的，宫廷服务系统也够无能的。

　　明嘉靖二十一年（1542 年）十月，曾发生过一次宫婢之变，嘉靖宿端妃曹氏宫中，宫婢杨金英等十几人结成小集团，趁其熟睡之机，用丝带系其脖颈，不想慌乱之中结成死扣，不能拉紧。慌乱中，其中一人张金莲反水，奔告方皇后。皇后赶来救下皇上。结果可想而知，十六名宫女与首谋宁嫔王氏以及端妃曹氏皆被处死。这是明清两朝唯一一次宫廷女性谋害皇帝事件，行凶者是宫女，并非嫔妃，更不是一个人完成的。

揆诸常理，不管是否自愿，选秀入宫成为皇帝的女人后，心思大都会放在邀宠生育与晋升上。当然也不可否认有的人抵触、厌恶、敌视皇帝，甚至萌生杀机，只不过概率微乎其微。因此，宫廷保安措施也不能仅为了防范可能存在的极小概率的犯罪，而牺牲皇朝伦理原则与人类最起码的人格尊重。假如从皇帝日常生活小天地的安全上讲，周围服侍的人都具备对皇帝产生不利可能的相应便利条件，相形之下，嫔妃无论阅历、胆量、体力，还是活动范围等方面，都远不如太监与侍卫。太监与侍卫尚可按部就班当值服务，怎么到了嫔妃非要搞出特殊的防范花样不可，实在令人不可思议。姑妄言之，姑妄听之吧。

皇帝有时也会到嫔妃宫中休息。皇帝到来时，本宫居住的嫔妃及全体人员，齐集宫门外站立迎接，待皇帝进入后随行。皇帝回转时，送出宫门外。皇后到嫔妃宫中，享受与皇帝同样的礼遇。

清朝皇子与宗室王公婚礼

清代皇子长到十五岁，由宗人府奏请封爵与选婚。封爵不一定获准，但结婚势在必行。皇子拴婚由皇帝指定，故称"指婚"，绝无民间的议婚程序。大都在入选秀女中指定福晋。福晋是满语音译，夫人之意。福读作夫。

福晋指定后,内务府行文钦天监选取吉日向福晋父宣旨。届时,福晋父蟒服到乾清门东阶下面北跪,礼官面西站立宣读"有旨:今以某氏女作配与皇子某为福晋。"福晋父承旨,三跪九叩后退出。

随后分别择吉日,顺序举行文定礼、纳彩礼与奉迎礼。

文定礼,即《仪礼》士昏六礼中的"纳吉",民间称小定或小聘。皇子由内大臣、散秩大臣与侍卫等人护送至福晋家门前,福晋父蟒袍率家人在大门外跪迎。皇子入门升堂三拜,福晋父答拜,再以同样的礼节拜见福晋母。拜毕辞出,福晋父出大门跪送。与皇族联姻,在可能获得利益的同时,必然付出礼仪代价,不能足额享受岳父岳母的尊严与排场。

纳采礼,亦称纳币礼,即《仪礼》士昏六礼中的"纳徵",民间谓之大定或大聘。皇家彩礼非同一般,分为仪物与赐物两类。仪物赐给福晋本人,如衔珍珠的大小金簪、衔东珠的金领约与缎匹、棉花、貂皮、獭皮、狐狸皮等。赐物赐给福晋家,这才是真正意义上的彩礼。标配的彩礼包括:赐福晋父,黄金十两,白银七百两,狐皮朝衣一件,薰貂帽一顶,金带佩饰,鞍马一匹。赐福晋母,珍珠金耳饰三对,狐肷(狐狸胸腹部皮毛)袍一件,獭皮六张。分装于彩亭,由内务府大臣与宫殿监督领侍(俗称太监大总管)担任特使率领执事人等前去。福晋父朝服迎于大门外,仪物陈于正堂,赐物陈于阶上,马陈于阶前中道。接礼后,福晋父率子弟在正堂中阶下以东望宫阙方向行三跪九叩礼。随之,福晋母率女眷出中庭,在阶西望宫阙方向行六肃三跪三拜礼。

福晋家张宴庆祝。宴品饽饽五十桌与羊三十六只由内务府提供。出席纳采宴的有宗室、觉罗、满洲世爵二品以上官员与侍卫,以及宗人府、八旗二品以上命妇。中午时分升堂就座,福晋父率男性亲族与本旗官员、侍卫坐外堂东面西，来宾坐西面东。宴会由奉茶、奉果食、奉酒、奉馔、酌酒等程序组成，中间伴随音乐助兴。宴会结束，众官一同在阶下望宫阙方向行三跪九叩礼。福晋母率女性亲眷与命妇来宾宴于内堂，程序礼仪与外堂一致。

奉迎礼，迎新妇入宫。婚前一日，福晋家送妆奁到皇子宫，妆奁主要是先期赐给福晋的仪物。当日清晨，皇子蟒袍补服，到皇太后、皇帝、皇后前行礼。若生母为妃嫔，也要前去行礼。随后前往福晋家，行迎娶礼，旋回宫等候与福晋行合卺礼。[①] 奉迎仪仗则提前在夜间出发，由内务府总管一人率属官二十名，皆蟒袍补服，护军参领一人率护军四十名，銮仪卫校尉八抬红缎围彩轿前往福晋家。

吉时降临，彩轿陈于中堂，福晋礼服出阁，由随侍女官服侍上轿。八名内监抬起，灯八炬十前导，女官等随从出大门乘马。前列仪仗，内务府总管率属官与护军前后导护。到宫城门外，仪仗撤去，众人下马步入。女官随轿到皇子宫服侍福晋下轿入宫。皇子福晋合卺仪式，由先期安排于此的命妇负责。皇子西向，福晋东向，行两拜礼。各就座，女官酌酒合和以进，三行酒馔后，起身再行两拜礼。

皇子宫张幕结彩，设宴六十席，款待福晋父母亲族。出席人员，礼仪程序与在福晋家纳采宴类同。

次日清晨，皇子夫妇朝服，依次到皇太后、皇帝、皇后处行朝见礼。皇子在前，福晋在后，相差一个身位。皇子行三跪九叩礼，福晋行六肃三跪三拜礼。皇子如为嫔妃所生，还要前去行礼，皇子两跪六叩，福晋四肃二跪二拜。

九日归宁，即民间的回门，皇子偕福晋回门，福晋家设宴招待，过后回宫，停留不会超过中午。

---

① 《国朝宫史》卷五。

宗室王公婚礼程序与皇子相似，指婚后，王公要进宫谢恩。流程分为初定、纳币与迎娶等环节。宴席与仪物，各按等级递降。剪辑《钦定大清会典则例》卷六十四与《皇朝文献通考》卷一百三十五所记亲王到辅国公六等封爵的纳币、迎娶当日宴席规格以及聘礼银两等操作情况，扼要综合归类叙述之：

亲王：缀金珠缎衣裳九袭、缎衾褥七具、大小金簪各三、金耳饰三对、金指环十。设宴五十席，用羊三十六只、酒五十瓶。迎娶当日宴会六十席，用羊四十五只、酒六十瓶。

郡王：缀金珠缎衣裳八袭、缎衾褥六具、金指环八，余与亲王同。设宴四十席，用羊二十七只、酒四十瓶。迎娶当日宴会五十席，用羊三十六只、酒五十瓶。

贝勒：缀金珠缎衣裳七袭、缎衾褥五具、金指环六，余与郡王同。设宴三十席、用羊十八只、酒三十瓶。迎娶当日宴会四十席，用羊二十七只、酒四十瓶。

贝子：缎衣裳六袭、缎衾褥四具、大小金簪各二、金指环四，余与贝勒同。设宴二十席，用羊十四只、酒二十瓶。迎娶当日宴会三十席，用羊二十一只、酒三十瓶。

镇国公：缎衣裳五袭，余与贝子同。设宴十八席，用羊十三只、酒十八瓶。迎娶当日宴会二十八席，用羊十七只、酒二十八瓶。

辅国公：缎衣裳四袭、缎衾褥三具，余与镇国公同。设宴十六席，用羊十一只、酒十六瓶。迎娶当日宴会二十六席，用羊十五只、酒二十六瓶。

聘礼银两，各按爵位高低顺序，如数递降，并非全由王公个人财力与偏好决定。顺治九年（1652年）规定：宗室王公聘朝臣之女的，亲王给女方家，金二十两，银千两；郡王金十两、银七百两；贝勒金五两、银五百两；贝子银四百两；镇国公与辅国公均为银三百两。

清朝满蒙贵胄通婚频繁，宗室王公聘外藩亲王以下到台吉之女为常事。其中，聘外藩亲王之女的仪物最重：鞍马、甲胄各十二、闲甲二十四、缎六十匹、布六百匹、银茶盆、银酒盆、银茶桶各一具。而聘外藩郡王到台吉各等封爵之女均为：鞍马、甲胄各十、闲甲二十、缎五十匹、布五百匹；银茶盆、银酒盆、银茶桶各一具。[①]迎娶当日宴席皆用羊六十三只。如果福晋父母亲自送女来京，另给冬夏衣各一袭、貂裘各一领、鞓带佩刀囊鞬各一副、甲胄一、鞍马二、缎三十匹、布二百匹，银茶盆、银酒盆、银茶桶各一具。显然，清廷无差别礼遇厚待联姻对象蒙古郡王以下贵胄之家，就是为了广泛笼络蒙古上层人士，从而使满蒙一家关系更为牢固。

亲王结婚不亲迎，纳币与迎娶都派王府长史作为使节前去。不过新人接来下轿之前，亲王要出堂在门外等候。然后共入新房行合卺礼。

王公尚未封爵的儿子结婚享受父亲的礼仪待遇，已有爵位的按照本人等级标准执行。王公之子封爵除了嫡长子之外，其余众子即使能够通过考封获得爵秩，比起自己的父亲也相差悬殊。因此就出现了同为王公之子，白身无职的婚礼远远高于有爵位的有趣现象。譬如亲王嫡长子以外的福晋所生的余子通过考试可以封不入八分辅国公，与亲王之位相差七级。如果封爵以后结婚，仅婚宴一项，就要从六十席减到二十六席，用羊从四十五只降到十五只。子从父秩适用一切官宦家庭，只要白身无职的儿子结婚都可以使用与父亲品级相关的礼仪待遇。

---

① 《钦定大清通礼》卷二十三，吉林出版集团2005年版。

明朝公主下嫁

公主是皇帝的女儿，但从字面上绝看不出两者之间的血缘关系，不像皇子那样直白。先秦时，"天子嫁女于诸侯，使同姓诸侯主之"。[①] "公者诸侯之尊称，故谓之公主。"[②] 其后，历代皆称皇帝女儿为公主。可见，公主不是缘自血缘指示，而是出于皇帝女儿出嫁时，由谁主持而衍生的称谓。这与前面叙述的"昏"，在词汇原意上有相同之处，一个是迎娶的时间概念，另一个是主婚人的概念。说来也不奇怪，在婚姻讲究门当户对时代，没有哪家能与皇帝匹敌。因之，皇帝嫁女，本人不出面，而委托同姓贵族公侯出面完成女儿婚礼，也在情理之中。

宋徽宗时曾一度改"公主"为"帝姬"。这是典型的复古行为。周天子之女称"王姬"。"见于《诗雅》。姬虽周姓，考古立制，宜莫如周。改公主为帝姬，郡主为宗姬，县主为族姬。"[③] 然改动未久，北宋灭亡，南宋初又恢复旧制，仍称公主。

秦汉以降，凡在位皇帝的姑姑称大长公主，姐妹称长公主，女儿称公主。皇女不见得准能得封公主，一般来说，历朝对未长到出嫁年龄的早逝皇女基本上不封授公主。机缘巧合，宗室女也可能得赐公主身份。娶公主称"尚公主"，公主出聘则称"下嫁"。

明朝延续历史传统，公主夫婿称驸马都尉。汉武帝始置驸马都尉之职，专门掌管皇帝舆车之"驸"，驸即副马也，系指三马同拉一车，两侧之马或伴行护卫的左右副车与备用之马。都尉掌管副马事

---

① 《春秋公羊传》莊公元年。
② 《通典》卷三十一"职官十三"。
③ 《宋史》卷一百一十五，中华书局标点本。

宜。自晋朝始，驸马都尉成为公主夫婿的专称，不再是掌管御驾副马的官职。唐以后，驸马多授予闲职，难以掌控实权。明朝的郡主到乡君的夫婿皆称仪宾。

明十六位皇帝共育女九十二人，封公主的八十二人，其中达到婚龄下嫁的五十七位。明太祖、成祖两帝之女多下嫁功臣子弟，"驸马尚公主多以公侯子弟充之，而不甚拘年貌"。[①] 而皇子、亲王多纳功臣之女为妻。通过政治联姻，拉近君臣距离，从而使初建的政权很快趋于稳固。此后随着政权稳固，为维系皇权独尊，防止权要高官借与皇室联姻扩大个人势力威胁皇权，皇室改变了通婚选择的对象，从贵胄高官之家转向了无政治背景的家庭。同时规定，凡与皇室通婚者，"无论宗室，即驸马、仪宾，不许入仕，其子不许任京秩"，[②] 由此阻断了权要高官利用与皇室联姻，固化扩张已有的权力进而超额分享皇朝利益。

驸马选择转向平民之家，始自洪熙朝。"公主俱选庶民子貌美者尚之，不许文武大臣子弟得预。"[③] 永乐迁都北京以后，驸马挑选在京师顺天府范围内。公主到了结婚年龄，由礼部在顺天府张榜公示，在京普通官员与军民子弟，年龄十四到十六岁青年自愿报名，由吏部与礼部按家世清白，相貌端正，行为端庄，富有家教的标准进行初选。入选者再由司礼监太监在诸王馆遴选，如果没有中意的，再将范围扩大到京畿、山东、河南等地。诸王馆会选确定三名后，送礼部教养，再择吉日，"送御前钦定一人为驸马，陪选二人送本处儒学充廪挨贡"。[④] 三选一的决定方式有时也很有意思，万历时，李太后为公主

---

① 王世贞《弇山堂别集》卷一"皇明盛事述一"，中华书局 1985 年版。
② 谢肇淛《五杂俎》卷十五，中华书局 1959 年版。
③ 沈德符《万历野获编》补遗卷一。
④ 俞汝楫《礼部志稿》卷二十。

198 | 礼不远人——走近明清京师礼制文化

选驸马时采用掣签方式，将最终的三名入选者的名签"置金瓶中，焚香祝天，选其一，即以绯袍覆之，送入春曹（礼部）"，落选两人送顺天府学充廪生。[1] 掣签是多选一决定结果的方式，在当时常用于吏部任命官员。当职位空缺的少而候选人多的时候，就采用掣签决定入围之人。崇祯二年，内阁需要补充大学士，廷议公推了十名候选人，崇祯仿古"枚卜"方式，贮名金瓯，焚香肃拜，从中依次抽取了六人。

普通人被选为驸马可谓是平步青云，公主妆资雄厚，府邸轩辕壮阔，岁禄两千石，赏赐庄田至少几百顷，多者数千顷。驸马本人虽然不能跻身政治中枢掌握实权，但地位尊崇，朝班位列伯之上，享受豪奢生活不在话下。巨大利益诱惑让社会热衷富贵的人甘愿冒险。《万历野获编》记录了两则贿赂权阉入选驸马事件。[2] 一是弘治八年（1495年），富民袁相重贿内官监太监李广，"选为驸马，尚德清公主（宪宗之女）。婚期有日矣，为科道官发其事，得旨斥相，命别选（林岳）"。二是万历十年（1582年），京师富家子梁邦瑞重贿权阉冯保数万银两，选为万历胞妹永宁公主驸马。然其人身体甚差，"未几合卺，鼻血双下，沾湿袍袂，几不成礼"。婚后不久过世。

公主婚礼亦遵循六礼程序，仪式极为繁复铺张，以出降为例，驸马亲迎与民间稍有不同，要入宫至内东门等待。公主礼服辞奉先殿，到帝后前四拜，赐酒，听训戒后再四拜。出殿升辇至内东门降辇。在此等候的驸马揭帘伺候公主升轿后，先出乘马回府恭候。公主卤簿车辂后发，公侯百官命妇送至府。公主至门，驸马门前迎候，入堂驸马揭帘，公主出轿，同诣正堂成礼。驸马东，公主西，皆再

---

① 于慎行《谷山笔麈》卷二。
② 沈德符《万历野获编》卷五。

拜。进爵，读祝，又再拜。同往洞房，驸马公主相向再拜，分东西就座，行进馔、合卺礼后，相向再拜。第二天见舅姑（公婆）。第十天，驸马朝见谢恩，行五拜礼。

公主下嫁，宫廷派太监与保母管理府中事务。洪武七年（1374年），"公主府设家令一人，司丞一人，录事一人。二十三年（1390年），改家令司为中使司，以内使为之"。① 公主婚后，与驸马并不像普通夫妇那样共同生活。驸马不能随便就与公主会面相处，而是要出入有时，起居有节。能否得见要由资深的保母与内使决定。驸马"反俯首听节制"。有时不得不以重金贿赂之。②

从宣德朝开始，驸马一旦选定，便派学官负责教习之事。正统以后，驸马改到国子监读书。嘉靖六年（1527年）再改由礼部专门指派一名主事到公主府里充任驸马教习。③

驸马在古代男性社会中，可谓屈指可数的夫以妻贵人物。尽管平步青云风光无限，但付出的人格尊严代价也是巨大的。崇祯元年（1628年）教习驸马主事陈钟盛向皇上报告乐安公主（光宗第八女，生母李选侍）与驸马巩永固的新婚生活的实际状况，公主尊而驸马卑，两人相处礼遇过于悬殊。"驸马黎明于府门外月台四拜，云至三月后，则上堂、上门、上影壁，行礼如前，始视膳于公主前。公主饮食于上，驸马侍立于旁，过此，方议成婚（同房）。驸马馈果肴书臣，公主答礼书赐。皆大失礼。"④

在男尊女卑时代，男子普遍对妻子颐指气使高高在上，终于见到了相反事例，可以说公主为天下受苦妇女出了一口恶气。这位主

① 《明史》卷七十五"职官四"。
② 谢肇淛《五杂组》卷十五。
③ 朱国桢《涌幢小品》卷八，上海古籍出版社 2012 年版。
④ 《明史》卷五十五"嘉礼三"。

事对此愤愤不平，认为夫妇已经结合，就应对等相待，建议皇上取消类似规矩。崇祯接受了他的建议，命令驸马择日与公主行结婚之实。然而，皇帝的特殊恩典，并不能在根本上取消公主与驸马之间的不平等。譬如驸马见公主行四拜礼，公主不对等行礼，而是坐受两拜之后，起身答两拜。

众所周知，传统婆媳的家庭地位悬殊，婆婆对儿媳来说，就是一道咒符，具有无上威权。但如此威权绝对不可能用在公主身上。即以迎娶的第二天，公主初见公婆为例，公婆坐于东面向西，公主立于西面向东，行四拜礼。公婆要起立答两拜，不能像寻常之家，分上下方，坐于厅堂正中，完整接受儿媳拜见。也许在历史上，只有公主拥有心安理得地接受公婆下拜的权利。不仅如此，驸马父母不能与公主共同生活在一处，永远也不能奢望像普通之家那样使唤儿媳妇，尽情地享用做公婆的快感与风光。再早的宋朝更甚，一旦选为驸马，要降其父为兄弟之礼。

因此，不要以为沾上了皇家，住上了豪宅，使唤上仆役，吃上了山珍海味，穿上了锦衣罗缎，生活就是幸福美满的，其中的人格代价，常常不是物质享受所能抵消抹平的。推而论之，古今中外，无论怎样的现实生活状态，企图通过婚姻攀上高门豪富改变个人命运，都将是极其危险的。不揣冒昧地说，即使有谁拥有了这样的天赐良机，也要考虑再三，慎之又慎，骤然而降的富贵生活前景充满着荆棘与内心凄楚的困惑。

清朝公主与格格

清朝入关前，皇太极称帝之初，仿照明朝制度，皇帝女儿始称公主，并建立二级制度，皇后所生称固伦公主，嫔妃所生称和硕公主。固伦，满语天下之义；和硕满语一方、一角之义。皇子封爵顶级的称"和硕亲王"，绝无"固伦"之谓。这也很好理解，皇子继承父业，只有最终登上皇位的皇子，才够得上固伦之称。

固伦、和硕公主出嫁时，在妆奁，府邸、年俸等多方面待遇存在显著差距。虽然制度规定要视生母身份确定公主等级，但在实际操作中也常有例外，全凭皇上意愿，嫔妃之女提等封为固伦公主的也不乏其例。譬如乾隆第十女，生母惇妃汪氏，因系老来得女，又长得极像父皇，备受宠爱，乾隆五十四年（1789 年），公主下嫁和珅长子丰绅殷德，赐号固伦和孝公主，妆奁十倍于第四女和硕和嘉公主（乾隆二十五年三月下嫁傅恒次子福隆安）。再有亲王之女被帝后抚养而获得公主之号的，甚至达到顶级。如康熙抚养五弟恭亲王常宁长女，初封和硕纯禧公主，雍正元年（1723 年）进封固伦纯禧公主。晚清恭亲王奕訢长女同样也是抚育宫中，下嫁时封荣寿固伦公主。有意思的是清朝一前一后两位恭亲王的长女都得此殊遇。纯禧公主、荣寿公主若不进宫，在自家长大，只能封为多罗郡主。固伦、和硕等级区分之外，另赐嘉号，乾隆以前级别在前，嘉号在后，如固伦和孝公主。嘉庆以后颠倒顺序，嘉号在前，级别在后，如荣寿固伦公主。

公主之外，宗室女性的封爵继承明代制度，分为郡主、县主、郡君、县君与乡君五等。王公的女儿在出嫁时，依照父亲爵位等级与生母身份可以获得相应的赐封。亲王嫡生女封郡主，侧室所生女封郡君；郡王嫡生女封县主，侧室所生女封县君；贝勒嫡生女封郡君，侧室所生女封乡君；贝子嫡生女封县君，侧室所生女封五品俸宗女（亦称五品格格）；奉恩镇国公、辅国公（又称入八分公）嫡生女封乡君，侧室所生女封六品俸宗女（亦称六品格格）。不入八分公以下至奉恩将军六等爵位之女与亲王姜媵、别室所居所生女以及闲散宗室之女统称宗女，又称"格格"。格格是满语，姐姐、姑娘之意，多作为贵族女子的尊称。

近来格格一词十分流行，频频在清装剧与大众话语中使用，然而发音大都有误。应读平声，犹如哥哥的发声。后金时期，大汗与贝勒之女通称格格。顺治十七年（1660 年）"定亲王女和硕格格，汉文称郡主；世子、郡王女多罗格格，称县主；贝勒女多罗格格，称郡君；贝子女固山格格，称县君；入八分镇国、辅国公女称乡君；未入八分公以下女俱称宗女，不授封"。[①] 尽管如此，为时不久，随着宗室女封爵制度细化，在官方的正式文件中，放弃了格格称法。不过，直到清末，在宗室旗人日常生活中，格格作为话语一直使用。宗室王公之女，"如未封正式封号者，皆统称格格。大抵称格格者，以次女以下之处子为多"。[②]

格格也偶尔用于皇宫中特殊的高级侍者。康熙年间，孝庄皇后侍女苏麻喇姑，曾看护过康熙，尊为"苏麻喇额涅（母亲）格格"。此外，王公妾媵亦称格格。譬如乾隆生母孝圣宪皇后十三岁时，事世宗于潜邸，号格格。

公主到乡君皆有年俸：固伦公主四百两，嫁往外藩者一千两；和硕公主三百两，嫁往外藩者四百两。以下各等则无居京与外藩区别：郡主一百六十两；县主一百一十两；郡君六十两；县君五十两；乡君四十两；五品与六品格格皆三十两。无爵位的闲散宗女则没有俸禄，不像闲散男性宗室每月发放三两生活费。

公主、郡主等本是皇族女性的封号，不能用在其他贵族显宦女性身上。譬如，清末驻法国公使裕庚之女德龄，社会流行称之为公主或

---

① 《钦定八旗通志》卷七十八"典礼志一"，吉林文史出版社 2004 年版。
② 徐珂《清稗类钞》"称谓类三"，中华书局 2010 版。

郡主，这是毫无历史根据的。裕庚，本姓徐，字朗西，玉田正白旗汉军，优贡出身，屡次乡试不第，遂入胜保军中充文案，胜保事败，再入两广总督英翰幕。光绪二十五年（1899年）五月到光绪二十八年（1902年）十一月任驻法国公使三年半。若对其详细履历感兴趣，不妨参阅天台野叟《大清见闻录》中卷的《裕庚出身始末》一文。晚清官制改革，最先设立外务部，使节分临时、常驻两等。一等为出使大臣，正一品，参赞正三品，通译官正五品。类似今天的国家特使，临时任命，事毕撤消。二等为公使正二品，参赞正四品，系常驻外国使节。裕庚任公使期间享用正二品官员顶戴，驻法国期间，夫人（本上海美中混血洋妓，裕庚纳为妾，后扶正）与女儿德龄、容龄随行。裕庚卸任后回京，朝廷赏三品卿衔，未再任实职。

后立者德龄容龄

德龄、容龄姐妹是中国较早亲身接受西方文化的女性。回国以后，应召进宫在慈禧太后身边服务。这是晚清中西政府交往日益频繁促成的，当时慈禧太后招待各国公使夫人，身边缺乏熟悉欧洲礼节，同时又精通西文的女性，德龄容龄姐妹无论从出身、年龄与经历，都是最合适的人选。姐妹两人皆通晓英法两种语言文字。然而，入宫并不能缘此得到公主或郡主称号，入宫与公主称号是两码事，风马牛不相及。非但不能称为公主郡主，就是通常所谓的任职"御前女官"，也是瞎编乱造，不能见证于历史记载。

前面讲过，明朝宫廷设置女官机构与职位，分尚宫等六局一司，局司主官，享受正五品待遇。清宫则不设女官，宫女归属太监机构管理。所有的喜庆典礼如大婚等，需要的女性服务人员，临时在宫女与内务府官员命妇中选派，虽谓之女官，却非正式职位，事毕撤销。直至今日也未见到慈禧太后曾任命德龄姐妹为御前女官的官方证据。公主、郡主、御前女官的说法乃是德龄自我营销与民国初年辜鸿铭等名士推介的结果。获得公主到乡君诸级名号的最基本条件，就是皇族血缘，获得与否与等级高低缘于父母在族内的等级。除皇族之外，不要说裕庚这样的三品官员，就是异姓王公巨宦势要的女儿，也不能获此称号，除非皇帝恩赐。清入关以后，只有定南王孔有德的唯一女儿四贞曾得到过公主封号，顺治九年（1652 年），李定国破桂林，孔有德自尽，全家死难，只有孔四贞逃出，到北京后，被孝庄太后收养宫中，封和硕格格。显然，这是对孔有德的忠贞刚烈的体恤褒奖与对其旧部的笼络，而做的政治抉择。当时统一大局尚未稳定，迫切需要明降将的支持，所以采用超乎常规方式，拉近两者之间的关系。其中细节，孟森《孔四贞事考》叙述甚明，倘感兴趣，不妨一读。

满蒙联姻的备指额驸

从公主到乡君诸等有爵位的宗室女性选婿在八旗满洲、八旗蒙古与八旗汉军范围内，鲜见嫁纯粹汉人的，夫婿统称额驸（驸马）。固伦公主额驸秩比贝子，年俸三百两；和硕公主额驸秩比超品公，年俸二百五十两；郡主额驸秩比武一品，年俸一百两；县主额驸秩比武二品，年俸六十两；郡君额驸秩比武三品，年俸五十两；县君额驸秩比武四品，年俸四十两；乡君额驸秩比武五品，无俸禄。郡主以下各等宗女如果先于额驸过世，额驸不续娶正室的，则保留额驸封号，不然，取消封号与相应待遇。

清前期，公主多嫁蒙古王公或其子弟。八旗蒙古王公封爵世职分作七等：和硕亲王、多罗郡王、多罗贝勒、固山贝子、镇国公、辅国公、台吉与塔布囊。台吉、塔布囊的爵位相同，各分四等（一等一品，二等二品，三等三品，四等四品），土默特左旗、喀喇沁三旗称塔布囊，其余旗称台吉。清朝时期，蒙古分为漠南、漠北、漠西三部，漠南蒙古六盟四十九个旗；漠北蒙古四盟八十六旗；漠西蒙古三十旗。每旗设扎萨克（旗长）管理一旗的军政司法事务，由王公、台吉等世袭贵族充任，受理藩院与驻防将军、都统监管。亲王年俸二千两，缎二十五匹；郡王年俸一千二百两、缎十五匹；贝勒八百两、缎十三匹；贝子五百两、缎十匹；镇国公三百两，缎九匹；辅国公二百两、缎七匹；札萨克台吉或塔布囊一百两、缎四匹。惟漠北蒙古在亲王之上保留了三位汗王，年俸二千五百两，缎四十匹。蒙古王公使用与宗室封爵相同的等级名号，不同的是蒙古亲王、郡王没有封号，腰间系蓝色带子，而宗室王公的腰带则是金黄色的。同级爵位的年收入相差悬殊。

清太宗十四女，其中九位嫁蒙古王公；圣祖二十女，八位长到出嫁年龄，其中六位嫁蒙古王公。非但公主，近支王公的女儿婚姻也是首选蒙古王公子弟。满蒙联姻经多年实践，从而形成了蒙古备指额驸制度。乾隆二十四年（1759 年）二月初四日上谕："朕从前将王等之女格格等多指给蒙古台吉，此亦因系旧俗，且以蒙古台吉等本系亲戚彼此连姻由来已久。"① 可见宗室王公之女钦定指给蒙古王公贵胄是积年惯例，不然不能谓之"旧俗"，只不过当初尚未制定严密规范的条例。

乾隆朝以后公主与王公之女多嫁给居京的蒙古王公与满洲贵胄子弟。异姓功臣封爵世职分为九等：公、侯、伯（以上超品）、子（一品）、男（二品）、轻车都尉（三品）、骑都尉（四品）、云骑尉（五品）、恩骑尉（七品）。除八旗蒙古与边陲少数民族之外，清朝只在入关之初曾封过异姓之王，如平西王吴三桂等三藩。康熙平定三藩之乱以后直到清亡再没有封过异姓功臣为王。唯一的特例是福康安由一等公进封贝子，逝后追赠郡王。

乾隆十女，五位长到出嫁年龄。三女固伦和敬公主嫁科尔沁博尔济吉特氏色布腾巴勒珠尔。但未随额驸还乡，而是留京建府生活。其府今存，在张自忠路中段路北。四女和硕和嘉公主嫁傅恒之子福隆安，可谓亲上加亲。七女固伦和静公主嫁博尔济吉特氏拉旺多尔济，亦未往草原生活。九女和硕和恪公主嫁一等公兆惠之子札兰泰。十女固伦和孝公主嫁一等公和珅之子丰绅殷德。其中两位嫁给了蒙古王公，但都未去草原生活。

公主因皇上眷顾亲生女儿能够轻易留京，而王公之女就没有如此的幸运。王公们早已习惯北京的生活，普遍不再愿意女儿远嫁。"每欲违弃旧俗，惟愿给配京城之人"。嫁往外藩蒙古台吉的王公之女，不得不忍受亲人离别相思之苦，出京到草原生活，须经十年才可报理藩院批准后回京探亲，获准回京，逗留不得超过二个月。因此，乾隆不得不顺应王公舆情，做出较大让步，在对蒙古备指额驸

---

① 《钦定八旗通志》卷首十二"敕谕六"。

惯例改进细化的同时，收缩了备指的区域范围，划定在离北京较近的漠南蒙古科尔沁左右翼等十三旗之内。凡入选区域的八旗蒙古王公嫡亲子弟以及台吉、塔布囊，十五到二十岁者，只要身体健康，皆造册登记姓名、年龄与三代履历，报给理藩院转送宗人府备选。凡初选合格者须随其父兄在年节进京请安时一道同来，带领引见，皇上阅看后最终决定。道光十九年（1839年）报备年龄放宽到十三至二十三岁。

公主、高级宗女嫁往蒙古与皇帝后妃、宗室王公福晋多纳蒙古贵胄之女，相得益彰，促使满蒙关系更加紧密。这是典型的政治联姻，通过交换妇女，达到血缘之间的亲密融合。

清朝公主婚仪

公主、郡主等高级宗女由皇上指婚，省略了议婚程序，随即进入初定、纳采、出降、合卺、归宁等流程。

公主指婚之日，额驸蟒袍补褂（吉服）领命到内廷乾清门外东阶下，面北跪，传旨大臣面西而立宣布"以某公主择配某额驸。"额驸受命谢恩。随后礼部请旨定额驸等级。

初定日，额驸家备驼一马八，羊九九八十一只，酒九十瓶到午门交进，由光禄寺操厨备宴庆祝。皇帝在保和殿宴额驸亲族，皇后在宫中宴额驸亲族女眷。无论保和殿还是后宫的宴会，都是礼仪性质的，与宴人员各按规定行礼如仪。

皇帝在殿中升座，额驸等三跪九拜。御宴开始，进爵大臣跪向皇上进酒，皇上受饮之后，还赐大臣酒，大臣跪饮。额驸与族人行一拜礼。撤宴谢恩，一跪三拜。出殿往西至内右门外向皇后宫行三跪九拜礼，随后出宫。

迎娶公主的前一天，额驸吉服率族人到乾清门、内右门门前，行三跪九叩礼谢恩。内务府官员率领銮仪卫校送嫁妆到额驸宅，太监、命妇与执事妇女陈设布置新房。迎娶当日，额驸家备九九礼物：鞍辔毕具文马二九（十八），甲胄二九（十八），马二十一、驼六（共三九二十七），羊九九（八十一），酒九十瓶送至午门恭献，是谓进九九礼。① 随在保和殿与皇后宫开宴，一如初定礼。如果是和硕公主则免。从进献的九九礼物的内容上看，彰显满蒙尚武骑射之风。

传统数字观念，"九"为最大的阳数，《周易》"乾文言""乾玄用九，乃见天则。"以九象天，尤受皇权钟爱，以示至尊无比。周朝时诸侯向天子纳贡称为"九贡"，"以九贡致邦国之用，一曰祀贡，二曰嫔贡，三曰器贡，四曰币贡，五曰材贡，六曰货贡，七曰服贡，八曰斿贡，九曰物贡。"② 其实贡物绝不止九大类，却要冠名九贡，不外彰显天子之尊与诸侯臣服恭顺之态。利益输送从来是权力体现的标志。乾隆以前，由于公主多嫁往外藩蒙古王公，故婚礼融合满蒙风俗。蒙古地域广袤，尤其是漠北王公拥有一定的自治权，所以，在迎娶公主时，进呈九九礼乃是臣服效忠皇上的政治象征。

郡主、县主、郡君、县君、乡君各级宗女出嫁，礼数减杀，额驸家皆按宗女级别，行七九礼到二九礼。七九者系指聘礼的驼马羊共六十三。定婚吉日，在王公宅邸举行初燕的酒肉也要由额驸家按所娶宗女级别分别交纳：郡主用牲五九（四十五）；县主用牲四九（三十六）；郡君用牲三九（二十七）；县君与乡君皆用牲二九（一十八）。额驸家纳币：郡主马牛各六十、羊六百；县主马牛各五十、羊

---

① 《钦定大清会典则例》卷六十。
② 《周礼》"天官冢宰。

五百；郡君马牛各四十、羊四百；县君马牛各三十、羊三百；乡君马牛各二十五，羊二百五十。额驸家婚宴：郡主、县主用牲七九；郡君用牲五九；县君与乡郡皆用牲三九。道光二十一年（1841年）六月，随着公主嫁外藩蒙古王公的人越来越少，也就停止了九九礼，只用一九礼羊九只，同时取消了筵宴。额驸进献的礼物，是否为实物，还是按数目折算出资，早期可能是实物，而乾隆以后估计应是折价银两。一只羊当时的价格银一两三钱，羊肉一斤宫廷内用银五分五厘，外用银四分七厘。一匹马市价约十五两上下，一头牛市价约十两左右。折算下来，聘郡主的财礼，马牛各六十与羊六百的总值在白银两千到两千五百两之间。

无论是嫁京城旗人贵胄，还是外藩蒙古王公，额驸迎娶公主当日的礼仪都一样。吉时一降，公主吉服依次到皇太后、皇上、皇后与生母嫔妃前行礼。如系皇后所生，则没有到嫔妃处行礼程序。随后由襄事命妇搀扶上轿，放下轿帘。由太监抬轿出宫，伴送的福晋、夫人及命妇等人乘轿随行。内务府总管率两名内管领骑马走在最前面开道。护军参领二人与护军校二人率护军二十人骑马扈从。由于迎娶在夜晚，送行仪仗队，灯炬前引，灯十六、炬二十，共三十六盏。灯系指挑起的红灯或牛角灯，炬系指举起的纱灯，类似火把，故谓之炬，照亮送亲队伍。后面跟着仪仗队乐队。乐队设而不作，并不奏乐敲打。因为是在夜间，避免吵闹影响他人休息，乃是情势所需，显出一种公共精神与人性化。仪仗队至额驸宅邸，众人下马入大门至仪门，男性官员止步，公主轿直入正堂，陪从福晋、夫人及命妇则在堂前阶下下轿，入堂引导公主出轿与额驸行合卺礼。额驸父亲在外堂招待来宾与送行官员护军，额驸母亲在中堂招待女宾。

公主若嫁往外藩蒙古王公，婚后居处，分随旗与驻京二种方式。

随旗生活的要在成婚满月之后，随着额驸还乡到草原生活，官派太监、嬷嬷跟随。若驻京生活，则建府邸，如果额驸是王爷一般不称公主府而称蒙古王府，盖因固伦额驸级别仅视同贝子，远不如蒙古藩部亲王的地位。清代北京的蒙古王府的起源大都与迎娶公主有关。公主如果嫁京城旗人勋贵子弟，一般由内务府承旨在京分配或修建一座府邸。府邸产权属于宫廷，公主亡故，如无旨意准许额驸继续居住，府邸连同妆奁、器皿、银钱等皆要收回。由内务府另选一处规模相当的官房让额驸居住。

和敬公主府

合卺礼后第九天，公主与额驸进宫行归宁谢恩礼。公主像出嫁前一样到各宫行礼。额驸则在慈宁宫门、乾清门、内右门等门前依次行礼，不能随公主入内，也就见不到岳母与岳祖母。

公主下嫁，陪同公主前往的女性都是宗室王公福晋夫人与内务府官员妻子。官员等级不同，妻子的正式称号也不同。皇子、亲王、郡王以及亲王世子、郡王长子的嫡妻称福晋。贝勒以下至辅国将军嫡妻称夫人。官员嫡妻各有专称，笼统皆称"命妇"。伴送公主出嫁的福晋、夫人与满官命妇的入选标准，至少要夫君子女俱全，如三代、四代同堂者更是上选。

公主出嫁与九日归宁时，向皇太后与帝后行礼，都是六肃三跪三拜。当代清装宫廷剧演绎公主故事，多不按当时礼仪规范操作。也许时代久远，没有录像资料，身体动作细节未能保留下来，即使愿意忠实历史礼仪，也无从做起。而有的现代读物解读"肃礼"更为可笑，竟把"六肃"写作"六素"，并且解释成两跪三叩。其实，肃礼根本不是跪拜，如果加上跪拜一定注明几肃几跪几拜。

这里的肃指的是肃立，以体现恭敬庄重之态。肃立后下蹲，即平常所说的"蹲儿安"。六肃三跪三拜的动作要领是，立正后，双手扶大腿根，缓缓下蹲，接着直立起来，眼睛一定要平视，上身挺直不扭曲，潇洒自如。六次之后再三跪三拜，原地向前迈左腿半步，跪右腿于地，收左腿并拢，直身眼睛平视，随之双手向前俯身下拜，头接近地面不必触地，然后直起，抬右腿起左腿站起。如此再重复二次。前后行礼九次，相当于男子的三跪九拜礼。动作熟练规范，缘于自幼的训练与频繁实践。今天繁文缛节已经远去，再如法炮制恐非易事，为了几十秒的情节场景，费过多时间精力反复练习得不偿失。

道光以前，公主婚后生活礼仪，基本上延续明代传统，额驸及其父母见公主需行礼请安磕头。道光二十一年（1841年）对这一不近人情的礼节歧视进行了修改。"向来公主下嫁，额驸及额驸之父母，俱给公主屈膝请安，如有赏项，亦必磕头。此等礼节，殊属不合体制。本年十月初三日，寿安固伦公主下嫁后，固伦额驸德木楚克扎布见公主时，著站立向公主请安，公主亦站立问好；额驸之父鄯曼王阿宛都洼第扎布与其福晋及额驸之生母见公主时，俱著站立给公主请安，公主亦站立向其请安。如遇公主送给额驸之父母什物等事，亦俱著站立向公主说'磕头'，不必屈膝，以重伦礼。"[①]

早婚包办与人口再生产

　　中国历史上的婚姻基本上是包办的。近代以来，妇女解放，提倡恋爱自由，无不对包办婚姻、买卖婚姻大加挞伐。然而，权利意义上的批判不能代替学术研究，道义上的愤怒，只能是追求人权的象征，而不能作为学术依据。古人选择包办存在着不得已的历史条件。可以肯定地说，历史上人口平均寿命低，要求早婚早育尽快实现人口再生产，必然促成包办。这与妇女社会地位高低没有太大关系，即使唐代以前，妇女比较开放的时代，青年男女的婚姻也是包办的。

　　结婚年龄早晚，在当代是个性的选择，而在过去，受经济、社交、养老等制约因素很多。中国历史上自有政府人口统计起，从西汉直到明末，登记人口大约在六千万上下，近两千年的人口规模维持在一个常量上。这是通过早婚早育多育实现的。1949 年以前，中国人均预期寿命不足 35 岁。基本上是两代共存。[②]

　　促成包办的经济原因、文化原因、伦理原因等可以梳理的诸多因素，都是建筑在人口再生产比较急迫的基础上的。民国以前，中国人的初婚年龄，男子一般在十六岁到二十岁，女子在十四岁到十八岁。今天看来，男子不过是个高中生，女子不过是个初中生，让这样尚难具备经济自给能力的青年男女自行结婚组建家庭，显然困

---

① 《清会典事例》（光绪）卷三百二十五"婚礼"。
② ［德］于尔根·奥斯特哈默《世界的演变：19 世纪史》（张朝晖等译），社会科学文献出版社 2016 年版。

难重重。两情之间相遇相恋出自天性，不必启发教育就可以爱得死去活来，然而，谈婚论嫁组建家庭并肩负起传宗接代的责任，就不那样简单了。因之倚靠父母包办几乎是不二选择。

爱情是人类永恒的主题，却不可能成为个人一生的主题。对需要养家糊口或建功立业的人来说尤其如此。一般而论，爱情是25岁以前的事。记得欧洲谚语说过，爱情乃是闲人的正业，也是忙人的闲情。年轻时富于激情，可以轻易地赌咒发誓，为了意中人而不顾一切。惟独缺乏实现承诺的经济支撑与相关的条件，如果能躺在他人提供生活的基础上，无忧无虑自行其乐，贯彻个人意志，固然很好。但是，恐怕世上没有如此的好事，有哪一位父母甘心只做出纳，而不问由来不发表自己的感受。即使在当代，初婚年龄普遍推迟，自由恋爱结婚已成主流，但是包办遗俗也未完全褪尽。染指干涉子女婚事的家长与倚赖父母财产支持的儿女大有人在，往往造成两代人之间关系紧张乃至反目成仇。其实，文化传统在育婴方式与教育过程中，文化密码已经传递，等到儿女谈婚论嫁时，权利界限与权利维护绝不是什么理论认识问题，而是思维的惯性。一方面，父母不愿意放弃在儿女身上实现自己凤愿与推行自己的价值模式；另一方面，儿女通常愿意拒绝父母的意见，而不愿意放弃父母的财富支持。因此，两代人之间，分别不完全继承了昔日婚俗传统。

儿女养育过程从来伴随着期望，在家庭组合发生改变之际，父母通常希望儿女接受自己的婚姻价值观念，即使不能完全得到贯彻，至少也要争取做到部分实现，否则必生失落与怨悔之心。作为儿女若不想听从父母之命，就要立志拒绝父母的经济支持，绝不能只是索取而不屈服。在这一意义上，婚姻模式是一整套文化要素的组合，不能期待只保留其中利己项目而摒弃连带的义务责任。

当代完全的包办婚姻已是明日黄花，然而包办的遗风流韵，仍不绝如缕，在婚姻媒介、婚礼等活动中随处可见，做父母的十之八九要对儿女的择偶与婚事，伴随全程关注并积极参与。

昔日把成家立业视为男人肩起社会责任、家庭责任的起点。家是父母给成的，业是父母赠予的。既然由父母决定儿女的婚事，那么也必须提供婚后生活的基本条件。不能只行使权利而不尽义务，让一个十几岁的青年背上家庭包袱以后，白手起家自创生路，总是不近人情的。男子结婚时的基本家业，一般通过家庭析产而实现。中国没有嫡长子全额继承家产制度，嫡长子虽在宗法事务上拥有绝对权利，但不能将这一权利扩延到家产分配上。父母财产随着儿子陆续结婚，就不断分配，即使家道丰裕，经过多次分割，费力经营聚起的财富规模迅速变小。从扩大再生产需要资金积累上看，这种每代不断分割家产的现象，历史证明确实不利于社会经济发展。当代也常把这一现象视为中国现代化早期发展的障碍因素之一。但是，从同胞兄弟的权利保障上看，倒是非常人性化的。父母财力全额支撑全程包办儿女婚礼，实际上是父母规避日后风险的投资，在家庭养老作为主要保险形式的时代，凸显后继有人的重要性。对于一般家庭来说，往往是隔代服侍，一对夫妇中年时为儿子成家立业生育子女做出巨大贡献，待到本人渐入老境，儿子顶立门户构成家庭经济的主要来源，孙子女帮忙照顾。在早婚时代，五十岁以上的老人通常是由儿孙两代人共同照看的。

古代之所以选择男子十六岁，女子十四岁作为结婚年龄的起点，源于对人体生理变化的基本认识。从婴儿降生起，男按八年女按七年的时段间隔，作为成长发育的台阶。从生育能力上看，男子自二八一十六岁起，到八八六十四岁基本结束；女子自初潮二七十四岁起，到更年期大约就是七七四十九岁上下结束。

一般人很难体验这一测算的准确性，而皇帝拥有足够的适龄女人，可以实证。譬如康熙享年六十九岁，一生至少有过五十五位女人，生育三十五子，二十女。抛开夭折的不计，成活下来重新排序的皇子二十四人，皇女十人。长子允禔生于康熙十一年二月，最小的二十四子允祕生于康熙五十五年五月，兄弟之间年龄相差四十四年零三个月。不过，这一大一小的皇子还不是康熙的实际生育状况，允禔按生育顺序原来排在第五，允祕排在第三十四。康熙的第一位皇子生于康熙六年，与排在允祕之后的另一个儿子之间，年龄整整相差五十岁。五十年的生育历史足以说明古人测算人体变化成熟与生育期限是比较准确的。

由于以性成熟具有生育能力的年纪作为结婚的年龄，因此，议婚时间要提前一二年。传统伦理虽然看重初婚处女的贞洁，但在现实生活中，少女在出嫁时因不贞而被休回娘家的现象极为罕见。个中道理非常简单，女孩在即将成年之际就已议婚放定，轮不到怀春思欲做些出格之事，就被嫁往婆家，在娘家生活时间不过十几年。

历史上长期的早婚早育多育并未让中国人口快速翻倍增长，直到明末，政府登记人口六千余万，加上漏报、瞒报、失察等人口，充其量总数也不过一亿。为什么到了清乾隆以后人口急剧膨胀？这是小冰河期过去，气象灾害减少，风调雨顺增多，高产物种引进推广与人口税收政策改革等共同促成的。"甘薯和玉蜀黍充当了中国人口爆炸的助产士。"[1] 明代引进的高产作物玉米、红薯、马铃薯到了清代才普遍种植。食物供应充足，必然促进人口平均寿命的提高与溺婴弃婴减少。

阅读明清两朝的笔记文集，容易留下明朝官员文人寿命远不如

---

[1]〔美〕查尔斯·曼恩《1493：物种大交换开创的世界史》（朱菲等译）250页，中信出版社 2016 版。

清朝的深刻印象。譬如《啸亭杂录》卷二"本朝文人多寿",列举了十五位官员文人,最高寿的沈德潜九十五岁。其实,不管在怎样水准的平均寿命环境中,都可以产生高寿个体,因此,借助个案举例证实社会平均寿命提高,不能完全让人信服。昭梿记录的特别意义并不在于个例本身的辉煌,而在于立论的开阔视角。这是针对明王世贞《文人九厄》中把明代官员文人普遍寿短现象作为"一厄"之痛,而做出的比较。明朝的官员文人,过六十岁的人不多见,七十以上者更是凤毛麟角。而清朝七八十岁,乃至九十岁的大有人在。乾隆五十年(1785年)正月初六日乾清宫千叟宴,出席者六十岁以上的三千多人,最高寿的一百零五岁,嘉庆元年(1796年)正月初四日宁寿宫皇极殿千叟宴,出席者六十岁以上的三千五十六人,最高寿的一百零六岁。此外尚有列名邀赏者五千余人。两次千叟宴出席老人的年龄之高,人数之多极具普遍证明意义。多少反映了当时社会平均期望寿命提升的实际状况。几代人共存的家庭数量增多,必然在同样生育条件下,导致社会生存总人口的急剧膨胀。

一般来说,市场经济下的人口增长率也要受市场调节,达到社会经济总量支撑的极限之际,就要放慢速度直至停滞。从明晚期到清初经历几十年的全国性的灾荒战乱,人口总量急剧下降,据《清世祖实录》顺治八年(1651年)终的统计,人口只有一千六十三万。当时皇朝尚未完成实质统一安定,因而存在统计缺漏,实际人口应比这一数字高得多。康熙五十一年(1712年)发布"孳生人丁,永不加赋"政令,雍正元年(1723年)普遍推行"摊丁入亩"政策,人丁税彻底废除。政策效应,不但让隐匿人口大量显现,而且激励了民众的生育热情。人口总量从此节节快速攀升,雍正十二年(1734年)一亿九百多万;乾隆四十九年(1784年)二亿八千六百多万;嘉庆十七年(1812年)三亿三千三百多万;道光十四年

（1834年）四亿一百多万。

百余年间，政府登记人口从康熙五十二年（1713年）终，政府统计登记人口的二千四百六十二万到道光十四年（1834年）四亿一百多万，人口总量翻了十七倍。而耕地并未与人口同步增长，人均耕地一直呈下降趋势，从二十五亩降到二亩多。此后，人口总量进入一百余年的徘徊期，1947年人口普查，《中华民国统计年鉴》记录为四亿六千一百万，与1834年的四亿一百万对照，只增加了六千万。不是民众丧失了生育兴趣，而是社会物资供应容量已经达到极点，再开荒移民、抑制消费，压低生存质量标准，也不能挤出增量空间。因之，不得不放弃生育或抑制生育。尽管生育多孩仍然存在，但孩子能否活下去则是经济问题。昔日凡多子女家庭，基本上都是殷实中等以上之家，特别穷苦的家庭没有那么多子女。现实的家庭经济状况决定了家庭人口规模，因此溺婴弃婴行为比较普遍。

历史上虽然一直提倡养要教，但在现实生活中，大多数家庭对于儿童教育往往是心有余而力不足的，养而不教现象极为普遍。昔日父权笼罩下的儿童成长过程，忽视了儿童的受教育权、游戏权、营养权等。相反父母在儿女身上寄予各种心思，全然不顾儿女个人心愿，一味地操纵摆布。相形之下，穷人家的孩子境遇更为悲惨，承受着双重困苦，来自父辈家长专制与经济上的贫穷与无奈。靠牺牲教育与必要生活水准的养育爆炸曾经让中国付出巨大代价。在现代化早期，由于劳力充足过剩，减低了对科学技术动能开发的兴趣。

包办婚姻大都是门当户对的。家庭的社会地位基本划定了本家的社交圈子，无论通过媒人还是借助亲朋，联姻基本在相似的门第、名望、财产等家庭文化背景中选择。尽管双方都要了解对方子女的相貌人品，却不是由结合当事人的男女亲自出面交流的，也就无从谈起彼此之间的情感碰撞。父权主宰的家庭生活模式，女儿婚姻就是选择终极归属，把青春后的未来生活交付另外一个家庭掌控。

如果从经济交换上看，社会上层婚姻是等价的，彩礼与嫁妆等值，甚至嫁妆远超彩礼。联姻超出劳力人口转移意义，而蕴含诸如政治的经济的情感因素。下层婚姻则是买卖的。

对于普通人来说，核心家庭既是生产单位，消费单位，同时也是社会管理的基本组织。一个家庭的建立就意味着一位少女从属一位青男开始了新的生活，从父权的魔掌转向夫权的掌控。女子出嫁以后，身份属性发生质变，不再属于娘家系统，而名正言顺地成为婆家的正式成员。不言而喻，普通人家议婚时，必然要对劳力转让的经济补偿进行谈判。这就是通常所说的买卖婚姻。男方彩礼实质上支付的是新娘在娘家十四五年的成长费。毋庸赘言，买卖婚姻必须批判抛弃，但是，若想使其消亡殆尽，必须铲除相关的伴生条件，尤其要在观念上彻底更新。不能只选择性迷恋旧日婚俗的利己项目，而拒绝付出相应的代价。

出嫁从夫的法定关系，注定彩礼的合理性。若不打破"嫁出去的女儿泼出去的水"礼制制约，再怎样批判也无济于事，换做谁也不会把养育了十几年的女儿白白地送出，从此与自己疏远。也许有人会说，即使维持这一婚姻模式，大家都放弃彩礼，不也同样可以达到公平吗？如此立意固然不错，但是，家庭生育男女比例各有不同，倘若实行设想，只便宜了养育男孩多的，而伤害了男孩少的家庭利益，尤其有女无儿的父母日后养老必陷入绝境。所以，在什么样的制度文化环境中，选择什么样的权利保障方式，乃是约定俗成。父母一定要在嫁女时实现权利。古代乡民婚姻半径很小，彩礼很容易循环旅行，即用聘姑娘收到的钱财为儿子娶媳妇。

当代社会，出嫁从夫的政治的法律的习俗的种种制约已荡然无存，同时初婚平均年龄也提高了十岁，男女结婚自由权利义务平等，婚后女子仍与娘家往来，赡养自己父母。然而，彩礼观念却未见随之消亡，近些年来反而愈演愈烈，只不过性质、用途与古代显有不同，彩礼钱款多是假女方索要之名最终全部或部分转给了女儿。

2017年2月20日《人民日报》海外版刊登"沉重的彩礼"的调查报告，统计表明"西部高东部低，山村高城郊低"；"华南降幅大，长江流域零礼金"。经济、文化越发达的地区，彩礼观念越淡薄。以其中较重的保定农村为例：如果男方没有正式工作，彩礼十万起步，还要在县城里买房，买车。这几乎是当地彩礼的标配。

显然，"标配"的车房与金钱再高再丰厚，也是新婚夫妇的财产，而非归属女方父母，与其称作彩礼，倒不如称作女子许嫁财富门槛更为准确。这是近年来房价高涨，稳定丰厚收入职业难求，生活成本剧增，年轻人生活预期焦虑与日俱增的表现。

传统社会走向现代社会过程中，急功近利无所不在，今日的彩礼托传统婚姻文化之名，变成"压榨"男方父母的敛财行为。"儿子娶媳妇，爹娘脱层皮"现象屡见不鲜。中国的父母普遍甘为儿孙作马牛，宁可自己省吃俭用甚至举债，也要资助儿子按"彩礼"标配完婚。英国汇丰银行一项调查表明中国80后青年百分之七十名下有房，高居世界首位，其中41%由父母出资。这真令人唏嘘不已。

包办也好，自由恋爱也好，婚后家庭稳定率比较高的，大都是门当户对的。有社会学者做过专门统计，夫妇双方家庭文化背景相差不多的婚姻稳定率高于家庭文化背景相差悬殊的。不是说门当户对的婚姻百分之百都稳定，世间哪有这种好事。社会各类运作规则的评价，向来以管辖生效的百分率，来判定规则的优劣。譬如，某项规则管辖生效率百分之七十，另一项同类的规则管辖生效率百分之七十五，在统计比较后，可以说后者优于前者。但是，如果有人设计一种规则非说可达百分之百，也就不必讨论了，规则设计是神话，只能在思辨中网尽全利而避其全害。门当户对婚姻存不存在家庭冲突与家庭暴力等难以尽数的问题，当然存在，企图以一剂灵丹妙药包治百病，世上没有如此幸事。只不过从婚姻稳定率上看，门当户对的婚姻远高于门第悬殊的。

超越门第，超越各自现实条件的自由恋爱可以演绎惊天动地泣鬼神的爱情故事，但进入婚姻生活未必就美满长久。曾见过不少对青年男女不惜代价冲破种种阻拦障碍，历尽磨难走到一起后，生活却陷于泥潭的事例。当共同抵御外力压迫时，一致的目标构筑一致行动，来不及也不愿深思其他事情，暴风雨过后，赢得了自己做主空间，彼此之间文化背景与价值观念等一切细节，在日常生活中碰撞磨合，契合度决定了婚姻是否稳定。爱情的实际意义在于情感依恋与体验过程，而不在于结果。争得自由恋爱权利，不等于就实现了适合的婚姻。包办的优势在于双方的家庭文化背景相近，进而能让一对新人婚后的起居饮食、行为习惯、消费观念等生活细节方面很快合拍，减低因琐事冲突的频率。其实，即便在今天包办也不失为一种择偶方式，只要儿女与父母皆愿意包办，尽可以这样做。无论什么联姻方式，实现婚姻自由的真实基础是离婚自由。只要有了如此基本保障，选择什么方式不可以？

喜棚婚宴

婚礼必置酒席酬宾是千百年形成的礼仪习惯，至今如此。众所周知，小农经济防灾抗灾能力甚差，自然灾害稍有风吹草动，就要减产，造成逃荒要饭。一旦发生大规模灾荒，结果就更可怕了，夺去成千上百万人生命，远的不说，仅以光绪三年（1877年）、四年

喜棚内景

（1878年）连续两年，山西、河北、山东、河南、陕西五省发生严重的旱灾、蝗灾与瘟疫为例，直接死于灾害的一千三百万人，两亿人挣扎在生命线上。

民族整体饮食曾长期处在难以尽情吃喝的状态中，社会普遍关注的是能不能吃上、吃饱。而吃好则是奢望，普通人享受肉食美味的间隔大，机会少，通常在年节与人生大事等节点上才可望实现。至于随心所欲享用山珍海味珍馐更是可遇而不可求的。平日饮食越是寡淡乏味，想望美味的心情越炽烈。传统的社交聚会，无论什么性质，大都采取吃喝方式，这是众望所归的最佳选择。

婚礼双方商定迎娶日期后，各自通知自家亲朋，民间多以口头形式，登门邀请或托人转达。社会中上层，社交圈子大，多是送达正式请帖。收到请帖的人出席婚礼，必备份子钱，与邀请人关系近的，份子钱之外还可能另备礼物。这就是北京人所说的"人情份往"。社交中"人情"冷暖、关系远近与情谊厚薄的表达形式甚多，而金钱从来是检验程度的重要标志，"份往"指的就是赠送一份礼金。所以昔日人们常把参加红白喜事等活动，笼统称为"出份子"。

婚礼的份子钱称"纳喜儿"或"贺喜儿";丧礼的称"折祭"或"奠仪",意味以钱折作祭品上供。礼金数额因阶层、收入状况、关系程度、个人消费观念的不同而差异甚大。金钱无论多少,婚礼崇双数,丧事尚单数。与邀请人关系密切,一般单独出资,数额较大;关系一般的,大都在同事、朋友圈中,由一人发起,按时俗惯例定价,每人出一份。俗称"凑份子"或"随份子"。

赠送"贺喜儿"钱,娶媳妇的用大红信封,封面正中加一红条,上书"喜敬某两",晚清以后币制改革,银圆流行,则书写"喜敬某圆"或"喜仪某圆"皆以双数递进。信封背面写上本人住址。受礼人一看便知是谁馈赠的。聘姑娘的用粉红色信封,格式与娶媳妇一样,书写用词稍有不同,妆仪或妆敬某圆,或奁仪、奁敬某圆。旧日婚礼没有男女两家亲朋聚在一起共同庆祝的。男女双方各自接受礼金,各自设宴招待本方亲朋。

在纸币流通以前,使用银两、银元、铜钱时代,礼金并不装入礼帖之内,而是进门后一同交给临时设立的账房验收,登记上账。上账必不可少,一是防止资金流失;二是作为主人日后还情的依据。譬如,日后接到他人请帖,为赠送多少礼金才合适犯难,翻出底账一查,或如数或稍加回赠,就轻松解决了。晚清民国时期,礼金银圆过百,是不得了的交情,也非寻常人家能做到的。殷实人家的一般标准,从两块银圆起,双数递增,四圆、六圆、八圆、十圆,到几十圆不等,完全视个人财力、性格和与邀请人之间的关系而定。下层简单的婚礼,一般不用封套,而是直接把钱交与账房,高的几圆,少的不过几毛而已。不管怎样,出席婚礼一定不能空手去。如果不出席,派人送礼,回程时账房必赏几毛例钱,作为回去的车钱。此事归账房掌握,按惯例操作,不必惊动主人,每一笔开销都要登记在册。

晚清以前，迎娶新娘要直入新房，婚礼无论穷富大都在家里举办。民国以后，中西合璧的婚礼出现，新娘子迎来以后，要与来宾见面敬酒。所以有些人选择在饭庄里举行。婚礼酒席根据资金投入多少分为多种档次。花费大都采取家庭消费承受力的上限，为了脸面，甚至可以举一部分债。

私家大型宴会，宾客如云。一般家庭房间不多，更缺少宽敞厅堂，所以，就要在院中支棚构建临时待客大厅。民国以前，不管房屋大小间数多少与建筑质量如何，一家一户，院落独立一直是北京人住宅的主要形式。即使所居不是独院，办事之家也要求得邻居谅解，在院内搭棚。传统熟人社会，普遍重视邻里和谐，一般都不会拒绝，常常是主动帮助。棚铺专营搭棚业务，用沙高、桨杆、苇席等材料沿四面房檐高起席棚，讲究的还要扎出各种花彩。晚清民国初年，北京棚铺业非常发达，有两百余家。可见社会消费需求旺盛。婚礼办得红火必须拥有金钱地位，然而拥有金钱地位不见得一定红火。火爆非凡的婚礼往往发生在那些骤富之家。

支棚同时，还要雇佣厨师与服务人员。高门大户虽常设厨房与厨师厨役，但因婚宴供应任务异常繁重，也需临时外聘。富家一般联络高档名馆承办，寻常之家则在棚口雇佣。棚口系指专门承应家庭宴会的厨行，操此业的厨师俗称"跑大棚的"。应聘厨师按出资与桌数，与雇主商定菜谱。起先本行业厨师一旦应聘，附带免费提供餐具，后来变成如果雇主需要，则按瓷器品质论价额外收费。棚支好以后，还得布置桌椅板凳，本家不愿费事，也可委托厨师到轿子铺租用。此外，还需雇两类人。一是茶行，相当于当代的服务生，负责招呼来宾，引位，上菜，席终清理翻台等工作。宴会通常不是一次完成，多数情况下，要翻台两三次。如此方能解决空间与用具不足的实际困难。大户虽有佣人，但不一定够用，即便够用由于缺乏专业训练，未必能很好完成大型聚会的服务。二是油行，负责厨房打杂，如择菜洗碗添火看锅等事务。

婚宴各项准备工作最关键的是与厨师拉好菜单。不管怎样，构成宴席档次最重要的是菜品质量，菜肴越佳越彰显主人待客的真心实意。假如场面搞得很大，广发请帖邀人出席，而饭菜平常敷衍了事，必引发来宾不满。旧日指责这样的做法为"撒网捞鱼"。也就是说，广邀亲朋的目的是聚敛钱财。因此，凡是顾及脸面不想让人说出闲话的人家，在筹办婚宴时，宁可压缩其他的开支，也要在饭菜上做得丰富精细些。来宾吃得舒服满意，也就堵住了嘴，避免了闲言碎语。

大棚里餐桌安排分两种。一是官桌，用于招待紧要显贵来宾，旧例至少预备四张。中式家具的餐桌，大都是正方形的，较大的称八仙桌，较小的称六仙桌。宴会用桌都是较大的。官桌设在正房前甬道两侧，桌边挂上围子，上铺红布，正面南向放两把官帽椅或灯挂式椅，亦配上椅套，两侧放凳子，同样配上凳套。另一是普通桌，不设椅子，方凳或条凳围在四面或三面。桌凳也不见得再上布套。分列在官桌两侧。

官桌根据来宾身份，可坐三人、五人与六人。在极为特殊情况下，只坐一人。一个人则面南居中而坐。三个人，主客面南居中，左侧次之，右侧再次之。五个人，主客仍面南居中，东西两侧各两人，顺序是左二、右三、左四、右五。六个人，北东西三面各坐两个人，面南左方第一位，右方第二位，东西两侧各两人，顺序是左三、右四、左五、右六。桌南一侧不设座位，留出上菜通道，俗称菜口。圆桌通常是在八仙桌上扣上圆桌面，最多坐九人，主客居中，左侧依序二、四、六、八；右侧为三、五、七、九。主客对面空出一位作为菜口。一般来说，官桌至多坐六个人，偶尔有人前来敬酒，搬来凳子坐在空出一面，就是俗谓的打横。

上菜程序以敬主客为主。第一道菜要放在靠近主客的位置，随后每上一菜，将前菜循序向两侧下移。主客面前永远是新上的菜。主客受特殊礼遇，也不能白白享受，餐后由他打赏，上汤时将红纸包的赏钱放到汤盘上，俗称"汤封"。接过赏钱的茶房必喊一句"某某老爷赏了"。这不仅表示感谢，更重要的是通知厨房与一切服务人员，防止个人隐匿私吞。所有赏钱汇在一起，宴会终结，三行之人按比例分账。

婚宴起码的规格是炒菜面，由凉盘、热炒、打卤面、炸酱面、面码组成。最差的一桌也要预备四凉盘与四热炒作为酒菜。菜肴选项甚多，但局限在普通家常菜范围内，凉盘如小肚、熏鱼、松花，桂花藕片；热炒如扒肉条、酱爆鸡丁、扣肉、木樨肉；打卤好些的海参、虾仁、玉兰片的三鲜卤；常用的是白肉、口蘑、黄花、木耳、鹿角菜与鸡蛋勾芡；差些的是肉丝、白菜丝、鹿角菜做成的不勾芡的浇余儿；炸酱则肉丁炸酱与鸡子炸酱等；面一般为抻面；面码四盘，冬令时节常用的是豆芽、青豆嘴儿、黄豆、水萝卜丝、咸胡萝卜丝与蒜瓣等。上面条时，同时上馒头一盘四个。炒菜加面条实惠简单，属于勉强办事之列，但凡财力允许，也要选择炒菜招待宾客。

投资少，菜肴普通的席面称作便席，最简单的是猪八样，皆是猪肉菜品，俗称"肉上找"，常见的是在扒肉条、荷叶肉、樱桃肉、马牙肉、米粉肉、扣肉、方肉、红白丸子、四喜丸子、南煎丸子等流行的菜品中，选取八种，用三海碗（又称草帽碗）盛放上桌，同时搭配四至八个压桌凉盘，主食为米饭、馒头等。如此席面放在今天，大都会觉得单调而油腻。可是在普遍饮食寡淡的年代，这正是解馋饱餐的美味。比猪八样稍进一步的是大九件。记得有个歌谣说道其中的主菜是"南煎丸子扣肉鸡，红烧肘子大鲤鱼"。菜品走出纯猪肉系列，加上了鸡鸭鱼等家禽水产。

宴席档次由菜肴品质与数量构成，晚清民国时期，常见的宴席有"烧烤席、燕菜席、鱼翅席、鱼唇席、海参席、蛏干席、三丝（鸡、火腿与猪肉丝）席各种名称之外，更以碟碗之多寡别之，曰十六碟八大八小，曰十二碟六大六小，曰八碟四大四小"。[①] 碟置干果、鲜果、蜜饯、冷荤、热炒；碗分大小，大的盛全鸡、全鸭、全鱼、汤羹，小的盛菜肴。也有放弃小碗而以大碗与大盘并用的主菜十大件或八大件，配以四到十二碟的组合形式。

宴席名目是以主菜命名的，上面所列宴单的烧烤席，又称满汉大席，以烧乳猪为主菜。其他的一望即知，无需赘言。宴会档次中等以上的，上菜程序一般采用每四个用料技法相近的菜品构成一道，陆续上桌，从五六道到十二道，故称四四席。这是配餐与上菜流程的笼统称法，绝非仅在高档宴会中使用，炒菜面、猪八样的宴会也基本上采用四四上菜方式，只不过菜品寻常种类少而已。

高档宴会一般在八道三十二菜品以上，必有山珍海味。在此，以九道三十六菜品为例简单介绍宴会的流程，客人到来，引位入席，茶水招待，必先上四干、四鲜、四蜜饯。四干即四样干果，如黑白瓜子、核桃、花生等；四鲜即时令鲜果四种，婚宴则不能上梨，盖忌讳谐音"离"字，恐对婚姻长久不利；四蜜饯，如炒红果、蜜饯海棠、苹果脯、玫瑰枣等。三道十二种干鲜果品与蜜饯不过是茶点而已，宾客抽烟喝茶，稍事休息。随之茶点撤下，上四压桌，四盘冷荤如鸡丝粉皮、叉烧肉、熏鱼、香肠等，宴会正式开始，酒一般为烧酒、黄酒与露酒。供应啤酒饮料是很晚的事。四压桌以后上四热炒，如糟溜三白、烩两鸡丝，抓炒里脊、油焖冬笋。再上四大件

---

① 徐珂《清稗类钞》"饮食类"。

（四大碗），这是决定宴会档次的标志，以高档的燕翅席为例必有燕窝鱼翅，如一品官燕、通天鱼翅、海味三鲜、红烧鲍鱼等；再上四小件（四小碗），基本上是着实的肉菜如扣肉、米粉肉、樱桃肉、元宝肉等；再上四甜食，按春夏与秋冬分别选用。秋冬多用八宝饭、清蒸莲子、冰糖银耳、拔丝山药等；再上四面点，如炸春卷、芸豆卷、豌豆黄、蒸饺等。从九道食品内容上看，开始的三道十二种干鲜果品蜜饯似有凑数嫌疑，真正意义上的菜肴只有六道二十四种，倘若再剔出两道八种甜食面点，则是四道十六个菜肴。并没有脱离晚清民国时期通用的八大碗八小碗或八大碗八碟或十大碗四至十二碟的宴式规格。

四四席其实就是八八席。中档以上的宴会，菜品种类与数量增加，因而做了细化分类，把四个同类近似的菜品编成一组按确定的流程陆续上桌。而低档的民间宴会，因菜品种类与数量少，所以不必采用这一程序。四四席作为菜肴搭配组合与上菜流程的规制，也可办全素席、清真席，具体运用时，席面千差万别，不管怎么说，档次终究要靠菜肴与厨艺决定。

洞房花烛与新婚三日无大小

众所周知，婚礼充满喜庆欢乐的气氛，但也不是非闹到昏天黑地的地步不可。一般来说，越是身份地位高的家庭搞得可能越和谐安静，而市井乡村的婚礼可能比较追求火爆与热闹。常听到一句婚礼用语叫作"新婚三日无大小"。许多人挟此习俗观念，在他人婚礼上恣意胡为，调戏新娘丑态百出，搅乱喜庆祥和气氛，乃至乐极生悲酿成悲剧。近些年来类似事件媒体报端亦多有报道。其实，民间习俗绝不可以在不同阶层不同地域泛化使用。俗语讲十里不同风，百里不同俗，习俗一旦脱离生长的土壤与人群，必然成为纯粹的个人行为习惯，能否被异地他人接受，要看习俗本身的文化价值的历史性、合理性与感染力。

两性结合天生排他，即使一对新人受习惯观念束缚尽量忍耐，但嬉闹过度也很容易导致亲朋至友反目成仇。清光绪年间的申报画刊《点石斋画报》记康熙年间，上海宝山县因一人在婚礼上调戏新娘而被新郎诉讼于官。同期的吴有如《风俗志图说》记载了发生在宁波的悲剧，一男子潜入洞房偷听新人私语被发现，新郎怒不可遏以剪刀将其扎得血肉模糊。

"新婚三日无大小"可能是原始掠夺婚时代的遗风，不过，早期戏谑的对象是抢婚的受益者新郎。东汉明帝时，汝南人杜士娶妻，友人张妙戏弄杜士，将其捆绑捶打倒悬致死。[1] 北齐文宣帝高洋娶段韶之妹，韶妻元氏沿用"俗弄女婿法"杖打皇帝。[2] 随着历史变迁"杖女婿"逐渐演变为"戏新娘"。另一种可能是族外群婚制向对偶婚转变期间形成的习俗，周作人认为"即初夜权之一变相"，同族青年失去群婚制时代亲昵新娘权利，而通过"戏妇"游戏化得以补偿，"俗有戏新妇之法，于稠众之中，亲属之前，问以丑言，责以漫对。甚为鄙黩，不可忍论。"[3]。战国晚期的燕国婚俗，"嫁取之夕，男女无别，反以为荣。后稍颇止，然终未改"。[4] 越是接近本能的行为，越可以追溯到久远，越难杜绝。

人类从野蛮走向文明，规矩越来越多，因之，随着时间推移，

---

① 《太平御览》卷八百四十六，引应劭《风俗通义》，中华书局 1960 年版。
② 《北史》卷十三"后妃"。
③ 葛洪《抱朴子》"疾谬篇"，上海古籍出版社 1990 年版。
④ 《汉书》卷二十八"地理志"。

这一先民遗俗遭到愈来愈多的批评。"江浙间有嬲亲之俗，亦何以异此。又闻山左州郡有所谓讨喜者，秽亵益复不堪。士大夫生圣人之世，处礼义之乡，有此恶习而不知革，亦可怪矣。"① 历朝政府也不断地出面严禁。清康熙年间，福建巡抚张伯行颁《禁闹婚示》讲："合婚之夕，亲戚朋友，伙饮彻宵。拥众入房，披帷帐、搜枕衾，名曰闹房，亵狎渎乱，伤风败俗，此其甚也。"凡此恶俗，皆严禁之。

说来也不奇怪，古代乡村生活环境封闭，流动性极差，乡民终日为衣食奔波劳碌，社交休闲聚会始终是奢侈之事，没有多余资金与空闲用于这方面消遣。一般来说，乡民经常性交际距离难以超过五公里，社交多局限在本村本乡，最铺张热闹的聚会莫过于婚丧嫁娶。这是辛苦劳作间隙中难得的消遣放纵机会。

传统社会历来同姓聚居，个人与家庭社交半径很小，嫁娶选择区域相对固定。乡村宗族谱系清晰，同村之人，多沾亲带故，一家办喜事，能做到倾村参与。所谓"无大小"的闹洞房存在约定俗成的前提条件。首先，参与者大都是本村的未婚青年；其次，大小绝非指的是年龄大小，而是辈分大小。在宗族人群中，娃娃爷爷与胡子侄孙现象屡见不鲜，参与闹婚之人尽管是长辈，却可以暂时放下规矩尽情调笑新娘。无论纠缠拉扯新娘还是听房的青年都清楚日后自己也将受此待遇。在这一意义上，乃是预习与锻炼承受应付能力的机会。

闹洞房习俗是历史的，同时又是散见的，并非礼制婚礼文化大传统，更非都会与社会中上层的婚礼现象。儒学尊卑长幼、男女内外观念与"三日无大小"格格不入。

尽管昔日的都会城市生活远非今日丰富多彩，但居民身份复杂

---

① 龚炜《巢林笔谈续编》"嫁娶恶习"，中华书局1981年版。

性、流动性、信息传播与礼教影响力远远高于乡村。城市社交规范有别于乡村，社交行为注重进退有度，话语得体，不使对方陷入尴尬境地。城市的婚礼虽然也追求喜庆欢乐，但来宾不像乡村那样单一，因而必要的伦理规矩意识不可或缺。旧京婚礼流程并没有给"闹洞房"留有空当。

闹洞房首先要弄清洞房内的实际情况，新房一般只是一间，即便皇帝大婚，新房设在坤宁宫东进间，也不过两间而已。新房在迎娶之前先要响锣三下，然后把门关闭，谓之"响房"。新妇娶进以前，不再开启出入。新娘迎来以后直接入洞房，拜天地，坐帐，喝合卺酒，吃子孙饽饽都是由娶亲太太、送亲太太操持。北京的四合房一间的使用面积大的可以到二十多平米，普通殷实之家不错的房屋一间面积不过十五平米左右。北方冬季寒冷，为取暖与采光方便，房内一般搭建前檐炕，因阶层财力差异，分土炕、砖炕与木炕几类。俗语常说"一间屋子半间炕"，寻常百姓的房间，炕基本上要占使用面积的二分之一，此外再放置些家具，地面活动空间实在有限。拜堂仪式实际上是封闭的，也不欢迎外人进入凑趣。洞房向来宾开放是比较晚的事情，即使开放后，允许进入，也难容纳过多的人。生活在哪一时代的人都明白当时的规矩，也不会主动提出类似要求。婚礼祝贺意义主要表现在吃喝聚会与向主人道喜上，与见不见一对新人没有关系。至于新娘拜见公婆则在次日进行。新人结拜在大堂正厅举行仪式出现得比较晚。

时下婚礼搞得隆重铺张的比较普遍，婚礼消费也有助于拉动内需刺激经济增长。不过，铺张尽可以铺张，只要拥有相应的财力支持。可是要时刻警惕乐极生悲可能衍生的悲剧，排场预案计划标准越高，程序越复杂，伴随的风险就越大。场面一大，来宾必多，什么样的人都有，如果调控不力，难免节外生枝，喜事变悲剧。我曾经历过这样的事情，有一次出席一位老朋友儿子的盛大婚礼，新郎的一位大学同学到来以后，非要让他抱新娘上桌，做亲近动作，使得这对新人左右为难不知所措，双方的亲友长辈顿时提心吊胆，真怕出什么乱子，幸好其他同学出来解围，降低要求，未抱上桌而在地上敷衍了事一回，才算过关。

社交一定要遵守规则，行为举止要进退有度，既然接受了高等教育，离乡而入城市生活，就要入境随俗。"入竟而问禁，入国而问俗，入门而问讳。"郑玄注释说："皆为敬主人也。禁，谓政教；俗，谓常所行与所恶也。"① 一个人到一个新环境，必须粗知该地方的一般法规禁令，同时了解日常行为的习惯与禁忌。那位同学始终没有觉得自己的做法有什么不妥，在其他同学力劝时还不断地说："在我们那里这不算什么，真的不算什么。"言外之意，他还是有所收敛的。但是，他忘记了，这里不是他的家乡，在座来宾也不是他的乡亲。因此，他坚持这样做的结果，必招人厌烦，从而损害自己的形象声誉，让个人社交圈子越来越小。后来听说，他的同学朋友再有结婚之类的聚会，往往不再邀请他。

人类随时随刻需要幽默与玩笑，不然生活沉闷刻板自然觉得索然乏味。不过幽默与玩笑相比，前者可能是无止境的，后者就必须掌握一个度，不能为所欲为。玩笑开得过度，不免走入人格侮辱与道德践踏的歧途，失去了活跃生活意义，能把挺好的朋友关系搞僵弄散。以喜剧始而以悲剧终，实在得不偿失。譬如，过去儿童之间闹着玩，正在拉拉扯扯你言我语高兴之际，明智的大人看到后，就要阻止拉开，不让继续逗下去，就是预见到再逗下去，肯定不会有什么好事。这种防患未然的做法确实值得借鉴提倡。

---

① 《礼记·曲礼上》。

"三日无大小"的社会记忆深刻久远，但不代表其依托的文化背景都为人了解，随着社会开放人群流动，泛化乱用日渐增多。其实，与早期的戏弄新郎不同，闹洞房无大小调戏新娘具有鲜明的血亲界限，只局限在同族至亲之内，异姓外人很难混于其中。因之，一旦走出熟人宗族社会，再执此观念施及他人必饱受谴责。社会生活顺势为之，真的到了彻底告别这一旧俗的时候了。

妇女历史地位的变迁

一谈起古代的婚姻关系必然牵扯到妇女地位话题。不错，中国历史上歧视妇女，压迫妇女的现象俯首可拾。然而，并非一开始就是这样，妇女地位每况愈下始于五代动乱之后的宋朝。此前的妇女还是非常开放的。在传统经济剧烈变革，世界现代化突飞猛进以前，无论中外，考察一个时代的妇女地位如何，主要看上层妇女的权利待遇，而下层妇女的社会地位一向都是低下的。社会倚赖的生存经济方式必然重男轻女，男人担负了养家糊口的主要职责，因此受到社会普遍重视也是情理之中的事。

妇女贞节礼教观念自宋以后盛行。以社会关注的再嫁问题而论，唐以前，夫妇通过休妻形式而离异再嫁的很为常见，上层妇女更是开放，甚至养情人。两汉公主不讳情人，朝野司空见惯。汉武帝姑母馆陶公主寡居，宠幸董偃，号称"董君"。汉武帝见其面尊称"主人翁"，一时"董君贵宠，天下莫不闻"。汉昭帝之姐鄂邑盖长公主"内行不修，近幸河间丁外人"。至于再嫁则为寻常之事。汉景帝之女平阳公主（又称阳信公主）初嫁曹寿（时），再嫁夏侯颇，颇自杀后，又嫁卫青；汉宣帝之女敬武公主初嫁张临，再嫁赵钦，钦死，又嫁薛宣。

帝王将相亦不拒再嫁之女。诸如薄姬初嫁魏豹，再嫁刘邦；汉景帝皇后王娡之母臧儿初嫁王仲，再嫁长陵田氏；汉元帝昭仪冯媛之母初嫁冯奉世，再嫁郑翁；汉宣帝外祖母王媪初嫁王更得，再嫁王乃始；汉成帝许后之姐许嬚初嫁龙额思侯，再嫁淳于长；汉桓帝邓后之母初嫁邓香，再嫁梁纪。寡妇再嫁不存在礼教约束，也不失体面。汉初丞相陈平娶五寡之妻。"户牖富人有张负，张负女孙五嫁而夫辄死，人莫敢娶"①，而陈平并不忌讳，乃求得之。

离异也非男人专利，女子亦可主动。汉代朱买臣家贫，以卖柴为生，"妻羞之，求去"，"买臣不能留，即听去"。② 后朱发达为会稽太守，归乡路上见到前妻及其夫，接至官署居住，不久前妻自缢死。朱买臣夫妻离异故事广为流传，并创作加工搬上舞台，元杂剧《渔樵记》、清传奇《烂柯山》、京剧《马前泼水》等。

三国时代依然如此，再捃摭几例证之。建安九年（204 年）曹操攻占邺城，曹丕娶袁绍二子袁熙之媳甄氏为妻，曹丕时年十七岁，甄氏二十二岁。再如，孙权曾娶孀妇徐氏。他的三位女儿有两位再嫁，长女嫁周瑜之子循，循逝改嫁全琮；二女嫁刘纂，早卒；三女前嫁朱据，后嫁姐夫刘纂。绝少为夫守节的现象。类似事例枚不胜数，可谓比比皆是。这一风气一直延续到唐朝。

大家知道"面首"系指男宠，语出《宋书》。南北朝时期，南朝宋山阴公主对废帝刘子业说："妾与陛下，虽男女有殊，俱托体先帝。陛下六宫万数，而妾唯驸马一人。事不均平，一何至此。帝乃为主置面首左右三十人。"③ 山阴公主够大胆的，尽管要求荒淫无耻，

---

① 《史记》"陈丞相世家"。
② 《汉书》卷六十四"朱买臣传"。
③ 《宋书》卷七"前废帝纪"，中华书局标点本。

但一句"事不均平"彰显公主追求姐弟之间享受同等待遇的意愿。且不论公主请求是否合理，历史道德评价如何，仅就事件本身，足以表明当时社会的妇女地位，类似事情在宋朝以后的历史中再难找到，没有哪位公主敢向皇上提出如此要求。"面首左右"应连读，面指的是面目清秀白净，首指的是头发乌黑，左右指的是亲密，与公主形影相随，常在左右，不离左右。

唐代公主亦很开放。唐代已婚公主总计一百三十七位，其中再嫁者二十四人，三嫁者三人。"代宗后公主无再嫁者。宣宗时诏夫妇教化之端，其公主、县主有子而寡，不得复嫁。"①

可见唐以前，妇女尤其是上层妇女，再嫁不是什么见不得人的事，朝廷也没有力倡妇女从一而终，同时，男人娶妇也不太在乎对方是否为贞女。妇女不但拥有再嫁自由，而且能够参加公共活动。

宋朝以后，伴随理学兴起并成为官方哲学，妇女礼教约束日趋繁密，妇女地位逐渐走向深渊。实际上，社会经济愈发达，制度法规必然走向细密化。当行政资源与行政能量不能分门别类管辖太多的事项，就要通过管人达到统治的安定。妇女地位降低是皇朝维护经济基础稳定政策促成的。唐晚期以后，土地制度发生了巨大变化，以政府授田为主变成土地私有并可买卖，社会经济总量增大，阶层流动性提高。在社会交换中保证生产与消费的基本单位——核心家庭的稳定，乃是政府与家庭的共同需要，因此，在维护父权、夫权方面走向极致。限制妇女权利在保护家庭完整与稳定方面的功效显著，起码减少了家庭重构与财产分割重组的几率，同时维系以夫权为中心的家庭血缘传递的纯正。家庭财产一向是以血缘亲疏远近排列继承顺序的，在无亲子鉴定技术时代，限制妇女行为的最大意义

---

① 方浚师《蕉轩随录》卷六"公主再嫁"，中华书局 1997 年版。

并不仅着眼于防止婚前、婚外性行为上，而是对可能产生的后果的预防，阻断非父缘子女名正言顺地分割本家财产。

缠足礼教意义与婚姻稳定功能

中国历史上妇女禁锢走向严密与缠足铺开年代高度一致。缠足出现年代说法不一，最早的有神话传说，稍后的是六朝说、隋代说，最流行的是五代南唐后宫舞姬窅娘说。不管出现年代的早晚，妇女缠足普及始于北宋晚期，已是社会普遍共识。清钱泳《履园丛话》梳理了缠足历史：

> 裹足之事始于何时？《道山新闻》云："李后主窅娘以帛绕足，令纤小屈足新月状。"唐缟有诗云："莲中花更好，云里月常新。"因窅娘而作也。或言起于东昏侯（南朝齐废帝萧宝卷），使潘妃以帛缠足，金莲帖地谓之步步生莲花。张邦基《墨庄漫录》亦谓弓足起于南唐李后主，是为裹足之始。至宋时有裹有不裹。《湛渊静语》云："程伊川先生家妇女俱不裹足，不贯耳。"陶九成《辍耕录》谓扎脚始于五代以来方为之，熙宁、元丰之间为之者尚少，此二说皆在宋、元之间，去五代未远，必有所见，非臆说也。[①]

为什么原来少数人病态审美追求，宫廷奇巧翻新，邀宠帝王的行径，能够广为民间接受？无论如何，对于劳动人民，摧残幼女双

---

① 钱泳《履园丛话》卷二十三，中华书局 1979 年版。

脚，实在有损日后的生活方便。如果为此付出了巨大代价而无收益，恐怕风靡一时以后也难以为继。无论什么时代，女性追求美丽动人向来是不惜自戕自己身体的。然而，考察缠足缘起绝不可能出自成年女子本人的求美实验。缠足是一个自五六岁开始至成年大约十年左右束缚改变脚骨自然生长的过程，绝非成年女性想做就能做成的，即使有人愿意，也彻底丧失了改变生理骨骼的身体条件。追本溯源，不管当初缠足创意始自怎样的灵感怎样的构思，都不可能是创意者本人的实践，且不论创意者还可能是男性。在这一意义上，南唐窅娘究竟是创意者还是践行者，则不能定论，大概是强迫幼女完成的设想。

事物因其功能存在，妇女缠足礼教约束作用极其显著。其一，女子出嫁以前，可谓是伴随着缠足度过的。缠足犹如枷锁，极大限制了少女活动空间与行动自如，由此减低引诱私奔与被拐卖的风险，保持了做姑娘的名节。昔日家庭无论贫富，女孩若不缠足将增加其日后择婿的困难。男人看重缠足女子，实质上是把小脚视作处女贞洁标志。这一显见标志概括了少女在娘家生活的全部经历。其二，减低女子婚后逃跑的风险。男女未曾谋面的包办婚姻，婚后发生性格冲突的几率增高，普通人家居室简陋，也没有仆役侍女照看，婚后女子若想逃离私奔，缠足显然是奔逃的障碍。其三，划定了妇女日常活动空间，以居室为中心，往来距离不超过几十米范围内。妇女操持家务，诸如做饭、纺织、蓄养家禽等并不倚重脚力。显然，缠足作为"女为悦己容"标致，在美学意义上，是男性普遍欣赏追求的结果，而掩盖了背后的真实控制目的。从而铸就缠足不容更改的千余年恶习。

相比之下，旗人妇女比较幸运，没有染上缠足陋习。非但如此，清初还曾试图改变汉女缠足习惯。顺治二年（1645年）、康熙三年（1664年）两次发布裹足禁令。在此移录康熙禁令惩罚条款：

康熙元年（1662 年）以后，所生之女，若有违法裹足者，其女父有官者，交吏兵二部议处，兵民交付刑部责四十板，流徙；其家长不行稽察，枷一个月，责四十板。[1]

惩罚尽管严厉，却未能改变父母强迫女孩缠足的现状，禁令与习惯观念博弈的结果，最终禁令松弛。不过，人类生活实际需要永远是处于第一位的，狠心残害妇女的双脚，则以不妨害生计为前提。一旦缠足与谋生发生冲突，习惯做法就要让位于现实需要。譬如明清两朝运河两岸，靠运输、拉纤为生的家庭，妇女就没有缠足的，流动的生活方式注定选择天足，不管怎么说，活下去最为重要，谁也不会削足适履自找麻烦徒增生活成本。再如前面讲过的明代宫廷选淑女。入选者进宫后皆放脚，就是为了服务奔走方便。不过，这些淑女大都在十三岁上下，再放脚也不可能完全恢复到自然生长状态。

朝廷虽然没能做到强迫汉人放弃缠足，却成功阻止了旗女走向深渊。凡旗人妇女，无论正身还是包衣，一律严禁缠足。若有人仿效，一经发现惩处严厉。在朝廷禁令丝毫没有松动的条件下，旗人家庭强迫自己女儿缠足要冒双重危险，在违禁招致惩罚的同时，还增加了女儿嫁不出去的危险。世间没有哪位父母愿意在眼见得没有丝毫预期收益的情况下，选择这样的风险，为自己与女儿设置生活障碍。在现实生活中，尤其到了晚清，有些旗人大户家中出现了缠足婢妾，不过，这些婢妾是买来的成年汉女。旗人大户只要购买或招聘汉女做婢妾，选择对象只能是小脚女人，汉女普遍缠足，天足女人罕见难寻。

---

[1] 况周颐《餐樱庑随笔》63 页，山西古籍出版社 1996 年版。

第四章

宾礼——外交与社交礼仪规范

《周礼》讲以宾礼亲邦国。朝廷接待番国君长或其使节的仪式。同时还包括平时社会交往的礼仪规范。在这一意义上，通常所说的礼仪礼貌大都属于宾礼。

山海诸国朝贡礼

　　鸦片战争以前，中国只承认藩部属国的存在，而没有平等国家概念，在国际交往中，一律以番邦属国对待其他国家，执行朝贡制度与臣服礼仪。这就是"中国的世界秩序"观。[①] 鸦片战争以后，东亚南亚区域以中国为中心的传统国际秩序遭遇挑战，朝贡体系迅速走向衰亡，西方的"条约体系"兴起。

　　山海诸国朝贡礼是宾礼的重要组成部分，凡是他国君长或使臣来华，通谓之朝贡。接待事宜，明清均由礼部负责。两朝皆设会同馆接待使团。明朝的会同馆作为管理皇朝邮驿系统机构隶属兵部，而所辖馆驿则与礼部共管。弘治五年（1492年），礼部主客司增设一名主事专门提督会同馆事务。此前则是轮派员外郎或主事负责。馆驿分两处：北馆在今东单三条胡同，安排王府公差以及西北、东北与西南各卫藩部、土官使者；南馆在今东交民巷，安排迤北瓦剌、朝鲜、日本、安南等国贡使。清朝会同馆分为兵部、理藩院与礼部所属三类。礼部所属的三处：一在宣武门内京畿道胡同，一在宣武门外横街，一在东交民巷。乾隆十三年（1748年），四译馆并入会

_____

① ［美］费正清《传统中国的对外关系》（杜继东译），2010年中国社会科学出版社出版。

同馆。

明朝时，外国君长或使臣到京，入住会同馆，如是君长则由礼部尚书前去宴请，第二天往奉天殿朝见，赏赐国服者，必须穿戴。朝见皇帝时，行八拜礼，随后，往文华殿朝见皇太子，行四拜礼。出席朝会、宴飨典礼，位居侯伯之下。如是使臣则由礼部侍郎宴请，宴毕，习礼三天，择日朝见，亦是八拜。不同的是，皇帝并不与使臣直接对话，而是由承制官转达。见皇太子四拜，进方物讫，复四拜。

清朝接待礼仪稍有变动。使团到达北京后，下榻会同馆食宿，第二天清晨在馆卿率领下到礼部呈送表文（国书）。呈送时，礼部大堂正中设案，一位侍郎站在左前方，仪制司两位官员分立左右，馆卿先升阶进入，立于左。通事（翻译）、序班各二人引导使团人员升阶进入，跪在地上，正使捧表，由馆卿接受转交侍郎放于案上。随后，使团全体成员行三跪九拜礼。礼毕退出。礼部将表文送往内阁听候旨意。如果恰逢大朝、常朝仪举行，使团将被安排在西班的最后位置，随着群臣在鸣赞官的口令下行礼如仪。若没有赶上朝会举行，由礼部上报，皇帝自行决定是否接见。倘若接见，馆卿负责训练使节学习礼仪，最重要的就是跪拜。届日皇帝御殿，礼部尚书引领使臣到殿门外跪，问答由尚书承传，通事（翻译）转谕。若施恩以示优渥，则在殿外行礼以后，进殿右门，立右翼大臣末位。赐坐、赐茶，跟随大臣跪叩，饮毕，慰问传答一如殿外程序。晋见皇上时要跪拜，得到赏赐时要跪拜，离京前还要到午门前跪拜谢恩。不停地跪拜构成异国臣服的首要标志，至于贡品与赏赐之间的价值衡量，明清皆遵循"厚往而薄来"原则。

外交事务必不可或缺的就是通事（翻译）。明初随着朝廷与边陲地区、藩部外国交流日趋频繁深入，汉语之外的语言人才越来越稀缺。永乐五年（1407年），在南京创办了一所朝廷的语言学校——四夷馆。不久迁都北京，四夷馆随之迁到北京长安左门外玉河西岸，后又移到东安门外。

四夷馆既是国家翻译处，又是培训多种语言人才的学校，有时也用作外来使者的临时馆舍。

四夷馆开办之初隶属翰林院，后改由太常寺少卿负责馆务，听命于翰林院。初设鞑靼（蒙古文）、回回（波斯文）、女直（金朝女真文）、高昌（畏兀儿文）、西番（藏文）、西天（榜葛兰即孟加拉文）、缅甸（缅文）与百夷（傣文）等八馆。正德六年（1511年）增八百馆（兰纳文），万历七年（1579年）增暹罗馆（泰文）。

开馆之时，永乐命礼部选胡礼等三十八名国子监生入翰林院学习译书，每人月供米一石，逢开科取士，可以参考。虽然一开始监生听命入馆学习少数民族与外国语言，不影响参加科举考试，但是语言学习必定挤占研读四书五经时间，从而大大降低获取科甲正式功名的几率，兼之语言学成后，只能担任翻译之事，仕途路径窄升迁困难，转行进入其他重要政府部门更是虚无缥缈。所以在社会普遍期盼科甲仕途通畅时代，读书人并不愿意投身此业。因之，朝廷很快放弃了在年轻举人、监生中遴选，改为面向社会招生。学习年限一般是三年到六年，最多九年。三年初试未通过者，可以继续学习三年再试，若仍未通过，开恩再学习三年参加三试。

无论哪次考试，只要成绩合格，就给予冠带，留馆任译字官生或通事。译字生主要负责翻译文书；通事主要负责口译与教学。工作三年后授官，大都为鸿胪寺中下级职位。最终未通过考试者黜退。招生年份也不确定，完全看朝廷需要。譬如正德三年（1508年）招一百七名，嘉靖十六年（1537年）招一百二十名。待到隆庆初年（1567年），三十年内未招新生，馆中仅剩译字生一二名。

馆内教学一般以通事（口译）为教师。其中很多是操母语的少数民族与外国人，譬如鞑靼馆开办时教师多是留用的蒙古旧官。"各馆缺人教译，具呈内阁行礼部请敕各边访取谙晓番译人员赴部考验，授以官职，送馆教译。"① 弘治十七年（1504 年）"因本馆译学失传，行云南镇巡官取人教习。缅甸宣慰卜剌浪差酋陶孟思完、通事李瓒等进贡并送人。孟香、的酒、香中三名留本馆教授，俱授序班职事。"②

学习不同民族语言，需要了解该民族的文化背景，诸如历史地理、风土人情、禁忌习惯等。万历六年（1578 年），王宗载以大理寺少卿提督四夷馆事，期间编辑《四夷馆考》（二卷）扼要介绍了通贡各国的国情习俗及其与明朝的交往史，以便译字生"知夫彼国之委悉"，如此必有裨于业务学习的深入。今天学习外文也是如此。

清顺治元年（1644 年）改四夷馆为四译馆，仍隶翰林院，以太常寺少卿一人负责，同时裁撤了鞑靼、女直两馆，保留了回回、缅甸、百夷、西番、高昌、西天、八百、暹罗八馆，功能职责未变。乾隆十三年（1748 年），四译馆划归礼部，更名为会同四译馆，同时将八馆合并为西域与百夷两馆，由礼部郎中兼鸿胪寺少卿衔一人负责。四译馆的语言专业仅局限于我国少数民族与亚洲一些国家语言，并无西方如英法德等语种。第二次鸦片战争后，1862 年 8 月在北京正式开办同文馆，聘请西洋人为教习，起初只有英文，后又增加了法文、德文、俄文、日文。而四译馆的功能则日渐衰微，不久就撤销了。

---

① 吕维祺辑《四夷馆增定馆则》卷二，台湾文海出版社 1985 年影印版。
② 王宗载《四夷馆考》"缅甸馆"，东方学会 1924 年印本。

西学东渐下的文化碰撞交融

　　十六世纪前后，海洋贸易日趋发达繁荣。这是人类文明从区域性历史走向世界性历史的开端。现代化一经发生就是世界的，地域之间的科学、技术工艺学、经济模式、社会组织、社会心理、生活方式与人文精神都在交流碰撞中磨合演化新生。尽管中西文化交流很早就存在，但这里所说的"西学东渐"含义特定，系指世界历史突变节点上的西学东传现象，起始一般以意大利耶稣会士罗明坚与利玛窦进驻广东肇庆为标志。

　　明中叶西教再次传向中国，现代化因素假借传教士宗教献身精神与航海冒险事业推向全球各处。不管传教士目的如何狭隘，宗教神学输入的同时，科技文明与不同于本土文化的价值观也随之而来。明嘉靖三十一年（1552 年）至清乾隆四十四年（1779 年）的二百二十八年间，来华的传教士达四百六十五名。西学东渐与中学西传的文化交流碰撞中，欧洲人始终处在现实生活中体验中华文明。传教士的信件、报告与著作是现代化早期欧洲认识中华文明的根据。反之，中国方面缺乏社团组织承担交流布道重任，只是依靠到访者描述与为数可怜的实物理解西方文明，不能现实体会西方社会物理风情，因而常会视其描述为虚妄怪诞。民族文化优越心理在扑面而来的和风细雨的轻拂下，未能激起剧烈震动。

　　意大利耶稣会士利玛窦（Mathew Ricci）号西泰、清泰、西江，1582 年抵达澳门，开始了漫长的中国传教生涯，历驻肇庆、韶州、南昌、南京等地。1601 年 1 月他与西班牙耶稣会士庞迪我（Pantoja Jacques de）第二次抵达北京，向宫廷进献了自鸣钟、圣经、《万国图志》、西琴等方物。从此留居北京。六年后在宣武门内东侧自购房舍，并修建了明代京师第一座天主教堂（今南堂）。

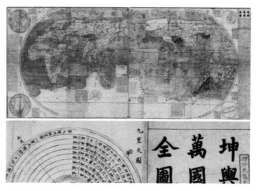

《坤舆万国全图》

利氏来华之初在广东肇庆，根据佛兰德斯地图学家奥特里（Abraham Oertel，1527—1598）1570 年印行的世界地图，绘制了一张用中文标识的世界地图。地图采用了易于理解的整体坐标系统，不像中国传统地图那样着重地貌描绘并配以文字注解。为了迎合中国地处世界中心观念，改变了欧洲人把欧洲置于地图中心的画法，而将中国放在地图靠近中心的位置，左侧是欧洲、非洲，右侧是美洲。地图包含大量明朝人未知的世界地理历史文化信息。肇庆知府王泮（字宗鲁，号积斋，浙江山阴人，嘉靖四十四年进士）立刻感觉到地图的特殊意义，出资刻印数百份分发官员与读书人，很快引起仕宦文人的极大兴趣。其后随着利氏迁徙，又多次修订再版。主要有万历二十八年（1600 年），吴中明在南京刻制的《山海舆地全图》；万历二十九年（1601 年），冯应京在北京刻制的《舆地全图》；万历三十年（1602 年），李之藻在北京刻制的《坤舆万国全图》。三个版本皆是六条幅接连，地图呈椭圆形；以及万历三十一年（1603 年），李应试（葆禄）在北京木刻八幅《两仪玄览图》。1608 年夏天，利氏再次绘制《坤舆万国全图》（条屏六幅）进呈皇上。

《全图》是否是利氏在奥特里图基础上的创作，是否是中国历史上最早的世界地图，当代学界多有歧义。李兆良《坤舆万国全图解密——明代测绘世界》认为，《全图》的蓝本是一直以为失佚的郑和地图，利玛窦时代应该还存在。其他当时西方的世界地图均不同程度抄自郑和时代遗留在外的中国资料或地图蓝本。利氏来华后，西方地图按中国的世界地图更正，而没有相关的勘察文献。

学术争论仍将继续。然而，地图绘制的来龙去脉是一回事，而地图的影响力则是另一回事。历史留下鲜明的印记是利氏绘图以后，才出现了追慕者印制世界地图的热情。从这一意义上说，这是中国人改变天圆地方，认识世界格局的开始。

1610 年 5 月 11 日利玛窦病逝，赐葬于北京阜成门外二里沟。利玛窦逝世前，指定意大利传教士龙华民（Niccolo Longobardi）为继承人，1613 年 2 月，龙华民派法兰西耶稣会士金尼阁（Nicolas Trigault）返欧洲，募捐书籍，并到罗马晋见教皇奏陈中国教务。金尼阁在旅途中，整理了利氏意大利文遗稿，于 1615 年在德国奥格斯堡出版。由此引发欧洲的"中国热"。年轻传教士纷纷申请赴华。1618 年 4 月，金尼阁从里斯本出发，携带"七千卷"书籍，率领 22 位耶稣会士再次来华。途中因瘟疫、风暴与海盗侵袭，航船抵达澳门时仅剩下五人（一说八人），其中就有德国人汤若望（Johann Adam Schallvon Bell）。1630 年，汤氏任职钦天监，译著历书；1634 年，协助徐光启、李天经编成《崇祯历书》。后又奉旨铸西式火炮，两年中铸造可装 40 磅炮弹的大炮二十尊，小炮五百余门，并就火炮铸造、火药配制、点燃发射等技术原理，讲解口述，由焦勖记录整理成《火攻挈要》二卷与《火攻秘要》一卷。

武器精良向来是国家科技实力、经济实力的重要标志。中国是最早发明火药的国家，火器技术曾经长期领先世界，从而推进了世界历史进程。14世纪后期，西洋火器技术后来居上发展迅猛，而中国的火器发展几乎陷于停滞，所幸当时人们并没有故步自封，见到优于自己的火器而无动于衷，不去研究仿造。嘉靖元年（1522年），广东水师在新会（濒临南海，毗邻港澳）西草湾，大败葡萄牙入侵海军，缴获兵舰两艘与火炮二十余门。当时称葡萄牙与西班牙"佛郎机"，故以其国名称炮名，并作为战利品送达北京，朝廷接收观察后，立即意识到该火器的军事优越性，遂下令调拨广东工匠到南京大量仿造，在仿制过程中，又创造多种型号。百年过后，天启年间，又引进了炮体巨大，火力更为威猛的红夷（衣）大炮。

西洋火器装备军队立刻显示了威力巨大。天启六年（1626年），袁崇焕在山海关外新筑的宁远城，第一次凭借坚城与西洋大炮，炸伤努尔哈赤，击退后金军进攻，改写了明军在关外逢战必败的历史。"西洋炮者，乃香山澳西夷之所造也。其制巧妙，且铜铁极其煅炼，大小相称，厚薄得宜，钁眼有方，无一不善。其制火药之法更极其工，而放炮之人皆惯习之士。其炮有三号：一号者长一丈，炮口稍昂，能至十六里；二号者长八尺，炮口稍昂，能至十二里；三号者长六尺，炮口稍昂，能至八里。"[1] 火器的使用改变了战争形式，可以远距离杀伤对方，使得依靠体能骑术优势的后金军一筹莫展。不久满洲也仿造红衣大炮成功，同时得明降将之助创建火器部队。

科学技术仅是传教事业的附带品，朝廷不会因其器利而就轻易放弃自己的价值原则，尤其对于一个向来重礼教轻器用的统治集团来说，些许利器只是雕虫小技而已，决不能为此蝇头小利而损害统治的精神支柱，在伦理礼教观念上向外来哲学与宗教妥协。因此，

---

① 程子颐《武备要略》卷二"西洋炮说"，崇祯五年刻本影印本。

明末欧洲传教事业经历短暂的繁荣，在明末大规模灾荒战乱，朝代更替后走向衰落。康熙四十三年（1704 年）罗马教廷颁发《七条禁约》，主要包括禁止中国教徒文庙祀孔、祠堂祭祖、遇丧、扫墓不得跪拜等内容。结果激怒了康熙，遂下令禁止传教士在华传教。在上帝与皇上、圣人、祖宗之间，最终选择了后者。康熙时代，虽然禁教，但还没到将传教士一律驱逐出境的地步，传教士仍然服务于宫廷，皇上也并未因此改变喜好西学的习惯，继续延揽西洋人才。康熙四十六年（1707 年）五月二十六日两广总督赵弘灿奏折的朱批说"见有新到西洋人，若无学问，只传教者，暂留广东，不必往别省去；若西洋人内有技艺巧思，或系内外科大夫者，急速著督抚差家人送来。"① 然而这一关注西学技术行为，仅仅是帝王个人的喜好，而没有行使皇帝权力制定政策引进先进技术向社会推广。

康熙对待传教士也没计较礼仪上的跪拜，如比利时人南怀仁，供职钦天监，又是康熙的西学老师，封工部侍郎。因是西人，皇上特免他在朝仪时跪拜。雍正继位后禁教更为严厉，但对罗马教皇使节，曾特许行欧洲的鞠躬礼，据说还与他握了手。传教士虽然存在，但是功能越来越趋于宫廷服务，难以再到民间传教。朝廷对官员入教也不再像明朝那样置若罔闻听之任之。

现代化早期西方商业贸易自由与伴随的殖民事业，彻底改变了世界格局。中国天朝大国无所不包的骄傲心态在不知不觉中遇到实质性挑战。

康熙、雍正对传教士的温和态度与礼仪宽松，只是对雇佣的个别外国人的礼遇，而不能视为国与国之间交往的礼仪规则。皇帝随时可以对他喜欢的人给予恩惠，以示天恩浩荡，却不能将这种施舍

---

① 第一历史档案馆编：《康熙朝汉文朱批奏折汇编》第一册，档案出版社 1985 年版。

性质的恩典扩大到一个代表国家的使节头上。天朝独尊观念一向视与他国的交往为朝贡关系，无论外国君长还是使节到来，跪拜表示臣服不可缺少。

跪拜冲突

在世界现代化早期，欧洲国家频繁派遣使团来华寻求建立关系时，跪拜礼仪成为双方建立正常国家关系的最大障碍。清朝仍然以不变应万变的礼仪僵化主义，对待新型陌生国家的使者，不可避免为跪拜问题纠缠不休，把会谈的主题变成礼仪的争论，从而断送了国际关系的发展前景。

使者来京觐见必须跪拜，如果有谁企图颠覆这一原则，必然引起天朝愤怒，使团不被扣押惩罚，至少也要被驱逐出境。

从乾隆五十八年（1793 年）到同治十二年（1873 年），八十年间中英之间经历了三次惊心动魄的礼仪冲突，跪拜受到一次比一次

马戛尔尼画像

的严厉挑战，清廷最终不得不完全放弃。列强使节从跪拜到鞠躬的历史变迁，恰是天朝走向衰落的轨迹。

乾隆五十八年，英王特使马戛尔尼（旧译玛戛尼）使华，谋求建立两国长久开放的商贸关系。此前英国东印度公司就使团访华事宜致信清朝两广总督。署理总督郭世勋接信后，上报皇上时特意模糊了英使来华的真实目的，只说是来向皇上进贡祝寿的。

因之，皇上爽快地答应了使团来京。乾隆五十八年六月十八日（1793 年 7 月 25 日），英使团在天津大沽口登岸，随后再乘船沿白河运河进京。船上被强插上"英吉利贡使"旗帜。

自从英使在大沽登岸后，谒见皇帝礼仪就成为外交谈判的主题。直隶总督梁肯堂、钦差大臣徵瑞、军机大臣和珅先后与其反复交涉。中方要求英使像其他皇朝属国一样对皇上跪拜，而马戛尔尼认为他是英王代表，英王与中国皇帝一样伟大，两国之间应平等相待。

乾隆很快通过谈判大臣的奏折与英使表文知道了英使来华的真实意图并非仅为进贡祝寿，而是托名庆寿谋求商贸利益，企图仿澳门先例，使用舟山附近小岛，作为商人存货与居留之地，并在北京常设办事处，不免心生不快，天朝上国的威权遭到挑战，因而，坚持使团觐见必须跪拜，变成了惩罚性措施，以此维护天朝皇帝的绝对权威，从而深折英使的不臣妄想。如果英使真是来祝寿进贡的，或许乾隆不会过分纠缠跪拜，心理满足之余，对于远方来宾，甚至可能像他父亲一样，与英使握手，展现上国君主的博大胸襟。

谈判取得成功总是要经过讨价还价的，最终在双方设定底线内找到契合点，从而达成协议，绝不可能完全屈从一方的意愿，除非使用强权。否则一定是谈判破裂，那样也就没有乾隆接见英使的历史。在现代国际交往规则系统形成以前，关押甚至杀戮使节的事情屡见不鲜。东亚南亚长期以中国为中心，中华文化与物产强势输出，形成了周边各国朝向中国通问交好的历史潮流，从此铸就朝贡制度。不要说现代化以前，文明程度与国家实力的实际巨大差距，养成了中国人的思维习惯与外交礼仪原则。就是在当代国家主权平等得到普遍认可的情势下，各国的影响力与实际权力也是不同的。大国强国有机会推行自己的观念与政策，更不必说几个世纪以前了。因此，在清朝以前也就谈不上树立国家平等观念与规范的对等交往方式。

历史上，中国并不否认有其他国家存在，只不过从双方交往的需求与倚赖程度上看，对方更离不开中国，甚至在本国发生政治军事经济危机时，请求中国帮助。长期地域性的国际交往，养成了中国的骄傲，把他国的国王或使节到来视作羡慕归化的表现。其实，贡品的丰俭无足轻重，关键在于朝贡是臣服的标志。当世界现代化发生并加快步伐之际，再以朝贡心态对待完全陌生文化类型国家的使者，就不能驾轻就熟如愿以偿了。也许马戛尔尼是第一位对跪拜提出质疑的外国使者，在不容置疑的问题上掀起轩然大波，最终取得了些许进展。然而，乾隆并没有决定择日单独接见英使团，而是像对待其他贡使一样，允许他们赶往承德出席万寿庆典随班行礼后，再召入殿中问话。

乾隆五十八年八月初十日（9月14日），皇上在承德避暑山庄万树园帐殿接见了使团。马戛尔尼如何行礼，历史说法各异：一是按中方要求行三跪九拜礼；一是使用本国觐见国王礼；一是谈判议定的变通之礼。前两种说法乃是中英各自的自吹自擂，只有第三种折中方案才符合实际。

英使团在帐外与上千名官员执事、各国贡使一道序立，随班行礼时，没有像本朝官员那样三跪九拜，而是三屈膝九俯首，只不过保留了迈右腿习惯。入帐觐见，马戛尔尼趋前单膝跪地，双手托装有英王国书的金匣过头，乾隆帝从匣内取出国书。或谓马戛尔尼手托国书，由御前大臣接过转呈皇上。两说大同小异，皆表明皇帝除近侍外，从不亲取他人呈递之物的礼仪惯例。

这是数度交锋取得的成果。与马戛尔尼进行最后谈判的是军机大臣和珅。为什么在觐见几近搁浅之际，突然出现转机，可能是满洲固有的旗礼请安为礼节变通提供了契合支点，从而促成妥协。无论如何，乾隆没有必见英使理由，英使觐见意义只是天朝再增加一个朝贡国，而无显见的现实利益；英使则不同，觐见不成则有负使命无法开展后续外交。双方心态期望值迥异。在谈判中，英使处在完全陌生的国度中孤立无援，所能坚持的原则与所要冒险的代价始终成正比，为了减低被拒见风险，不得不下调底线。和珅向以狡黠聪慧著称于世，他与马戛尔尼会谈细节已无从考证。

从乾隆很快接见了英使上看，中方放弃了三跪九拜，允许英使屈膝单跪行礼。如果清朝以往不存在类似礼节，怎么也不可能在事关天朝威权上，做出实质性让步。众所周知，清朝传统的礼仪操作系统中，一直存在着旗礼。旗礼虽然没有通行全国，却在旗人社会中流行，备受重视，使用频率远远高于打恭、作揖、跪拜等礼节。旗礼主要由屈膝下蹲俯首等连续动作组成。

马戛尔尼的努力与礼仪付出，只换回了觐见，而肩负的在北京设立办事处与洋行、英商在广州地区自由贸易、划舟山小岛归英商使用、商货自澳门运往广州免税或减税等六项使命，没有一件获准。英使怀着怅惘与遗憾离开了中国。回国后不久，因礼仪上的让步未能获得期待的结果，而陷入舆情指责中。付出代价换得显效是智慧与功绩，反之就是愚蠢与罪过。世事成败从来是只问结果而忽视办事过程艰难的。不过，使团成员留下的五部旅行记、日记，其中副使乔治·伦纳德·斯丹东的《英使谒见乾隆纪实》最为流行，都未对社会上的质疑做过多解释，只笼统地说是按照最正式外交礼仪进行的。他们深知如果公开了为能见到中国皇帝曾做出礼节上让步的真相，在无功而返的严峻现实中，无异于火上加油自讨苦吃，尽管谈判毫无成果的责任并不在于使团。费尽周折觐见中国皇帝的实际意义，因无后续成果而烟消云散。

诚如阿兰·佩雷菲特《停滞的帝国：两个世界的撞击》指出的：马戛尔尼使团在西方与远东的关系中是个转折点。从此西方人开始修正昔日的中国印象。中国不再像莱布尼茨、伏尔泰或耶稣会士吹嘘的那样是个理想中的乐园。相反证实了此前六十多年（1731年）的《环球纪游》的预言：他们体制的恒久不变并不证明他们的优越，因此倒阻止了他们进步。欧洲不再迷恋羡慕中国，转而对他实行了炮舰政策。[①]

英使团赠送礼品十九类近六百件，诸如天文仪器、前膛枪、望远镜、机织品等等。其中，英国最大最先进的配备110门火炮的君主号军舰模型，尤引人注目。精心制作的炮舰模型无非是在炫耀技术先进，同时也夹带着武力威吓意味。然而，巨型先进炮舰模型展示的制海权意义，对于长久执行禁海政策的大陆农业国家来说，一时难以激发乾隆君臣的战略思维想象力。其实，除了炮舰模型外，其他的礼品，大都早已传入中国，在宫廷与上流社会中并非稀奇之物。清朝人尚未洞察这些器物背后的哲学、工具性思维的性质、作用与未来意义。

嘉庆二十一年（1816年）六月，英王又派特使阿美士德（旧译罗美尔都）循当年马戛尔尼故道来华拓展贸易，寻求建立经常性的外交关系。使团抵达大沽后，钦命工部尚书苏楞额等为接待大臣。像上次对待马戛尔尼使团一样，仍在使团的车船上高悬"贡使"旗帜。同时开始了觐见皇上礼节的谈判。尽管英使团行前曾得到外交大臣允许：只要能达成出使目的，尽可能顺从中方的要求。而正副特使会商后，还是决定不能再像上次那样，妥协只是为了见到皇上而不能开拓两国商贸关系，因之坚决不同意跪拜。苏楞额见无回旋余地，便奏请皇上答应英使的折中方案，朝见时单膝下跪低头三次，

① ［法］阿兰·佩雷菲特《停滞的帝国：两个世界的撞击》（王国卿译），第562页，生活·读书·新知三联书店1995年版。

并重复动作三次代替三拜九叩。结果惹怒皇上，换回了切责与革职。

理藩院尚书和世泰继续与阿美士德谈判。当阿美士德提出采用马戛尔尼觐见乾隆所用的礼仪时，"和世泰突然变得非常激动，说就像只有一个太阳一样，只有一个大皇帝。他是全世界的主宰，所有人都必须向他表示敬意"。[1] 坚持觐见必须跪拜。英使不屈始终不应允。和世泰决定冒险，他上奏皇上说英使"起跪颇不自然，尚堪成礼"，演练跪拜多次，已有长进。嘉庆得报，定于 8 月 29 日在圆明园正大光明殿接见阿美士德。

和世泰 8 月 28 日晚带领英使团从通州出发，到西郊圆明园已是 29 日凌晨。使团一路颠簸人困马乏已疲惫不堪，这正是和世泰所希望的状态。召见时刻迫近，和世泰与礼部尚书穆克登额来到使团临时休息之所，以命令口吻让阿美士德进宫朝见，阿美士德以连夜赶路已疲惫不堪，且行李车未到，无法穿戴正式礼服手捧国书觐见为由，拒绝立即进宫。问题的关键还是他到此也没有从和世泰、穆克登额两人口中得到皇上明确不跪拜的答复。两人上前拉扯，闹到剑拔弩张地步，也未能顺利进宫。[2]

和世泰就是想趁英使极度疲惫之机，强行带之进殿朝圣时摁倒磕头了事。不想，遭到阿美士德严拒。和世泰的如意算盘顷刻化作泡影。事已至此，他不得不故伎重演再三再四蒙骗皇上。"初七日（8 月 29 日）早膳后，卯正二刻（6 时 30 分）。朕传旨升殿，召见来使。和世泰初次奏称不能快走，俟至门时再请；二次奏称正使病泄，少缓片刻；三次奏称正使病倒，不能进见。即谕以正使回寓赏医调治，令

① 亨利·埃利斯《阿美士德使团出使中国日记》（刘天路译）第 102 页，商务印书馆 2013 年版。
② 乔治·托马斯·斯当东《1816 年英使觐见嘉庆帝纪事》（侯毅译）8 月 29 日日记，见《清史研究》2009 年第 2 期第 104 页。

副使进见。四次奏称副使俱病，俟正使痊愈后一同进见。"[1] 四次推脱谎报的结果可想而知，嘉庆愤怒之极，认为"中国为天下共主。岂有如此侮慢倨傲、甘心忍受之理。是以降旨逐其使臣回国"。同时惩罚和世泰与穆克登额，分别革去二人的理藩院尚书与礼部尚书之职。

今天看来和世泰的做法过于愚蠢粗鲁，完全不顾基本的外交礼仪，不过二百年前，英使到访在清朝君臣眼中仍然是朝贡臣服的慕义行为，而不了解其身后的国家实力与文化背景。和世泰不走运就在于未能实现计划，假如真的将阿美士德骗入殿中摁到磕头，也许事后不会受到惩罚，甚至可能受到奖赏，毕竟这是折冲来使气焰维护皇上尊严的忠勇行为，当场教训了未经王化的番邦夷人。

嘉庆帝

本次英使团副使乔治·托马斯·斯丹东（旧译司当冬，又称小斯丹东）并非等闲之辈，十二岁时作为马戛尔尼的见习侍童跟随使团访华，曾受到乾隆接见。他的父亲乔治·伦纳德·斯当东时任副使。二十三年前的一幕记忆犹新，他比使团其他成员更清楚跪拜不等于打破商贸壁垒，昔日礼仪让步没有换回应有的回报，反而在国内招致谴责。因此，在使团到达大沽之日起，面对清朝无休止的礼仪纠缠，他始终反对接受跪拜。并建议把"哪怕会导致使命失败，也完全不应该同意叩头"作为觐见礼仪谈判底线。所以到达圆明园之际，因跪拜问题悬而未决，才会拒绝进宫。

英使团出京，皇上怒意稍解，派人追上使团，酌收五十二件礼

---

[1]《清仁宗实录》嘉庆二十一年七月乙卯（八日）条。

物，回赠珍玩与《赐英吉利国王敕谕》，并特许使团沿大运河南下，经由广州至澳门归国。《敕谕》将本次觐见失败，完全归咎于使节失礼。《敕谕》言道："（正副使二人）亦同称患病，其为无礼，莫之甚也。朕不加深责，即日遣令归国。尔使臣既未瞻觐，则尔国王表文不便进呈，仍由尔使臣赍回。"轻蔑与傲慢之态毕露无遗。殊不知"同称患病"是他忠实的臣仆为规避责罚而编造的谎言。七十五年后，英国外交部将《敕谕》交还给了中国使节。薛福成《出使四国日记》光绪十七年（1891年）正月二十七日记："今启视之，则匣内复以黄绫包裹竹筒，筒内有函轴，展视则嘉庆二十一年仁宗睿皇帝赐英吉利国王敕谕也。"

皇朝为什么对跪拜这样敏感这样珍视这样眷恋？缘于维系皇权绝对权威的政治需要。绝对权威产生于臣民的匍匐中，没有了臣民匍匐，也就动摇了皇权绝对意志的基础。凡见皇帝必拜，概莫能外，如果在正式场合，更改惯例允许番邦使臣不行跪拜之礼，不但极大伤害了一统之君天下共主的世界形象，而且传扬出去，影响就要超出特例恩赏意义，对日后的国际交往造成恶劣的政治影响。"毫无疑问，习惯成自然，人们对于跪拜的屈辱性含义的感受变得迟钝了，而且美学方面的成就把跪拜礼的采用美化了。但是，不论把跪拜礼说得如何合理化，多少年以来，这一礼节始终是卑贱屈从的象征。"①

同治十二年（1873年），清朝经历了两次鸦片战争割地赔款的耻辱，列强已经在北京开设了使馆常驻使团。同治登极后，以英国公使魏妥玛为首六国公使，屡次提出觐见皇上，朝廷屡以皇上年幼婉辞。时至本年正月同治亲政，1873年2月24日英、法、俄、美、德

---

① ［美］卡尔·魏特夫《东方专制主义——对于极权力量的比较研究》（徐式谷译），第151页，中国社会科学出版社1989年版。

五国公使联合照会总理衙门，请求觐见皇上呈递国书。到此朝廷也再无理由推脱。于是总理各国事务衙门大臣文祥与公使团交涉觐见礼节。朝廷没有什么新意，还是老生常谈，仍然要求各国公使在觐见时行三跪九拜礼。文祥可谓忠勇有加，在双方就觐见皇上行礼方式问题会谈时，一再要求公使必须跪拜，遭到公使团一致回绝时，愤怒无比，以致到了拍桌子摔茶杯的地步。[1] 真不知他在十二年前代表朝廷与英法联军签定城下之盟《北京条约》时，为了国家民族利益是否也如此勇猛。抱定见皇上必拜的顽固信念，倘若公使觐见不行跪拜礼，就比割地赔款的耻辱还要令人颜面扫地心痛无比。然而，时过境迁，朝廷主张丝毫未变，但支撑主张的实力与情势早已今非昔比。

1873 年不是 1816 年，那时使节不跪拜可以驱除出境，更不是 1793 年，大清国在世界上独领风骚不可一世，能够迫使使节下跪。两次战败的历史，已经失去在谈判桌上讨价还价的底气与实力。双方经过四个月反复商洽，朝廷只得接受现实，同意废除跪拜，采用西方流行的外交鞠躬礼。不过，文祥的坚持与勇敢也不是一无所获，终于为朝廷挽回了一些颜面，把通行三鞠躬变成五鞠躬。三鞠躬之外增加两鞠躬，美其名曰"加礼"。1873 年 6 月 29 日，在中南海紫光阁，英法等六国公使依次觐见，五鞠躬并亲手呈交国书。从此，中国的外交礼仪翻开了全新的一章，彻底告别了跪拜。清官方对此外交礼仪变革的记录十分简单，六月壬子（五日）"上御紫光阁升座，各国使臣暨翻译等九人入觐见，上温语慰问"。[2]《清穆宗实录》记录同样简略："日本使臣副岛种臣、俄罗斯国使臣倭良嘎理、美利坚国使臣

①《清稗类钞》"外交类"。
②《清代起居注册（同治朝）》第四十册，六月壬子（五日），台北联经出版事业公司 1984 年版。

镂斐迪、英吉利国使臣威妥玛、法兰西使臣热福理、和兰使臣费果荪，于紫光阁前瞻觐。”① 显然是失落心有不甘，模糊记录了事。

迫不得已放弃了君前跪拜，不等于立即放弃了跪拜观念。抱定君主神威观念不放的人仍在制造神话自欺欺人，李慈铭《越缦堂国事日记》同治十二年六月初五日记：“巳刻（十时），上御紫光阁，见西洋各国使臣，文武班列，仪卫甚盛。闻夷酋皆震栗失次，不能致辞，跽叩而出，谓‘自此不敢复觐天颜。’”类似的自编自导的故事曾让许多人深信不疑激动不已，仍沉浸在天朝上国的梦中酣睡，尽管国家已经处于重度危机之中。

在以后的现代化道路上，跪拜阴影一直困扰着中华民族。宫廷的跪拜，官场的跪拜，家庭的跪拜，社会的跪拜，每天都在发生的形形色色数不清的跪拜与反跪拜冲突，折射出守旧与革新、传统与现代之间的碰撞。跪拜的核心是权力等级与人格独立精神自由的符咒。中华民族在几千年跪拜的虔诚与敬畏中团聚，同时也在跪拜中丧失了率先转变的良机。

称谓习惯

中国人的称谓复杂多样，但杂而不乱，信息十分准确。譬如亲属关系中的伯叔姑舅姨，只要说出来，立即明了是父系还是母系的亲人。就一个人的称谓符号而言，最基本的有姓、名、字、号四项。做了官的有官称，高级官员过世以后还能得到谥号等等，名目繁多。社会交往须臾离不开称谓，然而怎样使用称谓，在现实生活中形成

① 《清穆宗实录》同治十二年六月壬子（五日）条，中华书局 1896 年影印版。

了习惯与禁忌。昔日社交称谓十分严格，根据身份、场合使用怎样的称谓，都要遵守相应的规范，决非脱口而出想怎样就怎样的。称谓构成礼仪文化的重要内容，归根结底是要表达敬意。

姓源于祖宗，不容更改。秦以前，一个人的家族血缘辨认存在姓与氏之别。姓是族号，氏是族内分支。"三代（夏商周）以前，姓氏分而为二，男子称氏，妇人（女子）称姓。氏所以别贵贱，贵者有氏，贱者有名无氏。姓所以别婚姻，故有同姓、异姓、庶姓之别。氏同姓不同者，婚姻可通；姓同氏不同者，婚姻不可通。三代之后，姓氏合而为一，皆所以别婚姻，而以地望明贵贱。"①秦以后姓与氏彻底合一，这也是宗族繁衍，人口膨胀代际传递增多，需要更多的简明的区分标志的结果。今人的姓溯本求源大都是当初的"氏"。

名是父亲赐予的，"子生三月，则父名之"。②名的寓意，往往表达家族期望，同时也是生活阶层的文化与社会时尚的反映，成年改名的现象比较少见。名包含贵贱双重涵义，在使用中，只有皇上与本人的嫡亲长辈可以直呼，或用于自称，其他人绝不能当面使用。

字是从名衍生出来的。男子成年加冠而有字，"敬其名也。君父之前称名，他人则称字也"。③字从名义衍生，清王引之《春秋名字解诂》指出，名与字"义相比附"相为表里，故字又称作表字。一般以同训、对文、连类、指实、辨物等五种形式构建。辨析方法分通作、辨讹、合声、转语、发声、并称等六类。④由于此书考察的人名只限于战国以前，其后俞樾、胡元玉、王萱龄、黄侃等学者又有增补。吉常宏《古人名字解诂》将《中国人名大辞典》登录的名字

①《通志》"氏族略"。
②《仪礼》"丧服传"。
③《仪礼》"士冠礼"。
④ 王引之《经义述闻》卷二十二"春秋名字解诂"，上海古籍出版社2016年版。

组合方式分作了十二种二十余子目。早期男子在二十岁举行成年加冠礼始有字。后世多在入学之际由老师赐予。中国人尊师重教，常把"一日为师，终身为父"挂在嘴边，老师虽然尊贵，对受业弟子，也不称其名，而称其字。

号有自号、送号之分，或出于个人自拟，或由他人冠之。一个人的姓名、表字不会轻易改动，而号不受家族、礼法限制可以随时变换增加，完全凭个人性格志趣自由标榜使用。送号通常称作外号、绰号或诨号（混号）。大都是对人物的体貌、性情特征与习惯、经历、特长、作风等的概括。

字与号才是社交中最经常使用的个人指认信息与当面称呼的敬语。只要读书识字，无论社会地位高低通行字号相称。但列入贱籍的人则不能冠字号，明代伶人"俱以优名相呼，虽至于人主狎，终不敢立字。后世此辈侪于四民，既有字，且有号，然不过施于市廛游冶儿，不闻称于士人也"。[①]

旗人遵从汉人姓名文化习惯，名之外亦有字号。汉人字号与姓相连。旗人则以名的第一个字连接字或号。这就是通常所说的旗人"指名为姓"。时过境迁，今人往往错以为旗人的儿女以父名为姓。其实，旗人都有姓氏，汉译字数较多，如叶赫那拉、瓜尔佳、纽祜禄、西林觉罗等，用起来绕嘴不方便，不像汉姓多为一字，复姓也不过两字。因此，旗人在日常生活中，把姓氏称为老姓，弃之不用，直接以名行世。在汉人姓名文化系统中，姓不可缺，久而久之，旗人之名的第一个字，就被人看作姓，而发挥姓氏的功能。譬如乾隆朝的阿桂，正蓝旗满洲，后因战功显赫抬入正白旗，章佳氏，字广廷，号云崖，人称阿广廷、阿云崖；再如光绪朝的荣禄，正白旗满

---

① 沈德符《万历野获编》卷二十一。

洲，瓜尔佳氏，字仲华，号略园，人称荣仲华、荣略园。都略去了姓。其实这一略姓氏而以名字相连的称法在战国以前很流行，所不同的是字在前而名在后。譬如春秋时期，同为秦国大夫的孟明视与白乙丙。孟明视，姜姓，百里氏，名视，字孟明；白乙丙，子姓，蹇氏，名丙，字白乙。

习惯上男子称"爷"。使用时，汉人冠姓，加上在家里的排行，如张二爷、赵五爷等。旗人冠名，用名的第一个字，加上在家中的排行。近支宗室王公又不同，用名的第二个字加上排行，譬如晚清民国以来第一京剧名票爱新觉罗溥侗，在家排行第五，人称侗五爷，而不称溥五爷。概因康熙以后诸帝子孙按照允、弘、永、绵、奕、载、溥、毓、恒、启、焘、闿、增、祺排序。同辈之人甚多，如果用表示行辈的第一个字，则不容易区分不同家庭，所以选用名的第二个字。顺治以前诸帝子孙没有设定统一行辈用字，命名比较自由，称谓从普通满洲习惯。

宗室王公可以依爵位分别称王爷、贝勒爷、贝子爷、公爷。亲王、郡王由于有封号，必冠之，如光绪父亲醇亲王奕譞称醇王或醇邸，而不称譞王爷，贝勒以下由于没有封号，则用名的第二个字加爵位指认，如溥仪的六叔载洵、七叔载涛，皆爵秩贝勒，分别称洵贝勒，涛贝勒。

旗人中的汉军较为特殊，汉姓一直保留，在社交自报家门时，见汉人则冠姓，见旗人则只称名而不冠姓。

汉人以家乡的县令为父母官，旗人则以旗分佐领为父母官。旗人自我介绍时称"某旗第几佐领，某某佐领下"。从来没有称是什么地方人的，倘若非要指认地域，一般笼统称作长白即关外长白山。汉人自我介绍则称某省某县人。官员致仕（退休），旗人归旗，汉人还乡。如是籍属京师八旗，不管外放地方任职多少年，也无论怎样留恋其地，一旦致仕都要回到北京归旗生活。

封号与谥号

  人物尊称还有更为显耀的，不过与其政治地位社会名望紧密相关，非一般人所能企及，一个是封号，另一个是谥号。朝廷赐予官员名号头衔分两种情况，"生曰封，死曰赠"。凡是生前得到的职衔称为封授，高品级官位名号头衔称为"诰封"，低品级的称作"诰授"。死后追认的晋升名号头衔称为"赠"，而不说"封"。由此形成一整套封赠官员制度。显然，只要做官无论高低贵贱皆经历过封授，而"赠"则不是每位官员去世后都能获得的，仅有极少数高级官员与建功立业的人才能得到。

  封号，一般只有皇帝嫔妃、公主与王公等显赫人物才可能拥有，普通官员是没有的。嫔妃封号用一个字如贤妃、淑妃、庄妃、敬妃、惠妃、顺妃、康妃、宁妃等，寓意闺房雍肃。古代女子多无名字，嫔妃入宫无封号时以姓氏区别，有封号后以封号识别，今人演绎的清宫剧的嫔妃名字多是杜撰。皇后独尊于后宫，并无封号，皇帝一旦过世，皇后成为太后就会被嗣皇上徽号（尊号）。譬如顺治生母博尔济吉特氏在顺治康熙两朝屡上徽号，多达二十字"昭圣慈寿恭简安懿章庆敦惠温庄康和仁宣弘靖太皇太后"。晚清的慈禧太后同样如此，徽号十六个字："慈禧端佑康颐昭豫庄诚寿恭钦献崇熙皇太后"。

  公主出嫁则赐封号，用两个字。宗室亲王、郡王赐封号，贝勒以下则否，亲王用一字，如郑亲王、礼亲王、恭亲王，郡王用一字或两字，如顺承郡王，康熙长子直郡王胤禔。蒙古亲王郡王一般以其乡土冠名，如扎萨克和硕土谢图亲王、扎萨克和硕车臣亲王。战功卓著者则赐号，如雍正十年在光显寺大败准噶尔叛军的亲王策棱得赐"超勇"封号。两者之外，功臣五等世爵中公、侯、伯，初无封号，雍正朝开始赐封号，一般用两字，最多四字。四字公爵皆在乾隆朝：一等诚嘉毅勇公明瑞、一等诚谋英勇公阿桂、一等嘉勇忠锐公福康安、一等武毅谋勇公兆惠。

封号亦是身份识别的显耀标志，当然可以在日常生活中称呼使用。

谥号是皇帝、高级官员或知名人物过世后，高度概括逝者一生的品行业绩而为之所立的称号。"谥者，行之迹也；号者，表之功也；车服者，位之章也。是以大行受大名，细行受细名。行出于己，名生于人。"①

既然要对逝者进行盖棺论定评价，就要建立相应的规范法规，对入选的字表达的意义进行精当解释，这就是谥法。从《汲冢周书》到清末谥法专著多达百余种，入选四百字左右。官谥之外，还有私谥，兴于汉朝，乃是朝野贤达与著名学者逝后，亲族门生故旧为之所立，故谓私谥。

谥号分美谥、平谥与恶谥。美谥又称上谥，意在褒扬。平谥，意在哀婉同情。恶谥又称下谥，意在批评，如周幽王的幽意为"壅遏不通"；汉灵帝的灵意为"乱而不损"；隋炀帝的炀意为"好内远礼"等。

隋朝以前君臣谥号皆为一二字，自唐朝开始，皇帝谥号用字愈来愈多。天宝十三年（754年），唐玄宗将本朝列祖列宗的谥号皆改作七字，如高祖李渊谥"神尧大圣大光孝皇帝"，太宗李世民谥"文

---

① 《汲冢周书》卷六"谥法解"，国家图书馆出版社 2017 版。

武大圣大广孝皇帝"。明清时期谥法制度规范化。明代太祖二十一字，其他诸帝十七字，亲王一字，郡王与高官两字；清代太祖二十五字，其他除德宗光绪二十一字外，皆是二十三字。王公大臣基本与明朝一致。

大臣的谥号分文谥、武谥与通谥。

文官谥号以"文"配字，如文正、文忠、文成、文端、文恪等。明清皆以"文正"为第一谥。

武官谥号以"武"配字，如武宁、武毅、武敏、武惠、武襄等。明代以武宁为第一谥，开国功臣徐达谥号就是武宁。

通谥，无论文武官员皆可赐予。以"忠"配字，如忠武、忠定、忠烈、忠毅、忠襄等。一般以忠武为第一谥。

谥号属于从严授予的恩典，明代三品以上始能获赐，"四品以下官亦有得之者"。[1] 清代收紧范围，只有一品以上官员去世，礼部才能按例请旨决定是否赐谥。二品以下官员非特旨不赐谥。道光以前，谥号发放十分严格吝啬。

自宋重文抑武以后，历朝官员谥号皆以赐"文"配字为荣。清朝一品以上大臣得谥"文某"者必须具备两个基本条件中的任意一条，或是翰林出身，或是任过大学士（包括协办大学士）。满洲高官获得"文某"谥号的多因官至极品，汉人高官大都是两者兼备。不是翰林出身，必须官至大学士，譬如左宗棠举人出身，由于做过大学士，所以去世后谥"文襄"。同时期的曾国荃监生出身，虽官至一品的总督，封一等威毅伯，去世后谥"忠襄"，而不能获"文"字。他与左宗棠之间的差别就在于缺少大学士头衔。假如他像他长兄国藩一样，点过翰林，便顺理成章可以得到"文"字。实际上，清朝

---

① 王世贞《皇明异典述》卷四。

的大学士如不兼任军机大臣并没有多少实权,更多表现的是一种朝廷礼遇性质的虚衔名位。

在功名途上怎样才能成为翰林,还得从进士考试说起。三年一次在北京会试全国举人,录取名额通常为三百人,考中的经过殿试始称进士,分三甲排列名次,一甲只有状元、榜眼、探花三名,称赐进士及第;二甲一百二三十名,称赐进士出身;三甲一百六七十人,称赐同进士出身。三鼎甲令人称羡,当即获得官职,状元授翰林院修撰,榜眼、探花授翰林院编修,而其他人尚需实习等待,才能获得实职。

明初二三甲进士选派到六部与翰林院等衙门见习的人,入六部的称观政进士,入翰林院的称庶吉士。永乐二年(1404年),翰林院接纳庶吉士演变成专门的制度,时谓"馆选",选用初无一定之规,主持机构或由内阁独选,或会同吏部同选,或由礼部选送。选取标准亦无规章可循,或限年岁,或拘地方,或采誉望,或就廷试卷中查取,或别出题考试。更不是每科必选。弘治六年四月(1493年),依大学士徐溥等建议,始定一科一选,同时制定了规范的操作程序。殿试之后,"待新进士分拨各衙门办事之后,行令有志学古者各录其平日所作古文十五篇以上,限一月里投送礼部。礼部阅试讫,编号封送翰林院考订,文理有可取者,按号行取,照例于东阁前出题考试"。[①] 内阁会同吏部、礼部选庶吉士成为制度,庶吉士入翰林院继续学习,三年后散馆(毕业)分授实职。入选庶吉士,俗称点翰林,这是新科进士梦寐以求的,荣耀不亚于中了三鼎甲。

龚延明《明代登科进士总数考》统计明代殿试共89科,其中56科进行了馆选,共录1322人,平均每科选取不足24人。清朝进一

---

① 孙承泽《天府广记》卷二十六,北京古籍出版社1982年版。

步规范细化了馆选方法，每科必考选，且时间固定，形成"朝考"选录庶吉士制度。"殿试传胪后三日，于保和殿举行进士朝考，专为选庶吉士而设。"① 钦派大臣评判试卷，成绩分三等。一等前十名试卷进呈御览，第一名称"朝元"。

馆选基本上在二甲进士中选取，偶有三甲入围，历来被认作幸事。曾国藩就很幸运，以三甲第四十一名在朝考中位列一等第二名点了翰林。不过他终生以殿试位列三甲为耻，相传他的一位幕僚喜欢为自己的妾洗脚，曾调侃这位幕僚出一上联"代如夫人洗脚"，没想到幕僚十分机智应声而对"赐同进士出身"，顿让他羞愧无言。其实，如此笑料未必发生在他的身上，只不过他的名气太大，又的确耻于三甲，难免有人造联嘲讽。

馆选塑造了忠于君主、忠实经典的高级"职业政治人"。他们簇拥君主周围，通过治人行政，一方面挣得生活所需与社会体面，另一方面也获得理想的生活内容。馆选庶吉士继续学习是京师特有的政治文化现象，也是京师文化的耀眼徽记。

末科状元刘春霖殿试卷

① 商衍鎏《清代科举考试述录》，第 157 页，百花文艺出版社 2005 年版。

大臣过世后是否授予谥号，要由礼部请旨获准后，方能行文内阁拟稿。内阁根据官修《谥法》，文官拟八个字，由大学士会商删掉一半剩下四个，呈报皇上圈定一个。武官则拟十六个字，大学士会选八个，呈报皇上钦选一个。如皇上不满意，则自定一个下发公布。

内阁拟订谥号时，拟单上不会出现"文正"字样。文正谥号都出于皇帝特旨。"生则拜相，死谥文正"是宋以后文官人生追求的终极目标。明清两代赐文正谥号共十二人，明代李东阳等四人，清代刘统勋、曾国藩等八人。仅次于"文正"的是"文忠"，再就是"文恭""文成""文端""文恪""文襄"等。

"文正"谥号独贵，福格《谥法》的论述其成因可谓精当，不妨移录于此：

> 按《鸿称册》中群臣得用之谥，以忠字为第一，文字为第五，正字为第四十二。然则文正之谥非为至极，何以今人称尚，仍贵文正。盖《谥法》云，肫诚翊赞曰忠，危身奉上曰忠，道德博闻曰文，修治班制曰文，勤学好问曰文，心无偏曲曰正，守道不移曰正。宋人最重道学，以文正二字之义，实与道学表里，因而重之。迨我国初，理学诸子又以道学相尚，推而尊之，遂致相惑不解。其实文正之谥，远出文忠四十字之下也。①

显然，这是宋以后尊崇道学的结果。《鸿称册》系指清朝官修的内阁谥法全书。"凡谥法，各考其字义而著于册。定为上中下三册，曰《鸿称通用》。"② 上册三卷分别用于皇帝庙号、尊谥与皇后尊谥；

---

① 福格《听雨丛谈》卷二"谥法"，中华书局 1984 年版。
② 《清会典》卷二"内阁"。

中册二卷分别用于妃嫔与诸王谥号；下册一卷用于官员。内务府另备满文的《鸿称通用》。

赐谥又称"易名之典"，顾名思义，逝者得到谥号，从此更换了在人间的名字，世人再提起他时，以姓加谥号相称。当代的古装影视剧演绎宫廷、官场显赫历史人物故事，往往混淆了历史人物生前与身后的时空界点，把帝王、后妃、勋戚、将相的谥号挪到生前使用。谥号与封号不同，逝者生前并不存在，更谈不上作为自称或敬语使用，连故意犯错误的机会都没有。

清代宗室封爵等级与获封的四种方式

宗室封爵世职共十二等：和硕亲王、多罗郡王、多罗贝勒、固山贝子、奉恩镇国公、奉恩辅国公、不入八分镇国公、不入八分辅国公、镇国将军（分三等）、辅国将军（分三等）、奉国将军（分三等）与奉恩将军。此外，还有嫡子受封爵位两等：亲王一子封世子，嗣亲王；郡王一子封长子，嗣郡王。均奉特旨，始行封授。康熙以前使用较多，雍正以后废止。辅国公以上称"爵"，镇国将军以下称"职"。以下还有小世职四等：轻车都尉、骑都尉、云骑尉、恩骑尉。小世职并非宗室专用，适用所有建立军功的人。一般多授予阵亡人的后裔。

亲王、郡王封爵有"世袭罔替"与"世袭递降"之分。"世袭罔替"王爷，俗称铁帽子王，即世袭不降等。有清一代，只有开国之际，战功卓著的睿亲王（太祖第十四子多尔衮）、礼亲王（太祖第二子代善）、郑亲王（太祖侄济尔哈朗）、豫亲王（太祖第十五子多铎）、肃亲王（太宗长子豪格）、承泽亲王（太宗第五子硕塞）、克勤郡王（礼亲王代善第一子岳托）、顺承郡王（礼亲王代善第二子萨哈璘之第二子勒克德浑）与雍正朝的怡亲王（圣祖第十三子允祥）、同治光绪朝的恭亲王（宣宗第六子奕訢）、醇亲王（宣宗第七子奕譞）、庆亲王（高宗第十七子永璘之孙奕劻）等十二位曾得此隆遇。后三位亲王，虽获此恩遇，但距清亡不远，在实际延袭中，恭王与醇王只延续了一代。庆王还未等到传递，清朝就走到了尽头。

其余的王爵皆是世袭递降的，每传一代递降一等。亲王递降至奉恩镇国公止降，郡王递降至奉恩辅国公止降。余者类推，皆按五世而止的原则，到止降的那一等封爵或世职后，就以这一爵职之位传世。

检《大清会典》卷一"宗人府"相关条款可知宗室获得封爵分四种情形：功封、恩封、袭封与考封。

功封：因军功卓著而封爵，凡世袭罔替王爵均由此而封；

恩封：皇子十五岁，例由宗人府奏请封爵；

袭封：亲王至奉恩将军各等爵职有人过世，在其子嗣内择优选取几位引见，钦定一人承袭；

考封：各等封爵除一子袭封外，其余诸子至二十岁，循例考试合格后封爵。所考爵职等级与生母名分息息相关。以亲王、郡王、贝勒、贝子四等为例：亲王嫡生余子考封不入八分辅国公，侧福晋子封二等镇国将军，妾媵子封三等辅国将军；郡王嫡生余子考封一等镇国将军，侧福晋子封三等镇国将军，妾媵子封三等奉国将军；贝勒嫡生余子考封二等镇国将军，侧室子封一等辅国将军，妾媵子封奉恩将军；贝子嫡生余子考封三等镇国将军，侧室子封二等辅国将军，妾媵子封奉恩将军。

显见，同为王公之子的权利待遇相差悬殊。以亲王之子封爵比较，同为一父所生，除袭封的嫡子之外，福晋余子考封不入八分辅国公的爵位最高，但比起其父的亲王爵位已降了七等，高出侧福晋子考封的二等镇国将军两等，高出妾媵子考封的三等辅国将军六等。侧福晋子则高出妾媵子四等。可见生母名分的重要性。

考封，顾名思义必须经过考试合格方能授爵职，成绩若不达标也枉然。考试内容分三项：满语、马射、步射。成绩分三等：优、平、劣。三项全优者，授应封之职；两优一平者，降一等授职；一优两平或两优一劣者，降二等授职；三平或一优一平一劣者，降三等授职。一优两劣、两平一劣、一平两劣以及全劣者，皆停封。停封就要等待下次再考。

降等惩罚对于那些考封目标为低等世职的，就出现了无等可降或等级不足的问题。譬如，考封最低的奉恩将军，如果成绩处于降等之列，因无等可降，则采取停俸惩罚，降一等者停俸二年，降二等者停俸三年，降三等者停俸四年。考封二等奉国将军而成绩处在降三等者与考封三等奉国将军而成绩处在降二等、三等者，除了皆要降为奉恩将军以外，尚余应降之等，也是由停俸实现惩罚，每余一等停俸一年半。如考三等奉国将军而成绩处在降三等者，只能降一等封为奉恩将军，其余应降二等，则要停俸三年。

考封制度与入选标准可谓严密。皇朝通过这一机制，把王公及其子弟准确地纳入等级体系中。一方面，激励宗室不忘满语骑射，平日加紧练习，保持满洲传统；另一方面，限制封爵世职增长过快过多，尤其是大幅降低了高级封爵的比例。据清末《玉牒》统计，辅国公以上爵位的 166 人，只占宗室男性的 1.6%。

宗禄向为皇朝俸饷开支中的重点项目。如果宗室人口增长过快，世袭罔替封爵过多，必然造成财政支出迅速膨胀与京师建府用地的紧缺。传统农业经济创造的有限税收，不可能适应快速增长的宗禄需求。"世袭递降"与考封制度，缓解了财政供养宗室的压力。亲王年俸一万两、米一万斛（两斛一石）；郡王五千两、米五千斛；贝勒两千五百两、米两千五百斛；贝子一千三百两、米一千三百斛；镇国公七百两、米七百斛；辅国公五百两、米五百斛。五等相比，年俸差距悬殊，一位亲王的年俸抵十五位镇国公或二十位辅国公。

世袭递降制度在缓解财政宗禄支出压力的同时，也让府邸易主变得名正言顺，从而避免城市用地供应紧张与减轻新建府邸的财政负担。世袭罔替的王府，只要爵位保持，承袭者就可以住下去，而世袭递降的王府则没这么幸运，承袭者不能长久使用下去。王府产权属于宫廷，亲王、郡王与贝勒的承袭者只要爵位降到贝子，就随时面临搬迁腾退。一旦宫廷有了皇子封爵分府需要，这些降袭王爷的传人就要被迁出，由内务府安排到较小的宅门去生活，而将原府重新修缮安置新生的高级封爵。

清代北京没有出现皇子封爵分府的用地建房压力，贝勒以上府第大抵保持在二三十座。这一王府资源配置协调与宽松局面的形成，还与乾隆以后诸帝生育皇子数目减少，且皇子短寿者增多有关。因而，从两方面促成朝廷能够从容地在现有的王府中一再重新分配。

皇族身份分为宗室与觉罗两类。显祖（清太祖之父塔克世）以下子孙称宗室，腰束金黄带，俗称"黄带子"；显祖伯叔兄弟子孙称觉罗，腰束红带，俗称"红带子"。宗人府管理皇族事务，登记子女嫡庶、生卒、婚嫁、官爵、名谥；核准办理承袭次序、秩俸、养给与优恤等事务。从顺治十三年（1656年）开始，十年一修谱牒（玉牒），到1921年共修28次。皇族在政治、经济、司法上享有特权。

觉罗由于支派较远，权利逊于宗室。而宗室之内也存在着支派远近与爵位高低的差距。近支宗室是从康熙钦定子孙字辈以后开始的，历史迁移，皇帝更迭，总是以在位皇帝的皇子为最近支派，享有的权利最为优厚。不管哪位皇子，如果当初本人不能挣得世袭罔替王爵，那么他的嫡长子孙就要逐代降袭，非嫡长子孙后代的绝大多数人很快变成闲散宗室。

国家财政包养皇族人口。闲散宗室男性长到十岁每月发放银二两，二十岁增加到三两直至过世。同时，年发给米四十二斛二斗。觉罗待遇相对较低，二十岁始能领取月银二两，年米二十一斛二斗。此外，还有福利性质的婚丧恩赏银。宗室初婚赏银百两，续弦赏银六十两。宗禄领取人或原配妻子过世，赏银一百二十两。觉罗初婚赏银二十两，续弦赏银五两，丧葬补助三十两。

宗室支派有远近，爵位有高低，收入与生存状态千差万别，不要以为生在皇族，就都能过上肥马轻裘、饮甘厌饫的生活。随着时光转移，皇族人口迅速膨胀，道光朝将宗室领取俸禄的年龄从十岁提高到十五岁，到光绪年间宗禄开支已是捉襟见肘，不得不采取半额发放政策。这对贝子爵位以上的王公影响不大，而对低级爵职与闲散宗室来说是灾难性的，生活状况越来越差。个别宗室放下了身段，开始打工赚钱补助生活。当然，皇族整体的生活水准远远高于同期的北京居民的平均水准。

入八分与不入八分

"八分"，即古之九锡之意。清太祖努尔哈赤当政期间，"立八和硕贝勒共议国政，各置官属，凡朝会宴飨，皆异其礼，赐赉必均及。是为八分"。[1] 清太宗皇太极继位以后，权力朝向皇帝集中，废除了八大贝勒共议国政制度，但"八分"名称保留下来。"贝子以上皆入

---

[1] 阮葵生《茶余客话》卷一，上海古籍出版社 2012 年版。

八分。镇国公、辅国公有入八分者，有不入八分者。入八分者与王贝勒贝子一体分左右翼列班，不入八分者与镇国将军以下各随旗行走。"①

"八分"是宗室王公权利从优的礼制名词，通过优厚待遇与礼仪上的隆重换取军事贵族旗主的权力。入关以后，"八分"演变成居室、服饰、仪仗、交通工具等方面使用的特权标志。至于究竟是哪八种标识，《清会典》未列专条叙述，私人笔记记载各有差异。

何刚德《春明梦录》：亮红顶、团龙褂、开启袍（启又作气）、紫缰、朱轮、门钉、家将、茶壶。②

溥雪斋《晚清见闻琐记》：朱轮、紫缰、宝石顶、双眼花翎、牛角灯、茶搭子、马坐褥、门钉。③

两种记载，相同的标识五种：亮红顶（红宝石顶）、紫缰、朱轮、门钉、茶壶（茶搭子）。

亮红顶（红宝石顶）：入八分公以上冠戴红宝石顶。而不入八分公与一品官员一样，顶戴磨光珊瑚，虽然也俗称亮红顶，但与王公红宝石亮红顶不是一码事。珊瑚亮红顶是相对于二品官员的起花珊瑚俗称暗红顶而言的。

紫缰：王公出行无论乘车坐轿，皆需将车轿围挡系结，"旧制，亲、郡王用金黄舆服，贝勒、贝子用紫色舆服，宗室公与大臣同。乾隆五十二年（1787 年），特赐宗室镇国公、辅国公紫色舆服。其未入八分公仍旧制"。④ 不入八分公以下则用青缰。

朱轮：车轮涂朱色，不入八分公以下涂紫色，一般的为本色。

---

① 《清会典》卷一"宗人府"。
② 何刚德《春明梦录》。
③ 溥雪斋《晚清见闻琐记》，见《晚清宫廷生活见闻》46 页，文史资料出版社 1882 年版。
④ 昭梿《啸亭杂录》卷一。

门钉：入八分公以上府第门扇上的排列金钉，钉为木质外涂金粉，一般为纵横皆七，尊贵的纵九横七的如醇亲王府。

茶壶（茶搭子）：清立国之初，自视得水德眷属，故对人类生活必备的普通之物，寄予礼制理念。皇帝卤簿中有水瓶一项，入八分公以上出行配备高广二尺余的扁形铜制茶壶，功能类似现代的暖壶。

再看两种记载不同的三对：前者的团龙褂、开启袍、家将与后者的双眼花翎、牛角灯、马坐褥。究竟相异的六种标识中，哪几种入选八分的可能性更大，还需结合清朝典章制度逐一考订，再从中选出可能性大些的。

团龙褂：即圆形绣龙补褂。冠服规定入八分公团补，不入八公方补，可见是入八分标识。

开启袍：袍之下端四开启。"国朝王公彩服裾均四启，所谓四开衩也，用龙文若常服，多用蓝表，衣用青。"① 但并不只限于王公，"凡宗室衣裾皆四启，带用金黄色"。② 可见，开启袍并非仅限于入八分公以上封爵穿戴，而是宗室与非宗室冠服区分标识。

家将：入八公以上封爵，始设官卫。护卫与军校均着顶戴。王府头等护卫冠戴孔雀花翎，其余各等府第护卫冠戴蓝翎。不入八公则无此待遇。因此，可以确认家将顶戴是入八分标识。

双眼花翎："贝子戴三眼孔雀翎根缀蓝翎，镇国公辅国公戴双眼孔雀翎根缀蓝翎。"③ 镇国公、辅国公不论入八分与否，皆戴双眼花翎。显然，双眼花翎并非入八分标识。

牛角灯：旗人结婚在晚间，迎亲仪仗比较简单，执事中以贴喜字牛角灯为主，隆重程度表现在数量上。所有旗人都可使用，只是

---

① 钟琦《皇朝琐屑录》卷七，国家图书馆出版社 2011 年版。
② 《清会典事例》卷三百二十六"冠服"。
③ 《钦定会典则例》卷六十五"冠服"。

有品级的官员不得过六对，无品级的官员平民不得过四对。晚清制度松弛，贵胄豪富之家竞逐奢华，在使用数量上激增，从十六对直升到一百二十对。可见，牛角灯并非入八分标识。

马坐褥：坐褥属于舆服范畴，同牛角灯的使用一样，从亲王到奉恩将军都可使用，限制不在可否上，而在等级质料规格上。马坐褥是坐褥中的一种。"镇国公坐褥，冬用方虎皮，夏用红褐衬红毡；辅国公冬方赤豹皮，夏用青闪缎衬红毡。"[1] 规定没有区别入八分与否。因此，马坐褥也非入八分标识。

通过考订，大致可以得出，两说歧异的六种标识之中，团龙褂、家将两种在八分标识之内。而双眼花翎、开启袍、牛角灯、马坐褥等四种，只是宗室与非宗室或官员等级之间的区分标识。如此，八分中尚缺一种标识，考之史籍，当为"东珠"。

东珠是珍珠的一种，产自东北牡丹江上游宁安城南，产珠之水素有珍珠河之称。珠以浑圆，晶莹夺目，呈淡黄色为上品。宋朝崇道、熙宁年间，已为宫廷、巨室等上流社会所珍视。当时称"北珠"。也许是东珠出自清朝发祥地的缘故，皇室格外看重，"例充贡品，须重在八分以上者。王公等冠顶饰之，以多少分等级，昭宝贵"。[2] 重八分以上东珠专贡宫廷，宗室王公例不能用。即如冬朝冠一项而论，"亲王、世子、郡王、贝勒冠顶皆金龙三层；贝子、镇国公、辅国公冠顶皆金龙二层。顶饰东珠：亲王，重六分以下的十颗；世子，重五分以下的九颗；郡王，重五分以下的八颗；贝勒，重五分以下的七颗；贝子，重四分以下的六颗；镇国公，重四分以下的五颗；辅国公，重四分以下的四颗"。[3] 而不入八分公

---

① 《清会典》卷二十八"礼部"。
② 柴小梵《梵天庐丛录》卷三十四，山西古籍出版社1999年版。
③ 《清会典事例》卷三百二十六"冠服"。

以下均用重三分以下东珠。入八分公与不入八分公的冠顶构造虽然相同，但使用东珠的轻重却存在差异。因此，推定四分东珠为入八分的标识。

显而易见，"八分"仅是礼制与器物用品的优待，其中并没有赋予特殊的政治权力。

上三旗与下五旗

自从清装剧如雨后春笋充斥银屏以来，大众对清朝流行的制度名词大都耳熟能详，然实质内容，多不甚了了。八旗制度是清朝独创的兵民合一的政治行政与军事组织，始自清太祖努尔哈赤，完备于清太宗皇太极，分八旗满洲、八旗蒙古、八旗汉军共二十四旗。清定鼎北京后，没有推行八旗制度，只是在入关之初，把一部分明朝高级降将与旧朝勋戚编入八旗汉军。有清一代，在行政组织上，始终贯彻以八旗制度管理旗人，以郡县制度管理汉人。汉人兵民分治，军队通过招募组成，号称"绿营"，就是军旗是绿色的。

说起八旗，通常以为正黄旗最地道，凡是皇族都隶属正黄旗，实则不然。入关以前，皇太极亲统正黄旗、镶黄旗，其长子豪格统正蓝旗，因而有上三旗之说。上对下，所以正红旗、镶红旗、正白旗、镶白旗、镶蓝旗，称为下五旗，由王、贝勒统领。进京以后，顺治五年（1648 年）四月，肃王豪格遭受摄政王多尔衮陷害死于狱中，所统正蓝旗被多尔衮的正白旗替代。上三旗变成了正黄旗、镶黄旗、正白旗。顺治八年（1651 年）二月多尔衮死后被政治清算，也未改回原状，一直保持到清亡。

清初宫廷侍卫在上三旗子弟中挑选，分为四等：一等侍卫（正三品）六十人、二等侍卫（正四品）一百五十人、三等侍卫（正五品）二百七十人、蓝翎侍卫（正六品）九十人。康熙二十九年（1690年），挑选武进士擅长骑射者充作侍卫。康熙三十七年（1698年），增加宗室侍卫。雍正五年（1727年）增选武科进士为侍卫，武进士一甲第一名授一等侍卫，第二名、三名授二等侍卫，在二甲中选用三等侍卫，三甲中选用蓝翎等卫。侍卫由领侍卫内大臣（正一品）统领，共六名，在镶黄旗、正黄旗、正白旗三旗的满洲勋贵高官中每旗挑选二人，由皇帝钦定。领侍卫内大臣职掌侍卫、亲军选拔、考核升降、日常训练、宿卫值班、朝仪列侍，随扈皇帝出巡等。紫禁城禁卫分成内外两班宿卫。内班宿守乾清门、内右门、神武门、宁寿门等处，外班宿守太和门等处。

御前侍卫腰牌

侍卫以御前侍卫与乾清门侍卫最为尊荣，由御前大臣统领。御前大臣也是钦定的，一般出自勋臣与军机大臣。侍卫尤其是御前侍卫，靠近皇帝，容易升迁。清代由侍卫至卿相的人相当多，如鳌拜（镶黄旗）、遏必隆（镶黄旗）、索尼索额图父子（正黄旗）、傅恒福康安父子（镶黄旗）都曾当过侍卫。不过，后三人因出身后族贵戚，本来与皇上关系亲近，即使不曾充当侍卫，同样可做高官。充任侍卫只是历练的开始。

这种只在上三旗中挑选侍卫的做法并未持久，雍正继位后，八旗权力集于皇上，因而侍卫挑选也扩大到了下五旗。大家熟知的和坤隶属正红旗满洲，就是从三等侍卫起家的。

雍正抑制下五旗王公权力，旗务改由朝廷任命的都统、副都统管理。此后普通旗人不管隶属上三旗还是下五旗并无权利义务上的差别。凡旗人均生活在旗下，"钱粮"发放同级同工同酬，不因旗分不同而不同。

皇族是京城的一个特殊群体。民间往往以为凡是皇族必属于正黄旗，这是很大的误解。实际上，入关以后诸帝子孙后裔，都生活在镶白、正红、镶红、正蓝、镶蓝等下五旗之中。宗室身份与旗分归属毫无关系。上三旗中的皇族很少，共八支，皆为太祖、太宗低级封爵的子孙，时代推移，已经成为宗室远支。皇帝本人旗籍列在镶黄旗之首，倘若非要分出旗分的政治等级高下，那么八旗排在第一位的当然是镶黄旗，而非正黄旗。

康熙以后，皇子封爵分府出宫生活，全部拨入下五旗。清朝以圣祖子嗣最盛，查《玉牒》圣祖系可知封爵诸子分府出旗情况：镶白旗，允祺、允祐、允祹、允祁；正蓝旗，允禩、允禟、允祥、允祎、允祜、允祕；镶蓝旗，允禔、允礽、允祉、允禵、允禧；正红旗，允禩、允禑、允礼；镶红旗，允禄。

八旗满洲之中，还存在包衣旗人。包衣系满语音译，全称包衣阿哈，即家的奴仆之义，在使用中省称为包衣。严格的说，八旗管理体制，只存在满洲镶黄、正黄、正白等上三旗之外由内务府统领对应的包衣三旗；而不存在镶白、正红、镶红、正蓝、镶蓝等下五旗之外各由王公统属的包衣旗。入八分公以上的宗室封爵也可使用包衣，但并不是王公自置的。清朝禁止满洲贵胄私蓄旗人家仆，王公贵胄家的包衣，大都是钦赐而由内务府三旗中抽调派往的。因其改由王公所属，名义上各随其主之旗，服务对象也不再是宫廷，故俗称"八旗包衣"。这一俗称极易造成今人误解，以为八旗各旗都有对应的包衣旗。其实，包衣即使奉命抽调派出，身份名籍仍由内务府管理，而不纳入王公贵胄所在旗分的佐领管理系统。

顺治年间成立的内务府统属包衣三旗负责宫廷事务，独立运行与八旗管理体制并行不悖。所统佐领，初期包括九个满洲佐领，十二个旗鼓佐领，一个高丽佐领，二十个内管领。康熙三十四年（1695 年）普增至十五个满洲佐领，十八个旗鼓佐领，二个朝鲜佐领，三十个内管领。"旗鼓佐领"由在关外被强迫入旗的汉人组成。"内务府三旗汉军佐领，俱名旗鼓佐领，旧作齐固佐领。"① "内管领"满语称珲托和，意为半个佐领，又称"辛者库牛录"，意谓"内管领下食口粮人"，系最低等家奴。

内三旗包衣，除服务宫廷之外，也有当兵义务。尽管身份地位较低，但在入学、科考、做官等方面的权利与普通旗人并无显著差别。

同样是做奴仆，伺候的主人等级越高，获利翻身升迁机会越大。奴仆争攀高门的心态或许比常人更为炽烈。显然，若是能直接服务宫廷，有幸近距离服侍皇上，获得宠信进而掌权担任要职的机会，是派往下五旗王公贵胄家的包衣望尘莫及的。清代内务府旗籍，跻身庙堂高位者多矣。内三旗官兵建功立业成绩突出，奉特旨可以脱离包衣籍，改归上三旗旗下佐领，变成正身旗人。这种出自特恩的"抬旗"现象并未形成制度条规。

抬旗是皇帝常用的施恩手段，"下五旗满洲，或皇后、皇贵妃母族，例得抬入上三旗；至蒙、汉军大臣著有功绩，或拨入本旗满洲，或抬入上三旗满洲。而内务府人拨入外三旗满洲佐领，皆随时出于

---

① 奕赓《寄楮备谈》，1935 年燕京大学图书馆印本。

特恩，不在定例"。① 当满洲上三旗与下五旗的权利差异趋零之际，下五旗变更为上三旗，并不能因此带来权利实质性提高。而蒙古、汉军旗的情况有所不同，变成满洲旗，无疑可以显著提高身份，因之更期盼抬旗。皇后、皇贵妃娘家抬旗始自康熙生母孝康皇后佟氏。佟家原隶汉军正蓝旗，抬旗入满洲镶黄旗，并改称佟佳氏。

常有人说，在清朝八旗官员对皇上自称奴才，汉人官员对皇上自称臣。实际上，这一说法并不准确。官员奏折称臣称奴才起初并没有硬性规定。非内务府旗籍的八旗官员有时称奴才有时称臣。雍正似乎不喜欢奴才一词，认为"奏章内称臣、称奴才，俱是臣下之词，不宜两样书写，嗣后着一概书写臣字。"② 乾隆二十三年始定规范。"满洲大臣奏事，称臣、称奴才，字样不一。著传谕嗣后颁行公事折奏，称臣。请安、谢恩、寻常折奏，仍称奴才。以存满洲旧体。"③ 八旗蒙古、八旗汉军亦然。不过，这仅限于文职官员，而不包括武职，武官无论旗汉高低具折上奏一律称奴才。

捐虚衔、封典与实官

官职高低分九品十八级，每一品又分正从，如正一品、从一品。从读作纵。按职能归属分为三类：文官、武官与监察官。品级高下与职能所属，通过服饰与顶戴区分。官员是流动性极强的职业，官位也非终身制。进入官场的途径大抵分为世袭、恩荫、荐举、纳赀、

---

① 福格《听雨丛谈》卷一。
② 《钦定八旗通志》卷首九"敕谕三"。
③ 《清高宗实录》乾隆二十三年二月壬申条。

军功与科举。科举为正途，其中最受青睐的是进士出身，如果再点为翰林，则仕途通畅，往往能升至高位。明朝非进士不能成翰林，非翰林难以为卿相。清朝对汉官提拔延续了明朝传统。举人、贡生等虽能做官，但是升迁相对困难。异途主要是捐纳、荐举、军功与吏员杂职等。在此就清朝的捐纳制度略作解读。

朝廷卖官鬻爵以增加财政收入的历史久远。始皇四年（前 243 年），"令民纳粟拜爵"。[1] 汉武帝时，"吏得入谷补官"，"民得入粟补吏"。[2] 不过，起源虽早，历朝都曾借此扩大财源弥补财政不足，但普遍频繁使用，并且制度化却是在清朝。每当朝廷面对紧急情况如战争、救灾等急需资金之际，总是采取捐纳方式筹饷。其运作程序法规时称"捐纳事例"，分作两类，一是"现行事例"，也就是常态化的运作，主要是捐监生、虚衔、封典。这类荣誉性头衔，并不能让捐资人走上仕宦道路，只不过提升了个人社会地位与体面。顺治六年（1649 年），沿袭明朝旧法，始开捐监生例。二是因需开捐的"暂行事例"，目标明确如赈灾、大型水利工程、筹集军饷等，期限明确，事毕结束。

暂行事例是捐官的主要途径。康熙十六年（1677 年）平定三藩，开捐例三年，共收银二百余万两。雍正二年（1724 年）平定青海捐例收银数目不清。乾隆朝，豫工例与川运捐例收银皆超过千万两。嘉庆朝的捐例最为繁杂，几乎年年开捐，一次收银五百万两以上的有：嘉庆三年（1798 年）川楚善后例收三千余万两；嘉庆六年（1801 年）工赈例收七百余万两；嘉庆九年（1804 年）衡工例收一千一百二十万两；嘉庆十九年（1814 年）豫东例收七百五十万两。[3]

---

① 《史记》"秦始皇本纪"。
② 《汉书》"食货志"。
③ 胡思敬《国闻备乘》卷二"捐例"，中华书局 2007 年版。

道光以后内外交困，财政困难重重，捐例越开越多越繁。乃至权力下移，各省督抚各立名目开例筹款。

白身捐纳入仕，除吏部、礼部、翰林院、詹事府，都察院（八旗满洲捐纳者可为科道）外，捐京官最高可到正五品的郎中，外官最高到正四品的道台，武职最高到正三品的参将。援例捐官并非出资即可得到实职，而是拥有了做官资格。分两种情况：一是直接归部铨选，但不能获得实缺，最大意义就是个人博得了候选乃至候补官员的虚名；二是分拨于各部各地方见习，捐京官的分派各衙门报到见习三年，捐外官的分拨各省考察一年。两者期满后，分别由京官见习所在的衙门长官与外官属地的总督巡抚拿出鉴定意见，上报皇帝后决定去留。留下的方可到吏部候选，理论上通过等候能够获得所捐官职的实缺，但随着仕途越来越拥挤，基本上没有什么希望，从而也让各级官职的售价愈来愈低。比较而言，捐京官的录用程序严格，获得实缺更难，捐外官的相对宽松些。

显然，个人捐资只是获取了入仕资格，而入门后能否获得长官推荐以及被推荐后能否如愿以偿获得实缺则充满了变数，始终存在着希望落空的风险。这也就为权力寻租开拓了市场。候补官员仍要出资疏通关节，以便尽快获得实缺肥缺。期间的运作花费往往远高于入仕门槛的费用。一般而论，白身富户的捐官行为往往选择归部铨选。这是出于生活体面、结交官府拓展人脉与交际便利的需要。在消费存在等级限制时代，拥有了官衔就可享受官派生活，如穿戴官服，使用仪仗等，同时也可在官场中行走。

在清朝，不管是由科举，还是由捐纳或其他形式步入仕途，都要经过铨选，文官归吏部文选司，武官归兵部武选司掌管。铨选即按程序审核候补官员的履历资格，符合规定的始能实授。授职之后，京官郎中以下，外官道府以下官员，均需试俸二年、三年、五年，方能升迁、转任。入仕、升转程序繁琐，考核项目甚多，官员做起来费时费力，于是就有了以金钱换资格履历审查与等候时间等项的"捐免"规则，将其中的试俸、历俸、实授、保举、试用、离任引见、投供验看、回避等程序准许捐资免除。另外，受处分的撤职降职官员若想尽快复职亦可通过捐银实现，时称"捐复"。清代后期，官场金钱侵蚀官箴法规无处不在。盛行捐纳升职，捐纳议叙加级，捐纳抹平处分。

捐例大开，职位与头衔放量剧增的结果，必然导致价格降低。乾隆三十九年（1774年）捐京官五品郎中的标价九千六百两、六品主事四千六百二十两；外官四品道员一万六千四百两、从四品知府一万三千三百两、从五品同知六千八百二十两、七品知县四千六百二十两、八品县丞九百八十两。一百二十余年过后，到光绪二十六年（1900年）分别降至二千七十三两、一千二十八两、四千七百二十三两、三千八百三十两、一千四百七十四两、九百九十九两、二百一十两。抢手的道员与知府价格降幅百分之七十多，其他官衔降幅更大在百分之八十上下。而原本价格较低的监生、虚衔、封典等更是直线下降。咸丰六年（1856年）"报捐监生，京庄收兑者不过二十六七元，后贱到二十二三元。（江苏）省中协济局，报捐从九（品）衔，只需二十元"。① 甚至出现"沿乡劝捐"推销强迫现象。

捐纳对政治生态、官民关系以及社会经济、文化产生的影响极其深刻，评价如何非本文细述之题。不过有一点需要指出，捐纳不是清朝特有的。威廉·多伊尔《捐官制度——十八世纪法国的卖官鬻爵》说，法国旧政权几乎所有职位都必须购买或继承，王权以此来扩充自己的财政收入。到十八世纪由70000腐败的职位组成了整

---

① 柯悟迟《漏雨喁鱼集》，中华书局1997年版。

个司法系统,大部分的法律职业,军官与各种各样的其他职业都是捐买来的。

光绪朝捐纳出资凭证

官职本称与别称敬称

明清最重要的朝廷衙门是吏、户、礼、兵、刑、工六部与都察院。明朝一部一尚书正二品,左、右两侍郎正三品,下设郎中正五品、员外郎从五品、主事六品等官以及无品级的吏员。清朝一部满汉两尚书从一品,满汉四侍郎正二品。都察院掌监察、弹劾之权,主官左、右都御史正二品(清改从一品),下设左右副都御史正三品、左右佥都御史正四品与监察御史百余人七品(清改正五品)。清朝则把右都御史、右副都御史、右佥都御史仅用作总督、巡抚与钦差的兼衔使用。佥都御史职位于乾隆十年裁撤。

明清时期的私人著述与笔记小说,涉及人物官职时,大都不直接称其正式官位，流行用古称、别称替代，在表述官职方面，拟古以求驯雅可谓不遗余力。这就造成了今日阅读历史的困惑，极易发生官职辨认上的误解。

六部尚书、侍郎借用《周礼》的天官冢宰、地官司土、春官宗伯、夏官司马、秋官司寇、冬官司工之职，与之一一对应。吏部尚书称冢宰，侍郎称少宰。户部尚书称大司徒或大司农，侍郎称少司徒或少司农。农业社会的税收主要依赖家庭自然经济，因之无论管田亩还是管人，都是为了稳固税收基础。礼部尚书称大宗伯，侍郎称少宗伯。兵部尚书称大司马，侍郎称少司马。刑部尚书称大司寇，侍郎称少司寇。工部尚书称大司空，侍郎称少司空。汉朝把工改成空。以下郎中、员外郎统称部郎，具体到个人实际职位，大抵是按部门职能分类，能找到古称的一定移用。

借用古称当然是越古越好，但是，随着历史演进，历代官制必然要适应发展需要，创立新衙门处理新生事物。因此，如果找不到更早的古称就选用本朝以前最先出现的能与之对应的官称。都察院左右都御史称御史大夫，副都御史称御史中丞，则是借用秦汉时期的御史台正副主官的职名。同时，也流行按都察院职权所在，称都御史为总宪，副都御史为副宪。监察御史通称侍御。六科给事中通称给谏。

清代地方官以从一品的总督、正二品的巡抚统管省、府、州县三级行政辖区。总督全称冗长，以最显赫的直隶总督为例，全称"兵部尚书都察院右都御史总督直隶等处地方，提督军务、粮饷、管理河道、兼巡抚事"。这简直就是管辖事项的公示清单。同治九年（1870 年）又兼北洋通商大臣。总督敬称部堂、总制、制台、制军、大帅等。巡抚全称"兵部侍郎都察院右副都御史巡抚某某地方，提督军务。"巡抚敬称部院、中丞、抚台、抚军、抚院、抚宪等。其中只有中丞是借用古称，系指巡抚兼衔的右副都御史。因之，阅读清史时，看到某某中丞，一定要反应出指的是巡抚，而非其他官职。省级官员，从二品的布政使，称藩台、方伯、藩司、东司等；正三品的按察使，称臬台、臬司、西司、廉访等；学政使（三年一任，品级依外放时的职级）称学台、大宗师、学院、学宪等；正四品道员，称道台、观察等。以下府县官员，从四品的知府，称太守、太尊、四品黄堂等；从五品的知州称州牧；正七品的知县称大令、邑宰、邑令、邑尊等。

　　明清官职古称、别称、敬称仅在话语与私人著述中使用，而不会出现在官修典章与正式朝廷文件中。在现实生活中，直面官员本人对话，一般要用敬称，而非古称、别称。当代创演的清装影视剧，有的把官员的古称、别称当作正式官名使用，有的当作尊称敬语直接称呼相应职位的官员，都是不恰当的。

　　面对面的敬语自有一番规矩，并非书面语言直接转化成话语。今人展现历史故事的影视文学创作，往往把阅读材料直接转化成话语或创意自造。譬如，地方上的道台正四品，可称大人，而知府从四品，仅差一级，就不能称大人。知府别称为太守，乃是书面或谈话中对提及的第三者的敬语，并非当面的尊称。明清两朝，面见知府，明代称太爷、老府台或老公祖，到了清代"太爷"之称渐远，多用后两种。更不可能尊称知府大人。不言而喻，称七品知县为大人，更是离谱。习惯上把县官称为父母官，面见知县，称老父台或老父母，也不能加大人后缀。

　　县是皇朝直管的基本行政区，国人地缘意识浓厚，家乡观念是以县为界线的。一般来说，同县之人称为（大）同乡，同府之人称为小同乡。当代人往往颠倒了同乡大小的概念，以为小同乡关系紧密，乃是同县之人，其实，正好相反，小同乡系指同府甚至邻府而不同县。大同乡才是真正的同县同乡。同乡是流动迁徙文化概念，异地同乡人相见攀认才显得亲切，二者原居住的地理范围越小，亲情关系越大，反之相距越大，亲情关系越小。大小之分不是以地域大小划分的，而是以关系远近与可以倚赖程度上指认的。

身份等级差异，必然促成社交礼节的不对等，身份高的对低的不再使用尊称，但也不能直呼其名，而以字号相称。平级相见往往称兄道弟或称以字号。

中堂与大人

明清两朝顶级荣耀的官职非正一品的内阁大学士莫属，从明初到清乾隆十三年（1748 年），皆用皇宫四殿两阁冠名。四殿：中极殿（原称华盖殿，清改中和殿）、建极殿（原称谨身殿，清改保和殿）、文华殿、武英殿；两阁：文渊阁，东阁。乾隆十三年裁撤中和殿大学士，增添体仁阁大学士，遂固定使用三殿三阁：保和殿、文华殿、武英殿与文渊阁、东阁、体仁阁。大学士最多任命六人，常态多是四人，排名按殿阁顺序，以中极殿（中和殿）大学士最尊贵。乾隆改动后，保和殿大学士位列第一，但极难获得，直至清亡只有傅恒一人得此殊荣。

大学士别称甚多，如相国、丞相、宰相、总揆、宰辅、阁老等。其中相国、丞相，曾是历史上的正式官职，系古称，而宰相、总揆、宰辅等并非历史上正式官职，而是对行政首脑权力职权的概括描述。清代政出军机处，所以军机大臣自然被称为宰相。

大学士又常被称为中堂大人。用中堂敬称行政枢要高官，有最早始于唐朝的说法，因中书令在中书省内办公而得名。不过，此说似显勉强。中堂指的是官场聚会座次的正中，以示其人身份尊贵，而非在什么地方办公。洪武十五年（1382年）设内阁大学士、左右春坊大学士，皆为翰林院官。大学士莅临翰林院，列坐必居中，而掌院学士反居其旁，故大学士称中堂。① 尽管如此，在明代称大学士中堂并不流行。对官位尊者流行称"老先生"，"自内阁以至大小九卿皆如之。"②

以中堂敬称大学士是清代盛行起来的。这缘于六部官员配置的变革，每部设满汉两位尚书，两人在部办公议事，并肩坐于主位，而不能一人居中，其他各官分列两边。如果其中一位身兼大学士，就要居中独坐，而另外一位则要挪到侧位。此外，清朝常以大学士管部，那么大学士到来时，也要居中而坐，两位尚书自然要挪到两侧。这是在朝廷中枢行政过程中经常发生的事情，因此，大学士称中堂流行开来。

传统社会对于卓有成就的历史文化名人，也常以官爵或郡望称之，如西汉的贾谊贾太傅，东汉的蔡邕蔡中郎，唐朝的杜甫杜工部或杜拾遗，王维王右丞，张继张祠部等等。其实，若仅以官职论之，真的不足道哉，其中很少有人跻身高位，进入皇朝决策圈。如杜甫的"工部"与"拾遗"官称，皆为中下级职位。这里的工部系指"检校工部员外郎"，乃部属司的副职。相当于现在的副司长，品级为从六品上，而拾遗的职位更低，品级为从八品上。这些人物之所以光耀史册，并非因官高政治业绩突出，而是伟大的文学文化成就。但社会念念不忘他们曾经担任过的官职，足证官本位观念的顽强。同样，以郡望称历史名人则反映了国人强烈的地缘望族意识，如唐

① 梁章钜《称谓录》卷十二，福建人民出版社2003年版。
② 王世贞《觚不觚录》卷一，商务印书馆1937年丛书集成初编版。

代的柳宗元又称柳河东。

在现实生活中，明清只有大学士才能以郡望相称。如明代嘉靖朝的严嵩，江西分宜人，人称严分宜，万历朝的张居正，湖北江陵人，人称张江陵。晚清有副嘲讽对联很有意思，构思工整巧妙："相国合肥天下瘦，司农常熟世间荒。"分别指的是李鸿章与翁同龢，李是安徽合肥人，时任文华殿大学士；翁是江苏常熟人，时任协办大学士兼户部尚书。二人同是大学士，故以郡望相称。相国与司农皆是官职古称，分别指大学士与户部尚书。用郡望称某位大学士，通常是在他生前使用，过世后一般改用谥号。时代变迁，郡望指认随之移动，民国初年，再提合肥，如不冠姓，则指的是段祺瑞。他也是安徽合肥人。

称官尊者为"大人"，也是清朝形成的风气。"大人"一词出现甚早，论其渊源本指德业功高的诸侯公卿与社会贤达，同时也用来尊称自己的嫡亲长辈。清朝定鼎北京以后，官场越来越不以"称老先生为尊，而以为贱"。[1] 最终放弃了明代官场称谓的习惯，尊高官为大人很快流行起来。这不能不说是官本位强化的结果。"内大臣、都统、尚书、侍郎、卿寺、学士、堂上官，皆称大人。中允、洗马、赞善、巡城御史、掌科给事，皆在本署中称大人，出署则否也。外官文职督抚、学政、织造、监督、司道；武职提督、副都统、总兵、城守尉，皆称大人。"[2] 显然，大人尊称存在着品级限制与京内外的区别，大抵以正四品为界，以上官员可称大人，以下官员则否。

明代以后，君尊臣卑差距进步拉大，除宪宗曾称大学士为先生；神宗称张居正为"元辅"等个案之外，皇帝对官员，无论品级、年

---

① 梁章钜《称谓录》卷三十二。
② 福格《听雨丛谈》卷八。

龄、官位怎样，一律直呼其名，而非官职、字号，更不可能称"大人"。君臣关系超越寻常伦理，皇帝必须永远保持在所有人面前的绝对权威与绝对地位。

居家接待来客礼仪

社会实际存在的等级地位使相见的礼仪程序复杂化，等级越高享受的优待越多。不过在等级流动的社会中，那些幸运跻身高位的人也是从礼仪付出中成长起来的。以在家接待来客而言，来客的等级决定了主人迎送方式。上流社会，有人登门拜访，主人如何接待呢？为了让问题直观，首先要对北京传统住宅的空间结构有所了解。

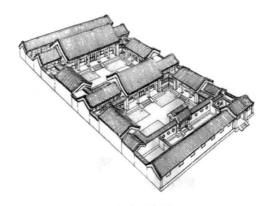

四合房示意图

北京传统住宅基本构造模式是房子围着四面，中间形成院落，这种格局叫做四合房。现在流行称作四合院。从住宅等级上看，四合房既是住宅房屋空间构建的基准，又是家庭阶层高低的分水岭，由此向上向下分出诸多等级。以上有宅门、大宅门、府邸。皇宫也是由大小四合房组成的。一路两进以上四合房组合，称作宅门。如果不止一路，两路以上多进四合房群落，称作大宅门。王公贵族住宅院落重叠，房屋高大宏敞，称作府邸。以下稍差的是三合房，东西南北四向缺一面房屋，形成三面房屋一面墙壁围挡的空间。民国以前，不管房屋大小、间数、建筑质量如何，一家一户，院落独立一直是北京人居家生活的主要空间形式。

住宅等级化与四合房的封闭性，是与社会礼制秩序高度一致的。社会变迁，大家庭解体，四合房生活模式随之没落。尽管今天仍可生活在过去的房子里，却不可能延续昔日传统。在这一意义上，四合房建筑模式必然成为怀旧、游览、文化体验的场所与民族建筑学史的象征。房屋构造形式决定了城市风格，这些不流动的建筑容纳了太多太复杂的流动人群的足迹与信息。因此，建筑作为人类代际之间文化传递的遗产，从来融入民族情感与文化价值观念。

北京的胡同大多数为东西走向，高级住宅基本上位于路北，大门开在住宅的东南；如果位于路南，大门则开在住宅的西北。前者取八卦的巽位，后者取乾位，寓意明显，巽为风，顺风通畅之意；乾为天，通天之意。只有王府才能将大门开在正中。虽然府门居中，平日出入也不由此，而由两侧的阿思哈门，常以东门为主要进出通道。阿思哈或作阿塞，满语双翼的意思。

宅门大门门屋一间，门设在门屋中部的称广亮大门，设在前檐的为金柱大门。广亮大门隔开的门屋内外的空间一样，金柱大门的外部空间比内部稍小。大门内外两侧摆放懒凳供来客的轿夫或马夫随从休息使用。门外后檐墙上伸出拴马环，而不能设立独立的拴马桩，只有府邸才有拴马桩以及上下马石。进了大门迎面是内影壁，左转下坡后是外院，一排南房，北面正中是仪门或称屏门即垂花门，进仪门后游廊相连三面房屋为正院，正房三间或五间两侧各建耳房一二间，东西厢房各三间。再往后可能还有院落。招待来客都在本院正厅。

朝廷各级官员之间相见分敌礼（对等）与降等两种形式。过去通讯技术简陋，登门拜访虽能通过书信或差人往来约定，但毕竟十分费事，有时预约的时间可能还会与临时的急事发生冲突而不能践约。因此，访人大都采取径直造访方式。访人不遇在过去也属人生的憾事。

客人到达门前先要递拜帖。宅门之家都设门房，府邸称回事处，由管事差役携拜帖进内向主人禀报，其中很重要的一件事不能忘记，就是来宾的穿戴是便服还是官服。如是便服还需将样式颜色大致描述一番。好在过去服装颜色式样简单，一说即明。换作今天，事情就麻烦了。来者穿的是官服，主人一身休闲装正在休息，必须赶紧换上官服。来者穿的是便服，主人刚好新做一身官服，正在试镜得意，也必须马上脱掉，换上与来客大致一样的服装。这样才能体现对客人的尊重。不管两人之间的地位如何悬殊，只要决定接见，就一定遵循"宾及门，从者通名，阍人入告，主人肃衣冠出迎"方式。[①] 主客穿衣一致，体现的不仅是重人，更重要的是自重。中国是礼义之邦，究竟礼在哪里？总不能一天到晚喊着礼义之邦，而在现实礼仪操作中做得昏天黑地毫无规矩可言。会客时主客穿衣一致很值得当代借鉴。

主人按来客装束更衣后出迎。平级的迎在大门内，不出大门，作揖礼让，客西主东并行入内，到影壁前左转，通常要下一个缓坡，宅门大门通道地面比第一重院落稍高，下坡一般不是台阶，而是以条石凿牙斜砌而成，谓之礓磜。这是为了女眷出入方便，妇女出门在仪门上车，然后推出大门再套牲口，回来时先在大门卸牲口，将

---

① 《清会典》卷三十。

车推入。主客到了仪门（屏门、垂花门）前，请客人先登台阶。到了正厅，请客人先入。中式客厅一般是正北放条案，案上摆放三件大型古玩，案前放八仙桌，左右放太师椅或官帽椅，椅前放脚踏。墙壁上垂挂中堂画，左右悬对联。两侧碧纱橱或栏杆罩落地罩前放茶几与椅凳。

主客进到正堂以后，两人朝北两拜后，分宾主落座，客人坐西面。即使客人坚辞逊让，也要固请。主人坐东面，上茶叙谈，叙谈结束，客人起身告辞，主客互相作揖致谢。主人送客到大门再次相互作揖，客人请主人回，主人坚持送出大门，看着客人上马、上轿或上车后，转身回去。当然能够执行如此接待方式的都是朝廷高级官员。低级官员与寻常人家，居室不广，但至少也能住上一个三合房，再差四五间房总是有的，家里没有仆役听差，接待客人的程序必然简化，但是在迎送、让行、上茶、作揖等程序上，尊重对方的立意与精髓仍然得以贯彻。整个过程充满了对客人的敬意。清朝六部尚书加上都察院左都御史与理藩院尚书，彼此相见以及见大学士都执行敌礼。

敌礼以下，都要降等接待，品级越悬殊，接待规格越差。降一品，迎送礼仪与敌礼相同，惟独在座位上发生变化，主人坐到了西面，客人坐在东面。也就是说正宾席被主人占据。尚书以下重要的朝廷官员是小九卿，如大理寺、太常寺、鸿胪寺、光禄寺、詹事府等主官，大都是三四品官员，与大学士相差两三品。大学士在接待这些官员时，迎在仪门内，送到大门外，不用等客人上车马就转回。在厅堂仍然主西客东。翰林、詹事、御史、给事中等官员品级虽低，像翰林编修只有七品，但由于是清望官，历来受人尊重，拜见大学士时享受九卿的待遇。

五至八品官员拜见大学士，主人迎在厅堂台阶下，来宾走东边，主人不必谦让先入，客人随入。这种方式称为导入。客人进厅欲意向北三拜，主人辞谢，改为三作揖，主人站在东面答揖，客人请主人正座，主人坐东北位面西南，客人坐西侧位面东。客人坐下时作揖，上茶作揖，主人皆答揖。谈话完毕，起身辞退，复三作揖如初。主人送到仪门外转身回去。客人出大门后在离门稍远处上车马。

俗语说"坐有坐相，站有站相"。坐一定要正襟危坐，站一定要挺拔直立。行为习惯童子功最厉害。一个人自幼没有受到良好训练，坐时歪着扭着斜着甚至半躺半坐，站时塌腰拉胯扭曲颤动，如此习惯了，再正坐或直立就感到十分难受。关键在于成长过程中的文化环境，一个人行为没规矩，在多数情况下，责任在父母身上。

我上中学时，曾听容龄老人讲过一件慈禧太后轶事。慈禧每年元旦（春节）期间都要召自家亲戚进宫欢聚，有一回她的一位侄女带小孩进见，小孩进来后非但不叫人，而且大哭不止，怎么哄也哄不好。慈禧立即命她抱起孩子离去，当即决定从此以后禁止她再入宫。并说"孩子没规矩，责任都在大人身上呢"。没规矩的父母永远难于调教出有规矩的子女。一个生命降临人间，最初行为模仿的就是父母。儿童懂什么，大脑尚未具备逻辑演绎的信息概念，讲什么道理说服，最初只能是强迫命令做什么不做什么，不必纠缠为什么。如果娇生惯养总怕子女吃苦，长大成人一身毛病，必在生活工作中不受人待见。

中国历来师道尊严，老师在学生面前威严无比，但绝对不是无礼的。以皇朝最高学府国子监师生相见为例，初见，学生具名柬，着公服到校，由台阶东面进入大堂，朝北三作揖，老师立受，侍立左旁面向西受教。面见结束，仍三作揖，然后退出。平日拜见，先通名，得到允许进入，老师迎在台阶上，学生升阶作揖，师先入门，学生随后，入堂后，学生朝北三拜，老师面西答揖还礼。老师正坐东北位，学生位西。上茶，学生作揖，请问作揖。告辞朝北三作揖，老师皆回礼。出送，老师在前，学生在后，走到仪门，学生三作揖，请老师回，然后离去。日常教学，老师命坐学生则坐，发问请教则起立。

官员公署相见礼仪

同一衙门具有统属关系的官员，属官初次面见长官，身着公服，由首领官带引从台阶的东侧进入厅堂，将本人的职名履历呈于长官桌案上，再向长官三作揖，长官则避席答揖。所谓避席就是起身站到座位旁边还礼。

在日常工作中，长官坐，属官侍立，不屈膝行礼，如果汇报事件繁多，于地面设褥垫，属官坐下回话。

平日属官拜见长官，在大门外下车马，通名求见，等待传呼。入见，长官迎接在阶下，进入正厅，属官面北三作揖序坐。属官位于西侧面东。长官位于东北正位面西南。落座、上茶、送出、离去等环节，与五品官员见大学士的礼节一样。

属官见上司的礼节，并不像今人误解的那么悬殊。官员等级之间虽然礼仪森严，但还没有到高级官员可以任意驱使藐视低级官员的地步。高官绝对不可能决定属官的升迁与降职，更不必论生死了。一言以蔽之，朝廷所有官员，都对皇上负责，所以任何高官都不能越俎代庖，行使只有皇上才能行使的惩罚权力。当代清装影视剧，经常出现高官任意处罚下级官员，这是典型的越权行为，高官对于犯错犯罪官员进行处分，通用的就是呵斥训斥，极度愤怒，顶多是暂停差事，然后上本参奏建议撤职查办。文官由吏部，武官由兵部议定罪名，经皇上批准才能降职、革职或刑罚。任何高官都不能因下官失职渎职或冲撞冒犯自己，就立刻摘去其顶戴花翎，更不能独自决定一位朝廷正式任命的品级官员的命运。

时下的清装影视剧，官员相见礼节，拉大了等级之间的实际距离。以为下层官员给高官磕头是天经地义的。实际上，除非差距悬殊的九品以下未入流官员见大学士、尚书等顶级高官以外，不会出现低级官员给高级官员磕头的现象。在现实生活中，九品以下未入流官员也很少有拜见顶级高官的机会。官员在皇帝面前人人平等，无论高低都要跪拜皇上，高官显要再尊贵也是臣仆，绝对不能在同属朝廷官员系统中分享专属于皇帝的礼仪权力。在京城即使低级官员自愿叩拜，高级官员通常也不敢接受，一般要离席避让。

考察梳理中国传统相见礼仪文化，不难发现，礼节权利交换在于维持等级间的平衡关系，并非一味维护等级高的一方而完全漠视低的一方的权利。譬如，昔日年节，晚辈给长辈磕头拜年时，每磕一个头，长辈通常要祝福一句吉祥语，在拜贺结束时还会有些赏赐。长辈绝不是高高在上面无表情，只接受行礼而不做任何表示。

在北京，所有官员皆处在天子脚下，近距离侍奉皇上，高级官员不可能享受太多的礼仪优待。地方官员与此不同，他们代表皇上出京管理一方事务，需要通过等级之间的礼仪差距，营造权威声势氛围，贯彻君临天下观念。因此，地方高级官员尤其是总督、巡抚享受的礼仪优待，实际上是皇权的延伸。

外省地方官员相见礼节。总督、巡抚、学政使、河道总督、漕运总督，盐政、巡视御史之间相见在厅堂的座次平行，迎送各按实际的品级执行相应的礼节。

总督、巡抚为地方最高长官，下属的司道府县官员进见，如果是第一次，需要准备名束与履历。文官布政使、按察使、道员入见，在大门外下车轿，进左门。总督巡抚迎在外堂屏门内，督抚先行，司道随后进入厅堂。司道官员庭参，督抚则趋前扶免，改为三作揖，督抚同样答揖。分宾主落座，主人正座西北，客人东旁侍坐。落座时，客人作揖，上茶作揖。进见结束，站起三揖。督抚送至仪门外，客人三揖，请主人回转后，再次三揖，转身离开。督抚第二天用名束答拜。如果是为了公事请见，一定穿戴常服，递官职姓名手本，进入后三揖就座，陈述事由。出入礼仪与初见一样。

庭参又称禀参，就是在大厅内正中向上司自报职名行跪拜礼。朝廷要求属官如此参见督抚，其实是在间接地跪拜皇上，督抚职责向来是代天子巡守。然而，在实际操作中，品级相近官员之间的跪拜只是象征性的示意动作，并不真正倒地叩头也不自报家门。譬如布政使是管一省民政的从二品官员，与正二品的巡抚、从一品的总督之间只差一二级。若放在京城，彼此之间相见决不存在跪拜问题，而采用对等敌礼方式。促成品级相近官员之间的礼仪动作的落差，就是督抚拥有皇帝授权的光环，这不仅是对督抚个人的礼遇，更重要的是表现皇权在任何地方都要畅行无阻。

府县官进见督抚，一律在辕门外下车轿，从左门进入，登堂皆是三揖，督抚对府官还礼答揖，对县官则立受不还礼。督抚不迎送，第二天也不用名束答拜。其他辅佐主官的低级官员进见督抚一跪三叩，不再作揖，站立回话。

总之，在官场上，官员之间具有行政隶属关系的按照统属礼执行，没有统属关系的按照宾主礼操作。

官员车轿

当代清装剧上演的官员出行场面，不问品级都坐轿子，这与历史实际相去甚远。清朝崇尚骑射，不忘旧俗，用轿制度比较严格。乾隆十五年（1750年）以前，京官三品以上，可以乘四人轿，四品以下可以乘二人轿。以后更改用轿规定，只允许文官二品以上，且年过六十的人乘轿。武官则不论品级与年纪，一律骑马，不许乘轿。武官一品年过七十不能骑马者，如想乘轿，则要奏闻请旨，得到恩准后，方能乘轿。不符合乘轿条件的文官与年老体衰的武官可以乘车。

京城官员只有四人轿、二人轿，而无八抬轿。宗室王公世职不问年龄，只按等级区分是否乘轿，亲王、亲王世子、郡王、郡王长子乘八人轿，贝勒、贝子、奉恩公乘四人轿，不入八分公以下至奉恩将军一律乘马。不过拥有乘轿权利的人，也不见得求其上限，亲郡王往往也乘四人轿或骑马坐车。三品京官出京公干与钦差大臣使用八抬轿。各省官员由于代表朝廷出守地方，总督、巡抚八抬大轿。司道官员到知县乘四人轿。

清朝北京街上没有那么多轿子往来。检其原由：一是体制上的限制；二是用轿的成本高；三是容易受到轿夫的刁难而弃用。乘轿精打细算一年至少要花费八百两银子，稍加铺张就在千两以上。因之，获得乘轿许可的一二品官员，也不见得一定使用，这要看本人的经济状况与消费观念。清朝一品大员年俸一百八十两，禄米一百八十斛（两斛一石），二品官员年俸一百五十五两，禄米一百五十五斛。即使从乾隆二年（1737年）起，双倍发放，也是较低的。当然实际收入远不止此数，京官的主要收入是规费与地方官的孝敬。"大小京官莫不仰给外官之别敬、炭敬、冰敬。"① 别敬，官员出任外职或进京述职，离京时皆要给军机大臣、军机章京、六部九卿以及同乡故旧、同年等人馈赠数目不等的银两。炭敬与冰敬按年操作，前

---

① 冯桂芬《校邠庐抗议》卷上，清光绪九年广仁堂刻本。

者名为冬季取暖费，后者为夏日消暑费。规费是到相应衙门办事所交的额外费用，名目繁多。只要衙门拥有决定皇朝日常行政相关事宜的权力，就不愁没有寻租对象。如到户部报销，必须根据金额大小，缴纳相应规费，否则就难以得到核准给付。即使有人操守清廉，高官的俸禄与孝敬、规费的年收入也在数千到万两以上。光绪朝大学士翁同龢说其居京生活一年花费大约在四千两。可见一轿的年费，对于高级京官，确实也是很大的负担，所以，收入稍差与节俭的高官不善骑马，就选择马车或骡车。车费一年四百两银子就足够了。

乘轿用人多。当代的清装剧里的轿子永远只配四名轿夫，没有替换轮班的。拍摄现场临时拼凑几位，穿上古装走上几步可以，然而在现实生活中，不可能如此轻松，谁也不具备轿子一上肩，四个人像机器人似的，一路洋洋得意抬到目的地。轿子自重加上官员体重总得二百斤左右，轿夫负重行走，还要协调一致，并非易事。如果出行距离很近，四人一口气勉强可以径直抵达，反之，则不能奏效，中途非歇上几次不可，如此必然拖延时间耽误主人正事，而且轿夫还十分辛苦。因此，凡是用轿一般要配备三班轿夫，每班四人。如果刻意俭省，起码也要配备八人分作两班。官员乘轿出行，轿子由四名轿夫抬着，轿后跟着一辆平板马车或骡车，俗称班儿车。替补的四名或者八名轿夫坐在车上，走一段距离，从车上下来四人替换第一班轿夫上车休息。一般是走上半里左右，就要换班一次。

轿夫难于管理也是弃用的重要原因。有人可能会问，以高官显爵的权势威风还治不住几个轿夫吗？问题不像想象得那样简单。官员与轿夫之间，虽地位差别有如天壤，但轿夫属于贴身服务人员，官员出行安全倚赖轿夫的忠于职守。因此，对轿夫的管理并非一味地从严就能奏效的。那样会引起轿夫集体辞工或编排借口躺倒不干，甚至在行进途中，故意让主人受些惊吓或痛苦。轿夫是一种专门职业，同业之人声气相通，管束过严经常惩罚，顾主的坏名声就要远播在外。轿夫无论辞职还是被解聘，顾主往往不能迅速再雇到其他人。轿夫往往私下里串联勾结，集体对这样严厉的顾主进行消极抵制。

轿夫的职业特点决定了他们在空闲时不能随意出门走动，一定要随时准备伺候主人出行。府邸与大宅门一般在大门对面设置马号与供轿夫日常起居的轿屋子。轿夫闲来无事，群居轿屋子，又不能远去，常常聚赌消磨时光，有时还招来外人参与。清朝法律严禁赌博，当被巡查的官兵发现，捉拿到官府，这些人就把主人抬出来，辩解赌博是为了保持清醒，随时听候召唤，不耽误主人出行。主人闻讯不得不出面疏通保释。这徒增事端，造成主家约束属下不严的社会影响。

因之，高官更愿意选择成本较低，用人较少的马车骡车作为代步工具。譬如刘墉的父亲刘统勋也是大学士，在大家普遍使用骡车的状况下，所乘为白马车。人见白马车即知刘中堂到了。

晚清官员的马车

无论乘车坐轿，车轿装饰存在等级差别。奉恩公以上的朱红车轮，不入八分公以下的紫色车轮，一般的本色或青色车轮。王公乘车出行，"前有引马一人，引马之后，有顶马一人，车夫在左方，手持衔勒以驱赶，名曰'拉小栓'，家将乘马跟在车后"。[1] 车轿围挡的绳结为紫色，亲、郡王经过特许可以使用杏黄色。不入八分公以下的宗室与官员非经恩赏一律使用青缰。官员用轿的装饰也同样如此，轿顶银饰，轿盖、轿帏皂色。

紫禁城骑马

　　赐紫禁城骑马简称赏朝马。这是清朝特许高龄高官与王公骑马进宫的恩典。明清两朝，皇帝日常办公的地点不同。明代的常朝都在前朝如皇极门、左右顺门、平台等处。官员上朝皆在左、右长安门下车轿，步行进承天门（天安门）至午门入宫，"从无赐禁门骑马者。故阁臣沈鲤扶病入掖垣，屡至颠仆，为时人所怜"。[2] 明代皇城为禁地，不能自由出入，官员无论高低，年龄身体状况，到了城门前必须下车轿下马，徒步进宫。清代随着太监权力没落，内府机构萎缩，皇城开放，同时，皇帝日常办公挪向内廷，如乾清门听政、乾清宫或养心殿召见。因之，除了在太和殿举行大典，官员分别由午门左右阙门、左右掖门进宫外，平日进宫面圣议事，住在东城的进东华门，住在西城的进西华门。王公皇亲国戚则进神武门。紫禁城各门外皆立"官员人等至此下马"禁示石碑。无论进哪一个门到

---

① 载涛《清末贵族之生活》上篇，见《晚清宫廷生活见闻》第294页，文史资料出版社1882年版。

② 昭梿《啸亭续录》卷一。

乾清宫或养心殿朝见，大约要走千米左右，年老体弱之人则不胜其力。清帝勤政，凌晨即起批阅奏章，早膳后"见起儿"召见大臣，一般来说，春夏两季从卯正（六时），秋冬辰初（七时）开始。因此官员上朝必须半夜起床，提前进宫候着。为了表示皇恩优渥，拉近皇上与朝廷要员的距离，赏朝马由清初的特例恩赐逐渐演化成制度。

清初，亲、郡王等贵胄可以骑马入宫。康熙年间经皇上特批，老龄高官进宫亦可获此优待。无论王公还是大臣获得紫禁城骑马权利，只能骑马而禁止乘轿。凡获准者由东华门进入至箭亭；由西华门进入至武英殿北内务府下马。

乾隆中叶以前，赏朝马年龄要求须在六十五岁以上。倘若获赏者因高年或身体原因难以骑马，申报经皇上特许可以改乘车轿。乾隆五十五年（1790 年），"恩赏内外文武大臣，在紫禁城骑马，用资代步。然年老足疾之人，上马亦觉艰难。著加恩准令乘小椅，旁缚短杆，用两人舁行入直，以示朕眷念大臣，恩加体恤之意"。① 所谓"小椅"就是宫廷特别提供的二人肩舆，由内校抬送官员至隆宗门或景运门外下舆，进门以内仍要步行。自此以后，凡得赐紫禁城骑马者，文官可乘肩舆，武官与八旗满洲官员无论文武仍是骑马。

咸丰以后，优待对象与年龄进一步放宽。一品以上官员不论年龄，侍郎则须年满六十方能申请，未满六十而获恩准者出自皇上特批。赏朝马不但彰显皇恩体恤大臣之意，同时也减轻了官员上朝旅途体能的消耗，从而保证在君臣议事时精力充沛。

当代交通工具快捷舒适，道路平坦畅通。而古代出行，不要说远途，就是近途，无论体力还是时间的付出都很大。譬如大家熟知的乾隆朝大学士刘墉，住在东四礼士胡同（原称驴市胡同），如果坐

---

① 陈康祺《郎潜纪闻初笔》卷二，中华书局 1997 年版。

轿到东华门至少要半小时，乘车也不会快许多，虽非步行，却也是一路颠簸。一般来说，高官的年龄普遍较大，很容易腿脚不利。进东华门步行到养心殿，难免步履蹒跚累得气喘吁吁满头大汗。官员进宫一律要穿戴正式服装，即便暑热难耐的伏天，袍褂两层，一层也不能免。可以想见，行走时的心情煎熬与体能窘迫了。

获准紫禁城内骑马，骑行路线预先划定，严禁私自更改任意穿行。当代清装剧，经常出现王公贵胄文官武将在紫禁城内骑马直抵宫殿门前下马的情景。这是今人臆想下的穿凿创作，完全背离了历史实际。

公共交通的马骡车

明清北京最流行的交通工具就是马车骡车，富人自备，平民雇佣。《利玛窦札记》记录了他在万历二十六年（1598 年）初次进京见到的城市交通情景：

> 中国人并不认为在城里乘马车旅行是奢侈的。……别的城市几乎很少有这样普遍乘马或其他乘坐工具旅行的。到处都是等候受雇的马车，在十字街头，在城门，在御河桥和人流汇聚的牌楼处。雇一辆车一整天也花费不了多少钱。城里的街道非常拥挤，以致赶脚人必须用缰绳领住牲口穿过行人。他们知道城市的每一街道和每位著名市民的住所。他们还有《指南》，上面列出城里的每个地区、街道和集市。除去骑马旅行而外，到处都是抬官员和要人的轿子。北京的这种乘坐工具要比南京或

其他地方的花费大得多。①

　　清乾隆朝严格用轿规定后，路上的车辆变得更多更繁忙了，而轿子相对减少。车分驴车、马车、骡车。车厢装饰有绸绫窗、玻璃窗等。专门供人雇佣的称"买卖车"。终日在胡同口等待雇佣，讲妥价钱起程的称"站口"。东奔西走流动拉客的称"跑海"。② 车厢门不由前后，开在侧面始于纪晓岚。旁开门受车轮的阻碍，所以将车轴后移，形成后档车。

　　骑马坐车也好，乘轿也好，在路上行驶，总要守些规矩，现代化以前政府没有专门制定交通法规，但在自行其是行驶当中，也形成了右行习惯。近代道路交通飞速发展以来，世界上有的国家选择了道路左行制，有的国家选择了右行制。左行习惯可能与一般人骑马时从左侧上下的本能动作有关，这样减少了相互碰撞与频繁占用道路中心区上下马的几率。也有人认为源于骑士相遇拔剑方便促成的。不过，明清时期，北京道路车轿是右行的。习惯形成源自礼制，洪武三十年（1397 年）做出官员路遇相让的规定："驸马遇公侯，分路而行。一品、二品遇公、侯、驸马，引马侧立，须其过。二品见一品，趋右让道而行。三品遇公、侯、驸马，引马回避，遇一品引马侧立，遇二品趋右让道而行。四品遇一品以上官，引马回避，遇二品引马侧立，遇三品趋右让道而行。五品至九品，皆视此递差。"③

　　车轿在较窄的街道上行走，通常选择中央地带，逢上对面来车轿趋右避让。古代道路宽度取决于常用的交通工具错车所需的距离，如果以当时最流行的马车宽度来计算，一辆马车满载货物宽不过三

————————

① 《利玛窦中国札记》（何高济译）330 页，中华书局 1983 年版。
② 姚元之《竹叶亭杂记》卷七，中华书局 1982 年版。
③ 《明史》卷五十六"礼志"。

四米，那么道路宽度设计为十余米就足够使用，同时也可以容纳肩挑行走之人，北京自从元朝规划建成以来，城市干道是中国所有城市中最宽的，一般在三十米上下，主要干道更宽，远远超出纯经济实用性质。

北京主要的城市干道超实用规划建设，显然是在张扬皇权帝都的气魄。皇帝出行向来仪仗铺张威重，前呼后拥，绵延几百米，宽度可达二三十米。仪仗护卫在行进中，不可能擦两边的店铺住宅而过，一定要留出安全空间，保持相应距离，所以，在道路建设时有意扩大了宽度。同时，干道宽阔也利于在紧急情况发生时，军队迅速抵达与辎重出入方便。

官员车轿在较宽街道上行走时，因官位低的要随时趋右避让官位高的，所以要选择简便的行走方向。无论如何，随时可能发生的避让需要，让人不可能选择左行，非在需要避行时匆忙从左趋右越过对面而来的车轿不可。官员在社会生活中从来能够引领时尚，因而右行习惯逐渐被普通人接受。

旗礼：跪安、打千、请安、打横、碰肩、抱见、蹲安与达儿礼

旗礼是旗人带到北京的礼节，分跪安、打千、请安、打横、碰肩、抱见、肃礼（蹲安）、达儿礼等多种形式。根据贵贱、亲疏、辈分、性别、场合分别使用。

跪安是宫廷礼节，普通旗人家庭不用。譬如皇帝召见大臣时，大臣必须行跪安礼，做法是先迈左腿，右腿跪在地上，收左腿，直立上身稍停片刻，随之起右腿站起来，跪下时并不叩头。

打千，平辈旗人相见彼此问候，左腿稍向前迈，同时右臂向身前下垂，头微低。

请安，左腿向前迈步，左手扶左膝，右腿弯曲，右臂自然下垂，眼睛平视。在实际操作中，行礼的对象不同，根据标准动作变化，所见的人越尊贵，右腿弯曲与右手下垂程度越低，直至触地。皇族之间幼见长辈，请安时右腿要跪地，双手放到左膝上低头致敬。这一礼节就是乾隆五十八年，与英使马戛尔尼就觐见礼仪谈判的底线。

打横，系访人告辞送出或在街上熟人偶遇之礼。客人辞行，主人送出，到大门外，回身双手贴身垂下，向右横退半步，左腿跟上并齐。身体微曲点头，向主人致意。然后转身离去。故又称"打横退步"。

碰肩礼，亦称撞肩礼。多在姻亲如连襟，表兄弟等同辈人之间使用。彼此同时向前靠近，皆左腿跨出半步使身体交错，一方左肩先轻碰对方左肩一下，随后收左腿，再迈右腿半步，让对方右肩碰自己右肩。

抱见礼，满洲旧俗。两人相抱，右手抱腰，左手抚背，交颈贴面，故称"抱腰接面大礼"。若是辈分不同，幼者双手抱长者腰，长者手抚幼背。乾隆以前，皇帝常以此礼迎接得胜归来的宗室满洲功臣，以示隆重。后以相抱贴面不够雅驯，改为执手。平辈的双手互拉。不同辈分的，长者垂手接引，幼者仰手伸之。

女子礼与男子不同。

女子请安，双手扶大腿根下蹲，属于肃礼。做法分三类，标准的是直立双手扶大腿根，缓缓下蹲，然后起来，要做到上身不动，保持目光平视。女子体形年纪不同，如果较胖或上了年纪，再按标准行礼，显然有些困难，自然双手要向前扶到膝盖上，同时下蹲，保持头平视。还有一种方式，可能是受汉族妇女万福的影响，直立时，左腿稍向前迈，双手扶左腿上，同时下蹲，保持平视。京剧

《四郎探母》，剧中铁镜公主向杨四郎行礼下蹲的动作就是模仿肃礼，相传当初陈德霖等人进宫为慈禧太后唱戏时，不但偷偷模仿太后的走路姿势，还有机会了解宫中的礼节动作的细节，从而运用到表演中，并且作为程式动作传给了后代。梅兰芳饰演铁镜公主的礼仪动作特别潇洒漂亮。

达儿礼是一种变通的女子礼节。妇女梳两把头，穿敞衣，足蹬高底鞋时，为了避免磕头时，头饰掉下造成在长辈面前失仪，故用达儿礼替代。旗人并不是只行旗礼而不磕头。磕头是那一时代全体中国人通用的礼节。达儿礼的做法是先迈左腿，右腿跪在地上，收左腿直身，抬右手摸两把头的头翅，同时头向右微低表示磕头。现在清装剧中的女子有事没事总拿着手绢乱摆，逢人致意问安，就屈膝把绢子向脑后一甩，实在令人不解，可能是对达儿礼的一种超级发挥吧。

昔日北京茶馆较多，在类似的公共空间，客人之间问候究竟如何表示敬意？朱季黄先生讲过，当时的茶馆里并不流行旗礼问安，而是以打拱致意为主。进而考察，不但茶馆如此，就是在酒馆、戏园，无论旗人汉人，招呼问好也不行旗礼。一般来讲，在日常生活中，旗人见旗人行旗礼，见汉人则不行旗礼。而在茶馆等公共场合，旗人之间也不行旗礼。所以要暂时放下旗俗从汉礼，源于朝廷严禁旗人到上述的娱乐场所消遣的法令。开篇讲旗汉分城居住时，曾摘录了康熙、乾隆、嘉庆三帝发布的禁令。步军统领衙门、巡城御史、顺天府等衙门在各戏园、酒馆门前张贴禁止旗人入内告示，并设岗盘查，如有乔装改扮潜往娱乐者，无论职位高低一律上报处分。

内城少有汉人的时代也没有茶馆、酒馆、戏园等公共消闲空间。旗人若抑制不住游乐欲望，只能偷偷前往外城。为了消遣娱乐，又逃避惩罚，必须刻意掩饰身份，混迹于汉人之中，免得身份暴露引起麻烦。久而久之，形成了旗人进戏园、茶馆等场所从汉礼的习惯。店主、伙计也不会明知禁令，而向旗人行旗礼致意，那样做无异于公开客人身份，得罪顾客耽误买卖不说，还可能引火烧身招来官府盘查惩治。就像当代网吧一样，出于营利目的的老板一旦决定违规操作，与网瘾少年之间必然达成默契，彼此心照不宣各取所需，谁也不会主动昭示来人的身份。第二次鸦片战争后，外国在内城开设了使馆，旗汉分住的界线越来越模糊，汉人迁居内城的逐渐增多。尤其是庚子事变以后，昔日的禁令失效，内城始开设戏园、茶馆。不过娱乐消闲环境虽然改变，但旗人仍然保持进茶馆从汉俗的习惯。清亡以后，旗人彻底失去了铁杆庄稼，生活愈加困难，为了生计找工作，往往需要遮掩身份。不然，雇主闻听是旗人，一般是不会用的。毕竟旗人留给社会懒散贪玩好吃的印象太过深刻。原本逃避制度制裁而形成的习惯，正派上用场，继续发挥遮掩功能。一般说来，弛禁以后，旗人在茶馆相遇，除非彼此十分熟悉，可能会以旗礼问候，而与其他人致意仍是打拱。

当代也许有人奇怪，茶馆怎么能与酒馆、戏园相提并论，旗人入内也需遮掩？这源于茶馆与演艺之间密切的历史渊源。传统的戏园、戏楼，大都源自茶楼、茶园。戏园之外的茶馆，尽管主业未变，但只要具有一定规模，常与曲艺、杂耍、说唱、评书等演艺结缘。即使不伴随演艺，茶馆的清谈悠闲之风，毕竟与朝廷竭力维系的满语骑射传统格格不入。

宴集的座次与礼数

传统人情社会，个人的地域、家世背景、性情、学历、经历、文化、审美、阶层、名望、财力的现实格局决定了他经常交际的人群。上流社会存在诸多的如乡谊（同乡）、年谊（功名同科）、姻谊（联姻）、同窗之谊、师生之谊、世交、金兰之好（异姓结拜）以及僚属旧部等数不清的关系，每一种关系的维系既能成为聚会由头，同时也让其他各种关系犬牙交错展现在聚会上。明清上流社会聚会大都采取宴会加演艺形式。不可否认，聚会场面越大，个人越容易感到枯燥乏味，所幸，佳肴与演艺可以弥补缺憾。

《礼记》"礼运篇"讲"夫礼之初，始诸饮食"，宴集礼仪构成宾礼重要组成部分。不管什么性质的聚会，出席人的座位排序，皆分公聚与家庭两种场合分别按例执行，前者依官阶、功名、衙门、年纪等。官高者趋尊位。官阶相同，按衙门排序，譬如吏户礼兵刑工六部，同级官员相遇，按部序先后排座次。同一衙门同一品级，功名高的靠前。功名相同，叙年纪，年长的靠前。

后者家庭聚会，若无外人参加，则不论官职功名大小高低，一律按亲疏辈分长幼序坐。一般来说，殷实以上人家的家宴都要采用男女分堂方式。普通人家，居室不多，共聚一堂也要男女分席，只有儿童，才可能男女杂坐。若有外人参加，官员无论退休与否，如果不能居首席，就要别立一席，不能屈尊坐于无官人士的下手，哪怕自己的父亲也不行。关键在于外人的出现改变了聚会性质，朝廷要求官员维持身份的政治权威性。在公聚场合，具有亲属关系的官员参加同一聚会，因官大辈低的人不能位居官小辈高人的下手，也是采取分席方式予以解决。

在社会生活中，宴请时时发生。缘由名目甚多，诸如求人办事的，答谢酬劳的，结交拓展人脉的，叙友情的等等，难以尽数。无论哪一类饭局，点菜之际，除事先已经定好菜单之外，主人大都要客气一番，请客人点菜，常说"想吃什么随意点"之类的话。其实，这不过是社交礼仪的客套话而已。俗谓主勤客雅，主人请客人点菜，表示敬意，而客人多是辞谢，一般不会越俎代庖做主点菜。若是关系极熟又经常一起吃饭的朋友之间请客，如果主人再三恳请，点上几道常吃的普通菜，也非不可，但一定要把高档的佳肴硬菜选择权留给主人行使。

无论古今，宴请菜单的定夺实质上遵循的是谁做东谁做主原则。请客人点菜与客人辞谢，只是一道虚应故事的社交礼仪程序。应邀出席宴请，绝不能把主人的盛情，当作个人实现解馋的良机，借此专点高档的想吃而未吃过的佳肴大菜。倘若如此，难免超出主人消费预算与支付能力，甚至发生带钱不够的问题，陷人于尴尬境地。如果反其道而行之，专点低档的普通菜肴，则容易造成误会，让主人面上无光，不免认为这是在质疑自己的请客诚意与支付能力。

晚清翰林编修潘炳年在京城名馆"广和居"宴请几位朋友时，请新交的一位朋友居首席。"北都例请座客点菜。友意蔬价必廉，方春而菜单有王瓜（黄瓜），因点一器，食而美之，更而再三。潘变色，友乃弗觉。及席散，计黄瓜一味，值银五六两。潘乃贻书绝交。盖燕京冬春王瓜，价绝昂，潘疑友人知之，而故以相窘也。"[1] 这位新交之友本意是想给主人省钱，但不明价钱，最终闹到不欢而散绝交地步。

北京冬季天寒地冻，昔日初春的黄瓜是本地反季节培育的洞子（温室）蔬菜，投入成本极高而产量甚低，售价自然昂贵。"王瓜，出燕京者最佳，种之火室中，逼生花叶，二月初即结小实。"[2] 黄瓜

---

① 黄濬《花随人圣庵摭忆》，第 1032 页，山西古籍出版社 1999 年版。
② 王世懋《学圃杂疏》"瓜蔬"，商务印书馆 1955 年丛书集成初编本。

宣武门外菜市口北半截胡同广和居

刚一上市之际，一根最低也要卖二两银子。二两银子在明清到民国初年雇用保姆可以支付一二个月的工资。因之，潘见这位新交再三点黄瓜食用而脸色大变，为此而与之断交。

吃请非但不要轻易应邀点菜，也不宜按个人口味喜好肆意批评菜肴味道与厨艺。毫无疑问，差评仅是针对厨艺味道而发的，但不要忘记，厨师与老板并不在场，宴请更不是厨艺评判会，说得多了，感到难堪的可是请客之人。

公东聚餐可以各点个菜。公东即时下流行的 AA 制聚餐。如果谁好吃，可以借鉴民国年间的"食会"运作方式。一个人的美食品尝之旅毕竟孤单，一回吃不了几个菜，所以拉上趣味相投的十个人，每人一年出资几千元，交由召集人管理，议定好双周或月餐例聚日期。食会聚餐时间一经确定，不能轻易变动，倘若有人因故不能出席，不单独计费退款，但允许派人替代出席。

当代衣食不愁，吃馆子乃是家常便饭。改革开放以前并非如此，常吃馆子只有极少数人能做到。那时常听到有人发"我得攒钱吃顿烤鸭去"之类的宏愿。昔日吃顿烤鸭，能炫耀很长时间。现在烤鸭已成家常菜，没吃过倒成稀奇之事。近几十年以来，食道世风巨变。

过去吃顿名馆大餐乃奢望难求之事，劳烦他人办事，常以吃顿馆子相求或回报，足见吃馆子在社会认知中的地位。如今颠倒过来了，若要宴请约人，人家答应出席则是很大的情面。

请吃神余白肉不言谢

坤宁宫灶台

清代北京的满洲旗人，从皇帝到平民祭祀上供必用煮熟的猪肉。清宫坤宁宫萨满祭祀分元旦大祭、春秋大祭、四季献神、月祭、日祭。以日祭而言：每天三更过后，最先开启的宫门是东华门，运进四口通州产的个头不大俗称小黑驴的黑猪到坤宁宫，随即分朝祭早四时、夕祭晚六时两次宰杀上供。屠宰手法不同于流行的宰后滚水去毛方式，而是提猪耳灌酒，萨满妇人唱诵，太监扣弦拍板伴奏，以此表示"神已领牲"，随即在神位前省之（宰杀），然后剥皮，等到午后焚烧"燎牲衣"祭神。再将猪肉解开去骨去内脏，放进大锅里不加任何佐料，白水煮至断生，捞出分切成大块方肉，按祭祀项目与性质，分别祭于坤宁宫内诸神位。宫中每日如此，其细节繁琐不必细说。

俗语讲，"心到神知，上供人吃"，煮熟的白肉上供后宫内分食或赐食。这叫吃神余，官称"享胙"。吃神赐给的白肉，禁忌添加任何佐料，以表示对神的虔诚敬意。一个人如果平日饮食寡淡粗糙缺油水，偶尔吃上一回，可能是口腹愉悦。但若常吃，不免觉得淡得难以下咽。因之，经常得赐食用白肉的乾清门侍卫与值班官员群体，每逢当值都怀揣调味纸条。这是高丽纸裁成小条后，用盐与黄酱深度浸泡后，晾干叠起的。只要太监来叫"大人们吃肉啦"，应召者便可以前往坤宁宫，进门从南窗下各拿一块毡垫，放在地面当中照明灯架周围，向西一叩坐定，太监端肉上来之际，顺便要一碗老汤，撕下纸条放入碗中便成咸汤，以此蘸肉增味。有些人嫌调味纸条制作与使用麻烦，则携带香料炒过的细盐，吃时或撒入汤中，或直接蘸肉食用。从而打破了食神余禁用佐料的旧规。祭神禁忌终究敌不过人类追求味道的天性。清末最终放弃了享胙禁忌，太监再上肉时，顺手撒上一把细盐，侍卫人等手撕食用。

帝后亲临的大祭，一般要召王公大臣到坤宁宫同吃胙肉。届时，皇上坐南炕，众臣吉服分坐于侧。肉分送于诸人面前，君臣皆以小刀割食。食毕，颁赐众臣胙肉与打糕带回。皇后则在东暖阁内率嫔妃分食胙肉。

八旗满洲人家，祭祀项目与仪式虽比宫廷简单得多，但祭祀用白肉与宫廷是一致的。"满人祭神，必具请帖，名曰请食神余。未明而祭，祭以全豕去皮而蒸。黎明时，客集于堂，以方桌面列炕上，客皆登炕坐。席面排糖蒜、韭菜末，中置白片肉一盘，连递而上，不计盘数，以食饱为度。旁有肺肠数种，皆白煮，不下盐豉。末有白肉末一盘，白汤一碗，即以下老米饭者。客食愈饱，主人愈喜欢，谓取吉利也。客去不谢，谢则犯主人之忌。"① 白肉是神赐给客人的，故主人不能受谢。

另一种吃白肉方式，比较流行且相对简约，保持了满洲食肉古风。炕上铺油纸，客人到来上炕坐定，大木盘或铜盘盛放大块白肉端上来，客人自割食用。佐料同样也是蒜泥、糖蒜、韭菜花。随着历史演进，佐料越添越多。

北京传统名菜砂锅白肉，显著的特征就是二次加工不带皮的白肉。这是吃神余习俗基础上的烹饪细化。昔日名馆的砂锅白肉，多用带把的中号砂锅，填满食料加肉汤后在大灶上排开慢火煨着，逢客人点之，用铁钩子勾出一个，上桌开盖后，热气腾腾，表层整齐码着两排厚厚的大约一寸半宽二寸长方的去了皮的肉片，底下衬白菜、绿豆粉丝与海米，掀盖并不见汤。因肉片不是泡在汤中，所以蘸佐料时容易入味，同时佐料也不易瀣。如此很好的保持了吃神余的传统。吃到最后锅底所剩汤汁也不多。无论吃神余还是砂锅白肉，讲究的就是口感着实大快朵颐，所以肉片不能切得过薄，也不能泡在汤中。如今不同了，食物琳琅满目，目不暇接，饫甘餍肥的人越来越多，谁还需要如此足实的肉菜解馋。砂锅白肉也就顺势演变成了名副其实的汤菜，大而超薄的肉片漂在汤中，有的都能起卷儿。餐饮业从来都是应时应景的，在食物充盈选择多样性的今天，顺势而为适应时代，怎样调整厨艺都可以，只要客人接受就是好的，只是没有必要再打原汁原味传统佳肴的旗号。

---

① 何刚德《春明梦录》。

第五章

军礼——耀武扬威的军事礼典

《周礼》讲以军礼同邦国。朝廷有关军事行动的仪式。包括皇帝阅武、亲征、任命将帅、出师祃祭、受降、凯旋、午门献俘、战后论功行赏等。由于古代军礼离当代生活较远，在此仅拣几例简要叙述。

南苑大阅

皇帝阅兵称作"大阅"。明清时期，军政军事归兵部管理，而军礼则归礼部掌握。两朝相比，清帝勤奋尚武，大阅仪式隆重而举行频繁。顺治十三年（1656 年）定三年一大阅，早期多在南苑举行。

南苑亦称南海子，地处京师城南二十里，地理区位上对应城内三海什刹海水域而得名，系明清皇帝游幸狩猎与宫廷畜养禽兽，种植蔬菜瓜果之所。永乐五年（1407 年）始在元朝下马放飞泊基础上营建，永乐十二年（1414 年）"增广其地，周围凡一万八千六百六十丈"。[①] 并改称南海子。其后陆续增建行宫、庑殿、寺庙、七十二桥与两提督衙门。周筑土垣拓展到一百六十里。区域涵盖今天的亦庄、旧宫、大红门、南苑、西红门、黄村等地。清朝继承了明代遗产，继续在此大兴土木，修建旧衙门、新衙门与南红门内行宫与寺院，并将土围墙改作砖墙，在原有四门的基础上增修五门：正北大红门东新开小红门（今小红门桥附近）、东北角开双桥门（今亦庄开发区东环中路附近）、东南角开回城门（今大兴区大回城附近）、西北角

---

① 李贤《大明一统志》卷一，三秦出版社 1986 年影印本。

开镇国寺门（马家楼桥东北镇国寺）、西南角开黄村门（今大兴黄村）。乾隆时，为方便出入又增辟二十几座角门。今大羊坊、马家堡南角门、大兴高米店等皆处当年角门位置。庚子事变，八国联军攻进北京，南苑亦不能幸免，珍宝奇物洗劫一空，宫殿楼堂毁损大半，中国特有的珍贵麋鹿（俗称四不像）被掠杀一空。南苑从此走向没落。

南苑不仅是皇室种植养殖与射猎游幸之所，也是部队操练、比武与阅兵之地。

军力常备强盛乃是国家安全之本。"兵可百年不用，不可一日不备。帝王之治天下未有不以武备为先务者，而兵丁之演习武艺亦未有不勤加训练而能有成者。"① 皇帝亲征与大阅列皇朝法定军事礼典之首，彰显国威，抚绥安邦与不战而屈人之兵气势。

康熙三十四年（1695年），康熙亲征噶尔丹前夕在南苑大阅。当日，八旗分三队列阵待命。康熙率皇子擐甲胄，身后龙纛三面，内大臣、上三旗侍卫扈从，检阅八旗骁骑、护军、前锋、火器诸营后，立马阵前。演习开始，鸣角螺，擂战鼓，行阵抬鹿角自东向西行进。鹿角系削尖的枝杈木，用于安营扎寨，因形似鹿角而得名。"盖鹿性警，群居则环其角，圆围如阵以防人物之害。军中寨栅埋树木外向亦名鹿角。"② 演习时按战时要求，执鹿角兵士围在行阵外，三队人马处于内。全体听指挥行动，擂鼓，号令官挥红旗，则枪炮齐发，鸣金则止。再擂鼓挥旗，再发枪炮，如此重复九回。军阵每次闻鼓推进五丈，到第十次累计前进五十丈。最后一次枪炮密集环发。鹿角阵变换布成八门，三队兵马首队先出，二、三队紧随。首队居中，

① 《皇朝通典》卷七十七，浙江古籍出版社 1988 年版。
② 赵翼《陔馀丛考》卷十五。

二三队分列左右成雁行。鹿角门关闭。鸣号角，齐声呼喊推进，继而鸣金收兵，各阵止行，首队殿后，凯旋回军。演习结束，皇上颁赏罚敕令。阅兵前赐将士饭食，结束后赐酒。

大阅昭示皇帝作为国家军事力量最高统帅的权威，弘扬了尚武精神，同时也是对军队日常训练效果的考察，督促军队时刻警惕战争，不忘本身职责，加强日常训练。京营军队训练，每年三月与九月合操四次。春季的两次贯甲，秋季的两次常服。营阵序列进退与大阅时一致。兵部派官监视。骁骑营每年三次骑射比赛，前锋、护军营三年一次骑射比赛。由内大臣与本旗都统主持。

皇帝甲胄因是特制比较轻，而将士铠甲则比较重。当代清装剧上演的战场厮杀，常是将士顶盔贯甲对阵，并非历史实际状况。其实，甲胄属于军礼服，一般只在阅兵、祃祭、凯旋等仪式中穿戴，而非上阵服装。尽管铠甲能起保护作用，却因笨重增加受攻几率，一副锁子甲轻的二十斤，重的要到四十斤，而鳞甲就更重了。厚重铠甲上身必然限制动作灵活，没等敌人上来，就在奔跑冲锋两军相接之际，累得气喘吁吁了。因

郎世宁绘乾隆大阅图

此，将士一般是常服对敌作战。战争中统帅大营，一般使用贯甲将士，不过并非用于上阵，而是为了张扬军威与展现将帅权威气势。

康熙亲征仪式

康熙三十五年（1696 年）亲征厄鲁特噶尔丹。二月十三日，举行亲征大典，行前三日，分别派官敬告天地、宗庙、社稷、太岁。出征当日，銮仪卫自午门至堂子陈卤簿，不从征的宗室王公等在午门前，从征的王公等在外金水桥齐集，恭候皇帝出宫。堂子街门外排列八旗鸣蒙古画角士兵每旗四名与御营网城吹海螺士兵每旗二十五名。画角系吹奏响器。明代御用画角木质，"黑漆戗金，上宝相花，中单龙身云文，下八宝双马为饰"。[①] 清代形制逐渐变成中段粗两端细，"画角规木为之，中虚腹广两端锐长"，另镶吹嘴。[②] 八旗护军火器营、护军参领各八人蟒袍补服持纛排列于堂子内门外。

康熙画像

吉时一降，午门鸣钟不作乐，皇帝戎装佩刀出宫，乘骑前列九龙华盖，武备院卿骑马前后翊卫出午门，在此等候的王公跪迎行礼，出天安门，过金水桥，在此等候的从征王公行礼后，跟随皇上转东出东长安门至御河桥，军乐队鸣角吹螺，进堂子街门下马，螺角号止。

堂子是清代特有的祭祀建筑。清定鼎北京后，在今台基厂大街北口西侧新建堂子，庚子事变后，该地划入使馆区，移建于今南河沿南口路东。堂子建制不

---

① 《明会典》卷一百五十一"工部五"。
② 《皇朝礼器图式》卷八，清光绪内府重印本。

同于一般庙宇神殿，街门朝西，门内北部正中飨殿五间朝南，其南圜殿朝北。殿南正中设皇帝祭杆石座，其后两翼排列皇子、亲王、郡王、贝勒、贝子、公等祭杆石座六排，每排十二座，共七十二座均朝北。东南神殿朝南。堂子祭祀项目繁杂，以元旦拜天、亲征与凯旋最为隆重。

出师必禡祭，又称师祭。《礼记》"禡于所征之地"，郑玄注"禡，师祭也，为兵祷"。[1]《周礼》"掌四时之田，表貉之祝号"，郑玄注"田者习兵之礼，故亦禡祭。祷气势之十百而多获"。[2] 宋以后祭祀对象舍弃了军神（黄帝）而专祭军旗。永乐迁都北京，在山川坛内建旗纛庙，奉祀诸神有旗头大将、六纛大将、五方旗神、主宰战船正神、金鼓角铳石包之神、弓弩飞枪飞石之神、阵前阵后神祇五猖（明太祖概括东南西北中五路之鬼魂为五猖）等，每年霜降节气祭祀，常祭则在教场。凡出兵必祭旗纛。清代延续这一传统，亲征、遣将祭纛改在堂子举行。

堂子圜殿外甬道正中设拜褥，内门外竖立御营黄龙大纛。其后分两翼竖立八旗与火器营旗纛各八列。皇上乘骑进堂子街门内下马，螺角齐鸣，礼部尚书、侍郎恭导进内门就拜褥行三跪九拜礼。礼毕出内门率从征将士向大纛行三跪九拜礼毕，螺角号止。领侍卫内大臣及司纛侍卫率亲军举纛跟随圣驾启行。卤簿开道，大乐伴行，由今天的王府井大街一路向北，到安定门内大街转向西出德胜门。八旗护军分左右翼扈从，鸟枪护军在前，鸟枪骁骑在后。从征的皇子王公等与旗纛护卫各在本旗护军中排列。鸟枪护军队后满洲炮兵，次汉军炮兵，次汉军火器营兵。圣驾出城三鸣炮，所过之处，肃清

---

① 《礼记》"王制"。
② 《周礼》"春官甸祝"。

道路，严禁喧哗。从征官兵皆于马上俯伏，不从征王公、文武官员皆蟒袍补服分左右翼跪送。圣驾过后，官兵各整队跟随进发。大军分两路出居庸关、独石口。

皇帝行军途中的驻营地，建御营网城。清朝除在京畿建几处行宫外，每年秋狝木兰，巡幸直省等，途中皆驻跸建牙帐，谓之御营。规制为三重，完全是仿照宫廷的宫城、皇城、都城的三重围墙形式，第一重黄漆木城，"中建帐殿、御幄，缭以黄漆木城，建旗门，覆以黄幕"。① 第二重网城，开三门，每门以护军及执事十人守卫。内设巡警二十一处，每处以旗员一人与内府护军十人守卫。第三重外营，开四门，每门亦以护军执事十人守卫。内设巡警哨所八处，每处以旗员一人与銮仪卫执事十人守卫。网城竖木桩以绳索联络编织，上系金铃，若有触动便响动报警。御营周边区域，前锋营根据地形道路状况设置卡伦扼守要道。卡伦系满语，警戒巡逻哨所之意。

命将出征仪式

皇朝遇到战争，战争性质与规模决定了朝廷的应对程度，最高莫过于皇帝亲征，其次是任命大将出征。历史上的多数朝代，都是在立国初期，皇帝愿意亲自统军征战，而承嗣诸君亲征的现象就极为罕见了。倒不是战争形势不严峻，战况不紧迫，而是承嗣诸君自幼长在深宫已失去了尚武雄风。同时，武功立国后的文治模式，朝廷也不主张皇帝亲征。毕竟战争危地，亲征的政治风险系数增大。

任命大将出征仪式自古就非常隆重，从早期的登坛拜将到清代

① 昭梿《啸亭续录》卷一"御营制度"。

的命将盛典，都是为了公开大将代表皇帝出征的特殊身份，树立大将在军中的绝对权威，以使全军行动一体号令一致。清在关外时对命将出征仪式就很重视。清太宗皇太极改元崇德之初，命睿王多尔衮征伐明朝，亲自送行，使用了祭堂子、祭纛旗的亲征仪式。入关之初战争不断，每一次命将仪式都十分隆重。顺治十三年（1656年）修订大将军出征礼，比较简略。雍正七年（1729年）重修进一步规范细化。乾隆十四年（1749年）再次规整细密化，将命将出征礼仪分成三部分。

首先是授敕印。皇帝衮服御太和殿，鸣鞭后，经略大将军与从征两位内阁学士由丹墀东阶上到丹陛，大将军面北站立于东边，内阁学士稍后面西站立。从征官员在丹墀就拜位跪下。大学士自殿内奉敕印授予大将军。大将军敬受后，与从征官员一道行三跪九叩礼。如果任命在军前的将帅为大将军，则以同样仪式派遣使臣，由使臣赍印前去授予被任命的官员。

其次是祓社，即出师之际的祭礼纛。皇帝率领大将军、宗室王公与从征诸将到堂子行礼，鸣角吹螺祭纛神。军前大旗称为牙旗，每逢出师都要举行建牙与祃牙的仪式。因此建牙也被引申为统帅上任。

再次是祖道，送行仪式。古代出行时祭祀路神，称为"祖"，引申为送行，如祖送、祖钱、祖帐等。工部在长安右门外设黄幄，武备院设御座，光禄寺备酒。皇帝到来在黄幄中升坐，召大将军入内亲赐卮酒。大将军饮毕出帐，率从征将官谢恩，行三跪九叩礼毕，各佩弓矢辞行。皇帝命上马，大将军率众将乘马启程。皇帝乘舆回宫，命文武大臣送至郊外。城外预先搭建祖帐，即在城外路边为饯别临时设置的帷幄。帐内朝宫阙方向设屏案，大将军就案前拜位，行三跪九叩礼毕，就座。礼部、兵部尚书、侍郎上茶，大将军饮毕行礼谢恩启程。

大将军启程到前线，沿途使用徂征仪，包括"整旅"与"过境"两项。"整旅"就是军容整肃威武，队伍前锋展示御赐军械，次令箭十二支，次大将军敕印，护印内阁学士随后。再次大将军，坐骑后建大纛旗。随征的参赞大臣与户部、兵部、刑部司官、内阁中书、翰林院笔帖式、侍卫随纛旗而行。其后标旗十二面，大队人马殿后。"过境"就是沿途所过地方，当地官员迎送的礼仪程式。大将军过境某省，该地的八旗将军、总督、巡抚蟒袍补服出城迎候，文职布政使、按察使以下蟒服，武职总兵以下披甲跪于道路右侧迎接。大将军到来，提督、八旗副都统上前问安。升官厅相见，大将军正座，将军、总督、巡抚侧坐，文武官员依次行庭参礼。起程时以同样的礼节恭送。

任命胤禵抚远大将军军事盛典不具政治传位意义

胤禵画像

雍正是否合法继承皇位一直是清史研究争论的热点问题。否认合法继承的观点，大都将目光投向了皇十四子胤禵（原名胤祯，初行次为二十三），认为他才是康熙意中的储君人选，主要依据就是康熙五十七年（1718年）十月任命胤禵抚远大将军的仪式隆重。不错，这确实能证实康熙对胤禵的眷顾与重视，但这并不等于就是准立储仪式。实际上，同样或相似的职务在此前还授予过其他王公与大臣，授职仪式也异常隆重。倘若不了解清朝军礼命将出征礼典，眼光只盯住本次授印西征策妄阿喇布坦的宏大军礼盛典，刻意摘出大事渲染，那么通用的军礼制度的运作就会变成历史特例，给人以礼典专为胤禵一人设计的错觉。以此构建大将军与储位之间的必然关系，就不易被人察觉，反倒认为顺理成章。然而，至今尚未寻到两者化一的媒介铁证。

清朝逢外患内乱，任命大将军统兵出征平乱乃是常态。自崇德三年（1638年）至咸丰三年（1853年）的二百余年当中，包括非宗室高官在内，共任命过五十四位（高官六十一次）担任大将军出征。在此按顺序拣出康熙一朝宗室王公出任大将军的情况[1]：

十二年（1673年）十二月，顺承郡王勒尔锦为宁南靖寇大将军征吴三桂。

十三年（1674年）六月，贝勒尚善为安远靖寇大将军征吴三桂；康亲王杰书为奉命大将军征耿精忠；贝勒洞鄂为定西大将军赴四川。九月，简亲王喇布为扬威大将军赴江宁；安亲王岳乐为定远平寇大将军赴江西。

十四年（1675年）三月，信郡王鄂札为抚远大将军征察哈尔。

十八年（1679年）十一月，贝子彰泰为定远平寇大将军（代岳

---

[1] 朱彭寿《旧典备征》卷一，中华书局1997年版。

乐）由湖南征贵州。

二十九年（1690 年）七月，裕亲王福全为抚远大将军出古北口、恭亲王常宁为安北大将军出喜峰口，会征噶尔丹。

五十七年（1718 年）十二月，皇十四子贝子胤禵为抚远大将军西征。

每次命将与出师，皆按军礼规定举行隆重仪式。军事礼典的隆重程度与赐予统帅权力大小成正比，只与战争等级有关，越是关乎皇朝一统安定的战争，命将出师仪式就越庄严铺张。如此，足以威慑叛乱或入侵之敌，并宣誓天下、皇朝维护一统的决心。仪式隆重与否与将领的皇子身份无关，更不会离开战争等级、通过提高任命礼典而暗示储位人选。

康熙五十七年十二月任命胤禵出征的军礼仪式隆重：

> 先是，上谕议政大臣等曰：十四阿哥既授为大将军领兵前去，其纛用正黄旗之纛照依王纛式样。至是，上命内阁大臣颁给大将军敕印于太和殿，其出征之王贝子公等以下悉戎服侍太和殿前，其在京王贝勒贝子公并二品以上大臣等悉蟒服侍午门外。允禵上殿跪受敕印，谢恩行礼出，诸王以下二品大臣以上随至列兵处，允禵望阙叩首肃队而行。[①]

仪式隆重乃是由策妄阿喇布坦叛乱震动朝野危及皇朝一统，与战争发生在远离京师的西部边陲、道途险阻需要便宜行事所决定的。从中，也可以得出胤禵代父出征的结论。但若依此断定胤禵是康熙

---

① 《平定准噶尔方略》前编卷五，康熙五十七年十二月乙卯条，《故宫珍本集刊》海南出版社 2000 年版。

认定的继承人，显然是忽视了老年康熙随时可能离世的严峻政治现实，皇位传承的时空距离对于继承人能否顺利上位向来至关重要。用同样史料，也不难推出胤禵不是储位候选人。

如果不放开历史视角，在清朝军礼制度中比较考察，单独渲染胤禵出征的典礼恢宏浩大，就很容易让人上当，以为隆重军礼是专门为他出征而特地设计的。可是，事实绝非如此，朝廷命将出征典礼向来隆重。康熙二十九年（1690年）七月，命裕亲王福全（康熙的二哥）为抚远大将军，皇长子胤禔（时年十九岁）副之，出古北口征噶尔丹。"师行，上御太和门赐敕印。"并亲自送出东直门。[①]

命将出征必举行隆重的军礼仪式，并非仅限于皇兄皇子与宗室，非宗室的大将军同样也隆重，康熙三十五年（1696年）十一月，任命领侍卫内大臣费扬古为抚远大将军统西路大兵出征噶尔丹，特地将他从前线归化城召回京师出席授职典礼。场面盛况不亚于福全与胤禵：

> 帝御太和门升座。内大臣、大学士等列坐两旁，其出兵运米大臣官员按旗分坐于金水桥北之左，绿旗提督总兵官等坐于金水桥北之右，护军参领、护军校、护军等亦分左右按旗坐于桥南，效力官员、鸟枪、骁骑、火器营兵、炮手等依次坐于午门外。作乐陈百戏。命大将军进至御座前亲赐以卮酒。大将军跪受退至阶叩首饮。都统大臣等均以次进前亲赐卮酒。副都统等亦近前，侍卫赐酒。自参领以下护军校以上皆十人一班，进至阶上跪饮。又命部院内务府大臣及侍卫等遍视众军士饮燕毕，赐与燕大臣等御用蟒币有差，其官员及护军等赐币有差，营兵、

---

① 萧奭《永宪录》卷一。

炮手等均赐布毕。大将军率众官兵进前谢恩同叩首出。遣大学士授大将军敕印，令自京复赴归化城。①

　　裕亲王福全、领侍卫内大臣费扬古与贝子胤禵皆是出任抚远大将军，同样都举行了盛大的军礼礼典。无视清朝军礼操作程序惯例，单拿出任命胤禵仪式隆重大做文章，以此推定他是康熙内定储君，就经不住推敲。

　　胤禵出征军旗用"正黄旗之纛照依王纛式样"，名号"大将军王"。两者无非都是为了提升统帅权威事权。胤禵康熙四十八年（1709 年）封固山贝子，拨入下五旗的镶蓝旗。而正黄旗属上三旗，胤禵出征之际，赐用正黄旗之纛，当然是越级的礼遇。不过，这不等于是在分享皇权，前面讲过，皇帝亲征使用黄龙大纛，超越所有军旗独一无二，不可与各旗旗纛混同论之。如果非要将八旗高低排序，那么，上三旗排在的第一位的是镶黄旗而非正黄旗。

　　大将军后缀王的称法，完全是政治需要促成的。胤禵出征西部边陲的任务是双重的。蒙藏地区王公、台吉甚多，为了尽快平息叛乱，必须集中事权，一方面讨伐重创叛乱者；另一方面，要加意安抚笼络其地王公贵族，使之心系朝廷。因此，提高胤禵的身份地位势在必行，尽管他拥有钦差大权，但以贝子身份如何接见外藩亲王、郡王与贝勒，则存在礼仪如何操作的问题。不管怎么说，以贝子身份号召统辖外藩王公贵族显得不够尊重。

　　清朝内外王公制度森严，在礼仪待遇上，同等级的宗室王公优于外藩王公，级差越大越悬殊。以宗室亲王接见外藩王公为例：外藩亲王来访，主人出殿降阶迎。入殿就座，主东宾西，宾告辞，主

---

① 《钦定大清会典则例》卷七十四"军礼命将出征"。

人送出殿门至阶下，由属官送出府门外；郡王来访，主人出殿相迎但不下台阶。宾告辞，主人送出殿门，由属官送出府门外；贝勒来访，主人殿内站立相迎，宾由殿右门入，行二跪六叩礼，主人拱手立受，就座，主正中宾西侧。宾告辞，主人起立，由属官送出府门外；贝子与公来访，由本府属官引进殿内，行二跪六叩礼，主人正坐，拱手答礼。宾告辞，行一跪一叩礼，主人坐受如初，由属官送出府门外。

前面在宾礼一章中讲过官员相见按品级差异分敌礼与降等两类，外藩王公拜会低于自己等级的宗室王公，亦可以享受礼仪优待。以外藩亲王拜会宗室王公为例：拜会郡王，主人迎送于大门内，入殿就座，主东宾西，宾告辞，主人送出殿门至阶下；拜会贝勒，主人迎于府门外，宾先行，主人随后入。宾告辞，主人送出府门外；拜会贝子，主人迎于大门外，宾先入，主人跟随。宾告辞，送出大门外，视其上马后转回。宗室贝子接待外藩郡王、贝勒也是如此。

可见，胤禵以贝子身份会见蒙藏地区的亲王、郡王与贝勒，在礼仪上处于劣势，不利于威权行使，因之，临时赐予王爵荣誉，以便他在会见外藩王公时保持礼制上的优势。康熙发给青海盟长亲王罗布藏丹津等外藩王公的训谕："大将军王是我皇子，确系良将，带领大军，深知有带兵才能，故令掌生杀重任。尔等或军务，或巨细事项，均应谨遵大将军王指示，如能诚意奋勉，既与我当面训示无异。"[①] 这些王公拜见胤禵时，皆表示谨遵圣训，听从大将军王指挥，竭力筹办军马粮饷器械供应军前。

胤禵以贝子爵位而称王只是临时的，事毕则消失。康熙并未因

① 《抚远大将军奏议》康熙五十八年（1719 年）六月十三日奏报，中国社科院历史所编《清史资料》第三集，中华书局 1982 年版。

委以重任而实授其亲王或郡王之爵。假如真的已内定为储君，为何不直接封为亲王以示眷属。

胤禵代父远征与胤禛恭代祭天哪个更可能是储君人选

胤禵出任大将军西征平叛，无疑是个人建功立业的幸事良机。凭借军功卓著，日后可能获得世袭罔替的王爵。但是，以接替皇位可能性的视角考察，远征无异于流放而与储位绝缘。康熙五十七年（1718 年），皇上已是六十五岁高龄的老人，在预期寿命较低年代，很难想象一位垂暮老人能把随时随刻要付托皇位的人故意放到那样遥远的地方。一旦有变，怎样保证内定的继承人及时赶到顺利登上皇位？

皇位空置期，向来是皇朝安危的紧急时刻，特别是康熙本人经历了废太子之后，诸子争嫡的痛苦折磨，深知身后可能发生的宫廷悲剧的惨烈。曾哀叹"日后朕考终，必至将朕置乾清宫内，尔等束甲相争耳"。[①] 这里使用了春秋时期齐桓公死后，诸子争位置先君丧事不顾而操戈攻杀的典故。因之，康熙如此清醒，洞察诸子争位野心的严峻现实，果真内定胤禵为继承人，按理就应该留他在身边寸步不离，绝不会放之几千里之外，故意制造继承上的距离障碍。天高路远与交通通讯手段简陋，让远在的西宁或甘州（甘肃省张掖）的胤禵无法及时获取宫中消息。即使在皇上过世的那一刻，立即飞马传书，当送信人在路上飞跑时，觊觎皇位已久的其他皇子，早已

---

① 《清史稿》卷二百二十 "允禵传"。

成功登上了皇位。这能是一位睿智的父皇对中意的继承人的特殊关照吗？康熙治国行政一向思维缜密，若内定胤禵为继承人，就不可能在已经到了皇位交接的紧要时刻，让他远距离长时间离开北京。

在诸子争斗虎视眈眈未来皇位的政治背景中考察，授胤禵大将军王一职与皇位继承人之间毫无关系。倘若康熙五十七年授职出征还不能完全证明这一判断，那么三年之后，召之回京，不久就又命其返回西北驻地，就更能说明问题了。康熙六十年十一月二十六日，胤禵回京陛见。第二年（1722 年）四月，康熙前往热河避暑，"抚远大将军允禵随驾至清河太平庄，辞赴甘州军"。[①]

不妨设想一下，假如康熙五十七年时，皇上已内定胤禵为继承人，命其出征，意在让他历练，创功立业积攒资本以抑制其他皇子特别是那些年长皇子的争位之心，那么，到康熙六十年十一月返京陛见已经历时三年。三年战绩，积累的政治资本已经够用了，揆诸常理，就不该再令其返回西北。不要忘记，此时皇上已经六十八岁了。在医术抢救危重病人推迟死亡时间、远非今日发达的岁月里，偶感风寒致人于死现象经常发生，皇帝也不例外。先民对死亡无定的认识远比今人冷静。今人眼里的六十八岁，尚属年轻老人，可是古代平均寿命只有三十几岁，人到五十便称老夫了。远的不说，从明太祖到康熙共二十位皇帝，六十八岁已经接近最高寿的明太祖七十一岁。明朝皇帝多数四十岁左右就离世了，而清朝前三帝，清太祖寿最高六十五岁，其次太宗五十四岁，世祖只二十四岁。不但近期相比如此，就是纵观历代四余百位帝王的寿命，超过六十岁的只有三十位。康熙以六十八岁的现实年纪已是位列前茅了。这一帝王寿命参照系，足以让老年康熙警惕，尽快做出成熟稳妥的后事安排。

---

① 蒋良骐《东华录》卷二十四，齐鲁书社 2005 年版。

康熙晚年身体状况已不容乐观，官方记载也未隐匿。康熙五十七年二月二十六日自称"手颤头摇，观瞻不雅，或遇心跳之时，容颜尽改"。① 再如康熙六十年，文官集团普遍为储君虚位担忧，以大学士王掞为首"奏恳早建储位"，不料招致康熙极度愤怒，下旨切责并治其重罪。同时拒绝举行登极六十年庆典，自谓"朕衰老，中心愤懑"。② 六十年的当国经验与辉煌的文治武功，以其睿智才华，断不会不清楚内外、远近、亲授与遗命之间的实质差别对于继承人顺利接位的重要性。无论如何，他没有理由在自感衰老愤懑之际，非要给内定的继承人设置难以逾越的障碍不可。除非他本无扶植胤禵继位之心，召之回京汇报后，再遣之返回西北驻地，在逻辑解释上才顺理成章。学术研究意义，并不在于就冲突的两种结论作出偏好选择，而在于认清康熙末世储位未公开宣布所导致的恶果。古往今来，只要是秘密的东西，永远激发社会探究猜测的巨大热情。

胤禵系康熙属意继承人的猜想，总是在大将军王的军权上大做文章，认为他手握兵权可以保证其顺利接位。不错，大将军确实拥有军权，但职务是临时的，职权行使只限定在具体的征战任务中，战争一旦结束，便自动解职。"凡大将军印收贮内阁，命将则授以行。如所征与印文名义不符，另撰持给。师旋缴内阁。"③ 清入关后继续贯彻自宋代开始的"兵无常将，将无常兵"的军事政策。胤禵此前并未出任过军职，也无从培植个人的嫡系部队，讨伐策妄阿拉布坦大军是朝廷临时调拨组成的，如果他超出用兵目标，率部奔赴京师，没有朝廷明确指令，恐怕没有哪支部队跟他走。退而论之，即使所有部队愿意听从指挥，但是，康熙生前并没有公开指定他为

① 《康熙起居注》康熙五十七年二月二十六日条，中华书局出 1984 年版。
② 《清圣祖实录》康熙六十年三月丙子条。
③ 萧奭《永宪录》卷一，中华书局 1959 年版。

储君，如果他选择发动战争夺取皇位，在道义上就是叛乱，即便他手中有先帝密诏或是为了师出名正言顺而伪造遗诏，公布传檄号召社会，也不会得到朝野的一致支持。

事实上，雍正即位次日，就下旨召胤禵回京，而以肃亲王豪格之孙辅国公延信护理大将军印，会同川陕总督年羹尧掌管西北军政。胤禵听命返京，未作任何军事反抗。其实，在西北握有几十万重兵也抵不上在宫廷掌控一支侍卫小队更有利于快捷接替皇位。因之，所谓胤禵拥有军权就能保证其顺利接替皇位之说纯系皮相之见。

毋庸讳言，以现存的四份康熙传位遗诏，证实雍正继位正当合法，还不能让人完全信服，即便是满文的，也不例外，除非找到康熙亲书的传位字条。质疑遗诏真实性的根本原因在于非康熙本人手书。其实，历代的先皇遗诏只是维持皇朝连续性团结稳定的政治交接必备的文件，大都出自当时的顾命大臣集中文官集团意见，根据政治形势政治需要由词臣撰稿，以先帝遗诏名义向社会公布的。遗诏内容立意并不一定准是先帝的真实意愿。有的含有先帝授意，有的则丝毫无关。清朝以前，由于普遍采用明立太子制度，所以传位于谁，就构不成遗诏表述内容的主题。

雍正继位是否合法问题的探讨以及流传已久的演义戏说，与其说是对雍正的特殊关注，倒不如说是康熙末世储君缺位激起的一代又一代的探秘热情，更符合情理。即使雍正是清白的，也注定不能享受像其他有为之君那样的历史美誉。不可否认，雍正能登上皇位，就具备销毁、制造、更改先帝文件的条件与能力。历代宫廷政变都离不开如此手段。因之，无论他怎样表白，都会被持反对意见者判定成"欲盖弥彰"。

由于康熙生前未公开储君人选，从而留给朝野广泛猜测与后人绵延不绝的悬案探究情结。康熙末命，承接皇位方式，粗略归纳不外四类：正当继位、矫诏继位、弑君继位与乘乱继位。除第一方式外，其余三种都是先皇不希望发生的。如果不认同雍正是遗命合法继位，那么，康熙究竟属意哪位皇子，作为历史谜团必将永远存在。不过，通过上述解读，可以确定胤禵不在继位人选之内。

从公开立嫡长的传统政治思维习惯上考察，康熙应该是在皇三子胤祉与皇四子胤禛之间比较最终选择了后者。废黜太子，不等于就抛弃了行之几千年的嫡长子继承制。废太子胤礽是康熙唯一的嫡子，废掉以后，传位人选自然向长子倾斜。康熙末年，在皇长子胤禔获罪革爵幽禁，皇二子胤礽被废拘禁，皇三子胤祉与废太子亲睦情况下，皇四子胤禛入选的可能性最大。

前面讲过祭天是皇帝的专利，未经许可其他人都不可祭天。康熙继位后，冬至祭天无故不派人恭代，其一生亲自祭天四十三次，遣官恭代十八次，其中大臣十一次，皇子七次。大臣恭代当然与储位人选毫无关系，而派遣皇子就不一样了，透露出传位倾向信息。康熙四十七年（1708 年）以前，恭代的皇子只有皇太子胤礽四次，而没有派遣过其他皇子。康熙四十七年太子被废后，到五十七年（1718 年），皆是派遣大臣恭代而无一皇子。康熙五十八年（1719 年），始选派皇子恭代祭天，本年派的是皇三子胤祉。康熙五十九年（1720 年）内大臣马尔赛；六十年（1721 年）皇四子胤禛，六十一年（1722 年）仍是指定了胤禛，但康熙于冬至之前过世，胤禛继位，改由大臣吴尔占恭代。

相形之下，胤禛以皇子身份代父祭天的政治文化价值与皇位传承伦理价值，决非胤禵大将军王之职所能比拟的。历代皇朝把祭天列在国家大祀之首，就是为了彰显君权神授代天行政的普遍政治意义。今天，脱离了历史政治背景，比较大将军王职权与一次性恭代祭天，就很容易盯住前者的权势煊赫风光而忽视后者蕴含的特殊政治意义。以皇子身份恭代祭天祈福，实乃朝野瞩目的大事。康熙晚年破例选择皇三子胤祉与皇四子胤禛皇子恭代祭天，多少透露了储君遴选偏向了哪位皇子的信息。

军礼变革

晚清为拯救国运颓势，朝廷开始效仿西方军制创设"新建陆军""自强军"等，引进洋枪洋炮，按西法编制与训练。

完全不同于传统军队的新军，最初是同治元年（1862 年）李鸿章聘请洋教官训练的淮军。其后，光绪二十年（1894 年）甲午战争爆发，十一月朝廷命胡燏棻在天津马厂采用西法训练新式"定武军"，次年九月营地移至小站，不久袁世凯接替胡燏棻统领定武军并将兵员扩充到七千人，仿照德军营制，聘用德国教官训练操典。稍后，创立的新军还有署理两江总督张之洞的"自强军"十三营，直隶提督聂士成的"武毅军"三十营等。然而，这些投以巨资创练的新军，并没能在八国联军入侵中，表现出令人期待的战绩。

清末的新军

光绪二十九年（1903年）十月成立总理练兵处，以庆亲王奕劻任总理大臣，袁世凯任会办大臣，铁良任帮办大臣，下设军政、军令、军学三司。军政司下设考工、法律、医务、粮饷与器械等科；军令司下设运筹、向导、测绘与储材等科；军学司下设训练、编译、水师等科。各省设立督练公所，一般由督抚兼任督办。所属机构有兵备处、参谋处、教练处，各设总办主管各项军务。总理练兵处与兵部共同奏准《新军营制饷章》《陆军常备学堂办法》以及选派陆军学生出洋游学章程。正式将部队编为常备军、续备军、后备军三等，并拟定了招募应征、官制、训练、给养、奖罚、征调、退休、军器、运输等相应规章。光绪三十二年（1906年）九月，兵部改为陆军部，练兵处并入。初定规划目标，全国共编练三十六镇新军。实际上，到清亡只编练了二十六镇。

按《陆军营制饷章》规定，部队基本建制统一为镇。一镇官兵额定一万二千五百十二人，由步、马、炮、工、辎重等兵种组成，设统制（相当于师长）一人率领。下辖协、标、营、队、排、棚，分由协统（相当于旅长）、标统（团长）、管带（营长）、队官（连长）、排长（排长）与正、副目（班长）为主官。一镇步队二协（一协官兵四千三十八人），一协二标，一标三营，一营四队，一队三排，一排三棚（一棚十二人）；炮队一标、马队一标、辎重一营、工程一营。新军服装采用统一的西式军服，但辫子依然保留。

新军创建开启传统军礼的变革。传统军礼，单腿或双跪拜使用最为频繁，偶尔使用拱手，属于情况特殊变通之礼。一般来说官阶差距越大，官低一方行礼越重。不过，低级军官与士兵面见高级将领的机会很少，不会参与将领经常性的工作与公私聚会。因之，士兵见高级将领的礼节反而简单，大都是屈膝单腿跪，而中上级军官见主将就要按官阶规定正式行礼。总兵进见总督需要"呈文相见，介胄行跪。勋臣亦由旁门庭参"。① 介胄系指顶盔贯甲，本可按军礼甲胄在身行动不便，礼数减杀，行屈膝单腿跪，但总督官威显赫，使之不得不行全礼。庭参又称禀参，乃是不分文武通行官场的礼节，在地方官场与军中使用得更为频繁。武职晋见上司不论文武，皆要曲两膝合手引额俯身揖叩，自报职名，称"参见某某大人"，长官坐受。若官阶靠近，长官或趋前扶免或立受。

在军中，属官面见主将，"中军、千总见本营主将，两跪一揖，合营主将亦如之。路迎从便。别营主将官衔拜帖角门庭参，一跪两揖，后堂傍坐待茶。凡千总见中军，以长官礼，阅人马，则并坐于次。凡把总见千总，平时两揖一跪，入营奉台上发放，则跪而听之。私谕旁立受教，途遇本管千总，下马拱立"。② 如此军礼仪式延续使用到清末。

自袁世凯小站练兵建立新式陆军开始，废除了八旗、绿营、湘军与淮军跪拜式的军礼旧制，代之以西方流行的立正举手等军礼。光绪三十一年（1905 年）正月，朝廷颁布《陆军行营礼节》，将新军礼节分为注目礼、立正礼、举手礼、举刀礼与举枪礼等五种。但未彻底废除跪拜，保留了"朝觐、公谒跪拜礼节悉遵《会典》仪制"条款。

---

① 朱国桢《涌幢小品》卷八"总督总兵"。
② 戚继光《练兵实纪》卷二"定军礼"，中华书局 2001 年版。

第六章

凶礼——逝者的荣哀生者的团聚

《周礼》讲以凶礼哀邦国之忧。秦以后的凶礼指的就是安葬死者的丧礼。而先秦同属于凶礼的有救荒慰问的荒礼、吊慰内外灾难的吊礼、援助他国度过危机的禬礼与慰问存恤他国遭遇外患内乱的恤礼，这些已失去存在基础。

中国自古就重视丧礼，通过凝重铺张的丧礼伸张孝道，彰显血缘亲爱引导宗族团结。昔日薄养厚葬现象很为常见。一般来说，薄养并非是克扣虐待老人，而是与丧事风光程度比较的，平日赡养生活基本上是就低不就高，局限于家庭收入之内，一旦死亡，大操大办丧礼，往往超出家庭支付能力，不免举债。从生养死葬上比较，赡养是经常性的，不可能长久超越家庭实际支付能力，而丧事是一次性的，选择厚葬既是对死者最后的圆满交代，同时也是宗族宗法观念下的人情逼迫。在乡土熟人社会中，为立足乡里，需要赢得孝名，防止闲话指责，从而壮大家族门户的地位实力。几千年的深厚丧葬文化与价值观念，作为历史文化研究的对象不可或缺，然而作为文化传承，实在没有继承光大的必要。因之，历史文化知识普及也无须再费力叙述其中的细节。

五服制度

国人自古以来血缘意识浓厚。当代五服一词在城市中几乎消失，而在流动人群与乡土社会中，还经常使用。譬如从农村出来的乡里同姓的两个人相遇，往往会辨析彼此血缘关系出没出五服的问题。五服之内的关系近，超出的关系远。投亲靠友曾经是异地求职或生活求助的主要形式，至今仍然十分活跃，尤其对乡间流向城市的人群来说，血缘关系纽带的作用更为明显。

历史上从皇帝到平民，经常发生而又铺张的礼典莫过于丧礼，在时间与排场上，一般都要超过婚礼规模。丧礼上必须穿孝，但轻重存在明显差别，自先秦到民国基本上保持《仪礼》规定的丧服形制，根据与死者关系的远近分为五等：斩衰、齐衰、大功、小功、缌麻。这就是"五服"，又称凶服、孝服或衰服。传统社会，父宗为大，自高祖至玄孙九世男性，称为本宗九族。族中人过世为之服丧，亲者服重，疏者服轻，依次递降。在丧礼上，通过丧服辨认，不仅能明晰某人与死者之间的亲疏辈分，也可大致判定任何两人之间的关系。因之，在日常生活中，把五服作为亲属关系远近的标志。"亲不过五服"，此之谓也。

斩衰：生麻制作，边际开散，不缝制；头戴麻冠，腰系麻绖（腰带），足蹬菅屦，即菅蒯苗编制的鞋，手持竹杖（哭丧棒）。齐衰：熟麻制作，边际缝制整齐、麻冠、麻绖、麻屦，通体使用材料一致，手持桐杖。大功：粗白布制作。小功，细白布制作。缌麻：更细的白布制作。大功以下丧服通体一致，无哭丧棒。惟缌麻服只着孝袍，鞋帽为平时所穿，但颜色则要偏重。

丧服衣料粗细以升数为准，传统的手工织布，一般幅宽二尺二寸，经线八十根为一升，日用布料密实一般是十六升经线一千二百八十根。而丧服粗疏，斩衰三升，齐衰四升，皆用麻线。明以前，常见的绢布是苎麻、亚麻、黄麻与蚕短丝等软质纤维织造。棉花早在南北朝时期已经输入，但到明代才普遍种植，替代了传统织料，"凡棉布寸土皆有"。[①] 此后的大功以下的丧服多用棉布，布料质地粗

---

① 宋应星《天工开物》卷二，中国画报出版社 2013 年版。

细，大功八升，小功十一升，缌麻十四升半。

其实，制度设计标准在实际操作中总是因人而异千差万别的。显而易见，丧礼办得隆重风光需要权力与财力支撑，只有社会上层才拥有风光操办的条件。民众则不得不经常变通，降低标准将就行事，在丧礼上优先保证丧主等最亲人的服饰之外，其他人则简单将就。

服制五等，实际穿戴丧期细分为八种。斩衰丧期三年，如子与未出嫁女为父母，妻为夫，长子去世嫡长孙承重的。齐衰丧期分为四种：齐衰杖期（一年）、齐衰不杖期（一年）、齐衰五月、齐衰三月。如夫为妻齐衰杖期，孙为祖父母齐衰不杖期，曾孙为曾祖父母齐衰五月，玄孙为高祖父母齐衰三月。此外，早期还有齐衰三年的，丧期比照斩衰，而丧服则减杀一等，如父已过世为母，子为继母，母为长子。后世以为情况区分过细，为便于操作，明清时一并纳入斩衰服中。大功九个月丧期，如祖父母为孙子与未出嫁孙女，父母为长子之外的众子妇。小功五个月丧期，如侄孙为伯叔祖父母，堂侄为堂伯叔父母，外孙为外祖父母。缌麻三个月丧期，如祖父母为孙媳，外祖父母为外孙及外孙女，女婿为岳父母，反之亦同。

大功服以上主要是宗族同姓之人，与死者血缘关系越近，孝服越重。小功服以下纳入了姻亲关系。婚姻衍生出的亲戚关系向来要让位于宗族关系，丧礼事关家族宗族利益再分配，注定了外姓人不可能参与本家丧礼的核心部分，死者的财产与身后影响力将作为家族资源在亲缘顺序中继承。譬如女婿一家人在岳父或岳母的丧礼上，妻子服齐衰不杖期一年，外孙小功五个月，女婿的服最轻，仅缌麻而已。这也不奇怪，在血缘判定上，女儿与外孙自不必说，只有女婿与岳父母没有血缘渊源。家族之外，亲戚关系最近的莫过于姑舅亲。对于父系的姑姑与出嫁的姐妹，一旦过世则服大功。母系的舅、姨与外祖父母一样，均服小功。姑舅、两姨兄弟彼此之间均为最轻的缌麻服。显而易见，男性亲属获得的礼制优待更多。

五服亲人限定在同祖四世之内，而同祖五世之人，因刚刚脱离五服，但为亲不远，逢丧则素服，免冠袒露左臂致哀，谓之"袒免亲"。"四世而缌，服之穷也，五世袒免，杀同姓也，六世亲属竭矣。"① 后世所谓的袒免，不再免冠露臂，也不限定同祖五世亲之内，而是参加丧礼的亲朋，只要愿意皆可头缠或腰系丧主家提供的白布带。"怎的叫作'袒免'，就如如今男去冠缨，女去首饰，再系条孝带儿，戴个孝髻儿一般。"②

历史上男女权利不平等在丧礼上表现得淋漓尽致，妻为夫斩衰三年，而夫为妻只是齐衰杖期；同胞姐妹出嫁与否，为亲生父母服丧也不一致，未出嫁的斩衰三年，出嫁的齐衰不杖期。当代讲述北京丧礼旧俗的著作常忽略一个细节，尽管礼制要求出嫁女要为亲生父母穿孝，但接到娘家报丧与孝服，是否能马上穿上，则要经过"请孝"程序，先要向公婆请示，获得同意，才能穿上回娘家奔丧。如果不同意，就要拿着丧服出大门后再穿上。昔日报丧他家，不能贸然进门，得到主家允许后方可进门，但也不进房间，在院子里磕丧头通报。俗语常讲"人有两重父母"，夫妇双方父母都应获得同等尊重，然而在现实生活中从来不是如此。出嫁女不仅不能为亲生父母穿最重的孝服，在获悉亲丧后还要请孝，却在公婆过世时必须与丈夫一样守孝三年。而女婿为岳父母仅服最轻的缌麻而已。这正是"嫁出去的女儿泼出去的水"的真实写照。

丧服实际穿戴，因与逝者的具体名分关系而异，分正服、义服、

----

① 《礼记》"大传"。
② 文康《儿女英雄传》第二十回，人民文学出版社1983年版。

加服、降服四种。正服，按制穿戴，如子为父母必是斩衰服；义服，按义务职责穿戴，如儿媳为公婆，虽与丈夫一致，但属尽义务性质。加服，按需要加重穿戴，如对已出嫁的姑姑、姐妹去世本应服大功，若死者无后，则加服齐衰不杖期。降服，按名分改变而降低穿戴，如子为母本应斩衰三年，可是对被休母或改嫁母则要降为齐衰杖期。传统社会虽极重视妇女从一而终与贞洁贤惠，但在生母问题上，不管她犯过怎样错误，去世以后，亲生儿子也不能无动于衷，必须循礼按制奔丧穿孝。出嫁女的齐衰服也属于降服。

古代官员属于职业流动性极强的群体。官员一旦父母过世，按制度要求必须离职返乡守孝二十七个月，谓之"丁忧守制"。居丧期间，不宴会作乐，不娶妻纳妾，门户不更换旧符，守孝服满后方可起复补职。假如亲丧而未获旨准奔丧守制，或丧期未满就起复任职，前者称"夺情视事"，后者称"夺情起复"。都是为了国事公务夺了孝子的亲情。夺情"是权礼也。若值国家有事，孝子不得遵恒礼，故从权（变通）"。[1] 不过，夺情仅限于权要高官，而且极为罕见，倘若发生，庙堂舆情非但不予赞扬，相反多是抨击指责。譬如万历朝张居正，崇祯朝杨嗣昌都曾夺情视事，没有还乡守丧，一时间骂名不断，认为这是弃人伦恋权位的小人行径。官员夺情期间，家设灵堂，持服按礼祭奠，上朝办公更换素服，不能参加朝廷举行的各类礼典。

服制差等观念绝非仅限在丧礼上，皇朝制定的《本宗九族五服正服之图》等丧服八图，向来被视作处理法律事务的基础。丧服八图构建了以男子为中心的家族血缘远近尊卑秩序。凡司法诉讼"必原父子之亲，立君臣之义以权之"。[2] 司法案件无论民事刑事，必先

---

[1] 孔颖达《礼记正义》卷四十五，上海古籍出版社 2008 年版。
[2]《礼记》"王制"。

本宗九族五服正服之图

图之服正服五族九宗本

左侧题注：

> 及与子出女凡
> 妹子同而在姑
> 侄者出归室姊
> 皆为嫁服或妹
> 不兄而并已女
> 杖弟无与及
> 期姊夫男被孙

右侧上题注：

> 父三父凡
> 母年母嫡
> 承若承孙
> 重为重父
> 服曾服卒
> 亦高斩为
> 同祖衰祖

五服图内容（自上而下）：

- 高祖父母　齐衰三月
- 曾祖姑（出嫁无服／在室缌麻）　曾祖父母　齐衰五月　曾祖叔祖父母　缌麻
- 从祖姑（出嫁无服／在室缌麻）　祖姑（出嫁小功／在室缌麻）　祖父母　齐衰杖期　伯叔祖父母　小功　从伯叔祖父母　缌麻
- 从堂姑（出嫁无服／在室缌麻）　堂姑（出嫁缌麻／在室小功）　姑（出嫁大功／在室期年）　父母　斩衰三年　伯叔父母　期年　堂伯叔父母　小功　从堂伯叔父母　缌麻
- 族姊妹（出嫁无服／在室缌麻）　从堂姊妹（出嫁缌麻／在室小功）　堂姊妹（出嫁小功／在室大功）　姊妹（出嫁大功／在室期年）　身己　兄弟妻（小功）兄弟（期）　堂兄弟妻（缌）堂兄弟（大功）　从堂兄弟妻（无服）从堂兄弟（小功）　族兄弟妻（缌）族兄弟（缌麻）
- 从堂侄女（出嫁无服／在室缌麻）　堂侄女（出嫁缌麻／在室小功）　侄女（出嫁小功／在室大功）　众子妇（大功）众子（期年）　长子妇（期年）长子（期年）　侄妇（小功）侄（大功）　堂侄妇（缌）堂侄（小功）　从堂侄妇（无服）从堂侄（缌麻）
- 堂侄孙女（出嫁无服／在室缌麻）　侄孙女（出嫁缌麻／在室小功）　众孙妇（缌）众孙（大功）　嫡孙妇（小功）嫡孙（期年）　侄孙妇（缌）侄孙（小功）　堂侄孙妇（无服）堂侄孙（缌）
- 侄曾孙女（出嫁无服／在室缌麻）　曾孙妇（无服）曾孙（缌）　曾侄孙妇（无服）曾侄孙（缌麻）
- 玄孙妇（无服）玄孙（缌麻）

左下题注：

> 缠葬皆在凡
> 头则为缌同
> 服祖免五
> 素遇无世
> 服亲服祖
> 尺遇丧族
> 布丧外属

右下题注：

> 报降一生凡
> 服服等亲男
> 同不本属为
> 杖生孝人
> 期父服后
> 父母皆者
> 母亦降本

考量"君臣之义"、"父子之亲"，然后解析问断实情，务必保障礼制优待一方的绝对权利。常言道"法在礼中"，此之谓也。

清帝丧礼

　　丧礼风光程度取决于死者与孝子的身份地位，不是有钱就可以办得铺张的。制度规定，妻子享受丈夫的待遇。如果在职位品级上，父低于子，则父母皆按子的品级操办。反之，子低于父，则各按本人品级办理。尽管因身份差异而丧事规模高下悬殊，但操办流程大都一致，只是每一程序仪式的繁简有所不同。死者从咽气开始，大致经过穿衣小殓，大殓盖棺，停灵守护，亲族成服，诵经超度，祭奠吊唁，出殡下葬，周年小祥，两年大祥，禫祭除服等阶段。小祥在第十三个月，大祥在第二十五个月举行。禫祭与大祥间隔一个月，"以《礼记》诸篇证《仪礼》，而知三年之丧，正服二十五月，加禫二十七月也"。[①] 至此，孝子居丧期结束，恢复正常生活。

在皇朝所有的丧礼中，最为浩大铺张的莫过于皇帝。在此以清帝丧礼为例，简略叙述其程序。皇帝过世称晏驾、驾崩，在未上尊谥庙号以前称为"大行皇帝"。俗语常把死亡称为走了、去了、过去了，大行意指最大人物永远离去。当日小殓，穿戴整齐覆盖由活佛诵经过的陀罗经被。从王公到文武官员以及公主、福晋、命妇等人，男摘冠缨截发，女去妆饰剪发，举哀成服。当日或次日大殓盖棺，梓宫（棺椁）停灵于乾清宫。灵前布置"几筵"祭品。宫门外左侧树丹旐，法驾卤簿陈于宫门前至太和门外。丹旐即明旌（铭旌），俗称幡，上书死者名讳官职，汉俗或竖于灵柩前或覆于棺上，为出殡时引魂旗幡。满俗不同，逢丧事，丹旐长八尺至一丈竖于门外，死者为男性置门左侧，女性置门右侧。普通旗人用朱缯、朱帛。官员用朱锦。皇帝独用织金九龙绮。

嗣皇守孝一般以乾清宫东庑为倚庐，也有以南庑的如乾隆为先皇雍正守灵。倚庐又称为苦次或礼苫，孝子守丧之所，一般用芦席搭建，内铺草垫。这就是《仪礼》"既夕礼"所说的"居倚庐，寝苫

---

① 夏炘《学礼管释》卷十七"释三年之丧"，清咸丰十年景紫山房刻本。

枕块"。居亲丧时,以草荐为席"哀亲之在草",以土块为枕"哀亲之在土"。不过,随着历史推进,器物选择与具体做法已发生巨大变化。

停灵后随即公布遗诏。嗣皇在宫外东侧面西站立,大学士奉遗诏从中道出,嗣皇跪,待遗诏过后,回东庑苫次。大学士出乾清门将遗诏授予礼部尚书到天安门宣读。同一皇朝内的皇位继承,发布遗诏是不可缺少的关键政治程序。虽然称为遗诏,却不一定都出自先皇遗愿。不管什么原因,皇位更替之间,遗诏从来是必备的政治要件,如果没有预先准备也一定要紧急制造出来。遗诏代表着皇权继承的合法性,在紧要关头起到安抚人心稳定政局的作用。遗诏一经公布,全国进入国丧期。同时,嗣皇也要尽快择吉举行登极大典,成为皇朝的新主。

遗诏公布,京师王公贵戚官员斋宿持服二十七天,民众素服,全体官民停止娱乐一百天;嫁娶,官员停百天(清早期京官二十七月不作乐,一年不嫁娶),军民停一月;禁止屠宰四十九天。百日内,内阁拟旨用蓝笔;各衙门公文用蓝印。御批改朱笔为蓝笔。礼部誊黄遗诏,快速发往各省。各省督抚在遗诏到达之日,率领属官素服出郊跪迎,回到衙门听宣读后,官员命妇即刻成服哭临三日,持服到二十七天。军民男女素服十三天。禁止娱乐与嫁娶的时间与京师一致。

二十七天的治丧期是以日代月缩短简化的结果。按理嗣皇作为丧主也应为先皇守孝二十七个月,但现实的政治需要,不可能让新皇率领全体官员撂下政事,一心一意尽孝守制。因此,缟素期以日易月。清朝人重百日,二十七日过后,至少在京城要维持哀悼氛围到百日。皇室的要求更严些,毕竟与先皇存在着血亲关系,是真正意义上的失去亲人。乾隆朝规定,帝后百日内缟素,过后更换素服,逢典礼与祭祀按制度需要穿戴相应礼服。嫔妃、皇子、已封爵未分府出宫的王公，二十七日后更换素服，遇典礼时着礼服，维持到二十七个月后恢复常态。朝廷官员二十七日除服，典礼朝会值班时穿戴吉服，在衙署办公，入宫朝见皇上穿戴素服，上奏本章用朱印。帝后嫔妃等人素服后，凡到先皇几筵前祭祀时一律缟素。官员则不需要如此，只是摘去冠缨即可。亲疏等级之间显有不同，不能一概而论。缟素系指从头到脚全副武装的孝服；素服系指身着未经染制的本色绢布服。有一种说法，八旗满洲居丧期间的素服是纯黑色的。

皇帝丧礼期间，对普通人的生活来说毕竟增添麻烦与经济负担。如乾隆在为雍正主持丧礼时，增加外省军民素服到二十七天；嘉庆为乾隆治丧时，又要求自先皇过世之日起百日之内不剃发。然而谕旨要求不等于具体实现，表现悲痛与怀念的穿戴，并非仅仅倚靠一纸命令就能实现的，同时必须具备实现愿望的行政能量与社会资源。中国历史上的皇朝虽然一统，但一体化程度远非今人想象的那样高，政府远远不具备动员全社会参与一致行动的能力，也缺乏必要的技术手段支撑。实际上，这些要求只能在朝廷拥有足够控制能力的京师与省会城市之内可以得到有效贯彻，还不见得一网打尽，府县的情况将会更差，更不必论乡里农村了。官员之外，企图让举国上下一致哀悼如丧考妣，只是一种制度期待，从来没能发展成为制度现实。因此，在追述历史上皇帝丧礼时，一定不要把遗留的制度条文直接还原为民间场景。其实，这也不难理解，仅就穿孝的白布一项用量而言，靠简单技术劳动，怎么能在一夜之间，就可以做到人人有份，政府既然做不到免费充足供应，再要求衣食艰难的民众自备，简直就是天方夜谭。

尽管皇帝在社会心目中十分神圣，但是牺牲民众家庭利益与中断某些职业收入，必然招致社会的抵制，不仅不能如愿以偿，更会平添许多社会悲剧。只有在京城，朝廷意志比较容易得到贯彻，因此，皇帝丧礼期间，京师官民受到的约束比起外省来说要大许多，整座城市笼罩着悲哀气氛。

二十七日之内，嗣皇每日早中晚三祭，亲自献食奠酒三拜。择吉举行殷奠礼，殷者盛也。流程如下：

> 王公、百官、公主、福晋、命妇咸齐集。陈俎豆，设馔筵二十一席，羊九，酒十有一尊，楮帛九万，张黄幕于宫门外之右，设反坫具尊罍，设卤簿，陈冠服于几筵前，列馔筵于丹陛两旁，陈羊酒于黄幕，积楮帛于燎所，设祭文案于西檐下。届时礼部尚书奉祭文，侍郎二人前引，由中门入，祗设于案，退。礼部堂官奏请皇帝诣几筵前视馔上食。举哀，读祝官奉祭文至阈（门限）外正中，北面跪，礼部堂官二人跪展祭文进奠几。皇帝于几前跪，众于齐集处跪，哀暂止，读文毕，仍复于案，退。众举哀，乃进爵。皇帝祭酒三爵，每祭行一拜礼，众随行礼。①

奠礼结束，彻俎豆。读祝官奉祭文，侍臣奉冠服恭送燎所，皇帝随行到燎所焚烧。先皇衣物，除随葬与焚烧的之外，留下一部分作为"遗念"分赐后妃、皇子、王公与大臣。

不管陵墓是否营建完工，二十七天后，梓宫都要移出乾清宫，暂时安放在紫禁城外的殡宫，奉移前举行启奠礼，仪式与殷奠一样。顺治、康熙梓宫暂安于景山寿皇殿；雍正梓宫暂安于雍和宫永佑殿；乾隆、嘉庆、咸丰、同治、光绪梓宫暂安于景山观德殿；道光梓宫暂安于圆明园正大光明殿。然后再择吉举行下葬的奉安大典。各帝

---

① 《钦定大清会典》卷五十一"礼部"。

山陵营造状况不同，待葬时间长短不一。最短的康熙不到一年，最长的光绪直到民国二年十一月才下葬，间隔整整五年。

1913 年光绪奉安大典照片

新皇一继位，便要为先皇上庙号与谥号。庙号是安放在太庙与奉先殿立室奉祀的神主牌位名号。在国家层面，太庙表达的是政治权力传承谱系的合法性与治国行政原则的延续性；在皇室亲缘层面，奉先殿彰显的是皇帝孝道与宗室团结。

历史上商朝天子最先使用庙号。周到秦朝弃之不用。西汉恢复，但不是每位皇帝过世都上庙号。颜真卿《论元皇帝祧迁状》："昔汉朝廷近古，不敢以私灭公，故前汉十二帝，为祖、宗者四而已。至后汉渐违经意，子孙以推美为先，自光武以下皆有庙号，则祖、宗之名，莫不建也。""祧迁"系指亲代七庙以上的世代，皆迁至远祖庙一并祭祀。

庙号只有皇帝才有，选字一般都是开国之君称太祖或高祖，继之者称太宗，守成贤明之君常用仁宗、世宗、高宗、宣宗等。并非都一味颂扬，也正视帝王的失德荒政而给予批评，但比较隐晦，如文宗含有懦弱之意、武宗含荒政乱行之意。

谥号是对皇帝一生行迹功业的概括评价。清十二帝当中，以清太祖努尔哈赤的庙号连同谥号"太祖承天广运，神功圣德，肇纪立极，仁孝睿武，端毅钦安，弘文定业高皇帝"最长，共二十九字。长尽管长，核心的就是"太祖高皇帝"五字，太祖是庙号，高是谥号。其他诸帝亦是如此。庙号与谥号均由大臣承旨共议拟稿，上报皇帝批准后，分别制成玉册宝、香册宝、绢册宝，择吉行恭上尊谥礼。届时，皇帝率众官于殡宫暂安之殿行礼，进宝，宣册。复于几筵前致祭，奠帛，读文，三献爵，焚烧绢册宝。

上尊谥的同一天题神主，最终完成安放于太庙的先皇牌位。以康熙为其父顺治题神主为例。顺治十八年（1661 年）四月，命大学士一人进景山观德殿，诣祔庙世祖神主前上香，奉神主至寿皇殿外的桌案上，三叩首，随后，满汉大学士各一人上前三叩首，然后填青，即以墨笔补足牌位上"神"字缺笔之处。填青毕再行三叩礼，奉神主牌登黄舆。而安放于奉先殿的神主则没有填青程序，亦由大学士捧出登舆。大学士等众人跟随黄舆后，出景山东门，入东华门。皇上素服，在宫内景运门内跪迎，让过黄舆，跟在后面到乾清宫，黄舆到达指定地点止住，皇上走到两神主前各三叩拜，先后请出陈于案上，再行三献九拜礼。另在奉安之后，择吉日分别升祔太庙与奉先殿。

官民丧礼

财力尚可人家办丧事也要在自家高搭席棚，俗称白棚。由于停灵时间长，来宾众多，白棚规模远胜于办喜事的红棚。宅门大户根据住所条件与现实需要搭建平顶的或起脊的席棚。起脊的分一殿（一脊）、一殿一卷（二脊）与一殿两卷（三脊）三种形式。脊多的覆盖的空间大。卷就是活动的棚顶，根据需要随时可以把席子卷起，露出天空。如果仍不敷使用，还要在其他院子另支小棚。搭棚的主要作用有四。一是延伸灵堂空间，寿终正寝的灵位一定要停放在正屋中央，门前面沿台阶搭建月台犹如传统戏台，以便于灵前安排供桌供品与祭奠拜位。二是接待会丧亲属与吊唁人群。三是安排超度经台，传统丧礼充满着鬼神观念，宋代以后，诵经追荐亡灵进入丧礼程序。晚清民国时最看重僧道番尼毕备。僧指和尚，道指道士，番指喇嘛，尼指尼姑。四是提供集体就餐场所。

旧京官民的丧礼程序复杂，花样无尽，说辞甚多。如今历史已经远去，不但难以详解，同时也无需这样做，在此，仅择其要点，简略述之：

将死换床，即《礼记》"檀弓"所说的"易箦"。

小殓，穿寿衣，俗称装裹。

大殓入棺，停灵布置长明灯、倒头饭上插秫秸三根或五根或七根枝头裹面烤制的"打狗棒"。灵前供桌上摆放祭品茶酒、糕点水果。地上放置烧纸盆、奠酒池。

出丧牌，按死者寿数，以竹竿挑纸钱于大门外，男性挑于门左，女性挑于门右。开殃榜后在大门外张贴讣告，将死者的死亡时间以及何时接三送库，何时首七等一一标明。昔日报丧，至亲一般要由死者的子孙亲自前往，关系稍远的派人报信，一般关系的人闻讯即可前来吊唁。所有带有社交性质的聚会，只有丧礼，可以不接通知请帖就可径直前去，其他的如婚礼、寿诞、满月等，则需接到邀请才可出席。

成服穿孝，亲属按身份穿孝服。

开殃榜，请阴阳先生掐算死者出殃时间与方位，并开具出殡安葬日期时辰。出殃即鬼神信仰所说的回煞、回殃。古人认为是死者最后的精魂之气化作阴风回家，称之阴魂殃煞，若不幸撞上就要"遭殃"受难。故"富家延僧道作法曰接煞，贫者扃门尽室出曰躲煞"。①

接三，又称为送三。三即死后第三日，尤被民间看重，往往搞得热闹非凡。这是对死者灵魂去向的猜想，死者在去世的第三天登望乡台被神仙接走，因此，在这一时刻，举行盛大仪式送行，让死者满载财宝器物到另一个世界过上富足生活。按照阴阳观念，仪式要在黄昏之后举行，民国时期，为了浮夸炫耀，往往提前，就是要趁着天亮，能招引路人驻足观看或自动加入送三队伍之中，从而壮大声势。届时丧家备仪仗，男性亲朋与僧道列队倾巢出动，向西行进找一空场将纸活焚烧殆尽。此后到出殡期间，五七之内逢七幽魂登台一次，过后与家乡永别。所以日祭之外，逢七天必一大祭，烧活必不可少，只是不再结队出门。

开吊，丧礼停灵期从死亡当天算起，选单数递进，三、五、七、九、十一等，忌双数，据说是为了避免丧事重复发生。奢侈隆重的以七天为一周期，亦整七单数推进，最长七七四十九天。一般来说，停灵三七以上的，大都是首七开吊；停灵时间短的，开吊日期通常选择在接三。吊唁，吊为怀念死者，唁为安慰生者。吊唁也要出份子，黄纸封套封面正中加一蓝纸条，如果是接三时前去，则写"折祭某两（圆）"，正式开吊以后，则写奠敬某两（圆），附上礼金一并交与账房。奠礼金额通常较少，若交情深厚，奠仪之外另赠银两，

---

① 顾张思《土风录》卷二，上海古籍出版社 2016 年版。

属于赙金性质，即表示助丧家一臂之力。此外，还可以送冥钱香烛、烧活、花圈、幛子、匾额、挽联、满宴（饽饽桌子）、祭席以及出资雇佣僧道诵经。

放焰口，举行佛法会超度亡魂，抛洒小馒头。

伴宿，出殡前夕，全家不寐，俗称坐夜，即古之终夜燎礼。

出殡，安葬死者，由长子摔盆，打幡儿走在队伍前面。摔盆即起灵后，将灵前的烧纸盆摔碎在一个包纸的砖头上。幡俗称引魂幡，即竖于灵柩前或覆于棺上的铭旌，用一竖两横竹竿或木杆撑起的长方形布帛，其上中间书死者名讳，左书生日，右书过世时间。晚清民国时期，丧事竞相夸耀，幡的形制尺寸也是五花八门的，巨幅的则插在木架上由多名杠夫肩抬。富贵之家出殡排场挥霍，程序繁琐，仅送葬队伍绵延数里，执事、冥器、烧活、幡幢等不计其数。

灵柩以杠夫组成方阵，抬运到墓地。杠夫人数在清朝有严格的等级限制。时下流行的北京历史民俗读物常把宗室郡王、贝勒划入亲王待遇，而将宗室将军降低归入品级官员之内。这都是以讹传讹未详查历史典章而造成的。

皇帝杠夫一百二十八人，皇后九十六人，亲王八十人，郡王、贝勒至奉恩将军以上的宗室封爵世职、公侯伯子男五等封爵与一、二品官员都是六十四人。[1] 虽然奉国将军与奉恩将军分别只有三、四品，但因是天潢贵胄所以待遇提级。三到五品官员四十八人，六到八品官员三十二人，九品以下包括未入流但有顶戴的官员二十四人，未入流又无顶戴以下的官吏到平民百姓或十六人或八人。简陋的是四人，再差的是三人抬的牛头杠，二人抬的穿心杠。民国以后，礼制弛禁，杠夫众多变成竞相奢华夸富斗富的排场，只要财力充裕，

---

① 《钦定大清会典》卷五十三。

又愿意张扬，都可以如愿以偿在社会上制造轰动效应。因此，回首历史，决不能将民国现象上移到清朝，作为制度研究的例证。

所有成规模的用杠都是由两根平行的大棍作为主干，再横穿小杠分叉系抬杆组成。无论杠夫多少，大都是在四角上变化组合。譬如六十四杠，大棍长一般三丈六，拴绑完成后，达到五丈五。四角各十六名杠夫。八十杠四角仍是各十六人，另外在杠的中段横穿一杠，两侧各搭出四根共八根抬杆，一杆两名杠夫，共十六人。木棍抬杆一律粉饰，绳索用布缠裹，颜色以等级规定为准。最常见的杠为朱红色或是两头红中间黑的。

民国时期大出殡的老照片存世相当多，灵柩高高隆起令人印象深刻，这就是穿插抬杆所致，杠夫越多，底盘越高。四十八杠以上的出殡，灵柩都配官罩。三十二杠可有可无。二十四杠以下的没有，以宽幅绣花软片搭在灵柩中腰。官罩是木架上扣竹皮编制攒尖支架，形状犹如亭顶，俗称"几了"，外包绣片，行话软片，颜色各依等级定制。譬如亲王的为金黄色寸蟒绣片。

大杠在行进中还需要配备多种职能的辅助人员，以六十四杠为例，四角各十六名杠夫之外，配备两名拨旗共八人，负责拨开空中障碍物。电力使用以前，拨旗的主要任务是挑开路旁的树木枝杈。道路照明电器化与电力传输产生以后，空中电线日渐增多，尤其过街的线路对高高隆起的灵柩安全通过的影响极为显著，所以拨旗增至十六人。灵柩前面左右两名响尺担任指挥。响尺系乌木制做的两块长条形木板，相互敲打发出指令节奏。四名执边押差，分列两侧防止路人观看时冲撞，保证行进中的安全。杠后徒手跟夫八名。另有四名杠夫担水壶随着歇肩杠夫行走，为口渴人供水。

与轿夫抬轿的道理一样，出殡的路途即使不远，杠夫都不可能只是一班，至少两班轮换。距离较远则用三班，如果更远，使用的班数更多。灵柩经过小请从灵堂运出放在大杠上以后，一经出发要求中途非特殊原因与过夜需要则不能停止。因此，歇肩杠夫在杠前行走，每隔五十步一轮换。专门配备一名杠夫负责在规定路线前方"划拨子"，每五十步用白粉在地面画上记号。

出殡执役人员的服装俗称驾衣。杠夫是大襟的长褂；拨旗、执边押差的是到膝的短大褂；吹鼓手是对襟的大褂。下身大都是土黄或土灰色的裤子。头戴黑毡帽上插冲天羽翎，脚蹬青布鞋。响尺的服装特别，官帽青靴一身丧家提供的孝服。清中叶以前，驾衣的图案正中间是一个车轮形，周围簇拥八至十二个圆点。晚清图案发生变化，有菊花、草龙等，但图案结构布局没有什么变化，一般人也很难辨认其间的差别。古代出殡通常用车辆运送灵柩，后世虽然改为人抬，但还是不忘古意，以车轮图形寓意象征。

两班轮换的杠夫驾衣的颜色一般为一蓝一绿。三班的增加一班石青色的。豪富追求风光之家往往在出殡之前要让杠夫剃头洗澡，并赠送每名杠夫一双统一制作的新鞋。杠夫并非专门职业，杠房平时也不可能长期雇佣这样多的人，只是具备在丧家需要时迅速招募聚齐杠夫的能力。杠房临时招募到杠夫，肯定存在部分生手，对于生手就要由老手带领私下里练习一番，但绝对不能结队演习。

只有皇帝出殡之前才可以演杠，其他人非经特许，都不能这样做。清帝出殡由銮仪卫负责，全部是旗人。从北京到东陵或西陵路途遥远，需要几十班接力运送才能到达墓地。譬如嘉庆出殡用了六十班，这六十班分成二十组，沿途布列等候。三班一组轮换走完划定的路线距离，即可下班换成另外一组继续向前。皇帝出殡使用的杠夫最多，仪式最为隆重，既要保持队列整齐步伐一致，又要预防疏忽差错，所以事先必须反复演习如同练兵一样。帝后出殡下葬称为奉安大典，大杠器具都是黄色的。杠夫穿戴紫色麻制团花驾衣，黄手套黄靴罩，头戴冲天黄羽翎的青色荷叶帽。

送葬队伍历来拥有优先使用道路权力。死者为大，即使普通的出殡，王公高官出行碰见，也要停住车马舆轿避让。途中，若与另外一支送殡队伍相遇，杠夫多的大杠停住，让杠夫少的小杠先行。若两杠人数相同，则互相避让，然后并行。①

送葬归来，大门外安放注水盆盂。盂旁置刀，点燃小火堆，归者依次执刀三砺盂沿，随即跃火进门。三天后，日出之前，再祭于墓地，俗称圆坟、暖墓或"叫墓门"。传统社会，丧礼规模与用品一直存在等级限制。以最重要的墓地为例，明代庶民的茔地围长十八步（两步一丈）。清代庶民茔地围长降到九步，仅为一品官员九十步的十分之一。这是人口快速增长，耕地日趋紧张的结果。

烧活是丧礼消费的大宗之一，从纸钱、纸人到纸糊扎制的车马住宅，西洋现代产品输入后，出现了仿制汽车、话匣子（收音机）纸活等。中国自东汉发明造纸术以后，虽书写材料发生质变且产量逐渐扩大，但人均用纸量一直没有显著增高，平民日常生活用纸极为节俭，惟独丧礼将纸制品付之一炬，从不吝惜，宁可平日节省不放过一张纸片尽可能地物尽其用，也绝不放弃丧礼烧活的铺张。这可能源于对死亡的认识。时至今日，医学上、物理上、化学上等多方面已对死亡现象做出科学说明，却无法阻断人类对生命结束的悬念情结。宗教也好，迷信禁忌也好，归根到底，都是为了解决个人不能永生的问题。因此，在这方面倾注了极大心血投入了巨大智慧发挥了超凡想象。不管怎样，既然没有一个人能留下死亡刹那之间的体验与需求记录，那么，按照世间一般生活幸福标准来处理死者后事，便是顺理成章的。丧礼向来能集中体现民族价值观念与习俗

---

① 福格《听雨丛谈》卷十一"专道"。

模式的真谛。

不管怎么说，丧礼是特殊的社交聚会，无论相识与否，凡来吊唁者，主家皆不能拒之门外，参与人员复杂众多，不可能都像死者嫡亲那样一直保持哀婉气氛。停灵时间长的炫耀性丧礼，常常为聚拢人气，呼朋引类猜枚行令纵情吃喝，又鼓吹音乐，演戏跑马等，还美其名曰"闹丧"。把服中取乐解读成是为了免得死者孤寂。

闹丧是乡土社会追求响动借机实现物欲的产物，与丧事哀痛氛围格格不入。清朝严禁闹丧。雍正十三年（1735 年）十一月，刚刚继位不久的乾隆发布"丧葬循礼谕"："朕闻外省百姓，有生计稍裕之家，每遇丧葬之事，多务虚文，侈靡过费。其甚者至于招集亲朋邻族，开筵剧饮，谓之闹丧。且有于停丧处所连日演戏，而举殡之时，又复在途扮演杂剧戏具者。此甚有关于风俗人心，不可不严行禁止。"[1] 相形之下，京师由于步军统领衙门与巡城御史管控严格，闹丧现象较为罕见，但在晚清多务虚文，侈靡过费的丧礼愈演愈烈。

点主仪式

出殡下葬之前，要将死者神主写好。神主又称木主、牌位，上书死者名讳，以便出殡后，丧主仍然能守候神主尽孝，到三年期满以后送入宗庙供奉。制作神主的最后一道程序称作点主。

仕宦之家极为重视点主。在出殡的前一天，由丧主出面约请有功名的人负责点主，首选是状元、榜眼、探花三鼎甲，不然就是翰

---

① 《清高宗实录》雍正十三年十一月丁酉条。

林、进士，稍差的是举人监生。以任职礼部、翰林院、詹事府、鸿胪寺、太常寺等衙门或做过主考、学政的人为优先聘请对象。同样的功名出身如果在刑部、大理寺任职，就不在邀请之列。因为这些人经常勾决犯人，违背庇荫赐福子孙意愿，故而剔除在外。当然现实生活中，请到什么身份的人来点主是由地位与财富决定的。1905年科举废除，实行新式教育，不久清朝倒台，民国以后，最后一二科的进士，常常成为丧家点主竞相邀请的对象。这对那些在民国仕途不畅的前清进士来说，也是一笔相当丰厚的经济收入。譬如民国初上海犹太富商哈同丧礼采用中式，点主时请到末科三鼎甲，鸿题官为状元刘春霖，襄题官为榜眼朱汝珍与探花商衍鎏。

被约请的鸿题、襄题官在点主当日先到丧家附近一处清净之所坐等。待到吉时降临，丧主派人来接。丧家全体人员都要脱去孝袍换上吉服，恭迎鸿题、襄题官到来。在灵堂前月台下设座位，一应用具齐备。丧主先向鸿题、襄题官行拜见礼，然后进到灵堂帷幕之内，抱出神主牌位。神主一般用楠木制成，底下须弥座外面带立罩，拿下罩子，里面分中函与外函两层。中函写某某公讳某字某之神位，外函书写某某之神主与生卒年月，更细致的还附上死者的简单履历。两份木主在鸿题官到来之前已经请人工笔正楷写好，唯空出神字的一竖与主字上面的一点不写。所谓点主就是填写主字上面这一点。由鸿题官接过丧主递上的朱笔在王字上添一点成主字。如果神字的一竖也是空白的，同样也要添上。这一点一竖被称作贯神通主。朱笔点完之后，再蘸墨运笔，把红色笔画压上。最后，侍者用针扎破桌旁预备的白公鸡的鸡冠，鸿题官蘸上鸡血再压一遍，随后将朱笔向身后一抛，寓意该家向后必发。笔为必的谐音。传说鸡血辟邪，以鸡血书写，亦是取鸡谐音吉之意。点主过程中，襄题官分列左右，左面的一位负责打开立罩拿出主牌，右面的一位负责收入匣内。仪式完成后，丧主再次向点主者跪拜致谢。费用当然不可缺少。刚刚讲过的哈同点主，据说鸿题官一万银圆，襄题官每人五千银圆。这不是一般富户所能担负的，更不必论寻常之家了。不惜重金点主，购买的是点主者的功名身份。死者的风光及其后代的福祉，在饱蘸朱墨的点画之中实现延续。点主之后，当天夜间阖家伴宿。第二天出殡。

朝廷赐奠

高级官员过世后，朝廷都要按"赐祭葬"制度，派官携带祭文祭品祭奠，同时发放丧葬补助。皇上亲临赐奠乃是最高的礼遇殊荣，无论死者生前还是遗属都翘首以望。

王公与内外官员亡故，除亲王谕祭二次外，其他人只致祭一次。二品以上官员与王公祭时宣读祭文，三品以下只祭而无祭文。宗室王公、福晋与在京的公主、额驸等人过世，镇国将军以上的祭文由翰林院撰写，辅国将军以下的由内阁撰写。内务府、光禄寺、户部与工部等衙门分别负责祭具、祭品，发放丧葬补助与立碑等事宜。宗室之外的官员过世，无论高低，朝廷致祭不再携带祭品，而是折成银两按品级发放由丧家预备：公四十两，侯三十五两，伯三十两，子及一品官员二十五两，男及二品官员二十两，三品十六两，四品十二两，五品十两，六品八两，七品到九品六两。

丧葬补助标准：亲王五千两，立碑三千两；郡王三千两，立碑二千两；贝勒二千两，立碑一千两；贝子一千两，立碑七百两；镇国公与辅国公五百两，立碑四百五十两；镇国将军五百两，立碑三百五十两；辅国将军四百两，立碑三百两。奉国将军与奉恩将军分别按三四品官员待遇办理。公六百五十两，侯六百两，伯五百五十两，子及一品五百两，男及二品四百两，三品三百两，四品二百两，五品以下皆为一百两。① 在具体操作中，还要根据官员的实际任职的年限与个人情况区分成提级、全额还是半额发放。譬如，公侯等爵位有初封与继承之分，官员有政绩优劣加级与否之分，死亡有正常与殉难之分等不一而足。

道光二十四年（1844年）规范赐祭王公大臣仪式程序。灵堂陈仪卫，灵前放置供案，码放赐祭物品，丧家自备祭品分列左右。供案前设祭奠位，东面设祝案放置祭文，案南设燎位焚烧楮帛。从灵堂月台到大门搭上低台通道，上铺毡毯。朝廷特使到来，丧主率宗亲更换吉服跪在大门外迎接，礼部奉祭文官从中门进入到灵堂，将祭文置于祝案上，特使跟入就祭位肃立，丧主等家人各就位跪下。读祝官员宣读祭文后，特使跪奠三爵，每一献酒叩头一次，将酒洒入灵前奠酒池中。镇国将军以下则立奠。丧主与家属随同行礼。礼毕焚烧祭文。丧主率众人望宫阙方向行三跪九叩礼谢恩。特使返回，丧主与亲属大门外跪送。

赐祭特使由礼部选派，官职都要低于死者，一般以郎中、员外郎等司官充任。逢遇死者是贵胄显爵，侍郎或尚书才能出面或由皇上钦选。能够得到皇帝亲临赐奠的都是位极人臣且功勋卓著的显宦，一向被社会看作旷世盛典，可遇而不可求。尽管皇帝亲祭的声势动静浩大，但是程序依旧。皇上并不亲自奠酒，而由他人代行，更不会下跪。祭品由光禄寺，羊由内务府庆丰司，祭文由翰林院撰写。

清朝赐奠历史上，皇帝亲临的屈指可数。由此又引出一段婚姻佳话，更是绝无仅有的。乾隆二十九年十一月十八日皇上得知一等

---

① 《钦定大清会典》卷五十三、五十四。

武毅谋勇公兆惠过世，"即日亲临奠醊。著加恩晋赠太保，入贤良祠"。[1] 兆惠，吴雅氏，字和甫，满洲正黄旗人，孝恭仁皇后（雍正帝生母）族孙，论血统与乾隆皇帝为远房姑表兄弟。清史上仅有四位四字封号的公爵，皆出自乾隆朝。除八旗蒙古与清初几位异姓王外，非爱新觉罗氏，一等世袭公爵已达到封爵的顶峰，封号一般为两字，四字属于特恩。说来也怪，封号向来以字少为佳，如亲王都是一字，郡王最初用两字，后来或用一字或不用。贝勒以下则无封号。朝廷官员只要赐予封号一律用两字，譬如李鸿章封一等肃毅伯。可见四字由于超出惯例，又显出了贵重。在乾隆十全武功中，兆惠平定西北边陲叛乱两次，出生入死功业彪炳史册。乾隆二十五年（1760 年）兆惠凯旋归来，皇上亲往良乡郊劳台迎接，君臣之间行了满洲抱见礼。随后任命他为协办大学士、户部尚书。

兆惠享年五十六岁，去世时其独子扎兰泰年仅八岁，虽是丧主，却难以亲自料理丧事，所以，钦命同族工部侍郎官保与内务府一名司官代为操办，同时赏银五千两，葬银数目几乎是公爵标准的八倍，达到了亲王的水准。吴源清先生是兆惠公的七世孙，末代武毅谋勇公德寿之子，生于清末兆惠旧宅，好京剧，精京胡，熟谙旧京世家掌故。上世纪六七十年代，世风尚左，谈天说故只能在私下可信熟人小范围之内，不然很容易惹祸上身，遭到革命批判而生不测，我那时年轻常去吴家聊天，得蒙先生教诲多矣。读清朝公主史，谁都知道扎兰泰是乾隆的额驸，但婚姻怎么定下的，官方则没有记录。吴先生讲，定婚就发生在赐奠仪式上，当时皇上解下所配荷包，命人放了在灵前供桌上，表示结亲之意。时乾隆第九女年方七岁。八年之后，封该女和硕和恪公主正式与扎兰泰完婚。

---

[1]《清高宗实录》乾隆二十九年十一月乙丑（十八日）条。

兆惠旧宅位于什刹海后海南岸西距恭王府不远，历经拆改，但仍存相当部分，尤其是乾隆赐祭的正殿院落基本完整，只不过房屋破旧，急待修缮。无论从城市建筑文化，还是纪念著名历史人物的多重视角出发，兆惠故居都应该尽快列入保护修缮复原的范畴。真正意义上的清前期的民公宅第存留的已经不多，像兆惠旧宅这样兼具双重历史文化意义的更为鲜见。

对于官宦家庭来说，朝廷赐祭不是有无的问题，只是存在待遇差别。高低区别主要表现在有无祭文上，起初是三品，后来收缩到二品以上始赐祭文。三品以下官员无祭文。在京七品以上官员去世，朝廷都要派人致祭一次。外省官员去世，顶级的由皇上钦派，稍低的由礼部选派，中下级的由礼部行文该省总督或巡抚派人前往致祭，并发放祭银与抚恤金。致仕退休还乡的官员同等待遇。

当代叙述旧京官宦文化的传讹说法比较多。讲述古代礼仪风俗，当然要结合当时的典章制度，不能漠视制度制约与社会习惯观念。然而，制度规定不等于实际生活景象，没有一个社会能够做到完全按照制度表述的那样生活，超越制度限制的生活事件层出不穷随处可见。因之，不能仅停留在以历史制度还原历史生活这一层面上。笔记小说、口碑传说等历史资料更有助于解读历史生活，不过，笔记小说口碑传说的最大问题就是不免夹杂杜撰编造夸大歪曲等成分。

譬如，事关赐奠程序有这样一种说法，丧家在接到赐祭通知后，必须立即准备好死者的跪像，在赐奠时放置灵前，以此表达对皇恩的尊重。生前跪了不知多少次了，死后仍不被放过，真的令人扼腕叹息不可思议。如此说法，不仅在历史赐奠制度中，找不到相关的条文规定，同时也有悖于中国人对逝者一贯尊重的传统观念。世间经常见到的是跪拜死人，从没见过死人跪拜活人。一般而论，让死人跪拜大都出于极度憎恨，铁铸秦桧永跪于岳飞墓前赎罪即是一例。

不过，这是人间导演的死人跪死人的道德审判。既然朝廷赐祭出自关怀，又怎么能使用与初衷大相径庭的方式捉弄死者。所以，追溯具体的历史行为时，野史传闻一定要放到时代制度与时代观念中求证考察，方能靠近历史真相。

赐祭制度没有要求丧家制作死者跪像不等于没人就不这样做。中国向来不乏邀宠取容之人，媚上花样翻新无所不用其极。制作跪像迎接天使的做法很可能源于民国以后的遗老遗少的创意，或者干脆就是当代人想当然的杜撰。辛亥革命后小朝廷盘踞紫禁城后半部到 1924 年，皇上虽然失去了昔日的风光与权力，但社会并未完全抛弃皇权至上观念。小朝廷也乐意依靠历史资源与赏赐博得社会关注。赐奠不再是政府行为，失去了制度制约，昔日一般人难得的恩赏荣耀，变成可以通过高价购买的品牌，或者索性自行创作，犹如演戏一般。制作死者跪像无非是为彰显皇恩浩荡，表明丧家身份显耀，哪怕死者生前从未在清廷任职，更未跪拜过皇上，也要让他过一把朝拜皇上的隐，演一出"忠贞不二"的亡国孤忠的闹剧，由此博得个社会轰动效应。这与出殡时前导仪仗中所谓的圣旨架子、诰封匣子出自同样的立意。其实都是吸引行人驻足的表演道具而已。

回首历史生活，必须把握时间概念，绝不能将不同时段不同场景压缩成一个平面统而论之，更不能把别出心裁的个例杜撰当作历史制度介绍。过去社会流动性差，不像现在媒体发达，交通便利，公共信息充足，刻意隐瞒封锁的信息都很难包藏得住。当代富人怎样生活，平民即使无法仿照，起码可以做到略知一二。昔日的情形不同，阶层之间交融较为阻隔，上层人数少，生活圈子相对封闭。所以，社会对于上层群体的生活状态细节的探究，不免猜测想象，以跪像而言，似是出于推理，以为皇权至高无上自然而然要顺延到一个人身后。

赐陀罗经被

高官丧礼中还有一项死者生前及其家属都盼望得到的朝廷恩典就是赐陀罗经被。陀罗经被又称"往生被"与"陀罗尼衾"。佛法认为，人行将就木之际，盖上布满经文的被单，能消除逝者业障，由阿弥陀佛引往西方极乐世界。清代中前期为皇室专用的陪葬品，其他人非钦赐不得使用。

乾隆朝和珅当政之前，有位重臣于敏中执政甚久。敏中字叔子、重棠，号耐圃，江苏金坛人，乾隆三年（1738 年）状元，官至文华殿大学士兼领班军机，在汉官系统内，权势达到了顶点。乾隆四十四年（1779 年）冬，于敏忠病重，皇上率和珅亲往探视，并带去了陀罗经被。不久，十二月初八（1780 年 1 月 14 日），于敏中过世，次年归葬金坛涑渎周庄村。于敏中病中获赐陀罗经被，不免让人怀疑皇上的真实用意。"高宗英毅，大臣有过失，不稍假借。世传敏中以高云从事失上意，有疾，令休沐，遽赐陀罗尼经被，遂以不起闻。"[1] 皇上给活人送去死人的装裹，不是暗示他自裁又是什么？李若瑞《春冰室野乘》对此做了专门考证。结论是"偶有小疾，请假数日，上遽赐以陀罗经被。文襄悟旨，即饮鸩死"。[2]

《于敏中传》的存疑与李氏的考证结论都难以经住推敲。皇上防范权臣的心理永远存在，抑制贬损权臣也不必非让他死不可，况且

---

① 《清史稿》卷三百十九"于敏中传"。按：乾隆三十九年，奏事处太监高云从私自泄露皇上对官员任免的决定，牵扯到于敏中、军机大臣舒赫德、内务府总管大臣英廉等，皆受到乾隆严斥。
② 李若瑞《春冰室野乘》卷上"于文襄出缺之异闻"，山西古籍出版社 1995 年版。

乾隆四十四年时于敏中的劣迹尚未暴露。假如赐予活人陀罗经被在清史上仅此一例，再无其他，活赐经被可能暗含让其自行了断之意。不过，这也只是可能性推测中的一种，而非全部。于敏中以汉人跻身权位，足证其深得乾隆赏识器重，病重赐陀罗经被，彰显的是皇恩。这与其死后入祀贤良祠，谥"文襄"的优恤褒奖高度一致。

实际上，在清代王公大臣病重赐陀罗经并非罕见之事。譬如，乾隆二十年（1755年）正月，年近七十的允祁病重。乾隆得报，因正在斋戒，遂派阿哥前去看望并带去了陀罗经被。再如，嘉庆二年（1797年）八月，八十有余的大学士阿桂病重。太上皇乾隆派人探视，也带上了陀罗经被。显然，病人在行将就木前夕，亲眼见到御赐陀罗经被是值得庆幸的好事，可让垂危病人得到心理满足，并且保证死后盖上入棺。

为什么要在病重时赏赐，检其原因在于陀罗经被不是制度化的标准赐品，赏赐与否全凭皇帝意愿。高级官员死后，即使递遗折，获得了赏赐，也往往错过了大殓，不能随死者一同进入棺木。大殓绝对不能拖延等待，最迟不能超过第三天。对于京官来说，获赐有可能实现入棺随葬，外官与退休还乡的官员无论如何也赶不上在入殓之前请到赏赐。清朝三品以上官员可以递遗折（又称遗表），在京高官过世，通常由家人在第二天早晨，到宫门呈递，如果这天恰逢初一或十五，或赶上斋戒期与朝廷典礼，宫门则不受理遗折，以免伤害祥和与庆典。递折只能改天。然而，死者必须在三天之内大殓盖棺。尽管三日期限附带许多说辞，实际上是不得如此的，在防腐冷冻技术欠缺时代，除了冬季之外，必须尽快对尸体进行严密包裹，防止腐臭外溢。入殓棺木时，尸体周围都要塞满纸包的棉花（穷人用锯末）。一般来说，死后请下的陀罗经被远不如生前赐予的能随死者而去。未能赶上入棺的陀罗经被都是在出殡时，放在灵柩上面，下葬时焚烧。这对于喜欢攀比炫耀的家庭来说，也许是件好事，正可借以夸耀于世，令人称羡。

可见，高官生前赐陀罗经被并不像臆测的那样隐喻杀机，而是对大臣的临终关怀。于敏中之死，与赐陀罗经被之间毫无关系。即使他死后不到一年因其孙于德裕发起巨额家产诉讼，而暴露出其生前营私不法的种种劣迹，遭到了彻底的政治清算，但也不能作为证据证实他死于非命。

陀罗经被究竟什么样子，一说是"白绫为之，刊金字番经于其上"，① 一说是"黑绫书满洲字（喇嘛经）"，② 一说是"黄绫印红色梵文大悲咒"。③ 可见，陀罗经被的质料都是以桑蚕丝织成的绫子，唯颜色、尺寸与经文文字存在区别。这也不奇怪，经被从来没有统一的制作标准，帝后使用的最为精致，以明黄绫印金字藏文佛经，被幅宽大，如慈禧的宽 274 厘米，长 280 厘米。赐予王公大臣的一般是金黄色绫印红字经文。陀罗经被并非必赐物，即使拥有足够的官位，也不见得准能获得。

不过，佛法讲众生平等，未获朝廷赐予并不代表丧家就不使用，社会一直存在私自使用的现象，尤其在晚清，陀罗经被已作为丧葬商品流行于世。"陀罗经被本出于西藏，四川省城内极多。光绪□□年，先妣程太夫人弃养时，有以陀罗经被进者。先文庄公（四川总督刘秉璋）坚执不允，谓此系朝廷功令，非奉特旨赏用不可，私用何所取意。若在现时，固人人可用矣。"④ 在北京高官过世递遗折，不管是否获得赏赐，大都是自备陀罗经被先行入殓盖棺，如果获赐

① 昭梿《啸亭续录》卷一。
② 陈恒庆《谏书稀庵笔记》"告逝"，上海小说丛报社 1922 年版。
③ 载涛《清末贵族之生活》下篇，见《晚清宫廷生活见闻》306 页。
④ 刘声木《苌楚斋续笔》卷四"光绪中叶纲纪"，中华书局 1998 年版。

再将赐品盖于棺上出殡焚烧。

一个人生命终结就要伴随一场丧事，这也是人与动物不同的一大特征。传统社会格局，个人的社会关系网络皆是以"生己"与"己生"为中心排序展开的。儒学提倡的仁爱与西方的博爱稍有不同，明确指出爱有差等。血缘亲疏，辈分高低，关系远近，权力大小等始终贯穿于仁爱程度抉择之中。五服与丧礼程序在这方面表现得淋漓尽致。

主要参考书目

〔清〕孙希旦：《仪礼集解》，中华书局 1989 年版。

〔清〕胡培翚：《仪礼正义》，浙江古籍出版社 1993 年版。

〔清〕王夫之：《尚书引义》，中华书局 1976 年版。

〔清〕王引之：《经义述闻》，上海古籍出版社 2016 年版。

〔清〕郝懿行：《尔雅义疏》，中华书局 2017 年版。

〔西汉〕董仲舒：《春秋繁露》，中华书局 1975 年版。

〔西汉〕戴德：《大戴礼记》，民国涵芬楼四部丛刊本。

〔东汉〕班固：《白虎通义》，商务印书馆四部丛刊本。

〔东汉〕服虔：《左传解谊》（清马国翰辑），楚南书局玉函山房辑佚本。

〔东汉〕应劭：《风俗通义》，中华书局 1981 年版。

〔晋〕杜预：《春秋左传集解》，上海人民出版社 1977 年版。

《明实录》，台湾"中研院"史语所 1962 年影印本。

《旧满洲档译注》，台湾故宫博物院 1977 年版。

《康熙起居注》，中华书局 1984 年版。

《清实录》，中华书局 1986 年影印本。

《东华录》（蒋良骐），齐鲁书社 2005 年版。

《圣祖仁皇帝御制文集》，吉林出版集团 2005 年版。

《康熙朝汉文朱批奏折汇编》（第一历史档案馆编）第一册，档案出版社 1985 年版。

《抚远大将军奏议》，中国社科院历史所编《清史资料》第三集，中华书局 1982 年版。

清室《玉谍》，第一历史档案馆藏。

故宫博物院明清档案部编《关于江宁织造曹家档案史料》，中华书局 1975 年版。

《八旗满洲氏族通谱》，辽沈出版社 1989 年影印本。

《光绪皇帝大婚图》，故宫《紫禁城》2006 年第 8 期。

《唐六典》，中华书局 2014 年版。
《通典》，浙江古籍出版社 1988 年版。
《通志》，浙江古籍出版社 1988 年版。
《续通典》，浙江古籍出版社 1988 年版。
《续文献通考》，浙江古籍出版社 1988 年版。
《宋大诏令集》，中华书局 1962 年版。
《明会典》，中华书局 1989 年版。
〔明〕俞汝楫：《礼部志稿》，台湾商务印书馆 2008 年《文渊阁四库全书》影
　　印本。
《清会典》（光绪），中华书局 1991 年影印本。
《皇朝通志》，浙江古籍出版社 1988 年版。
《皇朝文献通考》，浙江古籍出版社 1988 年版。
《钦定大清会典则例》（乾隆），台湾商务印书馆 2008 年《文渊阁四库全书》影
　　印本。
《清会典事例》（光绪），中华书局 1991 年影印本。
《清会典图》，中华书局 1991 年影印本。
《皇朝礼器图式》，清光绪内府重印本。
《钦定八旗通志》，吉林文史出版社 2004 年版。
《钦定大清通礼》，吉林出版集团 2005 年版。
《钦定总管内务府现行则例》，清咸丰间内府抄本。
〔清〕龙文彬：《明会要》，中华书局 1998 年版。
〔清〕薛允升：《唐明律合编》，中国书店 1990 年版。

《汲冢周书》，国家图书馆出版社 2017 版。
《战国策》，上海古籍出版社 1998 年版。
《史记》《汉书》《三国志》《魏书》《宋书》《北史》《隋书》《新唐书》《明史》
　　《清史稿》，中华书局标点本。
〔清〕鄂尔泰：《国朝宫史》，北京古籍出版社 1987 年版。
〔清〕庆桂：《国朝宫史续编》，北京古籍出版社 1994 年版。
〔清〕谷应泰：《明史纪事本末》，中华书局 1977 年版。

〔东汉〕王充：《论衡》，岳麓书社 2006 年版。
〔东汉〕蔡邕：《独断》，台湾商务印书馆 2008 年《文渊阁四库全书》影印本。
〔晋〕葛洪：《抱朴子》，中华书局 1985 年版。
〔后秦〕僧肇注《维摩经》，北京华藏图书馆 2009 年版。
〔唐〕玄奘：《大唐西域记》，中华书局 1981 年版。
〔唐〕成玄英：《庄子疏》，中华书局 2011 年版。
〔唐〕郑处诲：《明皇杂录》，中华书局 1994 年版。
〔五代〕丘光庭：《兼明书》，中华书局 1985 年年版。
〔宋〕高承：《事物纪原》，中华书局 1985 年丛书集成初编本。

〔宋〕孟元老：《东京梦华录》，上海古典文学出版社1956年版。

〔宋〕潘自牧：《记纂渊海》，中华书局1988年版。

〔宋〕灌圃耐得翁：《都城纪胜》，上海古典文学出版社1956年版。

〔宋〕张炎：《词源》（夏承焘校注），人民文学出版社1963年版。

〔元〕夏庭芝：《青楼集》，上海古典文学出版社1957版。

〔元〕陶宗仪：《南村辍耕录》，中华书局1959年版。

〔明〕刘辰：《国初事迹》，巴蜀书社1993年野史集成本。

〔明〕黄瑜：《双槐岁钞》，中华书局1999年版。

〔明〕都穆：《都公谭纂》，中华书局1985年版。

〔明〕尹直：《謇斋琐缀录》，《原国立北平图书馆甲库善本丛书》第553册，国家图书馆出版社2013年影印本。

〔明〕张瀚：《松窗梦语》，中华书局1985年版。

〔明〕张位：《词林典故》，武汉大学出版社2009年版。

〔明〕张爵：《京师五城坊巷胡同集》，北京古籍出版社1982年版。

〔明〕余继登：《典故纪闻》，中华书局1981年版。

〔明〕郑晓：《今言》，中华书局1984年版。

〔明〕陆容：《菽园杂记》，中华书局1986年版。

〔明〕何良俊：《四友斋丛说》，中华书局1982年版。

〔明〕沈德符：《万历野获编》，中华书局1959年版。

〔明〕徐复祚：《花当阁谈丛》，借月山房汇钞1920年上海博古斋本。

〔明〕沈榜：《宛署杂记》，北京古籍出版社1980年版。

〔明〕王世贞：《弇山堂别集》，中华书局1985年版。

〔明〕王锜：《寓圃杂记》，中华书局1994年版。

〔明〕章潢：《图书编》，扬州广陵书社2011年版。

〔明〕朱国桢：《皇明大事记》，《四库禁毁书丛刊》史部第二十八册，北京出版社2000年版。

〔明〕于慎行：《谷山笔麈》，中华书局1994年版。

〔明〕戚继光：《练兵实纪》，中华书局2001年版。

〔明〕袁中道：《游居柿录》，青岛出版社2010年版。

〔明〕胡应麟：《少室山房笔丛》，上海书店出版社2001年版。

〔明〕张萱：《西园闻见录》，哈佛燕京学社1940年版。

〔明〕宋应星：《天工开物》，中国画报出版社2013年版。

〔明〕王骥德：《曲律》，湖南人民出版社1983年版。

〔明〕祁彪佳：《祁忠敏公日记》，书目文献出版社1991年版。

〔明〕谢肇淛：《五杂俎》，中华书局1959年版。

〔明〕顾秉谦：《三朝要典》，台湾伟文图书出版社1972年版。

〔明〕史玄：《旧京遗事》，北京古籍出版社1986年版。

〔明〕刘侗　于奕正：《帝京景物略》，北京古籍出版社1980年版。

〔明〕程子颐：《武备要略》，崇祯五年刻本影印本。

〔明〕刘若愚：《酌中志》，清道光二十五年海山仙馆丛书本。

〔明〕潘之恒：《鸾啸小品》，见《安徽明清曲论选》，黄山书社1987年版。

〔明〕吕维祺：《四夷馆增定馆则》，台湾文海出版社1985年影印版。

〔明〕王宗载：《四夷馆考》，东方学会 1924 年印本。

〔明〕郑仲夔：《玉麈新谭》，明史资料丛刊第三辑，江苏人民出版社 1983 年版。

〔明〕邵经邦：《弘艺录》，齐鲁书社 1997 年版。

〔明〕佚名：《太常续考》，台湾商务印书馆 2008 年《文渊阁四库全书》影印本。

〔清〕吴伟业：《梅村家藏稿》，宣统三年武进董氏诵芬室刊本。

〔清〕顾炎武：《日知录》（黄汝成集释），上海古籍出版社 2006 年版。

〔清〕孙承泽：《春明梦余录》，北京古籍出版社 1992 年版。

〔清〕李渔：《闲情偶寄》，上海古籍出版社 2000 年版。

〔清〕冯景：《解春集文钞》，上海商务印书馆丛书集成初编本。

〔清〕朱彝尊：《日下旧闻》，清刻本。

〔清〕熊赐履：《经义斋集》，齐鲁书社四库全书存目丛书 1997 年版。

〔清〕西湖墨浪子：《西湖佳话》，浙江文艺出版社 1985 年版。

〔清〕余怀：《板桥杂记》，上海古籍出版社 2000 年版。

〔清〕褚人获：《坚瓠集》，浙江人民出版社 2006 年版。

〔清〕刘廷玑：《在园杂志》，中华书局 2005 版。

〔清〕萧奭：《永宪录》，中华书局 1959 年版。

〔清〕王士禛：《居易录》，民国九年（1920）上海涵芬楼本。

〔清〕俞正燮：《癸巳类稿》，商务印书馆 1957 版。

〔清〕赵翼：《陔馀丛考》，河北人民出版社 2007 年版。

〔清〕佚名：《梼杌闲评》，人民文学出版社 1983 年版。

〔清〕吴振棫：《养吉斋丛录》，中华书局 2005 年版。

〔清〕吴长元：《宸垣识略》，北京古籍出版社 1981 年版。

〔清〕昭梿：《啸亭杂录》，中华书局 1980 年版。

〔清〕黄旛绰：《梨园原》，中国古典戏曲论著集成第九册，中国戏剧出版社 1959 年版。

〔清〕梁章钜：《称谓录》，福建人民出版社 2003 年版。

〔清〕梁章钜：《枢垣纪略》，中华书局 1984 年版。

〔清〕戴璐：《藤阴杂记》，北京古籍出版社 1982 年版。

〔清〕钱泳：《履园丛话》，中华书局 1979 年版。

〔清〕姚元之：《竹叶亭杂记》，中华书局 1982 年版。

〔清〕陆以湉：《冷庐杂识》，中华书局 2007 年版。

〔清〕章学诚：《文史通义》，中华书局 2004 年版。

〔清〕福格：《听雨丛谈》，中华书局 1984 年版。

〔清〕鲍康：《皇朝谥法考》，清同治三年刻本。

〔清〕夏炘：《学礼管释》，清咸丰十年景紫山房刻本。

〔清〕俞樾：《茶香室丛钞》，中华书局 1995 年版。

〔清〕魏源：《圣武记》，中华书局 1984 年版。

〔清〕蕊主旧史（杨懋建）：《梦华琐簿》，1917 年扫叶山房《清人说荟》二集本。

〔清〕龚炜：《巢林笔谈续编》，中华书局 1981 年版。

〔清〕冯桂芬：《校邠庐抗议》，清光绪九年广仁堂刻本。

〔清〕方浚师：《蕉轩随录》，中华书局 1997 年版。

〔清〕奕赓：《寄楮备谈》，1935 年燕京大学图书馆印本。

〔清〕让廉：《春明岁时琐记》，北京双肇楼 1938 年"京津风土丛书"本。

〔清〕《曾国藩日记》，岳麓书社 2015 版。

〔清〕李慈铭：《越缦堂国事日记》（吴语亭编），台湾文海出版社 1977 年版。

〔清〕陈康祺：《郎潜纪闻初笔》，中华书局 1997 年版。

〔清〕薛福成：《出使四国日记》，社会科学文献出版社 2007 年版。

〔清〕钟琦：《皇朝琐屑录》，国家图书馆出版社 2011 年版。

〔清〕黄钧宰：《金壶七墨》，民国初上海文明书局黄纸石印本。

〔清〕陈恒庆：《谏书稀庵笔记》，团结出版社 2014 年版。

〔清〕胡思敬：《国闻备乘》，中华书局 2007 年版。

〔清〕震钧：《天咫偶闻》，北京古籍出版社 1982 版。

〔清〕何刚德：《春明梦录》，北京古籍出版社 1995 年版。

〔清〕陈夔龙：《梦蕉亭杂记》，中华书局 2018 年版。

〔清〕顾张思：《土风录》，上海古籍出版社 2016 年版。

〔清〕刘体智：《异辞录》，中华书局 1997 年版。

〔清〕朱彭寿：《旧典备征》，中华书局 1997 年版。

〔清〕柯悟迟：《漏雨喁鱼集》，中华书局 1997 年版。

〔清〕李若瑞：《春冰室野乘》，山西古籍出版社 1995 年版。

《脂砚斋重评石头记》（甲戌本），上海人民出版社 1975 年影印本。

《脂砚斋重评石头记》（庚辰本），人民文学出版社 1975 年影印本.

刘声木：《苌楚斋随笔》，中华书局 1998 年版。

徐珂：《清稗类钞》，中华书局 2010 版。

况周颐：《餐樱庑随笔》，山西古籍出版社 1996 年版。

天台野叟：《大清见闻录》，中州古籍出版社 2000 年版

柴小梵：《梵天庐丛录》，山西古籍出版社 1999 年版。

许九埜：《梨园轶闻》，见张次溪编《清代燕都梨园史料》下册，中国戏剧出版
社 1988 年版。

倦游逸叟（吴焘）：《梨园旧话》，见《清代燕都梨园史料》下册。

陈彦衡：《旧剧丛谈》，见《清代燕都梨园史料》下册。

曾纪芬：《崇德老人自订年谱》，岳麓书社 1986 版。

齐如山：《国剧浅释》，商务印书馆 2015 版。

《齐如山回忆录》，中国戏剧出版社 1998 版。

商衍鎏：《清代科举考试述录》，百花文艺出版社 2005 年版。

方豪：《中国天主教史人物传》，台中光启出版社 1970 年版。

俞平伯：《红楼梦辨》，商务印书馆 2010 年版。

《晚清宫廷生活见闻》，中国文史出版社 2000 年版。

李兆良：《坤舆万国全图解密——明代测绘世界》，台北联经出版社 2012 年版。

龚延明：《明代登科进士总数考》，《浙江大学学报（人文社会科学版）》2006 年
第 3 期。

鞠德源：《清朝皇族的多妻制度与人口问题》，《满学研究》第一辑，吉林文史出
版社 1992 年版。

《利玛窦中国札记》（何高济译），中华书局 1983 年版。

［法］狄德罗：《论戏剧艺术》，见《文艺理论译丛》，人民文学出版社 1958 版。

［英］乔治·伦纳德·斯丹东：《英使谒见乾隆纪实》（叶笃义译），上海书店出版社 1997 年版。

［英］乔治·托马斯·斯当东：《1816 年英使觐见嘉庆帝纪事》（侯毅译），中国人民大学清史研究所《清史研究》2009 年第二期。

［英］亨利·埃利斯：《阿美士德使团出使中国日记》（刘天路译），商务印书馆 2013 年版。

［英］威廉·多伊尔：《捐官制度——十八世纪法国的卖官鬻爵》（高毅译），中国方正出版社 2017 年版。

［德］马克斯·韦伯：《儒教与道教》（王容芬译），商务印书馆 1995 年版。

［美］卡尔·魏特夫：《东方专制主义——对于极权力量的比较研究》（徐式谷译），中国社会科学出版社 1989 年版。

［美］费正清：《传统中国的对外关系》（杜继东译），中国社会科学出版社 2010 年版。

［美］查尔斯·曼恩：《1493：物种大交换开创的世界史》（朱菲等译），中信出版社 2016 版。

［法］阿兰·佩雷菲特：《停滞的帝国：两个世界的撞击》（王国卿译），生活·读书·新知三联书店 1995 年版。

［德］于尔根·奥斯特哈默：《世界的演变：19 世纪史》（张朝晖等译），社会科学文献出版社 2016 年版。

再版后记

《礼不远人》初版源于二十二年前在国家图书馆，以"礼制传统与京师礼制文化"为题连续七次讲座，而后在录音转文字基础上加工成书，由中华书局出版。

书名出自《中庸》"道不远人，人之为道而远人，不可以为道"的启示。礼是"为道"的起点，故《荀子》讲"礼者，人道之极也。不法礼不足礼，谓之无方之民；法礼足礼，谓之有方之士。"

当初本书得以出版，是郑也夫与李楯两先生推诚谋划，搭建讲座平台而促成的，没有讲座成功就没有后来的成书。本人虽忝列学界，却一向好聊而荒于码字。讲座对于我职业考课业绩的意义尤为显著。

岁月流逝，转眼本书已印行了十几年。去年初蒙上海三联书店眷顾，决定再版本书，给予我难得的改错补缺充实提高旧稿的机会。因之，对原稿做了深度全面梳理修订，删去了部分内容，另增若干选题，重新调整框架，补充相关史料，务使表述顺畅紧凑，言出有据，不妄言欺世，不轻渎古人。与旧稿相比，增容五分之一。

传统经学礼制在构建中华民族认同共识团聚一统方面功不可没。但缺陷也是明显的，起码限制了个性、想象力与智力投资领域。跻身上流社会人群在非官营事业领域的出路甚少。朝廷通过科举吸纳了绝大部分社会精英，却不能保证每位都有实事可做。在治人行政过程中，不管出于自愿与否，官员工作普遍呈现缓慢的因循的例行公事状态。显见，官员剩余精力仍然充沛，必定要寻找出口释放。一般来说，多是倾泻于诗文、经学、书画、文玩、宴乐、戏曲与女色之上。其中永垂史册者，大都不是缘于政治军事业绩，而是凭藉诗文、书画或经学注解发挥的伟大成就。

作为官方意识形态的宋代道学礼制理念发展到明代中叶愈来愈僵化，不免沦为禁锢思想、欺世盗名、逐利自肥的工具。仕宦之人自我营造"圣教""道统"传人形象，实质上，却是像李贽批评的那样，"辗转反复，以欺世获利，名为山人而心同商贾，口谈道德而志在穿窬"。社会越是盛行道学灌注与道德评判是非对错，越伴随伪道学大行其道。不可否认，礼制所具的程序化、标准化与表演性、象征性特征，恰恰为伪道学行为披上华丽外衣。

尽管伪道学现象令人憎恶，但平心而论，在现实生活中，一个人的内心世界是他人无法进入的，礼制自觉与伪装之间的真实差距，并非那么容易被人识破。一个人言行是否一致需要时间与证据实证。伪道学行为是朝廷推崇道学并作为入仕门槛与阶层提升的历史产物。倘若在社交层面上观察，只问行为不问心，守礼遵规与否一目了然，就无所谓道学之真伪。假亦真来真亦假，无论真假，强化的是道学礼制权威与绅士风度的社会感染力。皇朝也乐见其成。礼既然具有程式化表演性质，就不可能排除伪装。志在利禄而标榜道学执著的豪言壮语行为，也非一无是处，毕竟留给他人"即以其人之道还治其身"的空间。曾国藩曾论道"所谓名教者，彼以此为名，我即以此为教"，而不必揭穿。可谓洞悉沽名钓誉之徒的心机。而嘲讽抨击并不能挫败伪道学。

礼制是中华传统文化的核心要素，今日追述反思总要有些批判精神。但是，绝不能以一种先决的权威性与法定的先验性为起点。论由史出，还是史由论出，本书采用前者，多叙礼制运作实情细节而尽量少做评判。众所周知，同一件事情如果引起众人关注，评价定性意见，从来是见仁见智，异彩纷呈乃至水火不容的。

我成年后走上明清史研究职业与上中学时多次拜望容龄老人的经历相关。容龄与其姐德龄少时曾随父驻法公使裕庚到法国生活学习三年多。1903 年回国后，姐妹俩被慈禧太后召进宫随侍左右二年。我进中学读书在上世纪六十年代初，随后几年世风趋左越来越重。政治判定的慈禧历史形象，就是剥削阶级总头子、卖国贼、杀人不眨眼的老太婆。可是，在容龄老人那里，完全颠覆了我的认知，每当谈起慈禧太后时，老人总是说"太后仁德"且表情立刻严肃。这真的让我惊愕困惑不已。慈禧离我太遥远了，怎么想象也难把"仁德"与卖国贼连在一起。是什么魔力让这位年逾古稀老人置时代全盘否定慈禧而不顾，仍保持如此虔诚？难道她忘却了慈禧去世与清朝灭亡皆已五十余年，就不怕言论不当而惹祸上身？这些疑问困扰了我很长时间，当时虽不能理出头绪，却激起我对清宫史与宫廷礼俗的探索兴趣。今天看来，容龄老人脱口而出"太后仁德"是宫廷礼制生活氛围与太后恩惠而铸就的无意识行为，即使原生场景早已远去，却可以穿越时空留下敬畏之心。这与其说是尊重太后，倒不如说是敬人感恩的礼仪文化教养的自然流露，跨越时代一以贯之，而将关于慈禧的评价搁在了一旁。个人礼仪文化习惯一旦积淀形成，见之行为大都是无意识的。

鸣谢郑也夫、吴飞与梁治平三位先生的嘉语推介。

责编徐君建新业务纯熟，敬业有加，为本书再版尽心尽责，亦致谢意。

李宝臣

2024 年 6 月

图书在版编目（CIP）数据

礼不远人：走近明清京师礼制文化/李宝臣著. —上海：
上海三联书店，2024.6
ISBN 978 - 7 - 5426 - 8436 - 3

Ⅰ．①礼…　Ⅱ．①李…　Ⅲ．①礼仪－中国－明清时代－
通俗读物　Ⅳ．①K892.9 - 49

中国国家版本馆 CIP 数据核字（2024）第 063066 号

礼不远人——走近明清京师礼制文化

著　　者 / 李宝臣

责任编辑 / 徐建新
装帧设计 / 一本好书
监　　制 / 姚　军
责任校对 / 王凌霄　张　瑞　原梦雅

出版发行 / 上海三联书店
　　　　　（200041）中国上海市静安区威海路 755 号 30 楼
邮　　箱 / sdxsanlian@sina.com
联系电话 / 编辑部：021 - 22895517
　　　　　发行部：021 - 22895559
印　　刷 / 山东新华印务有限公司

版　　次 / 2024 年 6 月第 1 版
印　　次 / 2024 年 6 月第 1 次印刷
开　　本 / 655 mm × 960 mm　1/16
字　　数 / 300 千字
印　　张 / 25
书　　号 / ISBN 978 - 7 - 5426 - 8436 - 3/K·769
定　　价 / 95.00 元

敬启读者，如发现本书有印装质量问题，请与印刷厂联系 0538 - 6119360